I0828058

ANALECTA ROMANICA

BEGRÜNDET VON FRITZ SCHALK
FORTGEFÜHRT VON WIDO HEMPEL, FRANK-RUTGER HAUSMANN, HARRO STAMMERJOHANN UND MECHTHILD ALBERT
HERAUSGEGEBEN VON FRANZ LEBSANFT UND CORNELIA RUHE

BAND 87

VITTORIO KLOSTERMANN · FRANKFURT AM MAIN

OCIO Y OCIOSIDAD EN EL SIGLO XVIII ESPAÑOL E ITALIANO

OZIO E OZIOSITÀ NEL SETTECENTO ITALIANO E SPAGNOLO

Herausgegeben von Robert Fajen
und Andreas Gelz

VITTORIO KLOSTERMANN · FRANKFURT AM MAIN

Bibliographische Information der Deutschen Nationalbibliothek

Die Deutsche Nationalbibliothek verzeichnet diese Publikation in der Deutschen Nationalbibliographie; detaillierte bibliographische Daten sind im Internet über *http://dnb.dnb.de* abrufbar.

Gedruckt auf EOS Werkdruck von Salzer,
alterungsbeständig ∞ ISO 9706 und PEFC-zertifiziert.

Druck und Bindung: Hubert & Co., Göttingen
Printed in Germany
ISSN 0569-986X
ISBN 978-3-465-03955-6

ÍNDICE / INDICE

ROBERT FAJEN / ANDREAS GELZ

Introducción / Introduzione

Versión en castellano

El presente libro parte de la tesis de que en la España y la Italia del siglo XVIII la cuestión del ocio y la ociosidad representaba un punto central, discursivo e imaginativo, en el que convergían, por un lado, procesos que desestabilizaban el viejo orden y, por otro, desarrollos relacionados con profundos cambios culturales. El problema del tiempo libre en el siglo XVIII actuaba como un catalizador que transformaba ideas y prácticas tradicionales haciendo posible la modernización de estos dos espacios culturales. Tal vez no es exagerado afirmar que las discusiones acerca de la ambigüedad y las contradicciones del ocio cambiaron la sociedad española e italiana en la misma medida en la que lo hicieron las ideas de la Ilustración que se abrían paso del otro lado de los Pirineos, es decir, desde los Alpes.

Los términos *ocio* y *ozio* son ambiguos tanto en español como en italiano. Su significado positivo según el cual toda actividad, toda acción creadora requiere necesariamente una pausa, un periodo de retiro, de recogimiento y de tranquilidad, se ve subvertido por la connotación negativa que define el ocio como un periodo improductivo, vacío, vano y fútil. El peligro del tiempo sin sentido, no vivido y, por tanto, 'perdido' queda explícito en los términos complementarios *ociosidad*, es decir *oziosità*, usados siempre en sentido peyorativo: el ocio se revela entonces como la condición del vicio y es incluso asociado, sin vacilar, con toda forma de comportamiento depravado. Quien no hace nada, hace algo malo, desperdicia el tiempo que se le ha dado, dirige su atención a asuntos que parecen disfuncionales y se hace vulnerable a la decadencia moral y al crimen.

Como lo demuestran estas contradicciones, los dos términos no son inocuos. Los problemas asociados a la polisemia del ocio y la ociosidad acarrean importantes consecuencias en el plano político, socioeconómico, ético y estético. *Político*, porque el ocio tiende a ser subversivo y por ello mismo debe ser controlado; también en el sentido en que hay que decidir de qué modo y en qué medida una sociedad necesita tiempo libre (la otra cara del problema sería la cuestión de qué tanto ocio puede tolerar). *Socioeconómico*, porque según varios pensadores del siglo XVIII, el ocio contribuye al progreso económico a través de la moda y el lujo, y porque, al mismo tiempo, la prosperidad económica y la armonía social deben seguir un ritmo equilibrado entre trabajo y recuperación. *Ético*, no solo porque es necesario distinguir el ocio productivo de la ociosidad estéril, sino también porque la convivencia está sujeta, en los periodos del ocio, a otras reglas distintas respecto a aquellas de los contextos de la actividad y el empeño. Y finalmente *estético*, porque las prácticas del ocio están vinculadas a dispositivos que apuntan a la experiencia sensual, al placer y al goce.

¿Por qué razón el problema del ocio y del tiempo libre se convirtió en un tema tan importante en el siglo XVIII en España y en Italia? La respuesta debe tener en cuenta los significados tradicionales del ocio, a los cuales se refieren y se oponen las discusiones del siglo XVIII. En el Renacimiento y en siglo XVII (es decir durante el Siglo de Oro), los conceptos del ocio y el tiempo libre estaban aún controlados y regulados, al menos en principio, por los sistemas morales dominantes, especialmente por el discurso teológico y el filosófico. En estas acepciones, el ocio como 'otro' tiempo, como un tiempo 'distinto' en el que se suspenden el trabajo y los negocios, tenía otra finalidad, quizá aún más importante que la del trabajo: era el tiempo reservado o bien a la oración y la contemplación, al estudio y la reflexión, o bien a la cura de la propia salud, al reposo y a la administración de los bienes ubicados fuera de las ciudades. Como se puede ver en este último ejemplo –una actividad no sujeta a imposiciones exteriores– algunas formas del ocio, en el sentido tradicional, eran privilegio de unos pocos: de aquellos que tenían la tarea de guiar y gobernar y que, por lo tanto, necesitaban mayores recursos, pausas más largas y más posibilidades. Desde la Antigüedad clásica el problema del ocio ha estado siempre estrechamente ligado a la reflexión política y económica; el ocio es una condición imprescindible del poder y, al mismo tiempo, el poder limita y regula el ocio, especialmente el de las clases inferiores, para no perder su razón de ser.

Aparentemente también la literatura y las artes estaban integradas en este ritmo entre trabajo y recuperación. El antiguo precepto *prodesse et delectare* es, a primera vista, un claro ejemplo de ello. El imaginario concebido por la literatura para recrear y distraer, debía ser, al menos en teoría, funcional y servir, en cuanto posible práctica del ocio, a fines más altos, que trascendían este último. Sin embargo, a causa de su funcionamiento interno y de sus posibilidades infinitas, la literatura y las demás artes tendían, ya desde siempre, a subvertir las jerarquías y las reglas impuestas. En el espacio-tiempo del ocio, el goce y el placer provocados por la literatura podían adquirir una autonomía autoreflexiva, que escapaba a todo intento de organizar y controlar la vida social. Además, ciertas ideas filosóficas podían parecer igualmente peligrosas desde un punto de vista conservador de carácter religioso o moralista. Especialmente las ideas del epicureísmo eran consideradas sospechosas, ya que concebían el tiempo libre y sus placeres voluptuosos como bienes absolutos.

Todo lo anterior se convierte en un tema crucial en transcurso del siglo XVIII en España y en Italia. Las ambivalencias de la palabra *ocio* y de su doble negativo, la *ociosidad*, se agudizan. Como así lo demuestran las contribuciones del presente volumen, el reproche en contra de desperdiciar el tiempo fútilmente, de no saber dar forma al tiempo libre, de perderse en estas libertades, se vuelve un argumento recurrente en la Ilustración –en novelas, obras de teatros, poesía, periódicos, cartas, diarios, prédicas, tratados políticos, económicos y moralistas, etc.–. Al mismo tiempo (y los siguientes artículos destacan también este aspecto), se hace un intento por valorizar el ocio y la ociosidad, atribuyendo al tiempo libre nuevas funciones sociales y culturales. Un ejemplo famoso son las contradicciones existentes en los debates acerca de la legitimidad del teatro, considerado frecuentemente como ocioso, y el papel optimista que la República de las Letras (es decir, la *Repubblica Letteraria*) atribuye al ocio 'creativo' en el progreso de las ciencias y las artes. Otro ejemplo son las utopías políticas que utilizan el tema del ocio para experimentar modelos alternativos de convivencia sin diferencias de clase.

Como suele ocurrir, la inflación de las críticas y de los apólogos es una señal de cambio. Pero, ¿qué es precisamente lo que cambia? Ya que los análisis aquí presentados ofrecen una respuesta detallada, nos limitaremos a mencionar algunas observaciones generales. En el siglo XVIII el concepto del 'tiempo libre' en España e Italia se diversifica y alcanza una complejidad semántica nunca antes conocida. Esta complejidad es una señal manifiesta de que en estos espacios culturales el tiempo del ocio se vuelve 'libre' en un sentido distinto que en los siglos anteriores: 'libre', porque se convierte en un tiempo de opciones aparentemente infinitas entre las que hay que decidir; 'libre', porque se concretiza cada vez en nuevos espacios y objetos; 'libre', porque es identificado con las zonas 'grises' de las prácticas sociales que se encuentran ente lo público y lo privado; 'libre', por último, porque se relaciona con otros conceptos, otras prácticas y otros dispositivos colonizándolos, deformándolos, modificándolos. El ejemplo más significativo, tratado en varios artículos del presente volumen, es la relación entre los sexos, particularmente problemática tanto en España como en Italia a causa del conservadurismo de los siglos precedentes, y la cual, por esta misma razón, presenta extraordinarios paralelismos. En el discurso que se crea alrededor de este argumento en el transcurso del siglo XVIII, la palabra *ocio* (es decir, *ozio*) se convierte en un término clave que 'reacciona', gracias a su carácter polivalente y contradictorio, con otros conceptos de la sociabilidad. De esta manera se hacen posibles nuevas formas y nuevos significados, que cambian radicalmente la vida social de ambas penínsulas: la tertulia y la *conversazione*, el cortejo y el *cicisbeo*, son las figuras modernas y ambiguas del ocio en el siglo XVIII en España e Italia. Las cuestiones planteadas tanto en España como en Italia en textos de toda clase, hasta ahora nunca cuantificados, son siempre las mismas: ¿En qué lugares y bajo qué circunstancias hombres y mujeres pueden reunirse? ¿Cuáles son los límites que deben ser impuestos a los jóvenes solteros? ¿Qué diversiones son consideradas lícitas y cuáles deshonestas? ¿De qué manera puede moverse una mujer en una ciudad? ¿Puede haber amistad entre un hombre y una mujer sin que sientan deseo el uno por el otro? ¿Qué tanto puede dedicarse un hombre al cuidado de sí mismo? ¿Cómo se debe pasar el día si se vive de la renta, sin funciones políticas ni económicas? La tertulia y la *conversazione* abren nuevos espacios sociales que se apartan de los viejos modelos interpretativos, y que parecen incontrolables, indefinibles, peligrosos. El chichisbeo/cortejo y el *cicisbeo* perturban el orden público. El tiempo libre se transforma en tiempo liberado o, según el punto de vista, en tiempo libertino.

El interés por el ocio moderno que, como señalamos anteriormente, no se limita a la cuestión de los sexos, sino que también comprende otros argumentos de orden político, económico, ético y estético, es generalmente un punto en común que diferencia a estos dos espacios culturales, España e Italia, de otros países en el siglo XVIII. En Francia, por ejemplo, donde no logró imponerse lingüísticamente l'*otium* latino, la oposición entre *loisir* y *oisiveté*, es mucho más nítida respecto a aquella entre *ocio* y *ociocidad*; en consecuencia, temas como el encuentro mundano entre hombres y mujeres, la galantería, los pasatiempos o los lugares de diversión (los cafés, las casas de campo, el teatro, los apartamentos privados –los *casini* en Venecia y otros lugares– etc.) no son tratados tan incisiva y rigurosamente como en España e Italia (obviamente, en Francia, muchas de estas discusiones, como la de la amistad entre caballeros y damas en los *salons*, ya estaban casi concluidas hacia finales del siglo XVII; es necesario además considerar el hecho de que la sociedad francesa era más permeable y dinámica que la española y la italiana). Los paralelismos entre España e Italia, por el contrario, pueden explicarse gracias a las semejanzas histórico-culturales (escasa importancia de los movimientos reformadores e impacto de la Contrarreforma, actividades educativas lideradas por los jesuitas, nobleza 'cerrada', burguesía políticamente débil, misoginia clerical, modelos de familia severos y autoritarios, etc.), y también gracias a los intensos intercambios culturales entre las dos penínsulas: el ejemplo más notorio, en nuestro contexto, es el paso de la palabra italiana *cicisbeo* en el siglo XVIII al *chichisbeo* español. Sin embargo no se pueden olvidar las notables diferencias existentes en las manifestaciones concretas de los discursos, diferencias que estaban relacionadas con las condiciones políticas: mientras España era un estado unitario, Italia, un conjunto heterogéneo policéntrico de monarquías y repúblicas. En algunos estados del norte y el centro de Italia, el poder de la iglesia era menor que en España o el Reino de Nápoles (por no mencionar a los Estados Pontificios); por tanto, los escritores de estos estados (los del norte y el centro de Italia), podían hacer hincapié sobre otros aspectos y defender posiciones más 'modernas' respecto a sus colegas del sur o el occidente. Por el contrario, los autores españoles hacían referencia a tradiciones políticas, socioculturales y literarias completamente distintas a las de la península italiana. Ya que el objetivo del presente volumen no es un análisis de los varios intercambios culturales entre Italia y España, sino más bien una comparación poliédrica que intenta arrojar luz sobre aspectos multiformes de un fenómeno común –precisamente las discusiones, prácticas y representaciones del ocio y la ociosidad–, los ensayos italianos dirigen su atención principalmente a los textos, situaciones y constelaciones de la República de Venecia, la Lombardía bajo el dominio austriaco, el ducado de Módena y Reggio y la República de Lucca. Por su parte, el panorama español, obviamente más amplio, permite hacer observaciones acerca de la cultura entera del reino –debido a la unidad del estado–, si bien limitándose solo al contexto europeo, ya que un análisis del imperio de ultramar, de por sí de sumo interés, se alejaría de nuestro objeto, la comparación con Italia.

El presente volumen está articulado en cuatro partes. La primera arroja luz sobre conceptos y discursos que se refieren a la cuestión del ocio. Jan-Henrik Witthaus (Kassel) muestra cómo en periódicos y revistas españolas, la palabra *ociosidad* pierde buena parte de su significado negativo y es integrada a las estrategias de autolegitimación de los renacentistas españoles. Los miembros de la República de las Letras concebían su 'imaginación activa', producto de la ociosidad, como un aporte a la modernización social y económica del despotismo ilustrado. La postura de los renacentistas milaneses, en cambio, parece menos optimista. En su artículo, Silvia Contarini (Udine), delinea la dialéctica entre ocio y actividad en el periódico milanés *Il Caffè*, publicado de junio de 1764 a mayo de 1766. En algunos textos de Pietro Verri y Cesare Beccaria la jerarquía entre los dos conceptos aparece invertida: la actividad se transforma en un frenesí que perturba la feliz contemplación del hombre ocioso. Sin embargo estas ideas son rechazadas por los mismos autores a finales de los setenta en favor de una antropología 'movida' por los afectos y la compasión. Sus ideas parecen oponerse inconscientemente al estereotipo del *dolce far niente* italiano, todavía actual y ambiguo, del cual Andrea Addobbati (Pisa) reconstruye los antecedentes. Esta locución, así como la expresión afín el *mestier del far nulla*, aparecen documentadas ya en la primera mitad del siglo XVIII en los escritos de Lodovico Antonio Muratori. El incansable bibliotecario del duque de Módena veía en el ocio, particularmente en la improductividad de la aristocracia, el obstáculo más importante para el progreso económico y social de Italia.

En la segunda parte se presentan espacios, prácticas y dispositivos mediales relacionados con el ocio y la ociosidad. En los periódicos de Gasparo Gozzi, estudiados por Angela Fabris (Klagenfurt), los locales de los cafés y las hosterías son los lugares favoritos para pasar el tiempo libre. El conde-periodista representa estos lugares semipúblicos como espacios teatrales que le permitían a la sociedad veneciana transgredir temporalmente el orden social. Gozzi imaginaba los cafés y los *magazzini del vino* de la Serenissima como lugares en los que circulaba un saber actual, fluido y al mismo tiempo enciclopédico. Inmaculada Urzainqui (Oviedo) analiza un caso concreto, y además relevante, de prácticas ociosas: el encarcelamiento y exilio de Gaspar Melchor de Jovellanos en los últimos años del siglo. Por medio de sus diarios y de las cartas que enviaba a sus amistades, el exministro transformaba esta improductividad impuesta en «ocio compartido»; de esta manera Jovellanos recreaba a través de sus escritos la visión política de una ociosidad fraterna, que vinculaba el tiempo libre a los conceptos del bien común y la felicidad pública. Ya en la primera mitad del siglo se perfilaba en España una revaloración funcional del ocio en aquellos dispositivos mediales utilizados para su configuración, como así lo muestra el artículo de Andreas Gelz (Friburgo de Brisgovia), dedicado a la obra de Diego Torres Villaroel. Sin alejarse completamente del discurso habitual que condenaba la ociosidad vana y vacía, y legitimando al mismo tiempo su propia actividad literaria, Torres resalta en sus textos el potencial creativo y epistemológico del tiempo libre si este era dedicado a la escritura. El ocio se convertía en tiempo de conciencia y productividad intelectual y era asociado a un concepto más moderno de la literatura, considerada como medio de reflexión y de autoafirmación. El acto de la escritura, autoreflexivo y, aparentemente sin un fin específico, era considerado así una práctica privilegiada del ocio y, al mismo tiempo, un medio a través del cual era posible expresar la propia subjetividad más allá de los modelos tradicionales, sean estos literarios o morales. También la literatura femenina podía ser una forma de felicidad ociosa en el siglo XVIII, como explica Olaf Müller (Marburg) en su artículo. El entretenimiento de las mujeres por medio de la literatura, en primer lugar por medio de las novelas, era sin embargo reprobado por autores conservadores, como Giuseppe Baretti o Carlo Gozzi. El tono misógino de sus críticas revela una profunda confusión frente a los cambios sociales producidos hacia la mitad del siglo. De hecho, Pietro Chiari, contrincante predilecto de Baretti y Gozzi, había desarrollado con sus novelas en serie un nuevo dispositivo medial dirigido especialmente al público femenino y cuyo objetivo era instruir de manera 'placentera' a las mujeres. Para Chiari, la literatura femenina cumplía una función bien definida en la civilización moderna de la *conversazione*: a través de las experiencias de las protagonistas narradoras, las lectoras conocían el mundo y aprendían a protegerse de sus peligros.

La tercera parte está dedicada a la sociabilidad vinculada a los nuevos conceptos de tiempo libre. Roberto Bizzocchi (Pisa) muestra cómo el modelo moderno de la *conversazione*, orientado a la mujer, se sobrepone al antiguo ideal de la mujer productiva, encargada de gestionar la economía del hogar. También el ocio de la *conversazione* era incluso trabajo, tanto para las mujeres como para sus chichisbeos: las visitas, las recepciones, los paseos, las jornadas estivales, los juegos y espectáculos teatrales seguían reglas precisas, se integraban en un complejo sistema de relaciones sociales y permitían entretejer una fina red de intercambios, negociaciones y acuerdos. Esta funcionalidad del ocio moderno es el punto ciego del *Giorno* de Giuseppe Parini, texto clave de la crítica antiaristocrática italiana. Tampoco Carlo Goldoni, menos polémico y más indulgente que Parini, logró captar plenamente este aspecto constitutivo del ocio, como así lo demuestra la interpretación de la *Trilogia della villeggiatura* propuesta por Rudolf Behrens y Esther Schomacher (Bochum). En las tres comedias, los objetos del ocio (el vestuario, las provisiones de café, los mazos de cartas, etc.) no causaron la satisfacción que los personajes de la obra creían poder obtener con su ayuda. La relación hombre-objeto se muestra trastornada, en lugar de la antigua economía rural, integrada en el ciclo de la siembra y la cosecha, de las inversiones y la renta, Goldoni introduce una economía perversa de las pasiones y las desilusiones, en la cual los deseos individuales no conducen más que al vacío. Por su parte, el renacentista español José Cadalso se muestra más optimista. En su novela epistolar *Cartas marruecas,* analizada por Claudia Gronemann (Mannheim), se oponen dos tipos de ocio, aquél improductivo de la aristocracia, y el alternativo y dinámico de los protagonistas, que conforman una comunidad de «hombres de bien». De forma similar a las ideas de Jovellanos, este modelo de tiempo libre y social, acompasado por coloquios, correspondencias y lecturas comunes, tiene un carácter político, ya que la sociabilidad es puesta al servicio de la reforma nacional. Los modelos utópicos como el de Caldaso a menudo dejan de lado la cuestión de la relación entre hombres y mujeres, aspecto estudiado por Susanne Schlünder (Osnabrück) a partir de ejemplos de la literatura española. El discurso económico, cada vez más importante en el transcurso del siglo, y el de género (*gender*) interfieren en la dialéctica entre ocio y negocio, descrita no solo en los textos en donde se representa la vida matrimonial o la relación entre las mujeres y sus chichisbeos, es decir cortejos, sino también en escritos sobre la prostitución. La tensión económica entre actividad y éxtasis refleja así la posición precaria e inestable de la mujer española, entre la emancipación y el control patriarcal.

En la última parte del libro se profundiza sobre el alcance político de las discusiones sobre el ocio y la ociosidad. Joaquín Álvarez Barrientos (Madrid) describe la regulación de los pasatiempos urbanos en las leyes y en los decretos de la administración española. Estas intervenciones eran a menudo elaboradas y acompañadas por tratados moralistas y económicos de la época. Como así lo demuestra Álvarez Barrientos, las autoridades no se limitaban a emitir prohibiciones, sino que también buscaban crear estructuras que favorecieran el «ocio productivo» (p. ej. teatros, parques, establecimientos termales), y por tanto aptas para cultivar la urbanidad y el decoro de los súbditos. Aun así, el discurso nacional-económico español, examinado por Ana Hontanilla (Greensboro), instrumentalizaba los argumentos teológicos tradicionales contra el ocio, al construir la figura reprobable del vagabundo pobre por culpa propia. Este razonamiento ocultaba una estrategia de doble fin, ya que la inercia móvil del vagabundeo evocaba la improductividad sedentaria de la aristocracia. Al rey, verdadero 'hombre de bien', correspondía entre estos extremos la tarea de encarnar el ideal de una actividad eficiente y virtuosa. El ocio aristocrático se constituye en el aspecto central del artículo de Robert Fajen (Halle-Wittenberg) sobre la literatura del patriciado veneciano. ¿Cómo veían los nobles de la Serenissima la relación entre sus funciones políticas y el tiempo libre del cual podían disponer? Para un autor anciano y conservador como Giorgio Baffo, el chichisbeismo moderno era una clara señal de decadencia, mientras que la propia poética obscena y machista debía expresar la soberanía histórica de la aristocracia veneciana. Por su parte, los patricios más jóvenes imaginaban el ocio como un espacio de tiempo abierto, lúdico y lleno de posibilidades, con lo que propagaban una improductividad sin objetivos ni obligaciones sociales. Finalmente, el último artículo, amplía la perspectiva al considerar el tema del ocio político no solo en textos, sino también en imágenes. Helmut C. Jacobs (Duisburg-Essen) analiza las escenas dedicadas a la ociosidad en los *Caprichos* de Francisco Goya, haciendo énfasis en los discursos ocultos y subversivos del famoso ciclo de imágenes. En un refinado juego, en el que los significados oscilan de modo ambiguo entre imagen y *subscriptio*, Goya castigaba no solo la indolencia parasitaria de la nobleza y el clero, sino también las disfunciones y los abismos al interior de la familia 'moderna'. En estos grabados, lúgubres y cáusticos, la ociosidad omnipresente corrompía todos los estratos y nichos de la sociedad. A finales del siglo XVIII se manifestaban así, nuevamente y con una evidencia paradójica, las ambigüedades y los peligros del nuevo tiempo libre, de un ocio libertino que resultaba ahora desenfrenado, destructivo e incontrolable.

Versione italiana

Il punto di partenza di questo libro è la tesi che nell'Italia e nella Spagna del Settecento la questione dell'ozio e dell'oziosità rappresentava un nodo centrale, discorsivo e immaginativo, in cui convergevano da un lato processi di destabilizzazione del vecchio ordine, dall'altro lato sviluppi legati a profondi mutamenti culturali. Il problema del tempo libero fungeva nel XVIII secolo come un catalizzatore, che trasformava idee e pratiche tradizionali, rendendo così possibile la modernizzazione di entrambi gli spazi culturali. Forse non è un'esagerazione affermare che i dibattiti sulle ambiguità e sulle contraddizioni dell'ozio cambiarono la società in Italia e in Spagna non meno che le idee dei Lumi che si infiltravano d'oltralpe oppure dall'altra parte dei Pirenei.

Ozio ossia *ocio* sono parole tutt'altro che univoche. Il loro significato positivo, secondo il quale ogni attività, ogni azione creatrice richiede necessariamente una tregua, un periodo di ritiro, di raccoglimento e di pace, è sovvertito dalla connotazione negativa che definisce, di principio, il tempo inoperoso come vuoto, vano e futile. Il pericolo del tempo senza senso, non vissuto e, per questo, 'perduto' viene reso esplicito nei termini complementari dell'*oziosità* ossia *ociosidad*, usati sempre in senso peggiorativo. L'ozio si rivela allora come la condizione del vizio; viene anzi messo, senza esitare, sullo stesso piano con ogni forma di comportamento depravato. Chi non fa niente, fa qualcosa di male, spreca il tempo che gli è dato, dirige la propria attenzione su cose che appaiono disfunzionali e diventa soggetto alla decadenza morale e al crimine.

Come dimostrano queste contraddizioni, i due termini non sono innocui. I problemi legati alla polisemia dell'ozio e dell'oziosità comportano importanti conseguenze sul piano politico, socioeconomico, etico ed estetico: *politico*, perché l'ozio tende a essere sovversivo e deve essere perciò controllato, anche nel senso che bisogna decidere in che modo e in quale misura una società ha bisogno di tempo libero (il rovescio della questione sarebbe: quanto ozio può tollerare una società); *socioeconomico*, perché, secondo molti pensatori del Settecento, l'ozio contribuisce, attraverso la moda e il lusso, al progresso economico, e perché, allo stesso tempo, la prosperità economica e l'armonia sociale devono seguire un ritmo equilibrato tra lavoro e rigenerazione; *etico*, non solo perché l'ozio produttivo deve essere distinto dall'oziosità sterile, ma anche perché la convivenza è sottoposta, nei periodi dell'ozio, ad altre regole rispetto a quelle dei contesti delle attività e degli impegni; *estetico*, infine, perché le pratiche dell'ozio sono legate a dispositivi che mirano a esperienze sensuali, al piacere e al godimento.

Per quali ragioni il problema del tempo libero diventò nel Settecento in Italia e Spagna un tema così importante? Una risposta deve tener conto dei significati tradizionali dell'ozio, ai quali si riferiscono e si oppongono le discussioni del XVIII secolo. Nel Rinascimento e nel Seicento (ossia nel Siglo de Oro), i concetti dell'ozio e del tempo libero sono ancora regolati e controllati, almeno in sostanza, dai sistemi morali dominanti, innanzitutto dal discorso teologico e da quello filosofico. In quest'accezione, l'ozio come tempo 'altro', 'diverso', come tempo della sospensione degli affari e del lavoro, aveva una finalità alternativa e magari ancora più importante del lavoro stesso: era il tempo riservato alla preghiera, allo studio e alla riflessione, oppure poteva essere definito come il tempo dedicato alla cura della propria salute, al riposo e all'amministrazione dei poderi fuori dalla città. Come lascia intendere quest'ultima attività non soggetta a vincoli imposti dall'esterno, alcune forme dell'ozio erano, in questa prospettiva tradizionale, un privilegio di pochi: il diritto di quelli che avevano il compito di guidare e di governare e che, per questo, avevano bisogno di più risorse, di più respiro e di più possibilità. Dall'antichità in poi la questione dell'ozio è stata perciò sempre strettamente legata alla riflessione politica ed economica. L'ozio è un presupposto imprescindibile del potere, e nello stesso tempo il potere limita e regola l'ozio, innanzitutto quello delle classi inferiori, per non perdere la sua ragion d'essere.

Apparentemente, anche la letteratura e le arti erano integrate in questo ritmo tra attività e rigenerazione. L'antico precetto del *prodesse et delectare* ne è, a prima vista, un testimone lampante. L'immaginario – ricreativo, di svago – doveva essere, almeno in teoria, funzionale e subordinato; doveva servire, in quanto pratica possibile dell'ozio, a fini più alti che lo trascendevano. Tuttavia, a causa del loro funzionamento interno e delle loro possibilità infinite, la letteratura e le altre arti tendevano da sempre a sovvertire le gerarchie e le regole imposte. Nel tempo-luogo dell'ozio, il godimento e il piacere, provocati dalla letteratura, potevano guadagnare un'autonomia autoriflessiva che sfuggiva ad ogni tentativo di organizzare e controllare la vita sociale. Inoltre, anche certe idee filosofiche potevano apparire pericolose da un punto di vista conservatore, d'impronta religiosa oppure moralizzante. Erano sospette innanzitutto le idee dell'epicureismo, poiché consideravano il tempo libero e i suoi piaceri voluttuosi come un bene assoluto.

Tutto questo, nel corso del Settecento, diventa in Italia e Spagna un tema di prima importanza. Le ambivalenze della parola *ozio* e del suo doppio negativo, l'*oziosità*, si acuiscono. Come dimostrano i contributi di questo volume, il rimprovero di sprecare il proprio tempo con nullità, di non saper plasmare il tempo libero, di perdersi in queste sue libertà, diventa nel secolo dei Lumi un argomento ricorrente – in romanzi, testi teatrali, poesie, giornali, prediche, lettere, diari, trattati politici, economici e moralistici ecc. Allo stesso tempo (e anche questo viene messo in rilievo dai saggi seguenti), si cerca inoltre di valorizzare l'ozio e l'oziosità attribuendo al tempo libero nuove funzioni sociali e culturali. Un esempio ben noto sono le contraddizioni che sussistono tra i dibattiti sulla legittimità del teatro, considerato spesso come ozioso, e il ruolo ottimista che la Repubblica letteraria (ossia la *República de las Letras*) attribuisce all'ozio 'creativo' nel progresso delle scienze e delle arti. Un altro esempio sono le utopie politiche che utilizzano il tema dell'ozio per sperimentare modelli alternativi di convivenza senza differenza di ceto.

Come spesso accade, l'inflazione delle critiche e degli apologhi è segno di mutamento. Ma che cosa cambia precisamente? Poiché le analisi seguenti danno una risposta dettagliata, ci limiteremo qui ad alcune osservazioni di ordine generale. Nel Settecento italiano e spagnolo, il concetto del 'tempo libero' si diversifica, si differenzia e raggiunge una complessità semantica che mai si era conosciuta prima. Questa complessità è un segno manifesto che, in entrambe le culture, il tempo dell'ozio diventa 'libero' in un altro senso che nei secoli precedenti: 'libero', perché diventa tempo di opzioni apparentemente infinite, tra cui bisogna scegliere; 'libero', perché si concretizza in sempre nuovi spazi e oggetti; 'libero', perché viene identificato con le zone 'grigie' di sociabilità tra sfera pubblica e sfera privata; 'libero', infine, perché si collega con altri concetti, altre pratiche ed altri dispositivi, colonizzandoli, deformandoli, modificandoli. L'esempio più significativo, trattato in vari saggi di questo volume, è il rapporto tra i sessi, particolarmente scottante tanto in Italia quanto in Spagna a causa del conservativismo dei secoli precedenti, che per questa ragione presenta straordinari parallelismi. Nel discorso che si forma su questo argomento nel corso del secolo, la parola *ozio* (ossia *ocio*) diventa un termine chiave che 'reagisce', grazie alla sua polivalenza e contraddittorietà, con altri concetti della sociabilità. In tal modo vengono rese possibili nuove forme e nuovi significati che cambiano radicalmente la vita sociale su entrambe le penisole: la conversazione e la *tertulia*, il cicisbeo e il *chichisbeo* sono le figure moderne ed ambigue dell'ozio nel Settecento italiano e spagnolo. Le questioni sollevate sia in Italia sia in Spagna, in testi di ogni tipo, mai enumerati per quantità, sono sempre le stesse: In quali luoghi e in quali situazioni uomini e donne possono riunirsi? Quali sono i limiti da imporre ai giovani non ancora sposati? Quali divertimenti sono leciti, quali disonesti? In che maniera una donna può muoversi in una città? Un uomo e una donna possono essere amici senza provare desiderio uno dell'altra e viceversa? Quanta cura può dedicare un uomo alla propria persona? Come si trascorre una giornata se si vive di rendita, senza funzioni politiche oppure economiche? La conversazione e la *tertulia* aprono nuovi spazi nella società, che si sottraggono ai vecchi modelli interpretativi e che sembrano incontrollabili, indefinibili, pericolosi. Il cicisbeo e il *chi-*

chisbeo/*cortejo* turbano l'ordine pubblico. Il tempo libero si trasforma in tempo liberato oppure, secondo il punto di vista, in tempo libertino.

L'interesse per l'ozio moderno, che, come si è già accennato, non si limita alla questione dei sessi, ma coinvolge anche altri argomenti d'ordine politico, economico, etico ed estetico, è generalmente un punto comune tra i due spazi culturali, quello italiano e quello spagnolo, che li differenzia da altri paesi nel Settecento. In Francia, per esempio, dove l'*otium* latino linguisticamente non si è potuto imporre, l'opposizione tra *loisir* e *oisiveté* appare molto più netta rispetto a quella tra *ozio* e *oziosità* ossia *ocio* e *ociosidad*; di conseguenza, temi come il raduno mondano tra uomini e donne, la galanteria, i passatempi oppure i luoghi di svago (caffè, villeggiatura, teatri, appartamenti privati – *casini* a Venezia e altrove – ecc.) non hanno l'incisività e ancor meno l'asprezza che possiamo osservare in Italia e Spagna (ovviamente, in Francia, molte di queste discussioni, come quella delle amicizie tra cavalieri e dame nei *salons*, erano già più o meno terminate verso la fine del XVII secolo; bisogna inoltre tener conto del fatto che la società francese era più permeabile e dinamica di quelle italiane e spagnole). I parallelismi e le analogie tra Italia e Spagna, invece, si spiegano innanzitutto con le somiglianze storico-culturali (scarsa importanza di movimenti riformati e impatto della Controriforma, attività educativa dei gesuiti, nobiltà 'chiusa', borghesia politicamente piuttosto debole, misoginia clericale, modelli di famiglia severi e autoritari ecc.) e anche con gli intensi scambi culturali tra le due penisole: l'esempio più saliente, nel nostro contesto, è il passaggio della parola italiana *cicisbeo* nel Settecento, che diventa il *chichisbeo* spagnolo. Non bisogna tuttavia tralasciare le notevoli differenze che sussistono nelle manifestazioni concrete dei discorsi. Queste differenze hanno a che fare con le condizioni politiche: la Spagna era uno stato unitario, l'Italia un insieme eterogeneo e policentrico di monarchie e repubbliche. In alcuni stati del Nord e del Centro dell'Italia il potere della chiesa era meno grande che in Spagna o nel Regno di Napoli (per non parlare dello Stato Pontificio). Gli scrittori di questi stati potevano quindi porre l'accento su altri aspetti e sostenere posizioni più 'moderne' rispetto ai loro colleghi a sud o a occidente. Inversamente, gli autori spagnoli si riallacciavano a tradizioni politiche, socioculturali e letterarie, che divergevano nettamente da quelle della penisola italiana. Poiché il fulcro del presente volume non è un'analisi dei vari scambi culturali tra Italia e Spagna, ma un confronto poliedrico che mira a mettere in luce aspetti multiformi di un comune fenomeno – le discussioni, pratiche e rappresentazioni dell'ozio e dell'oziosità, appunto –, i saggi italiani dirigono la loro attenzione innanzitutto a testi, situazioni e costellazioni nella Repubblica di Venezia, nella Lombardia sotto dominio austriaco, nel Ducato di Modena e Reggio e nella Repubblica di Lucca. Rispetto a ciò, la prospettiva spagnola può ovviamente essere molto più larga: a causa dell'unità dello stato, sono possibili osservazioni che riguardano l'intera cultura del regno, pur limitandosi al contesto europeo, poiché un'analisi dell'impero d'oltremare, di per sé assai interessante, esulerebbe dal tema imposto dal confronto con l'Italia.

Il libro si articola in quattro parti. La prima mette in luce concetti e discorsi che si riferiscono alla questione dell'ozio. Jan-Henrik Witthaus (Kassel) mostra come, in giornali e riviste spagnole, la parola *ociosidad* perda buona parte del suo significato peggiorativo e venga integrata nelle strategie di autolegittimazione degli illuministi spagnoli. I membri della *República de las Letras* consideravano la loro *imaginación activa*, che nasceva dall'oziosità, come un contributo alla modernizzazione sociale ed economica del dispotismo illuminato. L'atteggiamento degli illuministi milanesi appare meno ottimista. Silvia Contarini (Udine) delinea nel suo saggio la dialettica tra ozio e attività nel periodico milanese *Il Caffè*, pubblicato dal giugno 1764 al maggio 1766. In alcuni testi di Pietro Verri e Cesare Beccaria, la gerarchia tra i due concetti è capovolta: l'attività si trasforma in frenesia che disturba la contemplazione felice dell'uomo ozioso. Queste idee sono tuttavia respinte dagli stessi autori alla fine degli anni Settanta a favore di una antropologia 'movimentata' degli affetti e della compassione. Le loro idee sembrano inconsapevolmente opporsi allo stereotipo del *dolce far niente* italiano, tuttora attuale e ambiguo, di cui Andrea Addobbati (Pisa) ricostruisce gli antefatti. Il modo di dire è attestato, così come l'espressione affine del *mestier del far nulla*, già nella prima metà del secolo XVIII negli scritti di Lodovico Antonio Muratori. L'instancabile bibliotecario del duca di Modena vedeva nell'ozio, particolarmente nell'inoperosità aristocratica, uno dei più importanti ostacoli al progresso economico e sociale in Italia.

La seconda parte presenta spazi, pratiche e dispositivi mediali connessi all'ozio e all'oziosità. Nei giornali di Gasparo Gozzi, studiati da Angela Fabris (Klagenfurt), sono le botteghe del caffè e le osterie veneziane i luoghi favoriti del tempo libero: il conte gazzettiere raffigura questi locali semi-pubblici come spazi teatrali che permettevano a Venezia una trasgressione transitoria dell'ordine sociale; i caffè e i magazzini del vino della Serenissima erano immaginati da Gozzi come luoghi in cui circolava un sapere attuale, fluido e allo stesso tempo enciclopedico. Un caso concreto e altrettanto rilevante di pratiche oziose è analizzato da Inmaculada Urzainqui (Oviedo): l'esilio e la prigionia di Gaspar Melchor de Jovellanos negli ultimi anni del secolo. Per mezzo dei suoi diari e delle lettere che mandava agli amici, l'ex ministro tramutava quest'inoperosità imposta in un «ocio compartido»: Jovellanos realizzava in questo modo, attraverso i suoi scritti, la visione politica di un'oziosità fraterna che legava il tempo libero ai concetti del bene comune e della felicità pubblica. Già nella prima metà del secolo si profilava in Spagna una rivalutazione funzionale dell'ozio nei dispositivi mediali appropriati a plasmarlo, come rileva il saggio di Andreas Gelz (Friburgo in Brisgovia), dedicato all'opera di Diego de Torres Villarroel. Senza distaccarsi completamente dal discorso consueto, che condannava l'oziosità vana e vuota, e legittimando nel contempo la propria attività letteraria, Torres faceva risaltare nei suoi testi il potenziale creativo e epistemologico del tempo libero, qualora questo fosse impiegato alla scrittura. L'ozio diventava tempo di conoscenza e produttività intellettuale ed era associato a un concetto più moderno della letteratura, considerata come mezzo di riflessione e di autoaffermazione. L'atto dello scrivere, autoriflessivo e, apparentemente, senza un fine specifico, appariva così una pratica privilegiata dell'ozio e, allo stesso tempo, un mezzo con cui esprimere la propria soggettività al di là di modelli tradizionali, sia letterari, sia morali. Anche la lettura femminile poteva essere nel Settecento una forma di felicità oziosa, come spiega Olaf Müller (Marburgo) nel suo saggio. L'intrattenimento delle donne per mezzo della letteratura, in primo luogo romanzi, era però severamente biasimato da autori conservatori come Giuseppe Baretti o Carlo Gozzi. Il tono misogino delle loro critiche rivela un profondo disorientamento davanti ai mutamenti culturali attorno alla metà del secolo. Difatti, Pietro Chiari, il loro bersaglio prediletto, aveva sviluppato, con i suoi romanzi seriali, un nuovo dispositivo mediale che si rivolgeva esplicitamente a un pubblico femminile e il cui scopo era quello di istruire 'piacevolmente' le donne. Per Chiari, la lettura femminile svolgeva una funzione ben definita nella civiltà moderna della conversazione: attraverso le esperienze delle narratrici-protagoniste, le lettrici conoscevano il mondo e imparavano a proteggersi dai suoi pericoli.

La sociabilità legata ai nuovi concetti del tempo libero è argomento della terza parte del volume. Roberto Bizzocchi (Pisa) mostra come il modello moderno della conversazione, orientato alla donna, si sovrapponesse all'antico ideale della donna operosa, addetta a gestire l'economia della casa. Anche l'ozio della conversazione era tuttavia lavoro, per le donne così come per i loro cicisbei: visite, ricevimenti, passeggiate, villeggiature, giochi e spettacoli teatrali seguivano regole precise, s'integravano in un sistema complesso di relazioni sociali e permettevano di intrecciare una rete fitta di scambi, negoziazioni e accordi. Questa funzionalità dell'ozio moderno è il punto cieco del *Giorno* di Giuseppe Parini, testo chiave della critica anti-aristocratica italiana. E neppure Carlo Goldoni, meno polemico e più indulgente di Parini, riusciva a cogliere pienamente questo aspetto costruttivo dell'ozio, come dimostra l'interpretazione della *Trilogia della villeggiatura* proposta da Rudolf Behrens e Esther Schomacher (Bochum). Nelle tre commedie, gli oggetti dell'ozio (vestiti, provviste di caffè, mazzi di carte da gioco ecc.) non portano mai la soddisfazione che i personaggi credono di poter ottenere con il loro aiuto. Il rapporto uomo-oggetto si rivela disturbato; al posto dell'antica economia della villeggiatura, integrata nel ciclo della semina e della raccolta, degli investimenti e dei redditi, Goldoni pone un'economia perversa delle passioni e delle delusioni, in cui i desideri individuali girano a vuoto. Più ottimista appare la posizione dell'illuminista spagnolo José Cadalso. Nel suo romanzo epistolare *Cartas marruecas*, analizzato da Claudia Gronemann (Mannheim), si oppongono due tipi di ozio: quello inoperoso dell'aristocrazia e quello alternativo, dinamico, dei protagonisti, che formano insieme una comunità di «hombres de bien». Similmente alle idee di Jovellanos, anche questo modello di un tempo libero e socievole, scandito da colloqui, corrispondenze e letture comuni, comporta una dimensione politica, poiché la sociabilità viene messa a servizio della riforma nazionale. Modelli utopici come quelli di Cadalso trascurano spesso la questione del rapporto tra uomini e donne, aspetto che è invece studiato da Susanne Schlünder (Osnabrück) in base ad alcuni esempi dalla letteratura spagnola. Il discorso economico, sempre più importante nel corso del secolo, e quello del genere (*gender*) interferiscono nella dialettica tra ozio e negozio, descritta non solo in testi che raffigurano la vita matrimoniale oppure la relazione tra donne e *chichisbeos* ossia *cortejos*, ma anche in scritti sulla prostituzione. La tensione economica tra attività e stasi rispecchia in questo modo la posizione precaria e instabile della donna spagnola tra emancipazione e controllo patriarcale.

L'ultima parte del volume approfondisce la portata politica delle discussioni sull'ozio e l'oziosità. Joaquín Álvarez Barrientos (Madrid) descrive il regolamento dei passatempi urbani sulla base delle leggi e dei decreti dell'amministrazione spagnola. Questi interventi erano spesso preparati e accompagnati dalla trattatistica moralistica ed economica dell'epoca. Come dimostra Álvarez Barientos, le autorità non si limitavano ad emettere divieti, ma cercavano ugualmente di creare strutture per un «ocio productivo» (ad esempio teatri, parchi, stabilimenti termali) e, quindi, atte a favorire l'urbanità e il decoro dei sudditi. Tuttavia, il discorso nazional-economico spagnolo, esaminato da Ana Hontanilla (Greensboro), strumentalizzava anche gli argomenti teologici tradizionali contro l'ozio, costruendo così la figura riprovevole del girovago, povero per propria colpa. Questo ragionamento celava una strategia a doppio bersaglio, poiché l'inerzia mobile del vagabondaggio riecheggiava l'inoperosità sedentaria dell'aristocrazia. In mezzo a questi estremi, toccava al re incarnare, da vero *hombre de bien*, l'ideale di un'attività efficiente e virtuosa. L'ozio aristocratico è al centro dell'attenzione del saggio sulla letteratura del patriziato veneziano di Robert Fajen (Halle-Wittenberg). Come vedevano i nobiluomini della Serenissima la relazione tra le loro funzioni politiche e il tempo libero di cui potevano disporre? Per un autore anziano e conservatore come Giorgio Baffo, il cicisbeismo moderno era segno manifesto di decadenza, mentre la propria poetica oscena e maschilista doveva esprimere la sovranità storica dell'aristocrazia veneziana. Patrizi più giovani immaginavano invece l'ozio come uno spazio di tempo aperto, ludico e pieno di possibilità, propagando così un'inoperosità senza scopi e senza obblighi sociali. L'ultimo studio, infine, estende la prospettiva del volume prendendo in considerazione il tema dell'ozio 'politico' non solo attraverso la trattazione di testi ma anche quella delle immagini. Helmut C. Jacobs (Duisburg-Essen) analizza le scene dedicate all'oziosità nei *Caprichos* di Francisco de Goya, mettendo a fuoco i discorsi celati e sovversivi del famoso ciclo. In un gioco raffinato, in cui i significati oscillano in modo equivoco tra immagine e *subscriptio*, Goya fustigava non solo l'indolenza parassitaria della nobiltà e del clero, ma anche le disfunzioni e gli abissi all'interno della famiglia 'moderna'. In queste incisioni, cupe e caustiche, l'oziosità onnipresente corrompeva tutti gli strati e tutte le nicchie della società. Alla fine del XVIII secolo si manifestavano così, ancora una volta e con paradossale evidenza, le ambiguità e i rischi del nuovo tempo libero, di un ozio svincolato da tutto che appariva ormai sfrenato, distruttivo e incontrollabile.

I.

Conceptos y discursos

Concetti e discorsi

JAN-HENRIK WITTHAUS

Anotaciones al concepto de la 'ociosidad' en el siglo XVIII: entre economía, imaginación y escritura

1. Introducción

En un célebre texto literario, publicado mucho tiempo después de la Ilustración, el campo semántico de la ociosidad se estructura de una forma novedosa.

¡La hormiga!, ¡bah!, uno de los animales más hipócritas! Apenas hace sino pasearse y hacernos creer que trabaja. Es como ese gandul que va ahí, a paso de carga, codeando a todos aquellos con quienes se cruza, y no me cabe duda de que no tiene nada que hacer. ¡qué ha de tener que hacer, hombre, qué ha de tener que hacer! Es un vago, un vago como... ¡no, yo no soy un vago! Mi imaginación no descansa. Los vagos son ellos, los que dicen que trabajan y no hacen sino aturdirse y ahogar el pensamiento.[1]

La imaginación incesante e infatigable, destacada por la voz narrativa, representa el motor de este párrafo, que puede contarse entre los ejemplos tempranos del monólogo interior. Proviene de *Niebla* (1914), de Miguel de Unamuno. A través de la imagen de la hormiga –dotada de sentido, domesticada ya por la fábula clásica–[2] el sistema de valores de la Ilustración se ve puesto en cuestión. Los que trabajan atendiendo a la utilidad socialmente reconocida son vilipendiados como hipócritas, y además como jornaleros simples, que se hacen culpables de pereza mental. Por el contrario, el yo paseante, es decir Augusto Pérez, se muestra como la instancia que genera, asocia y procesa las ideas fijadas en este fragmento de prosa. Como él dice, su «imaginación no descansa» nunca, y así Augusto Pérez justifica su existencia.

---

[1] Miguel de Unamuno, *Niebla*, en: *Obras selectas*, Prólogo de Julián Marías, Madrid, Espasa Libros, 1998, 344.

[2] En este contexto hay que citar *Proverbios* 6, 6-8. En lo que concierne a la tradición clásica, la versión más conocida, derivada del *Fedro*, se encuentra en un poema de Jean de La Fontaine que se titula «La cigala y la hormiga» y que se recoge entre las *Fábulas puestas en verso* (1668-1694) del mismo autor.

El inicio de *Niebla* está basado en un artículo anterior de Unamuno –«En defensa de la haraganería» (1908)–.[3] En este corto ensayo Unamuno desarrolla una teoría de la civilización que está basada en el propio concepto de holganza. Explica el escritor vasco que todo avance civilizador se produce mediante los potenciales creativos surgidos de la ociosidad económica. Tal teoría de la cultura aparentemente no encaja en el legado de la Ilustración. Augusto Pérez y su forma de vida se hubiesen visto atacados por la acérrima crítica de los *Espectadores* del XVIII. Cabe entrever por ejemplo un parecido de familia entre don Augusto y el Eusebio del cuarto artículo del *Censor*. Este, por su inutilidad para contribuir al bienestar nacional, representa toda una casta social: la nobleza ociosa que detrás de un velo tupido de piedad cristiana peca contra toda responsabilidad para con la sociedad en que vive.

> A la verdad si nuestro buen Eusebio, à favor de quatro devocioncillas estériles, efectos antes del ocio, que de la piedad, está autorizado para regalarse à costa de una infinidad de miserables, que trabajaban para él; si su ociosidad y la inutilidad de su vida no es por sí misma una infraccion grave de la ley, ¿no tendrémos mucha razon para exclamar contra toda la doctrina del Evangelio?[4]

Desde este punto de vista, la existencia holgada de Augusto se presenta igualmente libre de toda preocupación ilustrada y de todo compromiso social.

Este epítome breve proveniente de *Niebla* y su comparación con la postura expresada en el *Censor* no nos sirve únicamente como contraposición a la crítica de la ociosidad del XVIII. Del mismo modo puede ser contemplado como su punto final. A continuación analizaremos la ociosidad como concepto problemático en el discurso reformador del despotismo ilustrado español. Sin embargo, este será solamente el primer paso. Después se pondrá de manifiesto que, en el contexto de la reflexión mediática de la Ilustración, se contraponen el proceso de escribir y la imaginación activa a la ociosidad y a la pereza. Por tanto, el

---

[3] V. Miguel de Unamuno, «En defensa de la haraganería», en: *Obras Completas*, edd. Manuel García Blanco, 9 vol., Madrid, Escelicer, 1966-1971, vol. 3 (1968), 439-444. Unamuno puede considerarse de cierta forma como precursor de Bertrand Russell. Éste publica en 1935 su ensayo *In Praise of Idleness*, en que explica su visión de cuatro horas laborales diarias –visión algo utópica, por más que basada en la experiencia de la Primera Guerra Mundial–. Guardando las diferencias, se encuentran en este texto muchos paralelos con el de Unamuno. Respecto al desarrollo del concepto de ocio, desde la edad clásica hasta el temprano Renacimiento, v. además Nilda Guglielmi, «La cultura del ocio», en: *Acta historica et archaeologica mediaevalia* 18 (1997), 135-153.

[4] *El Censor*, 8 vol., Madrid, 1781-1787, vol. 1 (1781), 71.

pensamiento de la Ilustración no solamente profesa el determinante utilitarismo en que se sitúa la polémica dirigida contra la ociosidad. En el contexto de la Ilustración se valora asimismo la imaginación, que solo se libera en un entorno protegido y calmado, que, así, se opone a la pereza y que se revela como actividad que pone en marcha la lengua. Con esto *mutatis mutandis* habríamos llegado otra vez al punto inicial, habríamos vuelto a Unamuno.

En este artículo queda al margen de nuestra consideración la reflexión del XVIII sobre el tiempo libre y las diversiones de los individuos.[5] No habrá espacio tampoco para comentar la continuidad de la tradición latina del concepto *otium*,[6] que se encuentra en la definición del término 'ocio' en el *Diccionario de Autoridades*: «diversión ù ocupación quieta, especialmente en obras de ingénio [...].»[7] Mas creemos que lo que a continuación se va a decir sobre el concepto de la imaginación permite establecer enlaces con esta tradición de la Antigüedad que acabamos de mencionar.[8]

---

[5] V. María Jesús Miranda, «Política y práctica del ocio a fines del siglo XVIII», en: *Cuadernos de Geografía* 62 (1997), 623-635.

[6] V. Jean-Marie André, *L'otium dans la vie morale et intellectuelle romaine. Des origines à l'époque augustéenne*, Paris, PUF, 1966, 531-541; en cuanto al *otium*, tal y como se desarrolla este concepto en las obras de Cicerón, v. John Balsdon, «Auctoritas, Dignitas, Otium», en: *The Classical Quarterly* New Series 10/1 (1960), 43-50. Cf. 47-49: aquí el término *ocio* significa o el establecimiento de la paz y del bienestar en la república o el retiro del político después de su servicio a la república, retiro que puede ser efectuado con dignidad o sin ella; v. además Guglielmi, «La cultura del ocio», 137.

[7] Real Academia Española, *Diccionario de Autoridades*, 6 vol., Madrid, Gredos, 1726-1739, vol. 5 (1737). Al inicio de este lema, no obstante, se lee una definición que lleva unas connotaciones más bien negativas: «Cessación de trabajo, inacción o total omissión de hacer alguna cosa». En el *Tesoro de la Lengua Castellana* (Madrid, Sánchez, 1611) de Sebastián de Covarrubias no se marca una distinción entre *ocio* y *ociosidad*, ahí se encuentra solo una corta definición del primer término que se identifica con el segundo: «OCIO, no es tã vsado vobablo como ociosidad, Lat.otium: ocioso el que no se ocupa en cosa alguna.» En la obra pionera de Pedro Álvarez de Miranda (*Palabras e ideas. El léxico de la Ilustración temprana en España*, Madrid, Aguirre, 1992) no hemos encontrado indicaciones acerca de dichos conceptos –a no ser que se asocien al complejo temático de la utilidad (v. p. ej. ibid, 307)–.

[8] Sobre todo hay que relacionar la formación de la escritura ilustrada –desde la perspectiva del ocio– con el término antiguo del *Otium Litteratum*, como lo encontramos según André por primera vez en Catón, v. André, *L'otium*, 45 sq.

2. La ociosidad y el reformismo borbónico – entre proyectismo y reflexión económica

Obviamente, la polémica sobre la ociosidad no proviene del pensamiento económico. Procede de la tradición cristiana, humanista y de la reflexión moral. Es bien conocida la condena cristiana de la *acedia*.[9] Como hemos anotado antes, la campaña contra la pereza es más antigua, dado que los humanistas españoles, al vilipendiar el vicio de la ociosidad, no hacen únicamente hincapié en la tradición cristiana, sino que se refieren numerosas veces a fuentes antiguas.[10] Antonio de Guevara p.ej., simplemente alude a temas clásicos[11] cuando escribe: «de los ociosos momentos y superfluos pensamientos tienen principio los hombres perdidos».[12] Habría que reflexionar más detenidamente sobre estos conceptos, teniendo siempre en consideración los contextos históricos. No podemos, claro está, reconstruir detalladamente la filiación conceptual en esta ocasión.

Lo que podemos afirmar sin lugar a dudas es que la condena moral de la ociosidad cobra valor político a más tardar en el siglo XVIII. Se integra en los contextos económicos de la época, es decir, sigue las estelas del reformismo borbónico, que después de la supuesta decadencia en el siglo anterior pretende acumular todos los recursos para fomentar la regeneración económica y militar.[13] El dispositivo de la reforma abraza este pensamiento, de tal manera que hasta en la República de las Letras se censura la ociosidad bajo aspectos económicos, como vemos en el *Teatro crítico universal* de Benito Jerónimo Feijoo. El último discurso de

---

[9] V. Guglielmi, «La cultura del ocio», 139 sq.

[10] V. p. ej. el *Apólogo de la ociosidad* (~1530) redactado por Luis Mexía y glosado por Cervantes de Salazar. La diferencia entre ocio y ociosidad que se encuentra en este texto (v. la introducción en *Apólogo de la ociosidad y el trabajo, de Luis Mexía, glosado y moralizado por Francisco Cervantes de Salazar*, edd. Consolación Baranda, Salamanca, Universidad de Salamanca, 2012, 74 sq.) puede relacionarse con la ambigüedad del *otium* en la tradición clásica romana.

[11] V. Gerónimo Martín Caro y Cejudo, *Refranes, y modos de hablar castellanos; y la glosa y explicación de los que tienen necesidad de ella*, Madrid, Imprenta Real, 1792, 175 sq.: «La ociosidad es madre de los vicios. Otiositas mater vitiorum, noverca virtutum. Seneca in Proverbiis, vel Nihil agendo homines malè agere discunt, M. Cato, apud Columel. Lib. 11. vel: Irruit in vacuam vitiorum copia mentem, / Otia enim cunctis sunt alimenta a malis, Ferdinad. Beneventan.»

[12] Antonio de Guevara, *Menosprecio de corte y alabanza de aldea*, edd. M. Martínez de Burgos, Madrid, Espasa Calpe, 1952, 62.

[13] V. Christian von Tschilschke, «Der spanische Patient. Krisendiagnose, Reformdiskurse und Projektemacherei im spanischen 18. Jahrhundert», en: Uta Fenske et al. (eds.), *Die Krise als Erzählung. Transdisziplinäre Perspektiven auf ein Narrativ der Moderne*, Bielefeld, transcript, 2013, 169-187.

esta obra monumental lleva esta idea en el título. Dado el gran éxito del *Teatro crítico*, dicho discurso puede considerarse como un legado transmitido a las décadas posteriores de la Ilustración: «La ociosidad desterrada y la milicia socorrida». En este artículo el padre benedictino nos habla de la reducción de los días festivos para incrementar el potencial productivo de la sociedad –una medida política bastante moderna, que se discute todavía en la actualidad–. Feijoo enumera las profesiones especialmente improductivas y propone reducir las jornadas festivas y con ello la mano de obra en las administraciones y manufacturas. El potencial restante se puede aprovechar, según el padre benedictino, para el reclutamiento de soldados.

Para ver el producto de gente, que puede resultar de esta providencia, pongamos que se quiten veinte días festivos de tantos como hay en el discurso del año; con que otros tantos se añaden de trabajo, que viene a ser la diez y ochena parte del año. A proporción que se añaden días de trabajo, se rebaja el número de Oficiales necesarios, porque cada Oficial podrá trabajar entonces una diez y ochena parte más de lo que trabaja ahora. Con que si hay un millón de Oficiales mecánicos en España (que me parece es lo menos que se debe computar), se puede excusar de estos una diez y ochenta parte: luego quedan más de cincuenta mil para la guerra.[14]

La idea no es de Feijoo. La adapta de los precursores del pensamiento económico y político en España: Pedro Fernández de Navarrete, Diego de Saavedra Fajardo y Jerónimo de Uztáriz.[15]

Este último autor, contemporáneo de Feijoo, que en su célebre obra *Theórica y práctica de comercio, y de marina* (1724) recomienda medidas mercantilistas para gestionar la regeneración de su patria, resulta imprescindible a la hora de esbozar la crítica de la ociosidad en el contexto del discurso económico.[16] Al inicio del tratado mencionado, Uztáriz clarifica las bases antropológicas que definen al ser humano como ente

[14] *Obras escogidas del Padre Fray Benito Jerónimo Feijoo y Montenegro*, edd. Vicente de la Fuente, Madrid, Atlas, 1952, 496.

[15] V. Diego Saavedra Fajardo, *Empresas políticas*, §§66,71; Jerónimo de Uztáriz, *Theórica y práctica de comercio, y de marina*, §107; Pedro Fernández de Navarrete, *Conversación de las Monarquías*, §13.

[16] A continuación nos dejamos guiar por la opinión de Horst Pietschmann («Das *Proyecto económico* von Bernardo Ward. Zur Auslandsorientierung der bourbonischen Reformpolitik», en: Siegfried Jüttner [ed.], *Spanien und Europa im Zeichen der Aufklärung*, Frankfurt a. M., Peter Lang, 1991, 211-227) que considera a los autores Jerónimo de Uztáriz, José del Campillo y Cosillo y Bernardo Ward como los autores más esenciales para la formación del pensamiento económico en el XVIII español.

social que se ve obligado a contribuir con sus actividades laborales al bien común, según sus capacidades individuales:

La noble Ley del agradecimiento nos prescribe tambien la assistencia reciproca, trabajando los unos para los otros. Con la respectiva tarèa de cada uno se ha de labrar la proporcionada convenencia de todos: iniquidad serìa, que se sustentassen ociosos los unos, usurpando à los otros el fruto de sus fatigas.[17]

Aquí se hacen patentes las bases iusnaturalistas provenientes de la escolástica medieval y acogidas por la Escuela de Salamanca posteriormente, a saber, el trabajo por el bien común, la especificación de las tareas laborales, etc. En el párrafo citado, además, se afirma la reciprocidad de las actividades que aumentan el bienestar del colectivo social siempre y cuando la faena del uno complete la labor del otro. No hay que olvidar que la pobreza y la mendicidad se contaban entre los problemas sociales más palpitantes del XVIII español. Como afirma Vicens Vives, «la pedigüeñería era tan corriente, que no se tenía por deshonroso pedir al primero que se presentara; junto al pobre verdadero que imploraba un socorro con humildad, otros, hidalgos o pícaros, pedían con dignidad y hasta con arrogancia».[18]

A continuación, los intelectuales de la época se encargarán de descubrir los núcleos de la holgazanería, que se ocultan en los diferentes sectores de la sociedad, y de sacudirlos y ponerlos en movimiento para aumentar el potencial de acción nacional.[19] En esta empresa de activar los elementos ociosos de la sociedad española, la prensa periódica juega un papel preponderante. A través de ella surge una amplia variedad de propuestas de reformas: cabe destacar en este contexto la prensa económica que se forma a mediados del siglo, y especialmente su primer ejemplo, los *Discursos Mercuriales* (1752-56) de Juan Enrique Graef, personaje que, como formula Paul Guinard, «aborde à plusieurs reprises, et dans un esprit tout à fait 'philosophique', le problème du retard économique

[17] Jerónimo de Uztáriz, *Theórica y práctica de comercio, y de marina*, Madrid, Antonio Sanz, 1742, 1.

[18] Jaume Vicens Vives, *Historia de España y America social y económica*, Barcelona, Teide, 1974, 102.

[19] En cuanto a los aspectos económicos del reformismo borbónico v., aparte de Vicens Vives (*Historia*, 128-180), el estudio no menos clásico de Richard Herr, *España y la revolución del siglo XVIII*, Madrid, Aguilar, 1988, 101-128.

de l'Espagne et de ses causes: indolence, sentiment d'infériorité par rapport aux pays étrangers, gaspillage de main-d'œuvre.»[20]

Ya en el primer número, Graef propaga un proyecto para reformar la situación de los mozos de esquina, gente considerada como ociosa que –según él– deben integrarse en los procesos productivos e industriales de la sociedad. Son varios los propósitos diseñados para activar a las capas sociales humildes y canalizar su potencial de mano de obra en proyectos que benificien a la economía nacional.[21] En el seno del reformismo borbónico se halla un plan de medidas trazado para perseguir la ociosidad social y reconducirla al proyecto común de la regeneración nacional. Estas observaciones generales hay que tenerlas en mente a la hora de evaluar el concepto en cuestión durante el XVIII español.

Con esto, la ociosidad no se limita a ser un objeto de reforma únicamente, sino que contribuye a formar actitudes, mentalidades y discursos muy importantes durante aquella época. Volviendo a la prensa económica, puede resaltarse que es precisamente en las páginas de los *Discursos mercuriales* de Graef donde pueden observarse los efectos del reformismo en la historiografía económica. Ahí la ociosidad se transforma en un argumento histórico que cobra un valor explicativo a la hora de tematizar la decadencia nacional, es decir, el mismo concepto se integra en un modelo explicativo para poner en evidencia el deterioro del imperio español desde los Siglos de Oro. Según Graef, fueron las riquezas de América las que hicieron que se estancara el comercio en los territorios nacionales:

> Los españoles, antes trabajadores, vigilantes, dedicados al cultivo, industriosos y valerosos soldados, ricos y opulentos por las mismas producciones y fábricas de sus dominios y temidos por afuera, pues, sin necesitar en cosas precisas a los extranjeros, les repartían abundantes riquezas, perdieron en gran parte todas sus virtudes civiles. Y para entregarse con libertad y sosiego al ocio y a la pereza, al abrigo y sombra de sus riquezas americanas, comenzaron a aflojar en el trabajo, dejando insensiblemente perder sus fábricas y el comercio interior del reino. [...] El ocio se apoderó de esta manera de los genios caste-

[20] Paul Guinard, *La presse espagnole de 1737 à 1791. Formation et signification d'un genre*, Paris, Centre de Recherches Hispaniques, 1973, 127. V. además Francisco Sánchez-Blanco, «*Los Discursos Mercuriales* (1752-1756) de Juan Enrique Graef. Opinión y poder en el movimiento ilustrado español», en: *Estudios de Historia Social* 52/53 (1990), 477-489; Jan-Henrik Witthaus «Los *Discursos Mercuriales* de Juan-Enrique Graef. Acerca de la constitución de la esfera pública a mediados del siglo XVIII», en: Marieta Cantos Casanave (ed.), *Redes y espacios de opinión pública. De la Ilustración al Romanticismo. Cádiz, América y Europa ante la Modernidad. 1750-1850*, Cádiz, Grupo Planeta, 2006, 51-65.

[21] En cuanto a la *Obra pía* (1757) de Bernardo Ward v. Pietschmann «Das *Proyecto económico*», 217 sq.

llanos. Este, auxiliado de la presunción y del amor propio, sus legítimas compañeras, desprecio al comercio como cosa vil y baja y opuesta a la hidalguía [...].[22]

Es sumamente revelador observar cómo el ocio se asocia con la riqueza y la ostentación. La condena de la ociosidad no se saca de la naturaleza de las cosas, como hemos podido observar en el inicio de *Teoria, y práctica de comercio* de Uztáriz. En el párrafo que acabamos de citar, se entrecruzan los discursos económicos y moralistas, formando una narración histórica con que se pretende indagar las causas históricas que supuestamente conformaron el genio de la nación española.

Siguiendo el hilo de las publicaciones económicas más conocidas de la época, veremos que en el contexto de la reflexión de la ociosidad los territorios de América siguen siendo de gran interés y, además, se hacen objeto preponderante de posibles intervenciones políticas. Ni siquiera los índigenas se salvan de 'la voluntad de reforma' española: Bernardo Ward, que durante un tiempo presta los servicios de su ingenio a la Corona española, pone de manifiesto la necesidad de activar la mano de obra y el consumo, y con ello a los indígenas, que hasta aquel entonces se habían quedado sin aprovechar. El *Proyecto económico* de Ward, que puede ser considerado como programa de la política de Carlos III,[23] del mismo modo merece caracterizarse como declaración de guerra a todo tipo de ociosidad que, según esto, habría que distinguir de la indigencia y de la verdadera pobreza: «La tierra inculta solo es inutil y aun no del todo; pero el holgazan es mucho peor que inutil, pues su manutencion es un censo muy gravoso sobre el laborioso, y sus vicios una infeccion, que corrompe al sano».[24] En las colonias, pues, habría que integrar a los indígenas en un sistema de gratificación, «considerando la poquedad de espíritu de los Indios, y su oposición al trabajo».[25] Así, tanto posesión de

---

[22] Juan Enrique Graef, *Discursos mercuriales económico-políticos (1752-1756)*, edd. Francisco Sánchez-Blanco, Sevilla, Fundación El Monte, 1996, 184 sq. [No. 4/1755].

[23] Pietschmann, «Das *Proyecto económico*», 225. Dejamos al lado la discusión sobre la fecha de su redacción y de su autoría, ya que se añadiría otra sobre el *Nuevo sistema de gobierno económico para la América* que desde su publicación de 1789 se solía adscribir a José del Campillo y Cossío, puesto que este último texto es más o menos idéntico con la segunda parte del *Proyecto Económico* de Ward. V. el estudio preliminar de Elorza en: José del Campillo y Cossío, *Lo que hay de más y de menos en España*, edd. Antonio Elorza, Madrid, Seminario de Historia Social y Económica de la Facultad de Filosofía y Letras de la Universidad de Madrid, 1969, 14-16; Luis Navarro García, «Campillo y el *Nuevo sistema*. Una atribución dudosa», en: *Temas americanistas* 2 (1983), 67-84; Luis Navarro García, «El falso Campillo y el reformismo borbónico», en: *Temas americanistas* 12 (1995), 10-31.

[24] Bernardo Ward, *Proyecto económico*, Madrid, Joaquín Ibarra, 1779, 196.

[25] Ward, *Proyecto económico*, 266.

tierra como prestación de servicio autorizarían al aborigen a vestirse de prendas españolas: «á todo Indio [...] que posee tierra, que exerce empleo público, ó que tenga encargo del Real Servicio, se le procurará persuadir con buen modo á que use del mismo trage Español».[26] Mediante su vestimenta nacional, los indígenas serían capaces de convertir el capital material en capital simbólico, lo cual llevaría otra vez a la acumulación de beneficio material en el bando de los propios españoles, dado que estas medidas, una vez realizadas, fomentarían las manufacturas de tejidos en la península metropolitana.

La prensa de los *Espectadores*, sobre todo el *Censor*, acoge estos impulsos del pensamiento económico de la época para adaptarlos a una perspectiva moral con la que nunca se pierde de vista las estructuras sociales. Así

> la ociosidad de algunos nobles y la pobreza de sectores marginados como jornaleros le permiten resaltar algunos defectos de las clases privilegiadas, como la ineficacia y la pereza, frente a las virtudes de los plebeyos: la laboriosidad, el valor, el sentido del honor.[27]

Tal perspectiva moral, pues, no se realiza sobre la base del dogmatismo cristiano, sino que se articula siempre al nivel de la sociedad y de sus exigencias.

Los personajes que aparecen en el *Censor* a menudo representan tipos sociales, y estos tipos llevan a una tipología que permite la observación de la sociedad. El caso mencionado al inicio de este artículo, el Eusebio del cuarto artículo del *Censor*, puede servirnos de ejemplo. En esta ocasión, se hace visible el compromiso social al que se ve obligado el escritor público, la franqueza, además, de la crítica dirigida a aquella casta: «on est surtout frappé par la violence des attaques tournées vers la noblesse espagnole en particulier.»[28]

Obviamente, la figura de Eusebio cumple precisamente con todas las demandas que se asocian con la llamada vida cristiana, pero a pesar de su vida tan ejemplar y honrosa no contribuye lo más mínimo al beneficio o al bienestar de la nación. Precisamente el compromiso social representa un legado cristiano, tal y como lo caracterizan los autores del *Censor*: «Una vida ociosa, è inutil à los demás hombres es la cosa mas opuesta al carácter de un verdadero Christiano, y à la Moral Evangeli-

---

[26] Ibid., 267.

[27] María Dolores Sáiz, *Historia del periodismo en España*, 3 vol., Madrid, Alianza, 1983-1996, vol. 1 (1983), 208.

[28] Guinard, *La presse espagnole*, 310.

ca.»[29] La actividad provechosa, el compromiso por el bien común, se convierte en la virtud preponderante de una ética social que tiene fundamentos cristianos y que se propugna en este periódico. Así leemos en el décimo artículo del periódico:

Quiero hacer ver, que la ociosidad voluntaria, aun quando no nos expusiese à toda suerte de peligros, como efectivamente nos expone, es por sí misma un pecado; quiero decir, es inseparable de una infraccion del precepto, que nos prescribe la caridad propia, y del proximo.[30]

La condena de la ociosidad no puede considerarse como mero retorno a la reflexión moral de los siglos anteriores, por ejemplo, como la condena cristiana de la *acedia*, es decir de la pereza. No se trata ahí tanto del comportamiento de las personas ante Dios, sino de su comportamiento ante la sociedad en que viven. Siempre está implícita la acusación de que la propiedad de la nobleza ociosa, es decir, sus tierras improductivas, sus patrimonios y dineros ni invertidos ni aprovechados, quedan apartados del progreso económico de la sociedad y de la nación españolas, ya que el aumento de la circulación de los bienes y de las mercancías pueden considerarse como el objetivo principal del pensamiento económico del XVIII, objetivo articulado asimismo en testimonios tan centrales como por ejemplo el *Informe sobre la Ley Agraria* (1795) de Jovellanos.

3. Los refugios del escritor público

Tanto los autores de tratados económicos como también los periodistas y los llamados escritores públicos participan en la reforma de la nación. Entienden la actividad de escribir, de imprimir sus pensamientos y de leer como servicio a la patria, opuesto a la ociosidad de ciertos conciudadanos como Eusebio, del que se escribe en el *Censor*: «Por otra parte su genio no le inclina en manera alguna à las curiosidades, ni à las investigaciones de la Filosofia. No es dado al estudio de alguna ciencia, y no gusta mucho de la lectura.»[31] El *Pensador* de José Clavijo y Fajardo (1762-63) pone de manifiesto: «Yo no sè estár ocioso: Leer, pensar, y

[29] *El Censor* [1781-1787], ed. facsímil, edd. José Miguel Caso González, 8 vol., Oviedo, Universidad de Oviedo, 1989, vol. 4 (1989), 57.

[30] Ibid., 146.

[31] Ibid., 59.

escribir es mi ocupacion, y mi entretenimiento; y serìa cosa dura almacenar escritos, en que quizá puede Vm. hallar utilidad, si se le comunican. Este es el motivo de imprimir mis Pensamientos [...]».[32] Las tareas de leer y de escribir exigen un refugio en la propia casa, el retorno a un entorno de calma que posibilita la actividad de la imaginación.

La menor cosilla en orden à las costumbres, à la politica, al idioma, ò à qualquiera de aquellas, que miran à la sociedad, à la vida, à las Artes, y à las Ciencias, excita mi imaginacion, y sin saber cómo, ni por dónde, me hallo à cada instante con el cerebro lleno de idéas, que unas veces me alegran, otras me entristecen, y siempre tienen en exercicio mi pensamiento [...]. En esta divertida manìa passo la mayor parte de mi vida, siempre pensativo, y casi siempre sin salir de mi Quarto.[33]

El proceso de la imaginación y el de la anotación de las ideas se activan únicamente dentro de un espacio de quietud que se opone a los espacios públicos como los paseos, las tertulias o las cortes, donde se experimentan una cantidad de impresiones y estímulos que distraen de la obra intelectual.

Tradicionalmente se criticaba la corte como lugar donde se demoran los individuos que ostentan ocupaciones de importancia y que corren el peligro de sucumbir a los vicios. En la corte uno está siempre fuera de sí mismo, dominado por la interacción cotidiana de sus competidores y enemigos. Pensemos en las imágenes de la corte que nos ha dejado la obra de Baltasar Gracián. Sin embargo, hay que anteponer a Gracián un autor del XVI, ya mencionado más arriba, que había codificado esta topografía que establece una división entre las actividades perniciosas de la corte por un lado y la vida virtuosa en el campo por el otro: Antonio de Guevara y su tratado *Menosprecio de corte, y alabanza de aldea*, que se edita de nuevo en el XVIII y que se reseña en el *Diario de los literatos de España* en 1737. En este texto, sirviéndose de todos los recursos retóricos disponibles, Guevara pinta la aldea como refugio en que los individuos ejercen la vida tranquila y virtuosa. Los periodistas del *Diario* se burlan un tanto cuando comentan que «si viviera este Illmo. Prelado, tuviera el gusto de preguntarle: por què en las leyes de la Mesta se establecieron penas à los Pastores enamorados».[34] Mas Guevara hace hincapié en que el cortesano que se retire al campo no debe mantenerse ocio-

[32] *El Pensador* [1762-1767], ed. facsímil, 6 vol., Las Palmas de C.G./Lanzarote, Universidad de Las Palmas de Gran Canaria, 1999, vol. 5 (1999), 5.

[33] *El Pensador*, vol. 1 (1999), 2 sq.

[34] *Diario de los literatos de España* [1737-1738], ed. facsímil, edd. Jesús M. Ruiz de Veintemilla, 7 vol., Barcelona, Puvill, 1987, vol. 1 (1987), 147.

so. Según el autor humanista, hay que sustituir los negocios y ocupaciones cortesanos por otras actividades, que ayuden a llevar una vida virtuosa y ejemplar. La aldea no es tanto un lugar de la virtud, cuanto un lugar que la pone a prueba.

> Al que va a buscar reposo, conviénele estar en buenos ejercicios ocupado; porque si deja al cuerpo holgar y al corazón en lo que quiere pensar, ellos dos le cansarán y aun le acabarán. No hay en esta vida cosa que sea tan enemiga de la virtud como es la ociosidad, porque de los ociosos momentos y superfluos pensamientos tienen principio los hombres perdidos. Al cortesano que no se ocupa en su casa sino en comer, beber, jugar y holgar, muy gran compasión le hemos de tener; porque si en la corte andaba rodeado de enemigos, andarse ha en la aldea cargado de vicios.[35]

Tal distribución de espacios semánticos asocia la palabra clave *reposo* a la aldea –un término que no debería confundirse con el de ociosidad–. De esto resulta una agenda de actividades para el cortesano retirado que deben impedir que la vida en el campo llegue a ser una perniciosa escuela de ociosidad. Entre las primeras ocupaciones se encuentra por ejemplo la lectura: «No sería mal consejo que el hombre retraído procurase de leer en algunos libros buenos, así historiales como doctrinales; porque el bien de los libros es que se hace en ellos el hombre sabio y se ocupa con ellos muy bien el tiempo».[36]

Esta cita un poco larga de una fuente del siglo XVI se justifica si tenemos en cuenta que la distribución de sus espacios semánticos produce sus efectos en numerosos literatos de la Ilustración. A decir verdad, los periodistas del *Diario de los literatos* en la reseña mencionada antes, marcan cautelosamente una posición distante –bien comprensible al tener en consideración que los Diaristas siempre solicitaban el favor y el apoyo de la corona y de la corte–. En general, sin embargo, hay que admitir que la reseña es positiva, certificando a todos los capítulos del libro que «son de exemplar enseñanza, y muy proprios del espiritu de un varon de los mas doctos, y virtuosos de su siglo»,[37] veredicto que no se corresponde con la tendencia habitual que se deja entrever en la crítica literaria del *Diario*. Asimismo los Diaristas a menudo se revisten de una actitud erudita que puede armonizarse muy bien con el retraimiento en el campo descrito por Guevara, o con la situación periférica de Feijoo, en su celda en Oviedo.

---

[35] Guevara, *Menosprecio de la corte*, 62.

[36] Ibid., 63.

[37] *Diario de los literatos*, vol. 1, 149.

Esta situación periférica de Feijoo nos parece emblemática en relación a otros autores del XVIII. Más ejemplos podrían mencionarse, como el de Martín Sarmiento, su compilador y editor. Harto conocida en la literatura de aquella época es la postura de Nuño Núñez en las *Cartas marruecas* de Cadalso: «Se halla ahora separado del mundo y según su expresión, encarcelado dentro de sí mismo.»[38]

4. La Ociosidad y los espacios de una imaginación ilustrada

A continuación y para finalizar citaremos dos ejemplos quizás menos conocidos: el primero proviene de las cartas que Valentín de Foronda publica en la revista *Espíritu de los mejores diarios literarios que se publican en Europa.*[39] Para nuestro propósito esta serie de cartas parece bastante adecuada, dado que mediante ella unimos los aspectos mencionados antes: el papel del escritor público, el ideal del escritor retirado, la distancia frente a la corte, la lectura y la erudición, la literatura económica y el reformismo borbónico. Hay que recordar que las *Cartas* de Foronda se dirigen –a modo de *Instrucción de príncipes*–[40] a un monarca no identificado que recibe los consejos del remitente en materia de política, derecho penal, economía, etc.; es decir, recibe todos los conocimientos necesarios para gobernar su territorio y a sus súbditos. Encon-

[38] José Cadalso, *Cartas marruecas. Noches lúgubres*, edd. Joaquín Arce, Madrid, Cátedra, [11]1988, 83. V. Jan-Henrik Witthaus, «Krise und Kritik. Zum Typ der Kritik in José Cadalsos *Cartas marruecas*», en: Roland Galle/Helmut Pfeiffer (eds.), *Aufklärung*, München, Wilhelm Fink, 2007, 83-115.

[39] *Cartas sobre los asuntos más exquisitos de la economía política*, publicadas en el *Espíritu de los mejores diarios literarios*, No. 154-165 [1788-89], y trad. al italiano por Giovanni Fabbroni en el mismo año de 1789. Son célebres estas *Cartas* no solo por la propagación de medidas y máximas liberalistas, sino también por la crítica del sistema penal, insertada en ellas. V. Simonetta Scandelari/Valentín de Foronda, «La difesa delle libertà individuali *nelle Cartas sobre los asuntos más exquisitos de la economía política y sobre las leyes criminales*», en: *I Castelli di Yale* 1 (1996), 89-128; en cuanto al *Espíritu de los mejores diarios literarios* v. Siegfried Jüttner, «La escenificación de Europa como espacio de opinión pública. Estrategias mediales de la proyección de España en el *Espíritu de los mejores diarios literarios* (1787-1791)», en: Marieta Cantos Casenave (ed.), *Redes y espacios de opinión pública. De la Ilustración al Romanticismo. Cádiz, América y Europa ante la Modernidad. 1750-1850*, Cádiz, Grupo Planeta, 2006, 31-50.

[40] El texto incluye una alusión irónica a los consejos que Don Quijote dio a Sancho, cuando éste partió para su isla. Así el remitente se identifica por un lado con el Caballero de la triste Figura, que arremete contra los prejuicios de su tiempo –como el *Censor* también–, y se considera como un consejero del príncipe por el otro. Posteriormente Foronda formularía unas opiniones críticas acerca de la mencionada obra cervantina en sus *Observaciones sobre algunos puntos de la obra de Don Quijote* (1807).

tramos que la ponderación de Antonio Elorza, ya clásica, no es exagerada: Foronda representa sin duda uno de los «representantes más destacados del primer liberalismo español».[41] No sorprende que, del mismo modo que el pensamiento económico de su época, Foronda resulte ser enemigo decidido de la ociosidad social, si bien percibe este problema desde una perspectiva liberal.[42] En este lugar, no obstante, cabe dirigir la atención a la reflexión de su propia actividad como escritor económico.

Antes de iniciar sus lecciones sobre las medidas acertadas en materia de política, Foronda reflexiona sobre la situación en la que se pone a escribir.

> *Vergara Mayo 8 de 1788* Delicioso amigo. Ya voy descansando de las incomodidades del viage: mis libros me han recibido cariñosamente: me ofrecen hacerme olvidar todas las diversiones de la Corte: llenar mi cabeza de verdades útiles y anegar mi corazon de ideas humanas.[43]

En este párrafo, una situación muy parecida a la descrita por Guevara determina el punto de partida para el escritor ilustrado: reposo y descanso después de un viaje, los libros que dan la bienvenida al viajero como a un buen amigo. Quien eso escribe destaca sobre todo el espacio apartado, caracterizándolo como refugio opuesto a la diversión y la distracción presentes en la corte. En cambio, en un lugar aislado se pueden desplegar la reflexión y la escritura ilustrada. A esta situación de la acción de escribir se adapta muy bien el medio comunicativo de la carta, a través del cual se marca y –a la vez– se supera la distancia hasta el destinatario. En tales coordenadas se desplazan los valores semánticos de los conceptos de la ociosidad, de la escritura ilustrada y de la imaginación:

> Yo he aceptado contentisimo una proposicion tan generosa á pesar del espíritu de olgazanería que habia empezado á contaminarme en esta Corte. Estoy resuelto á sacudir mi desidia: me encerraré en mi gavinete por estos seis meses: empuñaré la pluma: daré pábulo á mi imaginacion: politicaré, filosofaré, atacaré una gran parte de la masa de preocupaciones que son el origen de las desgracias de los hombres [...].[44]

---

[41] Antonio Elorza, *La ideología liberal en la Ilustración española*, Madrid, Tecnos, 1970, 126.

[42] V. *Espíritu de los mejores diarios literarios* 158 (1788), 666: «Yo me rio muchísimo al contemplar los afanes de los gobiernos en fabricar reglamentos y tomar precauciones para reprimir el número de mendigos, y exterminar los vagamundos y gente sin oficio ¿No sería mejor remontar al origen del mal? ¿No seria mas acertado aficionar los hombres al trabajo, y no dexarlos que contraigan en su juventud un amor á la ociosidad, que se hace una necesidad por el hábito, ofrecerles ocupaciones útiles, y abrirles una entrada libre y gratuita en todas las artes y oficios?».

[43] *Espíritu de los mejores diarios literarios* 154 (1788), 573.

[44] Ibid. V. *Espíritu* 156 (1788), 617: «á mas de que ya es hora que concluya mi carta; pues como todavia no he sacudido del todo la pereza, me sabe mal estar mucho tiempo escribiendo [...]».

El *acto de escribir* se entiende como obra fundamental del proyecto de la Ilustración. Aparentemente la campaña contra las «preocupaciones» guarda relación con los recursos retóricos en la tradición de Feijoo. Sin embargo, la disputa erudita en la época del padre benedictino se ha convertido ahora en una lucha por las ideas del liberalismo ligadas a cuestiones tan eminentes como la propiedad, el comercio, el derecho penal, la libertad de viajar y de escoger el lugar donde uno quiere vivir, etc. En este proceso de reflexión la imaginación desempeña un papel preponderante.[45] En el espacio protegido del gabinete ella concibe los pensamientos que sirven para educar al destinatorio. Por consiguiente, esta actividad imaginativa que emana de la palabra ilustrada se contrapone a la «[h]olgazanería» de la corte.

Cabe citar, para terminar, un segundo ejemplo que clarifica mejor –y ahora de manera positiva– la conexión entre ociosidad y escritura ilustrada. El discurso 161 del *Censor* comúnmente se interpreta como una alegoría satírica en que se refleja el estado de las ciencias en España.[46] Se trata de un sueño del autor en que este se ve arrojado a las riberas de unas tierras ignotas habitadas por indígenas. Estos examinan el reloj del advenedizo –obviamente una alusión al invento de John Harrison, en aquel entonces bastante reciente– proponiendo diferentes comentarios científicos, que en el lenguaje alegórico del texto representan respectivamente el bando aristótelico y el bando empirista.

En nuestro contexto, sin embargo, proponemos dejar aparte el contenido satírico o la cuestión de las ciencias, por palpitantes que fueran en aquella época. Más bien conviene dirigir la atención al subgénero textual del sueño, que durante el XVIII se descubre como actividad desenfrenada de la imaginación humana, y que, a pesar de los peligros que implica, conlleva un gran potencial heurístico.[47] Lo cierto es que la prensa de los *Espectadores* numerosas veces se sirve del motivo del sueño para concebir fábulas, a través de las cuales se comunican determinadas enseñanzas, o para criticar sucesos o estados sociales; en los artículos del mismo *Censor* se halla una buena cantidad de ejemplos que se podrían

---

[45] V. Helmut Jacobs, «Capricho, Fantasía, Imaginación. Die Begriffsgeschichte der Phantasie in der Epoche der spanischen Aufklärung», en: *Archiv für Begriffsgeschichte* 46 (2004), 137-182, especialmente 165-182.

[46] V. la introducción y los comentarios en la siguiente edición: *El Censor*, edd. Francisco Uzcanga, Barcelona, Crítica, 2005, 24; 315-322.

[47] Jorge Luis Borges (*Libro de los sueños*, Buenos Aires, Torres Agüero, 1976, 7-9) propuso comprender la literatura de sueños como género literario, «el más antiguo, y el no menos complejo de los géneros literarios» (7).

poner al respecto.[48] No obstante, la publicación de supuestos sueños libera un tanto las alas de la reflexión y posibilita una cierta dinámica de la escritura ilustrada que abre brechas en la espesura discursiva de su época.[49] Con el discurso 161 se pone de manifiesto que, además de una sátira del aristotelismo, tenemos delante una reflexión sobre los diferentes modos y valores del saber científico, la cual a ratos asume rasgos de un experimento mental.

El autor mismo, antes de describir sus visiones oníricas, nos habla de su «talento de soñar ordenada y metodicamente»,[50] del «epiteto de *soñador*» que «se ha hecho de un tiempo á esta parte tan glorioso, que en vez de temerle como antes, pienso ya hacer quanto esté de mi parte para merecerle».[51] Cabe, además, hacer hincapié en que la ociosidad aquí es madre no de todos los vicios, como reza el refrán, sino la precondición del sueño y de la escritura ilustrada: «Hallábame una de estas tardes un tanto desazonado y tan sin gana de ocuparme en cosa de provecho, que tomando el primer libro que se me vino á la mano, me puse á leer en él, tendido sobre la cama, por donde me le abrió la casualidad.»[52] De la lectura se pasa a la fatiga, y de esta al sopor. El texto saca a escena los conocimientos fisiológicos que se producen durante ese periodo cultural y que deben ayudar a comprender el sueño como proceso corporal,[53] mediante el cual se transforman las sensaciones e impresiones recibidas, lo que aquí quiere decir: los contenidos concretos de la lectura que son procesados en la historia presuntamente soñada.

Con atención al motivo de la ociosidad –concepto de interés en cuanto a nuestro tema–, es preciso añadir que la imaginación es liberada por un estado de entera pasividad y se prolonga a partir de una lectura meramente fortuita y ociosa. Justamente la falta de «provecho» y «la casualidad» de una hojeada, más que de una lectura, llevan a un *sueño metódico* que sirve de ejemplo clarificador para la imaginación ilustrada que en esta revista repetidamente es ejercitada.

---

[48] V. Peter-André Alt, *Der Schlaf der Vernunft. Literatur und Traum in der Kulturgeschichte der Neuzeit*, München, Beck, 2002, 147 sq.

[49] Aquí nos parece paradigmático el caso del *Rêve de d'Alembert* de Denis Diderot, v. Alt, *Der Schlaf der Vernunft*, 155-158; Rudolf Behrens, «Naturwissen und sprachliche Artikulation. Diderots *Rêve de d'Alembert* als Experimentierraum für eine Theorie transpersonaler Imagination», en: Roland Galle/Helmut Pfeiffer (eds.), *Aufklärung*, München, Wilhelm Fink, 2007, 405-442.

[50] *El Censor*, ed. facsímil, 565.

[51] Ibid., 566.

[52] Ibid.

[53] V. Helmut C. Jacobs, *El sueño de la razón. El «Capricho 43» de Goya en el arte visual, la literatura y la música*, Madrid, Vervuert, 2011, 122-127.

Quizás sea una exageración desmedida o –aun peor– un truco retórico, poner en relación estos ejemplos textuales del siglo XVIII con el artículo de Unamuno que hemos citado al inicio de este ensayo. Creemos, sin embargo, que en lo que atañe a la rehabilitación de la ociosidad y de la imaginación como facultad impulsora en el proceso de la escritura, podrían destacarse más puntos de afinidad con la Ilustración de lo que el tardío pesimismo cultural de Unamuno permite suponer.

Bibliografía

1. Fuentes primarias

Apólogo de la ociosidad y el trabajo, de Luis Mexía, glosado y moralizado por Francisco Cervantes de Salazar, edd. Consolación Baranda, Salamanca, Universidad de Salamanca, 2012.

Cadalso, José, *Cartas marruecas. Noches lúgubres*, edd. Joaquín Arce, Madrid, Cátedra, [11]1988.

Campillo y Cossío, José del, *Lo que hay de más y de menos en España*, edd. Antonio Elorza, Madrid, Seminario de Historia Social y Económica de la Facultad de Filosofía y Letras de la Universidad de Madrid, 1969.

Diario de los literatos de España, ed. facsímil, edd. Jesús M. Ruiz de Veintemilla, 7 vol., Barcelona, Puvill, 1987.

El Censor, edd. Francisco Uzcanga, Barcelona, Crítica, 2005.

El Censor [1781-1787], ed. facsímil, edd. José Miguel Caso González, Oviedo, Universidad de Oviedo, 1989.

El Censor, 8 vol., Madrid, 1781-1787.

El Pensador [1762-1767], ed. facsímil, 6 vol., Las Palmas de C.G./Lanzarote, Biblioteca de la Universidad de Las Palmas de Gran Canaria, 1999.

Espíritu de los mejores diarios literarios 154 (1788).

Espíritu de los mejores diarios literarios 156 (1788).

Espíritu de los mejores diarios literarios 158 (1788).

Graef, Juan Enrique, *Discursos mercuriales económico-políticos (1752-1756)*, edd. Francisco Sánchez-Blanco, Sevilla, Fundación El Monte, 1996.

Guevara, Antonio de, *Menosprecio de corte y alabanza de aldea*, edd. M. Martínez de Burgos, Madrid, Espasa Calpe, 1952.

Obras escogidas del Padre Fray Benito Jerónimo Feijoo y Montenegro, edd. Vicente de la Fuente, Madrid, Atlas, 1952.

Unamuno, Miguel de, «En defensa de la haraganería», en: *Obras Completas*, edd. Manuel García Blanco, 9 vol., Madrid, Escelicer, 1966-1971, vol. 3 (1968), 439-444.

Unamuno, Miguel de, *Niebla*, en: *Obras selectas*, Prólogo de Julián Marías, Madrid, Espasa Libros, 1998.

Uztáriz, Jerónimo de, *Theórica y práctica de comercio y de marina*, Madrid, Antonio Sanz, 1742.

Ward, Bernardo, *Proyecto económico*, Madrid, Joaquín Ibarra, 1779.

2. Fuentes secundarias

Alt, Peter-André, *Der Schlaf der Vernunft. Literatur und Traum in der Kulturgeschichte der Neuzeit*, München, Beck, 2002.

Álvarez de Miranda, Pedro, *Palabras e ideas. El léxico de la Ilustración temprana en España*, Madrid, Aguirre, 1992.

André, Jean-Marie, *L'otium dans la vie morale et intellectuelle romaine. Des origines à l'époque augustéenne*, Paris, PUF, 1966.

Balsdon, John, «Auctoritas, Dignitas, Otium», en: *The Classical Quarterly New Series* 10/1 (1960), 43-50.

Behrens, Rudolf, «Naturwissen und sprachliche Artikulation. Diderots Rêve de d'Alembert als Experimentierraum für eine Theorie transpersonaler Imagination», en: Roland Galle/Helmut Pfeiffer (eds.), *Aufklärung*, München, Wilhelm Fink, 2007, 405-442.

Borges, Jorge Luis, *Libro de los sueños*, Buenos Aires, Torres Agüero, 1976.

Caro y Cejudo, Gerónimo Martín, *Refranes, y modos de hablar castellanos, y la glosa y explicación de los que tienen necesidad de ella*, Madrid, Imprenta Real, 1792.

Elorza, Antonio, *La ideología liberal en la Ilustración española*, Madrid, Tecnos, 1970.

Guglielmi, Nilda, «La cultura del ocio», en: *Acta historica et archaeologica mediaevalia* 18 (1997), 135-153.

Guinard, Paul, *La presse espagnole de 1737 à 1791. Formation et signification d'un genre*, Paris, Centre de Recherches Hispaniques, 1973.

Herr, Richard, *España y la revolución del siglo XVIII*, Madrid, Aguilar, 1988.

Jacobs, Helmut C., «Capricho, Fantasía, Imaginación. Die Begriffsgeschichte der Phantasie in der Epoche der spanischen Aufklärung», en: *Archiv für Begriffsgeschichte* 46 (2004), 137-182.

Jacobs, Helmut C., *El sueño de la razón. El «Capricho 43» de Goya en el arte visual, la literatura y la música*, Madrid, Vervuert, 2011.

Jüttner, Siegfried, «La escenificación de Europa como espacio de opinión pública. Estrategias mediales de la proyección de España en el Espíritu de los mejores diarios literarios (1787-1791)», en: Marieta Cantos Casanave (ed.), *Redes y espacios de opinión pública. De la Ilustración al Romanticismo. Cádiz, América y Europa ante la Modernidad. 1750-1850*, Cádiz, Grupo Planeta, 2006, 31-50.

Miranda, María Jesús, «Política y práctica del ocio a fines del siglo XVIII», en: *Cuadernos de Geografía* 62 (1997), 623-635.

Navarro García, Luis, «Campillo y el Nuevo sistema. Una atribución dudosa», en: *Temas americanistas* 2 (1983), 67-84.

Navarro García, Luis, «El falso Campillo y el reformismo borbónico», en: *Temas americanistas* 12 (1995), 10-31.

Pietschmann, Horst, «Das Proyecto económico von Bernardo Ward. Zur Auslandsorientierung der bourbonischen Reformpolitik», en: Siegfried Jüttner (ed.), *Spanien und Europa im Zeichen der Aufklärung*, Frankfurt a. M., Peter Lang, 1991, 211-227.

Real Academia Española, *Diccionario de Autoridades*, 6 vol., Madrid, Gredos, 1726-1739.

Sáiz, María Dolores, *Historia del periodismo en España*, 3 vol., Madrid, Alianza, 1983-1996.

Sánchez-Blanco, Francisco, «*Los Discursos Mercuriales* (1752-1756) de Juan Enrique Graef. Opinión y poder en el movimiento ilustrado español», en: *Estudios de Historia Social* 52/53 (1990), 477-489.

Scandelari, Simonetta/Valentín de Foronda, «La difesa delle libertà individuali nelle *Cartas sobre los asuntos más exquisitos de la economía política y sobre las leyes criminales*», en: *I Castelli di Yale* 1 (1996), 89-128.

Tesoro de la Lengua Castellana, edd. Sebastián de Covarrubias, Madrid, Sánchez, 1611.

Tschilschke, Christian von, «Der spanische Patient. Krisendiagnose, Reformdiskurse und Projektemacherei im spanischen 18. Jahrhundert», en: Uta Fenske et al. (eds.), *Die Krise als Erzählung. Transdisziplinäre Perspektiven auf ein Narrativ der Moderne*, Bielefeld, transcript, 2013, 169-187.

Vicens Vives, Jaume, *Historia de España y América social y económica*, Barcelona, Teide, 1974.

Witthaus, Jan-Henrik, «Krise und Kritik. Zum Typ der Kritik in José Cadalsos *Cartas marruecas*», en: Roland Galle/Helmut Pfeiffer (eds.), *Aufklärung*, München, Wilhelm Fink, 2007, 83-115.

Witthaus, Jan-Henrik, «Los *Discursos Mercuriales* de Juan-Enrique Graef. Acerca de la constitución de la esfera pública a mediados del siglo XVIII», en: Marieta Cantos Casanave (ed.), *Redes y espacios de opinión pública. De la Ilustración al Romanticismo. Cádiz, América y Europa ante la Modernidad. 1750-1850*, Cádiz, Grupo Planeta, 2006, 51-65.

SILVIA CONTARINI

La dialettica tra *repos* e *mouvement* nell'Illuminismo milanese

Declinato non solo alla maniera pariniana, che pure offre, com'è naturale, vari spunti alla battaglia illuministica contro i privilegi della nobiltà[1], all'interno del *Caffè* il tema dell'ozio affiora in maniera più o meno esplicita negli articoli che affrontano questioni di medicina, di morale e di economia. Se all'ozio Alessandro Verri intitola l'articolo omonimo nel foglio XXVI, è soprattutto la dialettica settecentesca tra *repos* e *mouvement*, messa in luce negli studi ormai classici di Robert Mauzi e Jean Deprun[2], a rappresentare il nucleo di una riflessione intertestuale che cercherò qui di ripercorrere fino al suo approdo ultimo nel *Discorso sull'indole del piacere e del dolore* di Pietro Verri e nelle *Ricerche intorno alla natura dello stile* di Beccaria: due testi nei quali le posizioni espresse più di dieci anni prima nel *Caffè* appaiono di fatto rovesciate. Nella mia ricostruzione non seguirò l'ordine cronologico degli interventi comparsi nel giornale, poco rilevante in una compagine articolata ma uniforme che nel biennio 1764-1765 si situa all'interno del medesimo orizzonte di pensiero. Un significativo mutamento di paradigma si percepisce solo alla fine degli anni Settanta, quando Pietro Verri ritorna sulla questione riprendendo e confutando le tesi espresse da Beccaria nel saggio sull'immaginazione pubblicato nel foglio VII del 1765, in un dialogo a distanza che per essere compreso fino in fondo non può prescindere dal rapporto tra le pagine del *Caffè*, improntate a un'estetica di tipo sensistico che ha tra i suoi riferimenti soprattutto Diderot, e la nuova prospettiva

1 Alessandro Verri, «Alcune riflessioni sull'opinione che il commercio deroghi alla nobiltà», in: *Il Caffè: 1764-1766*, edd. Gianni Francioni/Sergio Romagnoli, 2 vol., Torino, Bollati Boringhieri, 1998, vol. 1, 256-266.

2 Robert Mauzi, *L'idée de bonheur dans la littérature et la pensée françaises au XVIIIe siècle*, Paris, Colin, 1960 (riedito nel 1994 da Albin Michel) e Jean Deprun, *La philosophie de l'inquiétude en France au XVIIIe siècle*, Paris, Vrin, 1979. Ma su questo punto si veda anche Michel Delon, «"Convulsions de l'inquiétude" ou "léthargie de l'ennui". Variation autour d'un thème voltairien», in: Michel Delon/Catriona Seth (eds.), *Voltaire et l'Europe. Hommage à Christian Mervaud*, Oxford, Voltaire Foundation, 2000, 283-290.

antropologica derivata da Helvétius, riflessa parallelamente anche nelle *Ricerche intorno alla natura dello stile*[3].

Prima di soffermarsi su quello che è un nodo cruciale del *Tournant des Lumières* è utile osservare che il gruppo più cospicuo di articoli del *Caffè* interpreta il tema dell'ozio sulla falsariga dell'*Esprit des lois*, senza discostarsi troppo da quanto aveva affermato Montesquieu nella Terza parte del suo trattato, a proposito del rapporto (già rilevato da Bodin) tra gli ordinamenti giuridici e la natura del clima. Com'è noto, Montesquieu attribuisce il dispotismo alla «paresse» di corpo e di spirito propria degli orientali, guardando invece con favore all'indole viva e industriosa degli abitanti dei paesi settentrionali, meno favoriti dalla natura. Dopo avere osservato che «la servitude commence toujours par le sommeil»[4], egli conclude che «il ne faut donc pas être étonné que la lâcheté des peuples des climats chauds les ait presque toujours rendus esclaves, et que le courage des peuples des climats froids les ait maintenus libres»[5]. Il medesimo principio è ribadito nel capitolo quarto del XVIII libro, là dove si afferma che per compensazione «la stérilité des terres rend les hommes industrieux, sobres, endurcis au travail, courageux, propres à la guerre», mentre «la fertilité d'un pays donne, avec l'aisance, la mollesse et un certain amour pour la conservation de la vie»[6], il quale trattiene o impedisce gli uomini dall'operare grandemente. La tesi politico-climatica di Montesquieu si estende anche agli «empires despotiques du Mexique et du Pérou»[7], aprendo la via alle considerazioni della *History of America di Robertson* (1777) e più in generale alla divulgazione di una geografia morale che ha subito un'eco fedele nel *Caffè*, dove i principî dell'*Esprit des lois* trovano una prima conferma nella teoria lockiana dell'*uneasiness*, il sentimento indefinito di privazione all'origine dell'agire umano, nella celebrazione della feconda inquietudine che conduce al progresso delle scienze e delle arti, e rappresenta il più valido antidoto al malessere principale delle società moderne, la noia. Non per

---

[3] Sul contesto filosofico rimando alla Nota introduttiva al «Discorso sull'indole del piacere e del dolore», in: Pietro Verri, *I Discorsi e altri scritti degli anni Settanta*, edd. Giorgio Panizza, con la collaborazione di Silvia Contarini, Gianni Francioni, Sara Rosini (Edizione Nazionale delle Opere di Pietro Verri, vol. 3), Roma, Edizioni di Storia e Letteratura, 2004, 25-61. Una sintesi si trova in Silvia Contarini, «Eine Kartographie der Sinnlichkeit. Pietro Verri und die Debatte über Lust und Schmerz im 18. Jahrhundert», in: *Archiv für Begriffsgeschichte* 53 (2011), 71-95.

[4] Charles de Secondat, baron de Montesquieu, *De l'Esprit des lois*, edd. Gonzague Truc, 2 vol., Paris, Garnier, 1956, vol. 1, 252.

[5] Ibid., vol. 1, 286.

[6] Ibid., vol. 1, 295.

[7] Ibid., vol. 1, 286.

nulla un altro testo che si può supporre senz'altro all'origine della riflessione del *Caffè*, vale a dire l'articolo «Oisiveté» dell'*Encyclopédie* a opera di Jaucourt, aveva definito l'ozio una «maladie également funeste aux hommes et aux empires»[8], e sovrapponendo allo schema di moralisti come La Bruyère considerazioni di tipo civile e politico («la pratique de l'*oisiveté* est une chose contraire aux devoirs de l'homme et du citoyen»[9]), aveva delineato un *excursus* storico nel quale la preoccupazione morale si identificava con quella giuridica e sociale della prevenzione del crimine:

Les Athéniens entrèrent encore dans de plus grands détails pour prévenir l'*oisiveté*. Ne devant pas obliger tous les citoyens à s'occuper de choses semblables, à cause de l'inégalité de leurs biens, ils leur firent embrasser des professions conformes à l'état & aux facultés de chacun. Pour cet effet, ils ordonnèrent aux plus pauvres de la république de se tourner du côté de l'agriculture & du négoce; car n'ignorant pas que l'*oisiveté* est la mere de la pauvreté, & que la pauvreté est la mère des crimes, ils crurent prévenir ces désordres en ôtant la source du mal. Pour les riches, ils prescrivirent de s'attacher à l'art de monter à cheval, aux exercices, à la chasse & à la philosophie, étant persuadés que par-là ils porteroient les uns à tâcher d'exceller dans quelqu'une de ces choses, & qu'ils détourneroient les autres d'un grand nombre de dérèglemens.[10]

In quest'ottica composita ma facilmente riconoscibile nei suoi rapporti intertestuali, l'ozio diviene dunque per i caffettisti sinonimo di indolenza (Alessandro Verri, *Dell'ozio*), di torpore (Pietro Verri, *Gli studi utili*), di decadimento storico e sociale (Alfonso Longo, *Dissertazione sugli orologi*), di tirannia politica, con argomenti che contemplano il ricorso a prove di tipo fisiologico o antropologico-morale fino a valutazioni di ordine economico e sociale che portano sull'organizzazione politica degli stati. La sintesi di Alessandro Verri, che traduce nell'osservazione del quotidiano la lezione di Locke e di Montesquieu, si incarica di riscrivere in questi termini l'antitesi classica di *otium* e *negotium*:

Il cuore umano ha un vero bisogno d'essere occupato in qualche oggetto che lo tolga dalla noia, inseparabile compagna della indolenza. Quando manchiamo di un certo moto, che agiti l'animo e lo tolga da un letargo a lui naturale se è di nulla è occupato, siamo in una incomoda situazione, che non ardirei di chiamare propriamente vita, ma

---

[8] «Art. Oisiveté [Louis de Jaucourt]» in: *Encyclopédie ou Dictionnaire raisonné des sciences, des arts et des métiers, par une société de gens de lettres. Mis en ordre et publié par Denis Diderot et Jean-Baptiste Le Rond d'Alembert*, 35 vol., Paris, Briasson et al., 1751-1780, vol. 11 [1765], 445-446, 445. Tutti gli articoli dell'*Encyclopédie* sono citati nell'ortografia originale; soltanto l'accentazione è stata modernizzata.

[9] Ibid., 445.

[10] Ibid., 446.

quasi vegetazione. L'esperienza ogni giorno più ci convince di questa verità, giacché vediamo che né l'abitare un superbo palazzo, né l'avere onori e dignità fa l'uomo felice, ma bensì avere nella maggior parte del tempo l'animo di vari e sempre piacevoli oggetti occupato. La mancanza di moto fa l'acque stagnanti e lorde e putride; così l'inerzia instupidisce ed infetta lo spirito. Quegli che hanno la mala ventura di far poco uso della facoltà di operare col corpo e collo spirito sono miserabili sfaccendati che, cercando in ogni parte qualche oggetto onde riempiere quel vuoto che hanno nella mente e nel cuore, sono molesti e molte volte infesti alla società e sono a se stessi pena della loro infingardia. [...] La vita di costoro è un continuo sonno, e la vita degli operosi è una serie di buone azioni e di piaceri. Così il magistrato, il letterato, il mercante, l'artigiano trovano nelle loro fatiche i giorni brevi, intantoché un ricchissimo sfaccendato cava ad ogni momento l'oriuolo dalla sua tasca stupendosi della lunghezza del tempo e rimettendo sempre all'ora che vien dopo la briga della sua felicità. L'industria ed il travaglio furono sempre i fondamenti della forza delle nazioni; e sono destinate alla schiavitù le infingarde ed oziose. Il dispotismo, già da tanto tempo in Asia stabilito, ha forse per cagione l'inerzia e l'aborrimento della fatica che il clima inspira a que' popoli, ed anche discendendo al particolare servono i pigri agli operosi; poiché o ricchi o poveri ch'essi sieno, sono nell'altrui dipendenza: se ricchi per esser tolti dalla noia, se poveri perché non si alzeranno mai dalla loro miseria.[11]

Alle parole di Alessandro fa eco Pietro Secchi, che nell'*Anecdoto chinese* declina l'opposizione tra popoli del Nord e popoli del Sud derivata dall'*Esprit des lois* in una prospettiva decisamente lockiana:

Non è egli vero che, se si levi agli uomini l'emulazione ed il bisogno, voi li vedete tosto precipitati in una totale indolenza e privi d'ogni principio di attività e d'industria? Essa va sempre del pari colla difficoltà di procacciarsi una sussistenza; e perciò vediamo gli abitatori de'paesi freddi, montuosi ed ingrati molto più industriosi e dediti al travaglio di que' de' paesi caldi e naturalmente fertili ed abbondanti. Non è già che la natura abbia inegualmente distribuito il dono dell'industria, ma perché vuol essere la necessità che lo faccia schiudere e sviluppare.[12]

Operosità e indolenza non si trovano solo agli antipodi dello spazio geografico, ma connotano anche due diverse concezioni del tempo storico, le quali riflettono a loro volta due stadi dell'umanità e del progresso, secondo le indicazioni derivate questa volta da Rousseau. Una differenza radicale separa la percezione misurata del selvaggio, occupato a soddisfare poche e primarie necessità, da quella dell'uomo civilizzato, il quale oscilla tra una miriade di bisogni che lo inducono a un moto incessante, o a una frivola oziosità perennemente insidiata dalla noia. Nella *Dissertazione sugli orologi*, Alfonso Longo osserva per esempio che il

---

[11] Alessandro Verri, «Dell'ozio», in: *Il Caffè*, vol. 1, 288-291, 288 sq.

[12] Pietro Secchi, «Anecdoto chinese», in: *Il Caffè*, vol. 1, 333-338, 335.

selvaggio «tranquillo d'animo, sano e robusto di corpo, scevero dalle passioni più violente» possiede un equilibrio morale che «l'inquieto e torbido europeo», corrotto da «rapacità, avarizia e lusso» ha perduto per sempre: quest'ultimo infatti, isterilito nella mente, non sa esistere che «fuori di sé», e porta «da una conversazione nell'altra la insopportabile noia e la faticosa [sua] indolenza»[13]. Sono toni che a fine secolo si ritroveranno, con maggiore consapevolezza, nella riflessione degli *Idéologues*, da Degérando a Volney, che insistono malinconicamente sull'incontro dei viaggiatori con popoli barbari «più felici e più saggi», in grado di raggiungere forse quel perfezionamento della società al quale gli Europei avevano contribuito così poco, malgrado i loro libri e i loro metodi, e i Lumi stessi[14].

Negli interventi del *Caffè* lo scenario morale e politico che circonda il tema dell'ozio appare infine ancora strettamente dipendente dal paradigma psico-fisiologico di Descartes, secondo cui sia il riposo che il moto rientrano nell'ambito più generale della gestione delle passioni, ovvero del loro buon uso in vista della salute dell'uomo, inteso nel lessico settecentesco come unione di *physique* e di *moral.* Da questo punto di vista, l'articolo di Giuseppe Visconti sulla *Maniera di conservare la sanità nel clima milanese* (1765, foglio XI) prospetta tutta una serie di indicazioni terapeutiche concrete per guardarsi dalla «vita sedentaria» che attingono manifestamente a testi di ampia circolazione ancora nel secondo Settecento come il notissimo *Della preservazione della salute dei letterati* di Giuseppe Antonio Pujati (1762) o la *Medicina statica* di Santorio (1640), che nel corso del secolo conosce numerose ristampe grazie soprattutto ai commenti di Giorgio Baglivi (1710; 1728; 1743).

In almeno due occasioni, che si possono definire esemplari se non altro perché testimoniano l'esistenza di una linea di pensiero alternativa all'interno del *Caffè*, il dibattito sull'ozio assume però una coloritura diversa, che non allude più ai suoi effetti perniciosi, ma ne prospetta invece le potenzialità creative dentro lo spazio solitario dell'immaginazione. Nell'articolo a firma di Pietro Verri intitolato *Le delizie della villa* (1764, foglio XV), la forma fittizia dello scambio epistolare diviene lo spunto per delineare una vera e propria estetica del paesaggio sensibile che recupera l'idea dell'ozio come felice condivisione di valori legati

13 Alfonso Longo, «Dissertazione sugli orologi», in: *Il Caffè*, vol. 1, 355-375, 355.

14 Joseph-Marie Degérando, «Considerazioni sui vari metodi da seguire nell'osservazione dei popoli selvaggi», pubblicato in appendice a Sergio Moravia, *La scienza dell'uomo nel Settecento*, Roma/Bari, Laterza, 1970, 395.

alla conversazione e alla ricreazione dello spirito, di marca solo apparentemente umanistica. A ben guardare il giardino rievocato nella lettera prende infatti a modello – fin dal nome attribuito al luogo, l'*Eliso* – l'*Élysée* di Julie nella *Nouvelle Héloïse*, di cui ripropone il rapporto complesso tra estetica e morale. Come è stato osservato, la metafora del giardino che compare al centro del romanzo di Rousseau traduce nella forma viva del paesaggio il modello cartesiano della coltivazione dell'animo, i cui moti spontanei non vengono repressi, bensì orientati sapientemente alla virtù[15]: un modello teorico fortemente ambivalente sul piano del romanzo di formazione, già parodiato nel *Candide* di Voltaire, la cui riuscita è solo parziale nella *Nouvelle Héloïse*[16], come non mancheranno di notare i lettori più sensibili del libro, dallo stesso Pietro Verri a Ippolito Nievo, che nelle *Confessioni d'un Italiano* riprenderà proprio la metafora della pianta per ribadire, dal suo punto di vista, l'irriducibilità delle passioni a ogni disegno pedagogico[17].

Ma ciò che conta in questo caso è altro. Al pari di quanto avviene nel giardino descritto da Rousseau, il paesaggio mutevole e misterioso de *Le delizie della villa* si presenta come un «lieu de l'intime»[18] armonicamente quanto segretamente costruito, che si svela per gradi, e dove la percezione sensibile dell'esterno è il mezzo attraverso cui l'immaginazione scopre gli spazi dell'interiorità e vi si immerge. Assai prima di quanto avverrà in maniera completa nell'*Infinito* di Leopardi, che da questo punto di vista rappresenta il termine ultimo di una tradizione tutta interna al sensismo, la stasi del corpo assorto nella visione del paesaggio appare necessario veicolo al movimento dell'immaginazione e del sentimento, che ricrea a sua volta uno spazio finzionale alternativo a quello fisico, benché nel caso di Verri solamente accennato. Nella rievocazione soggettiva e sensoriale del giardino de *Le delizie della villa* si riconoscono tutte le fasi dell'esperienza estetica, dal bello al pittoresco:

---

[15] Su questo punto si veda la sintesi di Michel Baridon, «Jardins», in: Michel Delon (ed.), *Dictionnaire européen des Lumières*, Paris, PUF, 1997, 624.

[16] Mi riferisco soprattutto alle osservazioni di Françoise Lavocat, *Arcadies malheureuses. Aux origines du roman moderne*, Paris, Champion, 1998, 481.

[17] Sulla metafora del giardino da Verri e Nievo si veda Silvia Contarini, *Una retorica degli affetti. Dall'epos al romanzo*, Pisa, Pacini, 2006, capitoli V e VIII.

[18] Secondo la definizione attribuita al giardino pittoresco da Sophie Le Ménahèze, «Le jardin pittoresque entre ouverture et exclusion», in: Simone Bernard et al. (eds.), *Jardin et intimité dans la littérature européenne (1750-1920). Actes du Colloque du Centre de recherche révolutionnaire et romantiques de l'Université de Clermont-Ferrand*, Clermont-Ferrand, Presses Blaise Pascal, 2008, 41-53.

Ivi non vedete viali, non *parterre*, non simmetria alcuna, ma bensì la natura ferace, che ha prodotto una sorta di boscaglia irregolare per dove non si sa bene come entrare; ma avvicinandovi un sentiero vi guida in quel delizioso boschetto, dove le erbe che premete son dittamo, timo, serpillo e simili fragrantissime che imbalsamano co' lor naturali profumi l'aria che respirate; ivi per tubi sotterranei vi sbocca l'acqua, condotta nascostamente dalle vicine sorgenti della collina e così artificiosamente disposta che sembra nascere e serpeggiare in diversi piccoli ruscelli che vanno innaffiando le rose, le fragole, le violette ed altri fiori ed erbe grate per la figura e la fragranza. Gli uccelli ivi liberamente vivono e fanno il loro nido, e sono sì domesticati cogli uomini (fatti animali benefici in quel recinto) che quasi non temono d'essere da noi toccati. Questo paesaggio è delizioso in ogni stagione, ma sopramodo nella state, quando le piante sono ben coperte; e qui sono sì giudiziosamente disposte che sembra opera libera della natura quello che è l'ultimo raffinamento dell'arte. Queste piante poi sono tutte fruttifere e nessuna sterile vi si sopporta, onde nel paesaggio medesimo trovate che la natura vi presenta di prima mano i suoi più deliziosi doni. Nel mezzo di questo incantato boschetto v'è una circolar pianura, nella quale stanno pittorescamente sparsi diversi rottami d'antica architettura, colonne, archi, piedestalli, iscrizioni, scale mezzo diroccatte, statue cadute e infrante, tante anticaglie in somma coperte d'erbe su di esse nascenti; e sì graziosamente disposte e interrotte da alcune piante nate fra' dirupi, ch'io mi rimasi attonito ed assorto per la sorpresa e per la vaghezza del disordine: credea talora d'essere ad una scena di teatro e talora di premere gli augusti avanzi della commerciante Cartagine o della conquistatrice Roma; in somma, cosa non ho veduto sin ora tanto deliziosa quanto questo disordinato giardino, il quale non costa meno al padrone spesa e incomodo degli altri due.[19]

Nella sua articolata grammatica interna, *Le delizie della villa* allude non solo al suo corrispettivo storico e concreto – gli ozi di campagna delle antiche corti prese a modello per l'architettura dei giardini settecenteschi –, ma più sotterraneamente all'esperienza descritta nell'articolo *Délicieux* dell'*Encyclopédie*, attribuito a Diderot, che negli stessi anni influenza anche l'intervento di Cesare Beccaria intitolato alla maniera di Addison *I piaceri dell'immaginazione* e presentato con ironia nel giornale come «un ameno delirio ed un dolce errore» d'una «fervida immaginazione, alla quale compete il privilegio accordato alla poesia»[20]. Ancora più di quanto non accada nel frammento di Verri, la conclusione di Beccaria rivela in maniera manifesta la dipendenza dal testo di Diderot, che già Roland Mortier definiva una vera e propria «doctrine du repos»[21] precedente all'invenzione rousseauiana della *rêverie*. Ne *I piaceri*

---

[19] Pietro Verri, «Le delizie della villa», in: *Il Caffè*, vol. 1, 166-173, 169 sq.

[20] Cesare Beccaria, «I piaceri dell'immaginazione», in: *Il Caffè*, vol. 2, 476-480, 476.

[21] Roland Mortier, «À propos du sentiment de l'existence chez Diderot et Rousseau. Notes sur un article de l'*Encyclopédie*», in: *Diderot Studies* 6 (1964), 183-197. Ma si veda anche Georges Poulet, «Le sentiment de l'existence et le repos», in: Simon Harvey et al. (eds.), *Reappraisals of Rousseau. Studies in honour of R. A. Leigh*, Manchester, Manchester University Press, 1980, 37-45.

dell'immaginazione i termini della dialettica *repos/mouvement* fin qui declinati alla maniera di Locke e di Montesquieu appaiono capovolti: l'inquietudine non viene percepita più come stimolo all'industria, bensì come frenesia inutile alla quale si oppone la contemplazione illuminante dell'ozioso, in grado di annullare i limiti del tempo e dello spazio e di superare attraverso la forza creativa dell'immaginazione la finitezza dell'esistenza:

Gli uomini corrono ansanti, si urtano, si sterminano tra di loro per rubbarsi scambievolmente i pochi fisici piaceri sparsi qua e là nel deserto dell'umana vita, ma i piaceri d'immaginazione si acquistano senza pericolo; tutti nostri, poco invidiati dal maggior numero, che non li conosce né li pregia, se non rendono un'anima estremamente felice la rendono almeno tranquilla. [...]. Mirate la faccia dell'ambizioso, anche fortunato nelle sue mire, mirate i profondi solchi del dolore, mirate il pallore steso dall'inquietitudine su i loro volti, paragonateli coll'aria tranquilla ed indolente, col quasi invisibile sorriso che appena scorre sul volto di uno de'miei deliranti, e ditemi chi è stato più saggio. Egli scorre su una moltitudine di oggetti tutti aggradevoli, egli guarda in tutti gli aspetti, ne fa tante diverse combinazioni, tanti quadri ridenti e graziosi, che la somma volubilità loro e varietà supplisce a quella vivacità ed a quella forza di cui mancano [...]. Spettatore degli uomini, che ciechi corrono e si confondono tra di loro, ritìrati destramente da lato, sminuendo per quanto sia possibile le relazioni che hai con essi, e fa loro del bene in quella giusta lontananza che non possino arrivare a sconvolgersi e strascinarsi nel loro vortice. Poche anime felici ed elevate sopra il comune livello possono all'immensa turba opporsi, e svolgendone e riordinandone il corso trarla all'ara del comun bene [...]. Ma tu, beato contemplativo, tacito godi i brevi istanti che corron tra il tuo nascere e sparire. Che importa che il verme lasci una traccia di sé nella polvere e l'universo ascolti forse il sussurrar d'una farfalla? Volgi gli occhi agli innumerabili ed immensi globi gettati dal Grand'Essere nell'immensità dello spazio, a quei torrenti di luce, a quello spirito di vita che circola nell'universo, e trovandoti or colosso, or atomo, ti riderai egualmente di chi sopra tutto e di chi nulla s'aprezza. Lascia gli uomini combattere, sperare e morire; tu nella serena ragione de' pazzi tuoi simili ridi di loro, ridi di te stesso e riposa mollemente in quella illuminata indifferenza delle umane cose, che non ti tolga il piacere vivissimo di essere giusto e benefico, ma ti risparmia gl'inutili affanni e le tormentose vicende di bene e di male che sbalzano continuamente gli uomini inaveduti, cioè la maggior parte.[22]

A differenza da quanto avverrà più tardi nella percezione leopardiana dell'*Infinito*, l'esperienza dell'«immensità degli spazi» e la contemplazione degli abissi interiori spalancati dall'immaginazione non ha in sé il brivido del sublime. Il «saggio epicureo» appagato degli «innocenti deliri»[23] della fantasia esibisce piuttosto una sensibilità volubile e leggera,

[22] Beccaria, «I piaceri dell'immaginazione», 477-480.

[23] Ibid.

distante tanto dagli esempi dello stoicismo antico che dalle passioni sublimi celebrate da Helvétius nel *De l'Esprit* (1758), al punto che di recente la critica ha potuto parlare, associando a queste posizioni quelle di un altro articolo del *Caffè*, *Il Frammento sugli odori*, di «dekadente Aufklärung»[24]. Come aveva insegnato Diderot, il «plaisir extrême de la sensation du goût» che identifica l'idea di «*délicieux*» implica in ogni caso «le charme inexprimable» del riposo, gustato perfettamente nella sua essenza solo dall'individuo che abbia ricevuto in dono dalla natura «une âme tendre et un tempérament voluptueux», la cui serena immobilità non appaia «troublé d'aucun nuage», né da «aucune émotion trop vive»[25]. Simile a colui che è appena uscito «d'une fatigue douce et légère», egli gode di un eterno momento «d'enchantement et de foiblesse», e non serba «ni mémoire du passé, ni désir de l'avenir, ni inquiétude sur le présent»[26]:

> Le tems avoit cessé de couler pour lui [i. e. colui che ha conosciuto il riposo delizioso], parce qu'il existoit tout en lui-même; le sentiment de son bonheur ne s'affoiblissoit qu'avec celui de son existence. Il passoit par un mouvement imperceptible de la veille au sommeil; mais sur ce passage imperceptible, au milieu de la défaillance de toutes ses facultés, il veilloit encore assez, sinon pour penser à quelque chose de distinct, du moins pour sentir toute la douceur de son existence: mais il en jouissoit d'une jouissance tout-à-fait passive, sans y être attaché, sans y réfléchir, sans s'en réjouir, sans s'en féliciter. Si l'on pouvoit fixer par la pensée cette situation de pur sentiment, où toutes les facultés du corps & de l'âme sont vivantes sans être agissantes, & attacher à ce quiétisme *délicieux* l'idée d'immutabilité, on se formeroit la notion du bonheur le plus grand & le plus pur que l'homme puisse imaginer.[27]

Dando credito ai materiali inediti del *Caffè* pubblicati da Francioni e Romagnoli, la conclusione 'epicurea' di Beccaria – vicina tanto a Diderot che al Rousseau delle *Rêveries d'un promeneur solitaire* – appare piuttosto isolata nel giornale, probabilmente perché l'insistenza su di un'intima felicità individuale, priva di un rapporto concreto con la società e con la storia, suonava come un invito all'inerzia e al disimpegno politico. E se, all'altezza del *Caffè*, *Le delizie della villa* e *I piaceri dell'immaginazione* erano giustificati proprio dal riferimento comune all'articolo di Diderot patrocinato dall'*Encyclopédie*, gli scritti degli anni

---

[24] Christof Weiand, «Dekadente Aufklärung? Beccaria – *piacere, lusso, voluttà*», in: Helmut C. Jacobs et al. (eds.), *Die Zeitschrift* Il Caffè. *Vernunftprinzip und Stimmenvielfalt in der italienischen Aufklärung*, Frankfurt a. M. et al., Peter Lang, 2003, 239-252.

[25] «Art. Délicieux (Denis Diderot)», in: *Encyclopédie*, vol. 4 [1754], 704 sq.

[26] Ibid., 704.

[27] Ibid., 705.

Settanta sembrano indicare che nel periodo successivo alla stagione più felice dell'Illuminismo lombardo l'elogio dell'ozio non può più trovare spazio. Mettendo mano nel 1778 alla riscrittura dei due saggi sulla *Felicità* e sul *Piacere e il dolore* per l'edizione dei *Discorsi* del 1781, Pietro Verri scrive non a caso al fratello Alessandro di essersi ormai convinto, rileggendo Locke, che il dolore, «padre della fertile industria, delle scienze, delle arti, del genio, della virtù e del vizio» sia «il solo motore del genere umano»: senza di esso gli uomini sarebbero «torbidi e vegetabili»[28]. Non mi soffermo ora sulle varie implicazioni della rilettura di Locke, che a quell'altezza cronologica si colora di sfumature diverse e più complesse, se non altro perché la teoria dell'*uneasiness* viene ripresa alla luce più vivida delle teorie dell'energia di Helvétius e del sublime psicofisiologico di Burke[29]. Ciò che qui importa è che nel *Discorso sull'indole del piacere e del dolore* Pietro contrappone al «saggio epicureo» celebrato nel *Caffè* la figura eloquente dell'«entusiasta costante», esemplificato dal personaggio di Colombo[30] che poi anche Leopardi, lettore ed estimatore di Verri, recupererà in una delle sue *Operette morali* più note, il *Dialogo di Cristoforo Colombo e di Pedro Gutierrez*, per ribadire la necessità dell'inquietudine che spinge all'azione fine a se stessa, in risposta al male dell'esistenza. Come recita il cap. VIII del *Discorso*, dedicato ai «piaceri delle belle arti» che «nascono dai dolori innominati»[31],

> ogni uomo entusiasta, ogni uomo che appassionatamente ama o una scienza, o una bella arte, o un mestiero, o cosa qualunque, non l'ama per altro se non perché egli è originariamente felice con sè medesimo, e tanto più avidamente ama i mezzi per sottrarsi, quanto è maggiore la somma dei dolori innominati ch'ei soffre abbandonato a sè medesimo. L'uomo che esiste male, isolato, cerca di darsi in preda ad un oggetto prepotente per essere da quello occupato; ma l'uomo robusto, lieto, e felice sfiora sorridendo gli oggetti, e signore della natura domina le sensazioni proprie tranquillamente; quindi o poca o nessuna compassione troverai presso di lui non già per durezza o malignità, ma per la volubilità naturale del suo felice animo, che leggermente si occupa, tutto vede, nulla esamina, e sente un solletico bensì nelle idee, ma non urto, né impeto giammai.[32]

Non stupisce allora che proprio all'interno del *Discorso*, e anzi nel capitolo successivo, trovi posto una riscrittura radicale della metafora del giardino comparsa prima ne *Le delizie della villa*, la cui origine rimane

---

[28] Verri, «Discorso sull'indole del piacere e del dolore», 42.

[29] Rimando su questo punto al libro di Michel Delon, *L'idée d'énergie au tournant des Lumières (1770-1820)*, Paris, PUF, 1988.

[30] Verri, «Discorso sull'indole del piacere e del dolore», 52.

[31] Ibid., 107.

[32] Ibid., 112.

comunque riconoscibile in filigrana. Qui il quadro allusivo del «giardino di Aristippo» – simile alla *Promenade Vernet* del più celebre *Salon* di Diderot, a sua volta fortemente influenzato da Burke – non appare più dominato dalla stasi della percezione, ma dal movimento degli affetti, e si configura come un vero e proprio percorso dominato dal pungolo dell'inquietudine e dalla curiosità: il paesaggio, dipinto prima attraverso le categorie del pittoresco, si presenta ora come un *locus amoenus* attraversato dal brivido improvviso dell'ignoto e dell'attesa, dove il piacere si dà solo per intervalli scanditi e rivelati dall'esperienza repentina del dolore, attraverso quella «suite de chocs» che l'estetica anticlassicistica del secondo Settecento accoglie sotto il nome di sublime: un piacere negativo, secondo la definizione di Burke, determinato dalla rapida cessazione del dolore. La descrizione occupa i paragrafi 7-12 del capitolo IX del *Discorso*, e vale la pena di riportarla per intero:

Non v'erano viali nel giardino di quel filosofo. Il passeggio era preparato con una varietà deliziosa. Un sentiero t'invitava al bosco, l'attraversavi calpestando l'erbe e i fiori che i raggi del sole non avean veduti mai: una fresca umidità, un sacro silenzio regnava d'intorno, e quasi provavi spiacere e timidezza, come se ivi ti ritrovassi separato dal soccorso degli uomini; appena questo sentimento cominciava a molestarti, improvvisamente eccolo cessato; termina il bosco, e ti affacciava da ogni lato la vista d'una spaziosa campagna popolata di case; spigni l'occhio quanto puoi, non troverai altri confini che l'orizzonte. Esaminavi deliziosamente quest'oggetto, ma t'inquietava la curiosità di godere d'altre sorprese, che ben conoscevi esserti preparate ancora dopo un sì giudizioso principio, e questa curiosità, molestamente scuotendoti, ti obbligava ad inoltrarti. Dopo pochi passi inutilmente ti rivolgevi per rimirar nuovamente la bella vista, perché una collinetta vicina rimaneva frapposta all'oggetto, e come un bel sipario chiudeva la passata scena. Qui diventava più angusto il teatro che aveva davanti gli occhi; varj ruscelli parte cadenti, parte lambenti lo strato della collina occupavano piacevolmente il tuo sguardo. Restava da ascendere. Il sentiero diventava rapido, e di qualche incomodità. Appena cominciavi a provarne dolore e stanchezza, eccoti una grotta non prima veduta, dove l'acqua zampilla da ogni parte, e dove agiatamente ti sedi a rimirarla. L'acqua sapientemente diretta ivi dava moto a concerti musicali, che ti sorprendevano perché inaspettati. La dolce melodia pastorale ti lasciava preda a soavissime immagini; l'ardita sinfonia della guerra e della caccia ti urtava in seguito, e ti rinvigoriva sin che, destandoti nuovamente l'importuna curiosità, ti alzavi e proseguivi il passeggio, frattanto già punto da due dolori, stanchezza e curiosità. Il cammino giudiziosamente ti riconduce d'onde partisti senza la noja di replicarti le stesse sensazioni. Ora ti ricreano i soavissimi odori de' fiori e delle piante più rare, in seguito un prospetto impensato di antica architettura rovinata dal tempo; qui un tempietto, là un parco di fiere, poi un canale navigabile ti sorprendono aggradevolmente, e fanno rapidamente cessare i sentimenti dolorosi che naturalmente s'intrudono fra l'uno e l'altro oggetto, e ritornavi all'albergo dopo un'ora beatamente impiegata, pago del modo col quale eri frattanto vissuto.[33]

Il giardino di Aristippo è di nuovo una metafora, per quanto indicativa dell'avvento di un nuovo paradigma estetico e morale dominato questa volta dal sublime di Burke, recepito probabilmente attraverso Helvétius, che nel *De l'esprit* aveva scritto che gli uomini sono più sensibili al dolore che al piacere, e che dunque «les objets de crainte et de terreur doivent, en fait d'idées, de tableaux et de passions, les affecter plus fortement que des objets faits pour l'étonnement et l'admiration générale»[34]. Per altro bisogna rilevare che lo stesso Beccaria, impegnato in questi anni a redigere le controverse (e in parte rimaste inedite) *Ricerche intorno alla natura dello stile* era ricorso proprio a Helvétius per delineare quella che resta probabilmente la proposta teorica più radicale nel panorama italiano del secondo Settecento. È sufficiente riportarne qualche battuta per eliminare ogni dubbio sulla derivazione di queste pagine dalla teoria lockiana, che assunta nell'ottica di Helvétius e del ruolo predominante assegnato al dolore diviene senza dubbio qualcosa di diverso dal sentimento indefinito dell'inquietudine evocato dal filosofo inglese attraverso il simbolo dell'*aiguillon*. Scrive Beccaria:

Il dolore si diffonde largamente per tutta la catena degli esseri sensibili. Rispinto incessantemente, incessantemente ritorna; a tutti serve di stimolo, che li sollecita ad allontanarsi dal presente, ed a spingere l'inquieto sguardo nell'avvenire, mentre il piacere nel seno dell'inoperosa voluttà facilmente addormentando gli uomini, non sarebbero spinti a quella progressiva serie di mutazioni e vicissitudini, da cui dipende lo sviluppamento dell'umana perfettibilità, ed insegnandoci a sostituirci ai nostri simili, stringe sempre più le relazioni morali, dalle quali l'amore ragionato di noi stessi ci allontanerebbe.[35]

Qui davvero l'elogio della sensibilità volubile e leggera esibita nei *Piaceri dell'Immaginazione* appare irrimediabilmente distante, e il lettore è indotto a riflettere sulle ragioni di un mutamento profondo che testimonia ancora una volta la consonanza tra due temperamenti pur così diversi come Beccaria e Pietro Verri. Di là dalle ragioni temporali di ciò che si è soliti chiamare il *Tournant des Lumières*, con l'avvento delle cosiddette 'estetiche negative' influenzate da Burke, si può forse supporre

---

[33] Ibid., 118 sq.

[34] Claude-Adrien Helvétius, *De l'esprit*, edd. Jacques Moutaux, Paris, Fayard, 1988, 454.

[35] Cesare Beccaria, «Ricerche intorno alla natura dello stile», in: Id., *Scritti filosofici e letterari*, edd. Gianmarco Gaspari, Milano, Mediobanca, 1984 (Edizione Nazionale delle Opere di Cesare Beccaria, vol. 2), 63-232, 143 sq.

che il rifiuto dell'ozio e l'interesse per il dolore nell'ambito più vasto della riflessione morale intorno ai sentimenti inconciliabili dell'amore di sé e della compassione testimoniano, dopo l'esperienza del *Caffè*, una nuova stagione di impegno, altrettanto fervida e intensa benché segnata dal clima di generale disillusione degli anni Settanta che induce gli autori alla prudenza. In particolare, l'accenno insistito al sentimento umano e civile della compassione che chiude entrambi i passi sulla scorta di Helvétius – per il quale la compassione è frutto dell'educazione e fondamento del diritto – ci rammenta che la riscrittura del *Discorso sull'indole del piacere e del dolore* si intreccia alla redazione di un'opera altrettanto rivoluzionaria, le *Osservazioni sulla tortura*, dove Pietro riprende con un'intonazione più cupa gli argomenti del *Dei delitti e delle pene* contro la pena di morte e la tortura applicandoli a un caso storico concreto, la terribile vicenda del processo agli untori nella Milano del 1630.

Nel portare a termine un compito che – come già aveva sperimentato Voltaire nella difesa di La Barre – comportava una vera e propria discesa nell'abisso delle passioni umane, egli mette da parte l'auscultazione del proprio io più intimo e profondo per affrontare le conseguenze del confronto drammatico tra la propria sofferta individualità, fatta di ragione e sentimento, e i pregiudizi della storia. Dinanzi all'aberrante vicenda giudiziaria definita un «assassinio legale» nelle postille autografe in margine al manoscritto degli atti del processo, mantenere il distacco sereno del saggio che si eleva al di sopra dell'«immensa turba degli uomini» era infatti non solamente impossibile, ma quasi umiliante per l'intero genere umano. Come intuirà Manzoni molti anni dopo, cominciando la sua lettura del processo proprio dalla ricostruzione rigorosa e partecipe di Verri, l'inchiesta sulla sensibilità condotta sulle pagine del *Caffè* anche attraverso il dibattito sull'ozio aveva preso oramai un'altra direzione, accettando di assumere su di sé 'l'urto' della realtà nelle sue forme più inquietanti e contraddittorie, a favore della battaglia più risolutiva del riformismo lombardo.

Bibliografia

1. Fonti primarie

Beccaria, Cesare, «Ricerche intorno alla natura dello stile», in: Id., *Scritti filosofici e letterari*, edd. Gianmarco Gaspari, Milano, Mediobanca, 1984 (Edizione Nazionale delle Opere di Cesare Beccaria, vol. 2), 63-232.

Degérando, Joseph-Marie, «Considerazioni sui vari metodi da seguire nell'osservazione dei popoli selvaggi», pubblicato in appendice a Sergio Moravia, *La scienza dell'uomo nel Settecento*, Roma/Bari, Laterza, 1970, 365-396.

Encyclopédie ou Dictionnaire raisonné des sciences, des arts et des métiers, par une société de gens de lettres. Mis en ordre et publié par Denis Diderot et Jean-Baptiste Le Rond d'Alembert, 35 vol., Paris, Briasson et al., 1751-1780.

Helvétius, Claude-Adrien, *De l'esprit*, edd. Jacques Moutaux, Paris, Fayard, 1988.

Il Caffè: 1764-1766, edd. Gianni Francioni/Sergio Romagnoli, 2 vol., Torino, Bollati Boringhieri, 1998.

Montesquieu, Charles de Secondat, baron de, *De l'Esprit des lois*, edd. Gonzague Truc, 2 vol., Paris, Garnier, 1956.

Verri, Pietro, «Discorso sull'indole del piacere e del dolore», in: Id., *I Discorsi e altri scritti degli anni Settanta*, edd. Giorgio Panizza, con la collaborazione di Silvia Contarini, Gianni Francioni, Sara Rosini, Roma, Edizioni di Storia e Letteratura, 2004 (Edizione Nazionale delle Opere di Pietro Verri, vol. 3), 25-61.

2. Fonti secondarie

Baridon, Michel, «Jardins», in: Delon, Michel (ed.), *Dictionnaire européen des Lumières*, Paris, PUF, 1997, 622-625.

Silvia Contarini, *Una retorica degli affetti. Dall'epos al romanzo*, Pisa, Pacini, 2006.

Contarini, Silvia, «Eine Kartographie der Sinnlichkeit. Pietro Verri und die Debatte über Lust und Schmerz im 18. Jahrhundert», in: *Archiv für Begriffgeschichte* 53 (2011), 71-95.

Delon, Michel, *L'idée d'énergie au tournant des Lumières (1770-1820)*, Paris, PUF, 1988.

Delon, Michel, «"Convulsions de l'inquiétude" ou "léthargie de l'ennui". Variation autour d'un thème voltairien», in: Michel Delon/Catriona Seth (eds.), *Voltaire et l'Europe. Hommage à Christian Mervaud*, Oxford, Voltaire Foundation, 2000, 283-290.

Deprun, Jean, *La philosophie de l'inquiétude en France au XVIIIe siècle*, Paris, Vrin, 1979.

Lavocat, Françoise, *Arcadies malheureuses. Aux origines du roman moderne*, Paris, Champion, 1998.

Le Ménahèze, Sophie, «Le jardin pittoresque entre ouverture et exclusion», in: Simone Bernard et al. (eds.), *Jardin et intimité dans la littérature européenne (1750-1920). Actes du Colloque du Centre de recherche révolutionnaire et romantiques de l'Université de Clermont-Ferrand*, Clermont-Ferrand, Presses Blaise Pascal, 2008, 41-53.

Mauzi, Robert, *L'idée de bonheur dans la littérature et la pensée françaises au XVIIIe siècle*, Paris, Colin, 1960 (riedito nel 1994 da Albin Michel).

Mortier, Roland, «À propos du sentiment de l'existence chez Diderot et Rousseau. Notes sur un article de l'*Encyclopédie*», in: *Diderot Studies* 6 (1964), 183-197.

Poulet, Georges, «Le sentiment de l'existence et le repos», in : Simon Harvey et al. (eds.), *Reappraisals of Rousseau. Studies in honour of R. A. Leigh*, Manchester, Manchester University Press, 1980, 37-45.

Weiand, Christof, «Dekadente Aufklärung? Beccaria – *piacere, lusso, voluttà*», in: Helmut C. Jacobs et al. (eds.), *Die Zeitschrift* Il Caffè. *Vernunftprinzip und Stimmenvielfalt in der italienischen Aufklärung*, Frankfurt a. M. et al., Peter Lang, 2003, 239-252.

ANDREA ADDOBBATI

Il *dolce far niente* e il *mestier del far nulla*: strategie discorsive attorno a un luogo comune dell'identità italiana

1. L'8 marzo di qualche anno fa un ministro della Repubblica italiana fu affrontato da un gruppo di lavoratrici precarie che chiedevano con veemenza l'introduzione di un reddito minimo di cittadinanza. Incalzato dai giornalisti, il ministro commentò l'episodio con una battuta irrituale piena di tatto: «L'Italia – disse – è un paese ricco di contraddizioni, che ha il sole per nove mesi l'anno. Con un reddito base la gente si adagerebbe, si siederebbe e mangerebbe pasta al pomodoro».[1] Nel paese dove *die Zitronen blühen* il clima, si sa, è troppo benigno e gli italiani troppo inclini alla spensieratezza e all'ozio. Per spronarli al lavoro bisogna che la benignità del clima sia compensata da qualche privazione, e perciò la pasta al pomodoro non può diventare un diritto. È una dottrina antica quanto il lavoro salariato,[2] tornata prepotentemente in voga in questi decenni di straripante – e mal distribuita – prosperità, di scarsa remunerazione degli investimenti e di egemonia neoliberale. Le politiche di austerità praticate più o meno da tutti i governi del mondo industrializzato, e segnatamente dall'Unione Europea, sembrerebbero dettate da ragioni economiche di ordine strutturale, ma il ministro, che sarebbe anche un economista laureatosi alla Bocconi di Milano, trova invece che il clima del Bel Paese sia una spiegazione più persuasiva, e per esprimere il suo pensiero ricorre a una notazione pittoresca attinta ai più vieti stereotipi sul carattere ozioso degli italiani.

In effetti, l'ozio è uno dei tasselli decisivi del cosiddetto 'carattere' italiano, una costruzione culturale che prese corpo tra Sette e Ottocento, in un fitto dialogo con le società più progredite del Nord Europa, e la cui posta in gioco era la modernità. Nel suo recente volume sull'ela-

---

[1] Claudia Voltattorni, «Blitz di "OccupyWelfare" a ministero Lavoro», in: *Il Corriere della Sera*, 8 marzo 2012.

[2] Sulla teoria della «utilità della povertà»: Maria Luisa Pesante, *Come servi. Figure del lavoro salariato dal diritto naturale all'economia politica*, Milano, Angeli, 2013, 113-178. Sulla formulazione della stessa idea in termini di «azzardo morale»: Tom Baker, «On the genealogy of moral hazard», in *Texas Law Review* 75,2 (1996), 237-292.

borazione del carattere nazionale Silvana Patriarca ha sostenuto che il problema dell'ozio fosse addirittura preliminare a ogni altro, in quanto avrebbe restituito la misura dello iato morale che occorreva colmare per condurre l'Italia nel consesso dei paesi sviluppati.[3] Le spiegazioni presentavano in genere due poli d'attrazione: da un lato il clima, secondo uno schema deterministico che affondava le sue radici nel giusnaturalismo, e dall'altro la storia, che autorizzava quadri esplicativi più articolati, ma che in pratica riconduceva il decadimento dei costumi e della morale alla perdita dell'indipendenza politica. Rimasta in ostaggio di conquistatori stranieri e del clericalismo, l'Italia avrebbe smarrito le sue antiche virtù civili e guerresche, precipitando nell'indolenza, nell'ignoranza e nella superstizione.

La definizione del 'carattere' italiano doveva però condurre anche all'identificazione delle risorse specialissime e positive su cui far leva per recuperare il tempo perduto, e trovare una via italiana alla modernità, che possibilmente facesse salvi gli assetti sociali e il predominio della possidenza. Insomma, si voleva il progresso, ma se ne temevano le conseguenze, così tutto quello che le classi dirigenti seppero fare fu di cercare delle compensazioni al senso d'inferiorità nelle glorie della civiltà classica di cui ci si sentiva eredi. Quel passato di grandezza non aveva lasciato solo un malinconico paesaggio di splendide rovine, come impietosamente sostenevano gli osservatori stranieri; era invece la fonte inesausta di un primato morale e civile di cui gli italiani dovevano andare fieri. Un primato declamatorio che funzionò come strategia consolatoria, ma che alla prova dei fatti si rivelò inutile, e perfino dannoso, offrendo copertura ideologica al ruralismo paternalista e all'antindustrialismo.

A scuotere il paese dal suo letargo – Lamartine scrisse che l'Italia era il paese dei morti, ferendo nell'orgoglio tutti i patrioti[4] – non bastò, infatti, il movimento di riscatto nazionale. La politica sabauda del carciofo e l'esclusione delle masse contadine, cioè il carattere gramscianamente passivo della rivoluzione borghese in Italia, provocò il contraccolpo violento del brigantaggio. Evitando di porre in questione le forme tradizionali di dominio, il dibattito sull'arretratezza finì per insistere sulle carenze morali della nazione, sulla sua arcaica inadeguatezza, sul

---

[3] Silvana Patriarca, *Italianità. La costruzione del carattere nazionale*, Roma/Bari, Laterza, 2010, 3-37. Sullo stesso argomento si veda anche Vito Teti, *Maledetto Sud*, Torino, Einaudi, 2013, 9-29.

[4] Alphonse de Lamartine, *Le dernier chant du Pélérinage de Childe-Harold*, Paris, Dondey-Dupré, Père et fils, 1825, 62-66.

suo temperamento meridionale, passionale e violento, troppo lontano dalla fredda metodica utilitarista necessaria al progresso. Purtroppo però, per un paese come l'Italia, giunto tardi all'unificazione politica, e desideroso di confrontarsi da pari a pari con i paesi più progrediti, la 'modernità' non era oggetto di libera scelta, era, com'è sempre, una questione di sopravvivenza. La nuova realtà nazionale si trovò a definire sé stessa «*in relazione* ad altri paesi che a partire dalla metà del Settecento avevano via via accelerato il loro processo di sviluppo»[5], costretta a parlare il linguaggio della modernità mentre viveva ancora l'arretratezza.

[Era] una società – scrive Giulio Bollati – bloccata a uno stadio agricolo-patriarcale ed erede di una cultura centrata su valori di ascendenza classica, ripugnante per intima natura alle pratiche borghesi dell'utile e forte soltanto di un convenzionale complesso di superiorità che ne stabili[va] il «primato» [...].[6]

Il problema del rapporto tra continuità e innovazione non poteva che porsi in termini drammatici.

2. Nel dialogo intessuto con la modernità l'ozio è uno di quei temi che vanno a toccare la suscettibilità delle classi dirigenti italiane. La pubblicistica risorgimentale offre ampia testimonianza in proposito. Nel 1871, all'indomani della presa di Roma, quando per il completamento dell'unificazione bisognò lasciarsi alle spalle «l'età della poesia» ed affrontare il nodo della costruzione morale della nazione, per Carlo Lozzi, un alto magistrato marchigiano, l'invito del D'Azeglio a «fare gli italiani» significava innanzitutto intraprendere un percorso di educazione. Il suo *Dell'ozio in Italia*, un ponderoso trattato sociologico in due volumi, sviscerava il problema partendo dal confronto tra le diverse regioni italiane, cercava di identificarne le cause, riconoscerne gli effetti e proponeva di educare le masse a una nuova etica del lavoro che permettesse agli italiani di affrontare le sfide che attendevano il Paese. Per il marchigiano il confronto mortificante con la modernità inglese e francese non poteva restare senza risposta:

[...][U]na delle piaghe e forse la maggiore e causa di molte altre, e già per molto tempo infistolita nel seno d'Italia, sì fu ed è tuttora per nostra sciagura, l'ozio e la poltroneria; onde lo straniero aggiungendo scorno al danno non seppe altrimenti definirla che una

[5] Giulio Bollati, *L'Italiano. Il carattere nazionale come storia e come invenzione*, Torino, Einaudi, 1996, xix.

[6] Ibid.

espressione geografica, quasi parola vuota di senso, [il riferimento è alla nota provocazione del Metternich], e agl'Italiani non volle attribuire altro pregio tranne quello del *dolce far niente*.[7]

La proverbiale «espressione geografica» e il «dolce far niente» erano le due etichette infamanti in cui la vecchia Italia era stata costretta a specchiarsi. L'una era legata all'altra, in un rapporto di casualità che a Lozzi pareva evidente, ma adesso, dopo il risveglio degli italici spiriti guerrieri, che in una serie di congiunture politiche fortunate erano finalmente riusciti a ricucire lo stivale nell'agognata unità politica, bisognava che l'energia ritrovata fosse trasposta nella vita civile, e il male estirpato alla radice. La parte sana della nazione, ferita nell'orgoglio, avrebbe unito le forze per spazzare via le cattive abitudini, indegne di un popolo libero.

Un senatore del regno [di cui Lozzi tace il nome] nella tornata del 20 agosto 1868 diceva vergognarsi di [sentire] ripetere, a proposito del nostro oziare, quell'altra famigerata frase, onde a significare la sonnolenza morbosa, in cui era caduto il nostro paese, i vincitori stranieri con ischerno immortale trasportarono di peso ne' loro vocabolari il *dolce far niente*.[8]

L'«ischerno» era disgraziatamente «immortale» perché l'oltraggiosa frase idiomatica era entrata a far parte, tale e quale, nei vocabolari delle lingue straniere; e si sa che per una certa sensibilità cruscante i vocabolari erano monumenti destinati a durare in eterno.

Ma che il significato della frase fosse sempre stato di scherno era tutto da vedersi. A metterci sull'avviso del contrario è Stendhal, il quale, molti anni prima, istruendo i connazionali sulla grammatica italiana della civile conversazione, riconduceva il *dolce far niente* nell'ambito delle esperienze cognitive. Chi conosceva l'Italia sapeva perfettamente che il *dolce far niente* non era ozio improduttivo, ma una disposizione di spirito di sincerità disarmata, nemica di ogni ipocrita cerimonia. Gli stranieri che si fossero trovati a partecipare al rito tutto italiano del salotto avrebbero dovuto guardarsi soprattutto dall'affettazione se non volevano *glacer* l'interlocutore imponendogli una «fatigue et une contention d'esprit tout-à-fait contraires au *dolce far niente*. Par ces mots célèbres, *dolce far niente*, entendez toujours – concludeva Stendhal – le plaisir de rêver voluptueusement aux impressions qui remplissent son

[7] Carlo Lozzi, *Dell'ozio in Italia*, 2 vol., Torino/Napoli, Unione tipografico-editrice, 1870-1871, vol. 1, 14.

[8] Ibid., 15.

cœur»[9]. Di sicuro al *dolce far niente* repugnava la fatica: date all'Italia «le travail anglais – diceva ancora il nostro letterato –, et vous lui ravissez la moitiè de son bonheur».[10] Ma non era *idleness*, non era l'improduttività del sonno, tutto il contrario. La metafora che meglio descriveva quello speciale stato d'animo era semmai il sogno, la visione; il *dolce far niente* era una felice distrazione dalle volgari preoccupazioni quotidiane che permetteva di rincongiungersi sentimentalmente al mondo in maniera più autentica, senza il velo delle convenzioni. La sua produttività creativa scaturiva dall'intuizione, non dalla fatica del metodo, dall'applicazione e dalla perseveranza, e in questo senso il *dolce far niente* era antimoderno. Ma nello stesso tempo, singolarmente per Stendhal, era un trascendimento romantico del moderno che attingeva direttamente alle fonti del genio. Ecco perché il *dolce far niente* era confacente all'artista. Per illustrarne la fecondità lo stesso Stendhal riferirà nella sua *Vie de Rossini* un bell'aneddoto sulla proverbiale *paresse* del grande compositore pesarese:

> Dans une journée très-froide de l'hiver de 1813, il se trouvait campé dans une mauvaise chambre d'auberge à Venise, et composait au lit pour ne pas faire de feu. Son duetto terminé, il faisait alors la partition de il *Figlio per azzardo*, la feuille de papier lui échappe des mains, et descend en louvoyant sur le plancher; Rossini la cherce en vain des yeux, la feuille était allée sous le lit. Il étend le bras hors du lit, et se penche pour tâcher de la saisir; enfin, prenant du froid, il se renveloppe dans sa couverture et se dit: Je vais récrire ce duetto, rien de plus facile; je m'en souviendrai bien. Mais aucune idée ne lui revient; il est plus d'un quart d'heure à s'impatienter; il ne peut se rappeller une note. Enfin il s'écrie en riant: «Je suis bien dupe; je vais refaire le duetto. Que les compositeurs riches aient du feu dans leurs chambres, moi je ne me donne pas la peine de ramasser les duetti qui tombent; d'ailleurs c'est de mauvais augure».[11]

La frase idiomatica non è ancora «famigerata», anche se si sta avviando ad esserlo. Per Stendhal il *dolce far niente* è un modo di dire celebre, che identifica un carattere positivo dell'*italianità*. Era certamente un'*italianità* molto diversa da quella che aveva in mente Carlo Lozzi, e che di fatto coincide con la settecentesca società della conversazione. Un'*italianità* appagata dei suoi riti privati, limitata alle classi dirigenti che non avvertono ancora la sfida della modernità, e fiera della propria cultura, nonostante il predominio delle lettere italiane sia tramontato da un pez-

---

[9] Stendhal [Henri Beyle], *Rome, Naples et Florence*, 2 vol., 3° ed., Paris, Delaunay, 1826, vol. 1, 265.

[10] Ibid.

[11] Stendhal [Henri Beyle], *Vie de Rossini*, Paris, Michel Lévy frères, 1854, 312.

zo. Il lettore attento non potrà non avvertire nel *dolce far niente* stendhaliano le reminiscenze tutte umanistiche dell'*otium honoratum*, che già in Petrarca era associato all'amore per le lettere, e che derivava a sua volta dalla valorizzazione classica dell'*otium*, contrapposto ai *negotia*, agli assilli della vita quotidiana e agli impegni pubblici: «Mihi enim liber esse non videtur – scriveva Cicerone –, qui non aliquando nihil agit», confermando così la sentenza: «hoc ipsum nihil agere et plane cessare delectat».[12] E non diversamente Plinio nelle epistole: «illud iners quidem, iucundum tamen nihil agere, nihil esse».[13] L'ozio dei latini è uno spazio di libertà che reintegra lo spirito e che nell'apparente annullamento permette in realtà di riscoprire la pienezza dell'esistenza. L'ozio rigeneratore deve poter prendere le distanze dalla città indaffarata, e il suo contesto appropriato rimane sempre la villa, dove «mihi relictus – scrive ancora Plinio – non oculos animo, sed animum oculis sequor».[14] Lo sguardo, libero di posarsi dove l'animo lo conduce, si viene ad arricchire, perché – come scriverà a metà Cinquecento Alberto Lollio –

> in villa più che altrove (per dirne quel ch'io sento) parmi che a punto goder si possa quella maniera di vita, la quale dal Ficino e da molt'altri savij per eccellentia è chiamata vita: et è quando l'huomo sciolto da le passioni, et libero da i travagli, e da le molestie che sogliono perturbar gli humani petti; contentandosi di quel che egli ha, vive con l'animo tranquillo; usando però sempre, et esercitando il pretiosissimo dono dell'intelletto; et col mezzo suo speculando, considera lo insatiabile appetito della prima materia; la sodezza della Terra; la rarità dell'aere; il flusso dell'acque; la trasparenza del Foco; lo splendor delle Comete [...] e finalmente col pensier penetrando dentro al gran chiostro del Cielo, risguarda il bello, et mirabile ordine di quei puri, et chiari intelletti: et da l'uno, all'altro con la mente salendo, si riconduce alla contemplatione della prima causa [...].[15]

È una tradizione culturale inossidabile, alla quale non mancano di riferirsi tutti i villeggianti oziosi della tarda età moderna. Il patrizio veneto Gian Francesco Loredan, ad esempio, possiede una villa a Vigo d'Ar-

---

[12] Marcus Tullius Cicero, *De oratore libri tres*, Berlin, Weidmannsche Buchhandlung, 1875, 22, Lib. II, cap. 6, § 24, 22.

[13] Plinius Secundus Minor, *Epistolarum libri*, Lipsiae, apud Carolum Cnoblochium, 1823, 180 (VIII, 9).

[14] Ibid., 233 (IX, 36).

[15] Alberto Lollio, *Lettera di M. Alberto Lollio, nella quale rispondendo ad una di M. Hercole Prinato, egli celebra la villa e lauda molto l'agricoltura*, Venezia, Gabriel Giolito de Ferrari, 1544, s. p. [xxi sq.].

zere, lungo il Brenta; «l'architettura non è del Palladio, nè del Scamozzi»[16], ma per lui non esiste un luogo più delizioso.

La quiete – scrive all'amico Contarini – è il primo trattenimento; e *'l non far niente il mio maggior impiego*. Qui l'ambitione non rubba l'hore al riposo; nè i Clienti m'alterano gli affetti. Il cibo, e 'l sonno non dipendono, che da gl'impulsi della natura; che invigorita sotto la bontà di questo Cielo, non si risente punto dell'ingiurie del Tempo. Io non mi maraviglio, che Diocletiano preferisse i Cavoli del suo Giardino ai tributi dell'Imperio; mentre rinonciarei ad ogni più superba Porpora, per lo verde di questi Prati.[17]

Anche in quest'ultima affermazione traspare un riferimento a un luogo letterario preciso che un'appartenente alla nobiltà senatoriale veneziana ha sicuramente presente: «nulla necessitas togae»[18], aveva scritto Plinio alludendo alla liberazione dalle gravose responsabilità pubbliche e all'informalità della vita in villa.

La villa è la cornice amena che più si addice all'ozio onorato, il quale, quand'anche rinunci alle vette contemplative del Lollio, e si riduca ai divertimenti e ai piaceri della conversazione, resta sempre una distrazione ricercata e raccomandabile, nonostante le invettive pascaliane. Ed è ricercata anche perché la vita «per eccellentia» è nello stesso tempo la vita degli eccellenti, come del resto ci ricorda, seppur nella polemica, la stessa trilogia goldoniana. La villeggiatura non è soltanto uno svago, è un costume indispensabile dello stile di vita nobile, a cui, nel secondo Settecento, comincia ad ambire anche la borghesia in ascesa; è uno *status symbol*, al pari dei consumi di lusso e di altre pratiche sociali, come il gioco d'azzardo, il teatro, la frequentazione del casino o la partecipazione ai riti della corte.

Eppure, qualcosa non torna. Nonostante le suggestioni della tradizione umanistica, il *dolce far niente* degli italiani, anche nell'accezione positiva rivendicata da Stendhal, non coincide con l'*otium honoratum*, che conserva un valore universale indifferente ai confini geografici e politici. La celebre frase, del resto, non appare in letteratura prima della seconda metà del Settecento, e pur essendo in lingua italiana, non parrebbe un prodotto genuino della cultura italiana. Molti anni fa Berengario Gerola, un lessicografo e studioso della lingua, si mise alla ricerca delle prime attestazioni letterarie, scoprendo così che l'«ischerno im-

[16] *Delle lettere del Signor Gio. Francesco Loredano, Nobile Veneto. Divise in cinquantadue Capi da Henrico Giblet Cavalier*, parte seconda, decima impressione, Venezia, Steffano Curti, 1687, 292. La prima edizione delle lettere di Loredan (1607-1661), è in Venezia, Guerigli, 1653

[17] Ibid., 291 (corsivo mio).

[18] Plinio Juniore, *Epistolarum*, 112 (V, 6).

mortale» in realtà era entrato a far parte dei vocabolari delle lingue nordiche senza prima passare dalle lettere italiane.[19] Al suo apparire il *dolce far niente* è un'espressione dai contenuti tutt'altro che sprezzanti o svalutativi. La troviamo la prima volta nei resoconti del *Grand Tour*, nei diari e nelle lettere di quei viaggiatori colti che dal Nord Europa passavano in Italia per attingere alle fonti della cultura classica, e che se ne servirono per comunicare ai propri lettori i connotati sensoriali ed estetici di un'esperienza soggettiva che soltanto l'Italia poteva offrire: un senso di solare appagamento e di rilassata contemplazione del bello. Negli anni settanta e ottanta del secolo le lettere tedesche registrano, in Wieland, Zimmermann e Gotter, espressioni italiane che si approssimano alla formulazione per così dire canonica, come *divino far niente*, *delizioso far niente* e simili. Christoph Martin Wieland, che per altro fu il primo letterato tedesco a godere di una certa celebrità in Italia, scriveva per esempio il 16 aprile 1777 in una lettera a Merck:

> Wär' ich klug, wenn ich meine selige Ungebundenheit, und das *sacrosanto Far Niente*, mit dem goldenen Recht, zu Allem sagen zu können: Was geht's mich an? – gegen die Sklaverei, gegen den schweren Dienst der Eitelkeit zu M[annheim] vertauschte?[20]

L'espressione si stabilizza, e diviene, per ragioni probabilmente ritmiche, il celebre *dolce far niente* solo negli ultimi anni del secolo, nella stessa epoca in cui fu posta per la prima volta la questione della nazionalità italiana. La più antica attestazione reperita da Gerola è in una lettera da Napoli di Friederike Brun del 1796 che ha per oggetto le porcellane di Capodimonte: «Hab' ich Dir denn nicht gesagt, – chiede la letterata danese al suo corrispondente – welches *Dolce far Niente* sich mit diesen hesperischen Sommergluthen über mich ergossen hat?»[21] In una successiva annotazione della stessa Brun sul suo taccuino di viaggio, il *dolce far niente* è uno stato di grazia espressamente italiano che si compiace nell'idillio. Dal suo terrazzo la Brun vaga con lo sguardo sui tetti dell'isola d'Ischia, mentre giù in strada delle giovani ballano e cantano al ritmo di un tamburello: «Es ist dies erst das zweytemal während ich

---

[19] Berengario Gerola, «Appunti per la storia dell'espressione *il dolce far niente*», in: *Festskrift tillägnad Axel Boëthius den 18 juli 1949 av Svensk-italienska föreningen*, Göteborg, Wettergren & Kerber, 1949, 31-47.

[20] *Briefe an Johann Heinrich Merck von Goethe, Herder, Wieland und andern bedeutenden Zeitgenossen*, edd. Karl Wagner, Darmstadt, Johann Philipp Diehl, 1835, 107.

[21] Friederike Brun, *Prosaische Schriften*, 4 vol., Zürich, Orell, Füssli & C., 1799-1801, vol. 4 [1801], 293.

hier bin, dass ich diesen erfreulichen Anblick habe; ich fange an, allen Reitz des Italienischen *dolce far niente* zu empfinden!»[22]

È probabile che in Italia l'espressione fosse d'uso corrente e colloquiale prima che gli scrittori stranieri ne facessero un *topos* letterario. Qualche volta nei testi si trova un richiamo esplicito alla fonte orale, che non lascerebbe dubbi in proposito. Resta il fatto che nelle lettere italiane, se si eccettua l'episodica apparizione di una espressione molto simile in una commedia goldoniana (*quel dolce mestier di non far niente*)[23], non si trovano attestazioni della celebre frase fin verso gli anni venti e trenta dell'Ottocento, e sempre in autori che polemizzano con detrattori stranieri, i quali nel frattempo hanno cominciato ad usarla con significati chiaramente peggiorativi, e per alludere alla poltroneria viziosa che contraddistinguerebbe lo stile di vita degli italiani. Lo slittamento semantico avviene presto, e di solito coincide col distacco psicologico tra l'autore e il *dolce far niente*, che in tal modo esce dall'ambito dell'esperienza personale per diventare un carattere negativo del popolo italiano, e di tutti gli altri popoli incivili e inadatti al progresso. Le biblioteche digitali oggi disponibili mi hanno permesso di reperire diverse altre citazioni sfuggite a Gerola sessant'anni fa, che comunque non modificano in nulla il quadro generale della sua analisi. A parte un passaggio in un romanzo epistolare di Friedrich Nicolai, che mette in relazione il *dolce far niente* all'ispirazione artistica,[24] e che comunque si colloca più o meno negli stessi anni delle lettere della Brun, l'unica altra attestazione che vale la pena di menzionare è quella precocemente peggiorativa che troviamo, già nel 1795, nell'*Über Judenthum und Juden* di Ernst Traugott von Kortum, un testo antisemita che inaspettatamente – ma poi non troppo – si serve dell'espressione italiana per stigmatizzare l'ozio mosaico del sabato.[25] Il *dolce far niente*, in effetti, fu rinfacciato a ciascun popolo giudicato troppo tardo e lento sulla strada del progresso, e siccome ogni arretratezza è relativa, poté anche capitare che a sdegnarsi per l'altrui indolenza fosse un italiano. Il bergamasco Giacomo Beltrami, esploratore del continente americano, nelle sue memorie di viaggio insistette sullo stereotipo del messicano pigro richiamando tra l'altro

---

[22] Ibid., 412.

[23] Vedi infra, nota 31.

[24] Cf. Christoph Friedrich Nicolai, «Vertraute Briefe von Adelheid B. an ihre Freundin Julie S. [1799]», in: Id., *«Kritik ist überall, zumal in Deutschland, nötig». Satiren und Schriften zur Literatur*, edd. Wolfgang Albrecht, München, C. H. Beck, 1991, 44-180, 155.

[25] Ernst Traugott von Kortum, *Über Judenthum und Juden: hauptsächlich in Rüksicht ihres Einflusses auf bürgerlichen Wohlstand*, Nürnberg, Verlag der Raspeschen Buchhandlung, 1795, 58.

la vituperosa espressione; e così si guadagnò la giusta rampogna dal recensore della fiorentina *Antologia*, che invece era svizzero:

Ne spiacque [...] di vedere un Italiano – scrisse Gian Pietro Vieusseux –, il quale nel rimproverare a' Messicani la loro pigrizia, conferma il rimprovero che gli Esteri fanno alla sua patria, tosto che si avvale dell'istessa loro frase del *dolce far niente*.[26]

3. Gerola ha ragione quando sostiene che l'italianismo è entrato nelle lingue straniere nel «clima psicologico del neoclassicismo e più tardi del romanticismo, nell'atmosfera dei pellegrinaggi sentimentali che portano i poeti del nord verso la terra mitologica e solare d'Italia».[27] Si stabilì allora un dialogo appassionato e intenso che portò tutti gli interlocutori a interrogarsi sulla questione dei rispettivi caratteri nazionali. Il punto debole dello studio di Gerola risiede semmai nell'aver limitato la ricerca alla formulazione esatta della «celebre frase», arrestandosi davanti alla supposizione d'una tradizione orale, fumosa e difficile da verificare. Dopo aver scoperto il primato delle lettere tedesche, che precedono a quanto pare le scandinave e le inglesi, e dopo aver verificato l'assenza di attestazioni nelle coeve lettere italiane, Gerola non cede all'evidenza della paternità tedesca, ma ritiene che quel luogo comune, quella frase fatta che i cultori delle lettere italiane sembrano ignorare, dovesse però appartenere alla lingua parlata dal popolo, e che l'immaginazione dei viaggiatori stranieri, tutti cultori delle lettere classiche, ne restasse colpita. Quel modo di dire doveva sembrare un relitto antichissimo, l'espressione autentica del genio della nazione, da ricollegarsi idealmente a quella stessa tradizione culturale che i viaggiatori andavano cercando. Una tradizione che esaltava l'*otium honoratum* ed era ricca di espressioni poetiche polarizzate sull'uso affettivo dell'aggettivo *dolce*: il *dolce stil novo*, il petrarchesco *dolce tempo della prima etade*, il *dolce sonno* dell'Ariosto, e così via.[28] Sui meccanismi psicologici e culturali della ricezione l'ipotesi è convincente. Quel che si può rimproverare a Gerola è di non aver scavato abbastanza nella letteratura italiana. Gli sono sfuggite persino le innumerevoli attestazioni degli anni della Restaurazione, che comunque sono un riflesso della moda straniera. «In questa formulazione esatta – scrive – non mi è noto, tra le fonti letterarie, che in un passo

[26] [Gian Pietro Vieusseux], Recensione di *Le Mexique, par I. C. Beltrami, 2 vol., Parigi 1830*, in: *Antologia* 39 (Agosto 1830), 118-126, 124.

[27] Gerola, *Appunti*, 38.

[28] Cf. ibid., 33 sq.

del d'Azeglio [del 1866] [...] "Il dubbio è un gran scappafatiche; lo direi quasi il vero padre del *dolce far niente* italiano"».[29] Che l'ozio italiano non fosse inclinazione naturale, ma un portato della storia, e che dietro vi si potesse scorgere un assillo interiore, un dubbio, una frustrazione, è una strategia argomentativa comune a molti scrittori italiani dell'Ottocento; la si ritrova per esempio anche in Cesare Balbo.[30] Il punto però è un altro: perché limitare la ricerca alla formulazione esatta? Se supponiamo che il calco originario dell'italianismo sia da individuarsi in un'espressione della lingua parlata, perché escludere che la stessa espressione non potesse avere una formulazione appena un po' diversa nella lingua scritta?

Eppure Gerola una buona traccia ce l'aveva; aveva trovato qualcosa di molto simile al *dolce far niente* in una commedia in versi del Goldoni. *La metempsicosi* è una composizione tarda, degli anni parigini, dove il filosofo Pitagora fa da spalla al comico Momo, il dio del sarcasmo. Per ordine del dio indiano Brama, Pitagora e Momo devono occuparsi di smistare le anime dei trapassati verso le loro successive incarnazioni. E quando si presenta un poeta lirico, «un di quei vati che forman l'opre loro coi versi strapazzati»[31], il quale non aveva mai avuto riconoscimenti in vita, e si era vanamente affannato nel tentativo di avere successo nel genere comico, il filosofo di Samo gli consiglia di applicarsi nella nuova vita a «un utile mestiere»[32]. Ma il poeta non ci pensa affatto: «parlo schietto, Pitagora, – risponde – non voglio più far niente. / Sono avvezzo a godere nell'ozio la mia pace. / Miserabile vita, ma libertà mi piace». E il filosofo l'accontenta: «Va dunque per tua pena, se sei dell'ozio amico. / A viver da poeta e lacero, e mendico». «Farai rime leggiadre,» – aggiunge maligno Momo –

---

[29] Ibid., 34.

[30] «E portiamoci a un tratto, in mezzo al punto essenziale della questione. Il vizio essenziale della patria nostra è l'ozio; l'ozio a cui siamo invitati dal dolce clima, dal bel paese nostro; a cui fummo avvezzi più o meno da tre secoli; in cui siamo mantenuti dalla natura de' nostri governi, che non chiamano il comune degli uomini a niuna deliberazione; a cui siamo sforzati dall'oppressione straniera, che c'impedisce tante operosità incompatibili colla dipendenza. L'ozio, il beato far niente, od anzi (come udíi riprendere sè stesso un uom di stato Italiano) *il beatissimo far niente*: la massima (che fu d'un altro il quale sarebbe stato grande fuor d'Italia), la massima che *il mondo va da sè*, sono il gran vizio Italiano». Cesare Balbo, *Delle speranze d'Italia*, 2° ed., Capolago, Tipografia elvetica, 1844, 404 sq. Cf. anche «Dell'attività e dell'ozio», in: Id., *Pensieri ed esempi. Opera postuma di Cesare Balbo*, Firenze, Le Monnier, 1854, 14-27.

[31] Carlo Goldoni, «La metempsicosi [1776]», in: Id., *Tutte le opere*, edd. Giuseppe Ortolani, 14 vol., Milano, Mondadori, 1935-1956, vol. 12 [1952], 953-967, atto II, scena 3, 961.

[32] Ibid., atto II, scena 3, 962; anche le citazioni seguenti si trovano a questa pagina.

farai carmi sonori,
Lodando senza premio amici e protettori;
Sonetti, madrigali, canzoni e rime strane
Farai, senza speranza di procacciarti un pane.

Ed il poeta:

Pazienza; il mio destino incontro sofferente.
Ma piacemi quel *dolce mestier di non far niente.*
Vivrò nel tetto mio famelico e contento,
Come tanti altri fanno, pascendomi di vento.[33]

Il *far niente* non è solo *dolce*, è un *mestiere*: una stabile occupazione. La notazione ironica non è farina del sacco di Goldoni. Il *mestiere del non far nulla*, che può essere *dolce*, ma anche variamente aggettivato (*grande, bello, facile, difficilissimo, delizioso, saporito* ecc.) è una frase fatta che ricorre abbastanza di frequente nelle lettere italiane, specie nell'omiletica, nei quaresimali e nelle opere d'edificazione morale e religiosa. A servirsene nel secondo Settecento sono gli scrittori e i predicatori cattolici, come il nizzardo Francesco Alberti di Villanova (1737-1801),[34] il romagnolo, amante degli studi storici, Francesco Leopoldo Bertoldi (1737-1824),[35] il «facondo» gesuita veronese Francesco Masotti (1699-1771),[36] modesti parroci come il milanese Giuseppe Branca (1751-1814),[37] e grandi oratori come il vicentino Antonio Serafino de Luca,

---

[33] Ibid. (corsivo mio).

[34] «Non v'è animal al mondo più inutile, che colui il quale si contenta di essere pura, e semplicemente gentiluomo, e per conseguenza non vuol far acquisto di veruna cognizione; egli non vuol occuparsi, che nel bel mestier di non far nulla». Francesco Alberti, *Dell'educazione fisica e morale, o sia De' doveri de' Padri, delle Madri, e de' Precettori Cristiani nell'educazion de' Figliuoli. Contro I principj del Signor Rousseau di Ginevra*, 2 vol., Torino, Stamperia Reale, 1767, vol. 1, 132.

[35] «Alcun tempo prima con saggio consiglio il Sig. Galeotto Rasponi Patricio Ravennate, e Governatore d'Argenta fe' pubblicar proclama di dover partire da Argenta, e suo Territorio sotto gravi pene ciascun forastiere vagabondo; ottimo pensamento, mentre questi birbanti, e fuggifatica ancorchè sani, e robusti, col bel mestiere di non far nulla van vagando, e questuando, e rubacchiando talora, Dio ci guardi da peggio». Francesco Leopoldo Bertoldi, *Storia della miracolosa Immagine di Santa Maria, ovvero della Madonna della Celletta nella terra d'Argenta*, Faenza, pel Benedetti Impress. Vescovile, e della Insigne Accad. de' Fluttanti d'Argenta, 1761, 56.

[36] «È una delle cagioni di ciò potrebbe esser questa; che mentre si dà udienza agli scrupoli, la mente invero patisce un poco, ma il corpo si sta in riposo; e se mi date poi un'indole neghittosa, e da pigrezza di umori portata al mestiere di non far nulla; io crederò benissimo, ch'ella possa antiporre quest'unico travaglio di spirito a molti travagli della persona». Francesco Masotti, *Prediche di Francesco Masotti della Compagnia di Gesù*, 2 vol., Venezia, Gio. Battista Locatelli, 3° ed., 1805, vol. 2, 313.

[37] «Poveri oziosi di professione, poveri nemici della fatica, poveri che avete giurato una guerra perpetua al travaglio, al lavoro, cui troppo piace il dolce mestiere del non far nulla e di vivere a

regio predicatore della metropolitana di Torino (1775-1858),[38] o il sacerdote delle campagne trevigiane Lorenzo Crico (1764-1835), che in alcune lettere sulla buona amministrazione delle tenute agricole raccomanda al suo fattore di tenere d'occhio i fittavoli, che

> [s]e mai per disavventura qualche famiglia avesse per capo di casa un uomo torbido, amante de' mercati, delle osterie, niente occupato delle cose della campagna, e datosi al *bel mestiere di non far nulla*; non isperate che le cose di quella famiglia s'abbiano prosperità.[39]

L'espressione appare qualche volta anche in opere di scrittori laici. Nelle *Novelle* del patrizio veronese Federico Bevilacqua il *gran mestiere del non far nulla* è proprio degli «abitanti delle Città, che da mille facelle ardenti attorniati, seduti su de' cuscini soffici»[40], si intrattengono in fatue «conversazioni», cui fanno da contraltare i «Filò», le veglie dei contadini, nelle quali una «sola lampana basta a fornir di lume quelle, che sedute in cerchio, filano, e l'arcolajo avvolgono»[41], e dove «accanto ai faticosi buoi, e alle agnelle innocenti, non s'impara a mentir, né atti, né parole, né volto; e più che altra cosa si odia il vivere infingardo»[42]. Per il medico padovano Giuseppe Antonio Pujati, allievo del Vallinsneri, il *bel mestiere di non far nulla* non è sempre da disprezzare; qualche volta può essere un rimedio efficace, che il buon medico si sente di dover prescrivere ai letterati e agli studiosi, quando «[a]ffaticati e lassi» sono costretti ad «al-

spese della carità cristiana, avreste forse l'ardimento di pretendere che la divina provvidenza vi spezzasse fra le mani il pane e ve lo ponesse, direi quasi, in bocca senza alcun vostro incomodo?». Giuseppe Branca, *Spiegazioni del Vangelo per tutte le domeniche e feste dell'anno secondo il rito ambrosiano. Opera postuma di Giuseppe Branca sacerdote oblato della Congregazione de' santi Ambrogio e Carlo e parroco di San Sepolcro in Milano*, Bologna, Guidi all'Ancora, 1842 [1° ed. Milano 1817-18], 493 sq.

[38] «Prosegua il giustissimo Esaminatore a bilanciare la effrenata licenziosa età della gioventù (ahi che pur troppo un dì lo farà) ma sottratto il tempo del sonno, che pure non sia eccessivo, o per avvenimenti nella loro cagione voluti, peccaminoso; ommesso il tempo del cibo cui pure non renda colpevole l'intemperanza, e il tempo di qualche strozzata messa, o funzion di Chiesa nei dì festivi, vi avrà certamente, come riempere la sinistra bilancia colle tante ore assorbite dai sozzi amori, dalle dissolute ricreazioni; ma sopra tutto dal vergognoso mestiere di non far nulla. Pur troppo seguirà l'incorruttibile Giudicatore a librare la virile, o la senile età». Antonio Serafino De Luca, «Prediche dell'Abate Antonio Serafino De Luca», in: *Biblioteca classica dei Sacri Oratori*, vol. 22, Venezia, Giuseppe Antonelli, 1844, 633-697, 643.

[39] Lorenzo Crico, *Agenzia di campagna. Lettere di un possidente al suo fattore*, Venezia, Dalla tipografia di Alvisopoli, 1825, 83 sq. (corsivo mio).

[40] Federico Bevilacqua, *Novelle del Conte Federico Bevilacqua Patrizio Veronese, e Accademico Filarmonico*, Verona, per gli Eredi di Agostino Carattoni, 1778, 68.

[41] Ibid., 67 sq.

[42] Ibid., 68.

lontanar[si] dal Tavolino, voglio dire, da' studj di meditazione e lavoro».[43] L'espressione riacquista infine il suo originario significato polemico, ma all'interno di un ordine del discorso dichiaratamente borghese e secolarizzato. Nel *Nuovo Galateo* (1802) di Melchiorre Gioja, un'opera che si proponeva di fornire un modello di civiltà e di politezza al cittadino della Repubblica Cisalpina, l'ozioso mestiere è richiamato (per la prima volta in carattere corsivo, a denotarne l'uso ormai idiomatico) in un paragrafo dedicato alla durata delle visite. Per Gioja, i visitatori sono per lo più degli importuni da cui liberarsi senza tanti complimenti: «un uomo che ci visita è un uomo che si impadronisce del nostro tempo [...]».[44] Siamo agli antipodi dell'aristocratica civiltà della conversazione amata da Stendhal. Per il borghese Gioja il tempo è prezioso, e non va sprecato. Chi ha delle responsabilità, come il «pubblico funzionario, cui incombe l'obbligo di promuovere il bene del popolo», non può essere distratto dai suoi doveri; e lo stesso vale per «l'artista o l'agricoltore», che, «occupato ne' suoi lavori dall'alba del giorno sino alla sera, non può lasciare a disposizione altrui i suoi momenti».[45] Nei punti estremi della società la disponibilità di tempo è «picciolissima», mentre «va crescendo e diviene massima negli stati medi»[46]. Solo i possidenti sfaccendati, cui va tutto il disprezzo del Gioja, possono permettersi di dilapidare il tempo; «persone agiate e comode, le quali, occupate nel *difficilissimo mestiere di non far nulla senza noia*, hanno bisogno d'essere visitate per trarre avanti la vita».[47]

4. Per tutti gli autori sopra ricordati, dai predicatori cattolici all'apostolo della nuova etica utilitarista, il *mestier del non far nulla*, è un luogo comune dell'oratoria, prima religiosa e in seguito civile, divenuto probabilmente frase idiomatica nella cultura orale del popolo, che l'avrà sentito ripetere dai pulpiti chissà quante volte. Il suo successo, tuttavia, non dipende soltanto dall'incisività espressiva dell'ossimoro, e dal fatto di parodiare le pose classiche che la nobiltà sfaccendata amava assumere,

---

[43] Giuseppe Antonio Pujati, *Della preservazione della salute de' letterati, e della gente applicata e sedentaria. Opera postuma di Giuseppe Antonio Pujati. P.P.P. di Medicina Pratica nella celebre Università di Padova*, Venezia, Antonio Zatta, 1768, 316.

[44] Melchiorre Gioja, *Nuovo Galateo* [1802], in: *Opere minori di Melchiorre Gioja*, vol. 16, Lugano, Gius. Ruggia e C., 1837, 169-489, 382.

[45] Ibid., 382 sq.

[46] Ibid., 80.

[47] Ibid., 383.

ma anche dall'impronta autoriale che l'espressione poteva esibire, e di cui i letterati italiani del secondo Settecento erano perfettamente consci. L'espressione, infatti, era stata inventata da un autore celebre, il quale poi l'avrebbe ripetuta infinite volte, tanto da farne un marchio di fabbrica. Il *gran mestiere del non far nulla* appare già in una sua opera giovanile, negli *Esercizj spirituali esposti secondo il metodo del padre Paolo Segneri Juniore* del 1720[48], per divenire *delizioso mestiere* nelle opere più mature e più famose, talmente famose da essere ristampate, in Italia e fuori, fino a venti volte prima della chiusura del secolo. Sto parlando naturalmente del bibliotecario del duca di Modena, il celebre abate Lodovico Antonio Muratori, che oltre a essere stato il padre della moderna storiografia critica in Italia, col suo monumentale *De rerum Italicarum scriptores*, fu filosofo morale, uomo di fede, e in generale una delle voci più rispettate e ascoltate nell'Italia delle riforme.[49] Piero Camporesi ne ha tratteggiato il carattere «infaticabile e metodico», ricordando proprio quelle espressioni di dileggio dell'ozio divenute una sua tipica cifra stilistica. Il celebre abate aborriva l'ozio, era

> misuratore delle ore e dei minuti come un perfetto orologio, maestro perfetto nell'impiego del tempo, detestava in egual misura e i nobili che si applicavano al *delizioso mestiere del non far nulla* e i falsi mendicanti, i falsi bordoni, i falsi poveri, gli oziosi, i poltroni e i vagabondi dediti alla *dolce professione del questuare.*[50]

---

[48] «Girar tutto dì per la casa, stare alla finestra, piantarsi fitto l'ore intere al focolare, consumar la giornata in soli discorsi inutili, e simili altri usi, pare che sia un far qualche Cosa; ma è un puro ozio, ed è in buon linguaggio il gran mestiere del non far nulla». Lodovico Antonio Muratori, *Esercizj spirituali secondo il metodo del Padre Paolo Segneri Juniore* [1720], in: *Raccolta delle opere minori di Ludovico Antonio Muratori*, Napoli, Tommaso Alfano, 1760, vol. 9, 129.

[49] Per gli scritti di Muratori e la sterminata letteratura critica sulla sua opera si veda la sezione bibliografica del sito web del Centro Studi Muratoriani di Modena (www.centrostudimuratoriani.it). Qui di seguito mi limito a segnalare alcune monografie i cui titoli rendono bene l'idea dell'ampio spettro d'interessi dell'abate di Vignola. Oltre agli studi biografici (Ferruccio De Carli, *Lodovico Antonio Muratori: la sua vita, la sua opera e la sua epoca*, Firenze, Macrì, 1955; Michele Monaco, *La vita, le opere, il pensiero di L.A. Muratori e la sua concezione della pubblica felicità*, Lecce, Milella, 1977) si veda: Sergio Bertelli, *Erudizione e storia in Ludovico Antonio Muratori*, Napoli, Istituto Italiano per gli Studi Storici, 1960; Corrado Pecorella, *L. A. Muratori e i difetti della giurisprudenza*, Milano, Giuffrè, 1964; Enrico Pattaro, *Il pensiero giuridico di L. A. Muratori tra metodologia e politica*, Milano, Giuffrè, 1974; Alfredo Cottignoli, *Muratori teorico. La revisione della «Perfetta poesia» e la questione del teatro*, Bologna, Clueb, 1987; Giulio De Martino, *Muratori filosofo: ragione filosofica e coscienza storica in Lodovico Antonio Muratori*, Napoli, Liguori, 1996; Chiara Continisio, *Il governo delle passioni prudenza, giustizia e carità nel pensiero politico di Lodovico Antonio Muratori*, Firenze, L. S. Olschki, 1999.

[50] Piero Camporesi, *Il governo del corpo. Saggi in miniatura*, Milano, Garzanti, 1995, 103.

L'ostilità nei riguardi della vita oziosa apparteneva all'indole del personaggio, ma era soprattutto un punto fermo di un programma di riforma dei costumi e della società italiana, che lo stesso Muratori avrebbe sottoposto all'attenzione dei prìncipi della sua epoca, i quali, se erano davvero illuminati e preoccupati, come avrebbero dovuto esserlo, della «pubblica felicità» – intesa come un logico presupposto della salute spirituale dei sudditi –, dovevano impegnarsi a fondo nella sacrosanta battaglia contro l'ozio, facendo leva sull'educazione e sulla diffusione delle «scienze utili». Schematizzando, si può dire che il maggiore impegno del Muratori consistesse in un'operazione terribilmente problematica: innestare, lui uomo di fede, l'etica dell'utile nel tronco del cattolicesimo tradizionale post-tridentino. Era un proposito che avrebbe perseguito senza temere il confronto con la coeva cultura dei lumi, e che avrebbe fatto del Muratori un personaggio di svolta nella storia degli intellettuali italiani, come del resto è stato riconosciuto dagli studi di Franco Venturi in avanti.[51] La stessa questione dell'ozio fu affrontata dall'abate di Vignola in termini assolutamente nuovi rispetto alla tradizione della pastorale cattolica, che dopotutto non gli aveva mai tributato molta attenzione, portata, com'era, a ricondurre il problema, sulla scorta della *Summa* di S. Tommaso, nell'ambito dell'*acedia*. Ancora in Paolo Segneri, il grande predicatore dell'età barocca, i cui esercizi spirituali saranno illustrati dal giovane Muratori, il lavoro è una condanna dalla quale è impossibile sottrarsi, e l'unico modo per rendersi oziosi è dilapidare il tempo consacrato a Dio. L'ozio condannato dalla morale cattolica tradizionale è l'indolente adagiarsi sulla trita e volgare quotidianità, la neghittosa noncuranza che preoccupa l'uomo di chiesa perché denota uno smarrimento della fede e una perdita di fervore religioso.[52] Con Muratori, invece, l'ozio acquista una dimensione sociale ed economica. Di qui la critica verso gli istituti assistenziali del tempo, che avrebbero dovuto distinguere gli inabili bisognosi, avviando tutti gli altri a qualche utile occupazione. Di qui ancora la sua battaglia per la riduzione delle feste di precetto, che imponendo l'astensione dal lavoro, sottraevano ai poveri il tempo che avrebbero potuto destinare a procacciarsi le sussistenze, per non parlare degli inconvenienti sotto il profilo della morale pubblica che l'eccessivo numero di feste procurava:

---

[51] Franco Venturi, *Settecento riformatore,* I *Da Muratori a Beccaria*, Torino, Einaudi, 1972.

[52] Paolo Segneri, *Il cristiano istruito nella sua legge,* 3 vol., Venezia, Baglioni, 1773, vol. 1, Ragionamento XI: «Sopra il precetto di santificar le feste», 91-102.

Finalmente – scriveva nella *Regolata divozion dei cristiani* del 1747 – la sovrabbondanza delle Feste, in vece di promuovere la Divozione fra tanti Artisti, ad altro non serve bene spesso, che alla loro temporale ed eterna perdizione. Riducesi in fatti il santificar le Feste di non pochi alle Osterie, a i bagordi, a i Giuochi illeciti, ed anche alle disonestà. Quello, che han guadagnato ne' giorni di lavoro, tutto va in quello di Festa, con seguitarne poi tante doglianze delle infelici Mogli e de' miserabili Figli. Ne succede ancora, che simil sorta di gente avvezzandosi all'ozio, al vino, ed altri peccaminosi divertimenti ne' dì festivi, diventa infingarda, o pur non è sollecita a lavorare, se non per iscialacquar tutto nelle Feste.[53]

L'insistenza sulla riforma del calendario liturgico gli procurò il dispiacere di entrare in urto col cardinal Querini, vescovo di Brescia. La disputa si surriscaldò al punto da costringere Benedetto XIV ad imporre il silenzio ai due contendenti, salvo poi dar soddisfazione al Muratori autorizzando di lì a poco Carlo III di Napoli e Francesco Stefano di Toscana ad operare una drastica riduzione delle feste di precetto nei loro rispettivi stati.[54] In una risposta al Querini, mai giunta alle stampe per l'intervento della censura, Muratori precisava il suo punto di vista:

[...] [O]ve si aumenti di molto la copia delle feste col divieto di lavorare, senza che vi concorra alcuna necessità, o urgente motivo della Chiesa, allora gl'interessi della pietà sconcertano quelli del pubblico bene. Questo richiede che il popolo sia laborioso e industrioso; che non s'avvezzi all'incuria, al troppo darsi buon tempo, al *facile mestiere del non far nulla*; che le arti e l'agricoltura, per quanto mai si può, fruttino al privato e nello stesso tempo al pubblico, per mantener le famiglie, pagar gli aggravij, sostenere il nerbo del peculio necessario allo Stato, e soddisfare a' varii accidenti di malattie, carestie ecc.[55]

All'interno della sterminata produzione letteraria del Muratori le riflessioni dedicate alla questione dell'ozio sono tantissime. Nel breve spazio accordato a questo contributo non è possibile renderne conto in maniera esaustiva. Perciò mi limiterò a rilevare i contesti argomentativi entro i quali appare l'espressione di cui ci occupiamo, e che riguardano indifferentemente l'accondiscendenza culturale e istituzionale verso l'ozio dei ceti popolari, e lo stile di vita dei ceti dirigenti, su cui gravano, secondo il Muratori, pesanti responsabilità. Nel *Della carità cristiana*, del 1723, Muratori insiste ad esempio sulla malintesa carità degli elemosinieri degli ospizi dei poveri e sui suoi effetti diseducativi:

---

[53] Lodovico Antonio Muratori, *Della regolata divozion de' Cristiani. Trattato di Lamindo Pritanio*, Venezia, Giambattista Albrizzi, 1747, 296 sq.

[54] Cf. Andrea Addobbati, *La festa e il gioco nella Toscana del Settecento*, Pisa, Plus, 2002, 29-52.

[55] Lodovico Antonio Muratori, «Risposta di Lamindo Pritanio alla nuova scrittura del Card. A. M. Querini [1748]», in: *Scritti inediti di Lodovico Antonio Muratori*, Bologna, Zanichelli, 1872, 282-322, 317 (corsivo mio).

E questo appunto è il disordine maggiore; perciocchè d'ordinario i Fanciulli avvezzi al questuare, non la finiscono, che pessimamente istruiti nella Religione, e pieni di que' Vizj, che tengono dietro all'Ozio, e incitati dal bisogno anche a i ladronecci, dopo aver nociuto a molti, nuocono in fine a se stessi con terminare la vita o sopra le galee, o sopra un patibolo. Similmente le povere Fanciullette messe alla scuola del limosinare e vagare, perdendo di buon'ora non solamente l'amore della fatica, ma anche le difese del rossore, e della modestia, ed esposte a tutte le lezioni della malvagità, difficilmente poi sanno astenersi da ogni precipizio più grave. Non prenderò io a registrare tanti altri mali effetti di questa cagione, perchè parla abbastanza in vece mia la sperienza, e fa vedere, che i pigri e i cattivi truovano in questa forma di vivere di che fomentare la loro mal'inclinata natura; e che anche i buoni, dandosi alla dapocaggine, e provando gusto nel *delizioso mestiere del non far nulla*, insensibilmente sono strascinati nella sentina de' Vizj.[56]

Più oltre il *saporito mestiere del non far nulla* torna insieme alla *dolce libertà del questuare* per avvertire che non basteranno le esortazioni per sortire un effetto positivo, e che per far cambiare abitudini agli oziosi bisognerà mettere nel conto qualche forma di costrizione:

[...] a chi è assuefatto alla *dolce libertà del questuare*, parrà Crudeltà, non Carità, l'astringerlo alle fatiche; avendo già fatto vedere la sperienza, che molte di queste persone hanno eletto di abbandonare il paese più tosto, che il *saporito mestiere del non far nulla*, troppo abborrendo alcuni un Ospizio, dove niuno che possa gode esenzion da i lavori. Ma non lascia per questo d'essere Medicina Caritativa quella, che tende a guarir dal male un Infermo, benché l'Infermo nol brami».[57]

Alla critica della nobiltà sfaccendata sono dedicate invece alcune pagine de *La filosofia morale, esposta e proposta ai giovani* (1735), in particolare nel capitolo dedicato al buon uso della ragione. Secondo Muratori la ragione è sviata dalle sue finalità naturali in due modi differenti, che corrispondono a due diverse categorie d'uomini. Esiste la schiera della *ragion neghittosa*, dedita all'ozio, e la schiera della *ragion tradita*, dedita alla sopraffazione del prossimo:

La prima schiera, e ben numerosa, dell'uno e dell'altro Sesso, fregiata di seta e d'oro (probabilmente sarà di gente Nobile, o almen benestante) va impiegando tutto il gran capitale del suo Intendimento nel *delizioso mestiere del non far nulla*. Sfaccendati, e però intricati bene spesso a saper come passare le intere giornate, vorrebbono fuggire lo stucchevol' Ozio, e pure ogni loro applicazione altro per lo più non è che Ozio vero. Cicalecci, novelle, amoreggiamenti, giuochi, ecco i loro più favoriti impieghi. Per essi fatica

[56] Lodovico Antonio Muratori, *Della Carità cristiana, in quanto essa è Amore del Prossimo. Trattato morale*, Modena, Bartolomeo Soliani, 1723, 311 (corsivo mio).

[57] Ibid., 341 (corsivo mio).

il contadino, per essi gira il fattore, il servo: altro pensiero non hanno essi in capo, che quello di non avere per quanto possono briga, pensiero e noja alcuna.[58]

Gli uomini della prima schiera evitano ogni seria occupazione, non vogliono applicarsi, e restano tutta la vita dei fanciulli. In fondo sono persone ridicole: «Guai se talun facesse il Giornale di tutte le grandi azioni di non poca parte de i Nobili d'oggidì: darebbe pure un ampio argomento di ridere, o di stupirsi»[59]; nel 1763 ci penserà Giuseppe Parini a prendersi beffe di questi sfaccendati componendo un simile «giornale» sulle imprese eroicomiche del «giovin signore». Passate in rassegna tutte le reprensibili occupazioni della nobiltà italiana, dal gioco alla conversazione, al cicisbeato, Muratori traccia il profilo del buon capo famiglia, interamente dedito al lavoro, anche quando per il possesso di un ingente patrimonio se ne potrebbe dispensare. Non c'è niente di reprensibile nella ricerca del guadagno personale: la ricchezza dei privati è il presupposto del «pubblico bene». E anche il desiderio di accrescere i «comodi» della vita, ben distinto dall'amore per il lusso e dalle spese dissipative, non ha niente di disonesto per il nostro abate:

Ma quand'anche l'Uomo non sia tratto dalla povertà a' bassi mestieri, – dice Muratori – non lascia già d'essere anch'egli tenuto alle fatiche. Nobile e saggio impiego de gli uni sarà l'economia, e il buon governo della propria Famiglia, e l'educazion dei figliuoli [...] e l'attenzione all'Agricoltura: cosa massimamente lodevole in ogni buon Cittadino. Altri si daranno alla Mercatura e al Traffico, mezzo onestissimo per accrescere i comodi alle proprie case, e applicazione da desiderarsi in assaissimi nelle ben regolate Città, perciocché in pubblico bene torna anche la ricchezza dei privati.[60]

E il pubblico bene, o per meglio dire, la *Pubblica Felicità* (1749), è l'argomento che dà il titolo ad una delle opere più celebri del nostro abate. Il tema dell'ozio, considerato sino ad allora sotto il profilo della morale pubblica e privata, sarà finalmente affrontato dal punto di vista della politica economica; un cambiamento di prospettiva gravido di ulteriori sviluppi negli scrittori del secondo Settecento, a cominciare da Antonio Genovesi, che nelle sue *Lezioni di commercio o sia d'economia* (1765) indicherà tra le cause dell'ozio «l'inegualissima distribuzione delle terre»[61] che in Italia ha avuto l'effetto di accrescere la rendita parassi-

---

[58] Lodovico Antonio Muratori, *La filosofia morale, esposta e proposta a i giovani*, Verona, Angelo Targa, 1735, 92 (corsivo mio).

[59] Ibid.

[60] Ibid., 96.

[61] Antonio Genovesi, *Lezioni di commercio o sia d'economia*, 2 vol., Napoli, Fratelli Simone, 1765-1767, vol. 1 [1765], 176.

taria, a scapito delle arti. Anche Muratori insiste sugli incoraggiamenti e la protezione che i principi dovrebbero accordare alle manifatture, deplorando che molte produzioni del suolo, suscettibili di lavorazioni industriali, siano invece esportate fuori d'Italia, per essere poi riacquistate sotto forma di prodotti finiti. La sua analisi non è particolarmente originale, si fonda sui paradigmi dei neomercantilisti, come Jean-François Melon, uno dei pochi autori citati nella *Pubblica Felicità*.

Quanto al *far nulla*, che in taluni casi coincide col «Genio del Popolo», non è più per Muratori solo un vizio «vergognoso», ma ora gli appare come un «inaspettato intoppo»[62] al progresso economico e civile. Per potersene sbarazzare occorreranno tempo, pazienza ed educazione: «Se non succederà di far mutare registro a chi ha formato l'abito alla pigrizia, si potrà sperar questo da i lor Figliuoli, che s'educheranno nell'Arti»[63]. È chiara la percezione dell'arretratezza, perché «non così avviene in altri Popoli, già da gran tempo allevati nelle fatiche»[64], ma d'altra parte Muratori invitava ad essere fiduciosi, dal momento che «[n]iuna Città, niun paese ha l'Italia, dove occorra tanto sforzo per mettere in buon sesto gli affari di un Popolo».[65]

E si riaffaccia qui, accanto al debito morale del popolo, che deve essere educato al lavoro, l'altro motivo che ricorre nelle analisi sull'ozio italico, quello di una natura così generosa da dispensare i suoi doni senza esigere troppi sforzi. Quel giardino lussureggiante che è l'Italia incantava i viaggiatori del *Grand Tour*, ma dall'Ottocento in avanti tutto quel sole, e quella natura ubertosa saranno quasi delle maledizioni, per gli effetti perniciosi che avrebbero avuto sulla morale del popolo, portato al *dolce far niente*. Non per il buon senso pratico del Muratori. L'inclinazione all'ozio ha poco a che fare con il clima e la natura, le sue cause sono di ordine storico. La riforma dei costumi è il gran rimedio, che permetterà all'Italia di recuperare il tempo perso, ma perché lamentarsi se la natura agevola l'impresa? Non è un vantaggio ottenere con poco sforzo quello stesso obiettivo che ad altri costa tante fatiche?

---

62 Ludovico Antonio Muratori, *Della pubblica felicità, oggetto de' buoni principi*, Lucca [i. e. Venezia], s. n., 1749, 238.

63 Ibid., 241.

64 Ibid., 240.

65 Ibid., 242.

Bibliografia

1. Fonti primarie

Alberti, Francesco, *Dell'educazione fisica e morale, o sia De' doveri de' Padri, delle Madri, e de' Precettori Cristiani nell'educazion de' Figliuoli. Contro I principj del Signor Rousseau di Ginevra*, 2 vol., Torino, Stamperia Reale, 1767.

Balbo, Cesare, *Delle speranze d'Italia*, 2° ed., Capolago, Tipografia elvetica, 1844.

Balbo, Cesare, «Dell'attività e dell'ozio», in: Id., *Pensieri ed esempi. Opera postuma di Cesare Balbo*, Firenze, Le Monnier, 1854, 14-27.

Bertoldi, Francesco Leopoldo, *Storia della miracolosa Immagine di Santa Maria, ovvero della Madonna della Celletta nella terra d'Argenta*, Faenza, pel Benedetti Impress. Vescovile, e della Insigne Accad. de' Fluttanti d'Argenta, 1761.

Bevilacqua, Federico, *Novelle del Conte Federico Bevilacqua Patrizio Veronese, e Accademico Filarmonico*, Verona, per gli Eredi di Agostino Carattoni, 1778.

Branca, Giuseppe, *Spiegazioni del Vangelo per tutte le domeniche e feste dell'anno secondo il rito ambrosiano. Opera postuma di Giuseppe Branca sacerdote oblato della Congregazione de' santi Ambrogio e Carlo e parroco di San Sepolcro in Milano*, Bologna, Guidi all'Ancora, 1842.

Briefe an Johann Heinrich Merck von Goethe, Herder, Wieland und andern bedeutenden Zeitgenossen, edd. Karl Wagner, Darmstadt, Johann Philipp Diehl, 1835.

Brun, Friederike, *Prosaische Schriften*, 4 vol., Zürich, Orell, Füssli & C., 1799-1801.

Cicero, Marcus Tullius, *De oratore libri tres*, Berlin, Weidmannsche Buchhandlung, 1875.

Crico, Lorenzo, *Agenzia di campagna. Lettere di un possidente al suo fattore*, Venezia, Dalla tipografia di Alvisopoli, 1825.

De Luca, Antonio Serafino, «Prediche dell'Abate Antonio Serafino De Luca», in: *Biblioteca classica dei Sacri Oratori*, vol. 22, Venezia, Giuseppe Antonelli, 1844, 633-697.

Genovesi, Antonio, *Lezioni di commercio o sia d'economia*, 2 vol., Napoli, Fratelli Simone, 1765-1767.

Gioja, Melchiorre, *Nuovo Galateo* [1802], in: *Opere minori di Melchiorre Gioja*, vol. 16, Lugano, Gius. Ruggia e C., 1837, 169-489.

Goldoni, Carlo, *La metempsicosi* [1776], in: Id., *Tutte le opere*, edd. Giuseppe Ortolani, 14 vol., Milano, Mondadori, 1935-1956, vol. 12 [1952], 953-967,

Kortum, Ernst Traugott von, *Über Judenthum und Juden: hauptsächlich in Rüksicht ihres Einflusses auf bürgerlichen Wohlstand*, Nürnberg, Verlag der Raspeschen Buchhandlung, 1795.

Lamartine, Alphonse de, *Le dernier chant du Pélérinage de Childe-Harold*, Paris, Dondey-Dupré, Père et fils, 1825.

Lollio, Alberto, *Lettera di M. Alberto Lollio, nella quale rispondendo ad una di M. Hercole Prinato, egli celebra la villa e lauda molto l'agricoltura*, Venezia, Gabriel Giolito de Ferrari, 1544.

Loredan, Giovanni Francesco, *Delle lettere del Signor Gio. Francesco Loredano, Nobile Veneto. Divise in cinquantadue Capi da Henrico Giblet Cavalier*, parte seconda, decima impressione, Venezia, Steffano Curti, 1687.

Lozzi, Carlo, *Dell'ozio in Italia*, 2 vol., Torino/Napoli, Unione tipografico-editrice, 1870-1871.

Masotti, Francesco, *Prediche di Francesco Masotti della Compagnia di Gesù*, 2 vol., Venezia, Gio. Battista Locatelli, 3° ed., 1805.
Muratori, Lodovico Antonio, *Della Carità cristiana, in quanto essa è Amore del Prossimo. Trattato morale*, Modena, Bartolomeo Soliani, 1723.
Muratori, Lodovico Antonio, *La filosofia morale, esposta e proposta a i giovani*, Verona, Angelo Targa, 1735.
Muratori, Lodovico Antonio, *Della regolata divozion dei Cristiani, Trattato di Lamindo Pritanio*, Venezia, Giambattista Albrizi, 1747.
Muratori, Lodovico Antonio, *Della pubblica felicità, oggetto de' buoni principi*, Lucca [i. e. Venezia], s. n., 1749
Muratori, Lodovico Antonio, *Esercizj spirituali secondo il metodo del Padre Paolo Segneri Juniore* [1720], in: *Raccolta delle opere minori di Ludovico Antonio Muratori*, Napoli, Tommaso Alfano, 1760, vol. 9.
Muratori, Lodovico Antonio, *Risposta di Lamindo Pritanio alla nuova scrittura del Card. A. M. Querini* [1748], in: *Scritti inediti di Lodovico Antonio Muratori*, Bologna, Zanichelli, 1872, 282-322.
Nicolai, Christoph Friedrich, «Vertraute Briefe von Adelheid B. an ihre Freundin Julie S. [1799]», in: Id., *«Kritik ist überall, zumal in Deutschland, nötig». Satiren und Schriften zur Literatur*, edd. Wolfgang Albrecht, München, C. H. Beck, 1991, 44-180.
Plinius Secundus Minor, *Epistolarum libri*, Lipsiae, apud Carolum Cnoblochium, 1823.
Pujati, Giuseppe Antonio, *Della preservazione della salute de' letterati, e della gente applicata e sedentaria. Opera postuma di Giuseppe Antonio Pujati. P.P.P. di Medicina Pratica nella celebre Università di Padova*, Venezia, Antonio Zatta, 1768.
Segneri, Paolo, *Il cristiano istruito nella sua legge*, Venezia, Baglioni, 1773.
Stendhal [Henri Beyle], *Rome, Naples et Florence*, 2 vol., 3° ed., Paris, Delaunay, 1826.
Stendhal [Henri Beyle], *Vie de Rossini*, Paris, Michel Lévy frères, 1854.
[Vieusseux, Gian Pietro], Recensione di *Le Mexique, par I. C. Beltrami, 2 vol., Parigi 1830*, in: *Antologia* 39 (Agosto 1830), 118-126.

2. Fonti secondarie

Addobbati, Andrea, *La festa e il gioco nella Toscana del Settecento*, Pisa, Plus, 2002.
Baker, Tom, «On the genealogy of moral hazard», in: *Texas Law Review*, 75,2 (1996), 237-292.
Bertelli, Sergio, *Erudizione e storia in Ludovico Antonio Muratori*, Napoli, Istituto Italiano per gli Studi Storici, 1960.
Bollati, Giulio, *L'Italiano. Il carattere nazionale come storia e come invenzione*, Torino, Einaudi, 1996.
Camporesi, Piero, *Il governo del corpo. Saggi in miniatura*, Milano, Garzanti, 2008.
Continisio, Chiara, *Il governo delle passioni prudenza, giustizia e carità nel pensiero politico di Lodovico Antonio Muratori*, Firenze, L. S. Olschki, 1999.
Cottignoli, Alfredo, *Muratori teorico. La revisione della «Perfetta poesia» e la questione del teatro*, Bologna, Clueb, 1987.
De Carli, Ferruccio, *Lodovico Antonio Muratori: la sua vita, la sua opera e la sua epoca*, Firenze, Macrì, 1955.

De Martino, Giulio, *Muratori filosofo: ragione filosofica e coscienza storica in Lodovico Antonio Muratori*, Napoli, Liguori, 1996.

Gerola, Berengario, «Appunti per la storia dell'espressione *il dolce far niente*», in: *Festskrift tillägnad Axel Boëthius den 18 juli 1949 av Svensk-italienska föreningen*, Göteborg, Wettergren & Kerber, 1949, 31-37.

Monaco, Michele, *La vita, le opere, il pensiero di L. A. Muratori e la sua concezione della pubblica felicità*, Lecce, Milella, 1977.

Patriarca, Silvana, *Italianità. La costruzione del carattere nazionale*, Roma/Bari, Laterza, 2010.

Pattaro, Enrico, *Il pensiero giuridico di L. A. Muratori tra metodologia e politica*, Milano, Giuffrè, 1974.

Pecorella, Corrado, *L. A. Muratori e i difetti della giurisprudenza*, Milano, Giuffrè, 1964.

Pesante, Maria Luisa, *Come servi. Figure del lavoro salariato dal diritto naturale all'economia politica*, Milano, Angeli, 2013.

Teti, Vito, *Maledetto Sud*, Torino, Einaudi, 2013.

Venturi, Franco, *Settecento riformatore*, vol. 1: *Da Muratori a Beccaria*, Torino, Einaudi, 1972.

Voltattorni, Claudia, «Blitz di "OccupyWelfare" a ministero Lavoro», in: *Il Corriere della Sera*, 8 marzo 2012.

II.

Espacios, prácticas y dispositivos

Spazi, pratiche e dispositivi

ANGELA FABRIS

Gli spazi pubblici e privati dell'ozio nei fogli veneziani di Gasparo Gozzi

Un certo fervore pubblicistico, dai tratti nuovi, si delinea intorno al 1760 nella realtà veneziana, in una dimensione urbana costiera dalla fisionomia variegata, aperta a influssi di diversa provenienza.[1] Le parole d'ordine entro questo nuovo panorama pubblicistico sono il diletto e la morale, sulla scia del motto oraziano assunto a emblema delle formule periodiche apparse in Inghilterra agli inizi del secolo XVIII. Si tratta dei modelli spettatoriali, così definiti in numerosi studi condotti in Italia in relazione a quello che la ricerca letteraria in area germanofona identifica come i *Moralischen Wochenschriften*, periodici di intonazione morale, contraddistinti da una serie di requisiti che possono essere validamente estesi ad alcuni fogli veneziani del secondo Settecento. Tra le loro peculiarità si situano sia le forme variegate di una discorsività che si sviluppa tramite la presenza di una serie di maschere a cui viene delegata la responsabilità ideativa e redazionale del foglio, sia le lettere di ipotetici lettori, destinate a fungere da artificio comunicativo in grado di simulare una trattazione a più angoli prospettici delle tematiche proposte, quale riflesso delle diverse correnti di un'opinione in procinto di divenire pubblica.

Sono elementi che si possono ritrovare, variamente distribuiti, nei fogli pubblicistici di Gasparo Gozzi che escono nei primi anni Sessanta del Settecento a Venezia.[2] Il primo esperimento è costituito dalla *Gazzetta Veneta* che, con cadenza bisettimanale (le uscite sono programmate il mercoledì e il sabato, «intorno alle ore quattordici in circa»)[3], esce

[1] Cf. Robert Fajen, *Die Verwandlung der Stadt. Venedig und die Literatur im 18. Jahrhundert*, Paderborn, Wilhelm Fink, 2013, 81 sq.

[2] A proposito del suo percorso personale e in qualità di scrittore si veda Ricciarda Ricorda, «Carlo e Gasparo Gozzi», in: Ilaria Crotti et al. (eds.), *«Il mondo vivo». Aspetti del romanzo, del teatro e del giornalismo nel Settecento italiano*, Padova, Il Poligrafo, 2001, 155-158.

[3] Gasparo Gozzi, *La Gazzetta Veneta*, edd. Antonio Zardo, Firenze, Sansoni, 1915, LXVIII, 27 settembre 1760, 281. Il giornale gozziano è stato pubblicato da Antonio Zardo con l'esclusione delle inserzioni o degli avvisi non ritenuti di paternità gozziana ed è stato poi ristampato anastaticamente nel 1957 e nel 1978 con una nuova presentazione di Fiorenzo Forti. Per le citazioni si

tra il 6 febbraio 1760 e il 31 gennaio 1761 per un totale di 104 numeri. Seguono l'*Osservatore Veneto* (ancora 104 numeri, anch'essi bisettimanali, posizionati tra il 4 febbraio 1761 e il 30 gennaio 1762) e gli *Osservatori Veneti* che si stampano tra il 3 febbraio e il 18 agosto 1762, per un totale di 41 numeri con cadenza bisettimanale e settimanale. A essi si deve aggiungere un'ultima pubblicazione periodica di impronta differente ma sempre di paternità gozziana, *Il Mondo morale*, che esce con periodicità irregolare (ma tendenzialmente una volta alla settimana) per tre trimestri, a partire dal 5 maggio 1760 fino al febbraio 1761, e che, pur non appartenendo al settore propriamente pubblicistico, offre specifici elementi di interesse in relazione agli spazi dell'ozio.

La *Gazzetta Veneta* si caratterizza per il suo mescolare notizie commerciali con annunci e inserzioni di varia tipologia, secondo il principio dell'utilità a cui si affiancano la morale e il diletto. A risaltare sono le formule programmatiche che ne accompagnano il percorso come, per esempio, «la *Gazzetta* non è un *tribunale*, è una spugna»[4], a riprova di quanto – per l'istanza a cui spetta fittiziamente la redazione del foglio – ciò che conta sia organizzare una forma di consenso intorno alle proprie opinioni e a quelle della piazza veneziana (anche se non coerenti o fortemente radicate). A ciò si accompagna il criterio della varietà a cui l'estensore del foglio si appella di continuo e il forte legame – tramite una serie di inserti di varia tipologia – con la scena veneziana e i suoi spazi privilegiati quali le calli, la piazza, i caffè e le osterie.[5]

Accanto a queste coordinate se ne deve aggiungere un'altra fondamentale, ossia il fatto che la pagina gozziana, in questo suo primo esperimento, venga ad accogliere una forma di apertura culturale ad ampio raggio tramite il *medium* del periodico. Se ne trova un esplicito riflesso nel numero VI del 23 febbraio 1760, quando programmaticamente – a un mese dalla nascita – il gazzettiere scrive:

---

indicherà in nota il numero romano del foglio e la relativa data assieme all'indicazione della pagina corrispondente. È possibile ora consultare il foglio nella sua totalità, compresi gli annunci pubblicitari, nella versione digitale: *Gazzetta Veneta 1760-1762*, in: Manlio Pastore Stocchi/Gilberto Pizzamiglio (eds.), *Gasparo Gozzi e la sua famiglia*, 2 vol., Venezia, Istituto Veneto di Scienze, Lettere ed Arti, 2015, vol. 2. In proposito si veda il saggio introduttivo di Angela Fabris, «L'architettura della *Gazzetta Veneta*: dialogo tra generi e forme», 1-48.

[4] *La Gazzetta Veneta*, LXXXVIII, 6 dicembre 1760, 385.

[5] Sull'importanza di tali luoghi Gasparo era intervenuto una decina d'anni prima, nella lettera «al nobile signor Giambattista Pomo di Pordenone», dove li aveva definiti «gli archivii ne' quali si notano i fatti del prossimo, e si dicono le cose più intrinseche delle famiglie». Cf. Gasparo Gozzi, «Lettere diverse», in: Id., *Scritti scelti*, edd. Nicola Mangini, Torino, UTET, 1976, 71.

Uomini di lettere e senza lettere, genti occupate, genti oziose, capi e figliuoli di famiglia, vecchi, giovani, nobili, plebei, maschi e femmine si hanno ad appagare di un foglio solo.[6]

Risulta evidente l'intenzione di aprirsi a distinte tipologie di lettori e a un ambito sociale allargato, a vantaggio di una dimensione comunicativa differente rispetto ai destinatari del libro e all'ambito ristretto degli eruditi. Un'importanza particolare va assegnata a una specifica menzione, quella relativa alle genti occupate e alle genti oziose. Si tratta di una formula non casuale se si considera che il foglio gozziano nel suo complesso, in quel suo continuo muoversi tra spazi pubblici quali per esempio il caffè e l'osteria da un lato, e gli spazi privati quali la stanza della scrittura dall'altro, si pone in relazione – in termini privilegiati – con la sfera dell'ozio.

Si consideri anche come la formula pubblicistica privilegi, in sé, proprio il fruitore colto nel momento dell'ozio, ossia colui che – in sostanza – ha del tempo a disposizione e nutre interesse per il consumo di questo foglio a due colonne. Tuttavia, il tempo di cui egli fruisce non porta a una forma di lettura o di consumo meditata; anzi, nel quadro sociale del medio Settecento veneziano in movimento e evoluzione, si assiste al suggerimento di una modalità di ricezione della pagina scritta affidata a pratiche estensive. I consigli impartiti sono i seguenti:

leggetegli [i fogli] trascorrendo a furia, tanto che se ve ne viene domandato, possiate dire d'avergli letti e non più. Ad ogni periodo o due, domandate ora il caffè, ora la tabacchiera od altro, e se avete intorno persone che parlino, state attento con gli orecchi a quanto dicono, e rispondete anche loro talvolta, o accarezzate un cagnuolo dicendogli qualche parola vezzeggiativa di tempo in tempo, tanto che non vi troviate con tutto l'intelletto occupato nella lezione. Io ho veduto a questo modo leggere i più profondi e più dotti libri del mondo, senza che riuscissero per la loro profondità e dottrina molesti a' leggitori.[7]

Si tratta di una tipologia di lettura raccomandabile nel caso in cui ci si trovi a leggere un foglio periodico (destinato a essere soppiantato nel giro di pochi giorni), ma utilizzabile anche – secondo quanto dichiarato da Gozzi – nei confronti di testi fino ad allora recepiti solitamente in forma intensiva. Le coordinate sono, infatti, quelle di un pubblico am-

[6] *La Gazzetta Veneta*, VI, 23 febbraio 1760, 34.

[7] Gasparo Gozzi, *L'Osservatore Veneto*, edd. Noris Raffaelli, 3 vol., Milano, Rizzoli, 1965, vol. 1, XIII, 18 marzo 1761, 105 sq.

pio, al quale si consigliano le modalità estensive di una lettura continuamente interrotta, entro uno spazio pubblico come quello del caffè.

È una forma di consumo che sembra tener conto dei dispositivi temporali in uso nel secondo Settecento, ossia di un tempo soggetto a regole e vincoli distinti. Infatti, scorrendo le pagine pubblicistiche di Gozzi nell'arco di questi due anni si nota come, a richiamare l'attenzione – quali luoghi privilegiati in termini di rappresentazione dell'ozio – siano le botteghe del caffè e l'osteria, le calli e la piazza. In alternativa a questi spazi pubblici, tuttavia, ve ne sono altri caratterizzati da forme di socializzazione che sono pur sempre collettive ma distinte, in quanto rivolte a un preciso gruppo di uditori. È il caso, per esempio, dei circoli in cui un certo numero di uomini e donne si incontrano per conversare sull'esempio dei ritrovi di natura accademica, con uno scambio verbale che si regge sull'alternanza di parola tra più soggetti. Infine, accanto a questi due luoghi, si deve considerare anche lo spazio privato per eccellenza in termini di ozio, ossia la stanza della scrittura.[8]

Tutto ciò sembra suggerire, a livello semantico, un certo tratto di flessibilità nei confronti dell'ozio, secondo un orientamento misto che mescola sia tessere del passato, sia quelle di un presente aperto a nuovi riti e a distinte forme di socializzazione; in fase, anche, di progressiva definizione attraverso le pagine del giornale.

Nel considerare i luoghi oggetto e soggetto di enunciazione, *in primis* quelli pubblici, si può affermare che in essi si assiste alla fusione di connotati spaziali e temporali specifici, dove lo spazio si immette nel movimento del tempo che diviene, a sua volta, visibile nel garantire senso e misura; quale riflesso, dunque, di determinati cronotopi in rapporto alla raffigurazione della realtà veneziana del medio Settecento.[9] Sono luoghi in cui si è condensato uno specifico modo di organizzare l'esperienza e che comprendono ambiti diversi quali la calle, il ponte, piazza San Marco, l'osteria e la bottega del caffè. In essi si assiste al manifestarsi di pratiche discorsive contraddistinte da specifiche componenti di ordine socioculturale quali – per citarne solo alcune – la conversazione, l'incontro, la disputa o la lite.

Tali luoghi – secondo Alessandro Fontana e Jean-Luis Fourniel – «hanno assunto il ruolo di istanze rappresentative, cioè di istanze che

[8] Michelle Perrot, «Gli spazi del privato», in: Franco Moretti (ed.), *Il romanzo*, vol. 4: *Temi, luoghi, eroi*, Torino, Einaudi, 2003, 495-520.

[9] In termini generali, sul rapporto tra spazio e tempo riguardo al cronotopo letterario, si rinvia a Michail Bachtin, *Estetica e romanzo*, Torino, Einaudi, 1979, 231-232.

hanno reso possibile un certo tipo di pratiche discorsive»[10], e che portano a un ordine distinto rispetto a quello antico, con nuove demarcazioni – più elastiche – fra spazi pubblici e privati. Infatti la soglia, il confine o l'elemento di separazione tra la sfera pubblica e quella privata sono soggetti a una certa oscillazione proprio in questi spazi tipologici, come nel caso delle botteghe del caffè.[11] In esse, quali luoghi di consumo di un prodotto connotato di «modernità»[12], si produce uno spazio di sociabilità improntato alla conversazione, allo scambio dialogico, all'ascolto e anche a una ricezione orale e collettiva del periodico; è quanto si deduce dal numero 83 della *Gazzetta Veneta*, tramite la lettera di un «Caffettiere»:

La sera del sabbato passato, nel fiorito circolo di persone dell'uno e dell'altro sesso, si leggeva in uno camerino della mia bottega da un bel spirito moderno la Gazzetta vostra di quel giorno. Tutti ne sono restati malcontenti, eccettuatone un buon vecchio [...] Io, che vi amo per l'utile che mi reca la vostra Gazzetta, da me provveduta a comodo de' miei avventori, vi avviso di tutto.[13]

Dal frammento epistolare si evince la pratica di una lettura ad alta voce e di una prassi conversativa e di commento intorno a quanto riprodotto nel foglio. Si tratta di una prova evidente di come Gozzi – sulla scia dello *Spectator* inglese[14] – accolga nelle sue pagine pubblicistiche dei modelli di dialogicità e di conversazione, oltre che di impiego del tempo

[10] Cf. Alessandro Fontana/Jean-Louis Fourniel, «Piazza, Corte, Salotto, Caffè», in: Alberto Asor Rosa (ed.), *Letteratura italiana*, vol. 5: *Le questioni*, Torino, Einaudi, 1982, 637.

[11] Si veda, in proposito, la dettagliata analisi dei caffè esistenti in Francia e in Italia nel Settecento, i loro riflessi in specifici testi dell'epoca e le disamine sulla bevanda quale «Droge der Aufklärer» condotta da Cornelia Klettke, «Der Kaffee als Droge der Aufklärer», in: Helmut C. Jacobs et al. (eds.), *Die Zeitschrift* Il Caffè. *Vernunftprinzip und Stimmenvielfalt in der italienischen Aufklärung*, Frankfurt a. M. et al., Peter Lang, 2003, 131-147. Particolare importanza riveste anche il contributo di Ilaria Crotti, «Aristarco e Demetrio tra caffè ed accademia», in: Elena Sala di Felice/Laura Sannia Nowé (eds.), *La cultura fra Sei e Settecento. Primi risultati di una indagine*. Modena, Mucchi, 1994, 43-83.

[12] Cf. Ilaria Crotti, «Aristarco e Demetrio tra caffè ed accademia», 48. In proposito si veda anche la voce «Caffé» e «Caffés», in: *Encyclopédie ou Dictionnaire raisonné des sciences, des arts et des métiers, par une société de gens de lettres. Mis en ordre et publié par Denis Diderot et Jean-Baptiste Le Rond d'Alembert*, 35 vol., Paris, Briasson et al., 1751-1780, vol. 2 [1752], 527-529.

[13] *La Gazzetta Veneta*, LXXXIII, 19 novembre 1760, 348-349.

[14] Tra i molti possibili riferimenti si veda *The Spectator*, edd. Henry Morley, London, George Routledge and Sons, 1891, I, No. 49, Thursday, April 26, 1711: «It is very natural for a Man who is not turned for Mirthful Meetings of Men, or Assemblies of the fair Sex, to delight in that sort of Conversation which we find in Coffee-houses. Here a Man, of my Temper, is in his Element; for if he cannot talk, he can still be more agreeable to his Company, as well as pleased in himself, in being only an Hearer».

libero, che segnano, in modo netto, il distacco dai circoli privati delle accademie. Questi ultimi, a loro volta, in forma mediata e sul piano delle pratiche discorsive, trovano collocazione nel *Mondo morale*. In esso infatti, tramite le conversazioni che si alternano sulle sue pagine, si allude a uno spazio accademico fittizio che riproduce e simula coordinate secentesche e del primo Settecento.[15] Lo attesta il fatto che la «Congrega de' Pellegrini», a cui spetta fittiziamente la responsabilità del *Mondo morale*, con i suoi dodici membri equamente suddivisi tra uomini e donne, si propone quale spazio accademico retto da regole[16] e quale luogo privilegiato di produzione, fruizione e commento di materiali letterari. In sostanza, si tratta di una dimensione dell'ozio che si distacca dal quotidiano e che accoglie, entro uno spazio privato, conversazioni di più persone intorno alla materia poetica ed erudita, con declamazioni, letture e ascolti.

Nella *Gazzetta Veneta*, a proposito delle caratteristiche del circolo che presiede fittiziamente alla redazione del *Mondo morale*, si legge:

> La Congrega de' Pellegrini fa certe conversazioni e in esse si leggono varie cose. Chi scrive uno squarcio di morale, chi fa una osservazione sopra i costumi e legge una storia allegorica, intitolata il *Mondo morale*.[17]

Infatti, l'ipotesi che sostiene l'esperimento è quella di un conversare tra Pellegrini,[18] nelle cui adunanze a ognuno spetta il compito di leggere invenzioni o componimenti di propria stesura. La formula proposta, tuttavia, sembra aprirsi al segno multiplo di coloro che aderiscono, senza impegno né scopi utilitaristici, a una conversazione, secondo quanto segnalato nel sottotitolo[19], e come dichiarato dal libraio Colombani nell'avviso «A' leggitori»: «La Congrega de' Pellegrini fa quello, che fanno tutte l'altre conversazioni di gente; ride, scherza, ciancia, e dice molte cose inutili, e senza pensiero.»[20] In definitiva, è un ambito nel quale

---

[15] Cf. Amedeo Quondam, «L'Accademia», in: Alberto Asor Rosa (ed.) *Letteratura italiana*, vol. 1: *Il letterato e le istituzioni*. Torino, Einaudi, 1982, 823-898.

[16] In realtà di tali norme si trova traccia solamente nel numero XX del 12 Aprile 1760 della *Gazzetta Veneta*.

[17] *La Gazzetta Veneta*, XXV, 30 Aprile 1760, 118.

[18] L'espressione che identifica la «Congrega de' Pellegrini», oltre ad accogliere – per quanto solo di riflesso – la tipica componente settecentesca del viaggio, identifica uno spazio separato dalla società reale, il cui tratto essenziale risiede nella prassi della conversazione, entro un regime di scambi e commerci verbali.

[19] Ossia «Conversazioni della congrega de' Pellegrini».

[20] Gasparo Gozzi, *Il Mondo morale*, in: Id., *Opere, del conte Gasparo Gozzi viniziano*, vol. 6, Venezia, Giuseppe Molinari, 1812, 3.

la valenza sociologico-letteraria della conversazione mantiene i tratti tipici di un circolo privato, quale quello dell'accademia, caratterizzandosi però per un certo grado di apertura alla modernità.

Tali elementi si ritrovano anche negli *Osservatori Veneti*[21], nei quali il lessico impiegato nel definire i nuovi corrispondenti e la consuetudine dei loro incontri si segnala per il suo appartenere alla sfera semantica dell'accademia, con termini ed espressioni quali «compagni», «confratelli», «queste nostre private adunanze»[22]. Al fondo vi è il tentativo, destinato a spegnersi in breve, di riproporre il modello dell'accademia – quale riflesso della congregazione dei Granelleschi a cui prende parte lo stesso Gasparo assieme al fratello e ad altri intellettuali della piccola nobiltà veneziana nel corso dagli anni Quaranta[23] – tale da condurre il foglio verso una soluzione letteraria alta e un certo grado di elaborazione a livello espressivo, in alternativa agli spazi tipologici allusivi di una dimensione quotidiana di impiego del tempo libero, prevalente nella tessitura della *Gazzetta*.

A quest'ultimo ambito appartiene, per esempio, la piazza che acquista uno specifico rilievo nella dimensione dell'ozio, nel trasmettere l'idea della circolazione delle genti e della varietà e vivacità degli spettacoli che si raccolgono entro un unico spazio pubblico, come nel caso di piazza San Marco. Tra i vari inserti che la riguardano uno dei più suggestivi è sicuramente quello che descrive la «diversità di facce, di vestiti, di frastagli, di dondoli» che la caratterizza, e che evidenzia come

> di qua si faceva un ballo tondo a suono di piva, con mille scambietti e saltellini intorno intorno, e v'aveano circostanti che a bocca aperta stavansi a guardare tutti lieti e ridenti. Di là apparivano Magnifici, Zanni, Tartaglie, e dietro aveano un codazzo di persone che gli seguivano con tanto costanza, che non si curavano di essere mezzo infranti.[24]

E ancora:

---

[21] La nuova titolazione, coniugata al plurale, non consiste in una semplice modifica esteriore, ma si caratterizza per la rinuncia a un unico angolo prospettico – garantito dall'«osservatore» – a vantaggio di una serie di maschere fittizie (per l'esattezza quattro) che resteranno tuttavia limitate a una pura intenzionalità, a parte qualche rara eccezione.

[22] Gozzi, *L'Osservatore Veneto*, vol. III (*Gli Osservatori Veneti*), 1, 3 febbraio 1762, 10.

[23] Cf. Antonio Zardo, «Come fu istituita un'Accademia», in: Id., *Gasparo Gozzi nella letteratura del suo tempo in Venezia*, Bologna, Zanichelli, 1923, 1-18 e Ricorda, «Carlo e Gasparo Gozzi», 167-171.

[24] Gozzi, *L'Osservatore Veneto*, vol. III (*Gli Osservatori Veneti*), vol. III, 1, 3 febbraio 1762, 11.

Andrienne, pendenti, scarpe, e ogni altra cosa finalmente avea i suoi seguaci e gli ammiratori; e di tutti que' vari umori riusciva una gratissima complicazione, un bulicame universale che dava la vita a vedere.[25]

La piazza diviene così uno strumento conoscitivo, un luogo di verità, persino nel caso di un forestiero; è sufficiente infatti, per chiunque desideri conoscere il prossimo, recarsi in essa dove

da sé medesimo potrà quivi nelle varie figure e tramutazioni comprendere che non si può mai l'uomo tanto mascherare, che l'umor suo non isfugga fuori da tutti i lati, e non discopra, almeno in parte, il carattere di chi più crede di nascondersi agli occhi degli altri.[26]

Rispetto alla circolazione di genti tipica della piazza e all'idea del movimento associata alle calli, restano da analizzare due ambiti connessi in certa misura al principio della staticità e sui quali si concentra maggiormente l'attenzione del conte gazzettiere, anche in funzione di una sottile e implicita dinamica oppositiva: sono l'osteria o «magazzino» del vino e la bottega del caffè.

La prima viene descritta in un ampio inserto della *Gazzetta Veneta* tramite «una fantasia e un capriccio nuovo e strano»[27] in cui si ragiona intorno ad essa quale «luogo» e «abitazione, che ha una certa non intesa malía, e un certo soave incantesimo che abbaglia e prende il cuore».[28] Si evidenzia soprattutto il suo formare «una famiglia universale di tutti, e una parentela legata e congiunta col mezzo del diletto»[29], sulle cui ragioni si interroga il gazzettiere:

Io ho più volte pensato donde venga questo piacere quasi generale, ed esaminando fra me la cosa, ho trovato che l'osteria ha una certa somiglianza con quelle arti che si chiamano, per onorarle fra le altre, le buone arti o le belle arti, ch'è lo stesso.[30]

Si intende – lo specifica di seguito l'estensore della *Gazzetta* – la musica, la poesia, la pittura e la danza, ossia quelle arti che, nate per soddisfare i bisogni degli uomini, «adoperano la natura quale la trovano»[31]. A questo riguardo egli precisa:

---

[25] Ibid.
[26] Gozzi, *L'Osservatore Veneto*, vol. III (*Gli Osservatori Veneti*), 5, 17 febbraio 1762, 31.
[27] *La Gazzetta Veneta*, XLVIII, 19 luglio 1761, 212.
[28] Ibid., 213.
[29] Ibid.
[30] Ibid.
[31] Ibid.

l'osteria ha dunque un certo che di somiglianza con le quattro arti [...]; essa è, come dire, l'arte maestra che comprende le altre quattro, o almeno che da essa sono come da sua origine derivate, perché fra le mura dell'osteria si desta l'entusiasmo di tutte.[32]

Sembra trattarsi di una lode rivolta all'osteria quale spazio del diletto e dell'incantesimo e quale luogo retto dall'amicizia, capace di favorire il formarsi di una grande famiglia.

Anche all'altra voce della lista, ossia la bottega del caffè[33], Gozzi dedica quasi un intero numero dell'*Osservatore*, il LVIII del 22 agosto 1761, nel quale sostiene anzitutto la dimensione comunicativa di tale spazio – fondato sull'ascolto e sulla prassi conversativa – quale rimedio adatto a lenire «le punture de' pensieri».[34] Al riguardo osserva:

Non si può dare un agio migliore, per quelli che abbisognano di tal soccorso, delle botteghe da caffè, le quali vengono da me raccomandate qual ricetta principale per fuggire i pensieri, e accordare di nuovo lo spirito quando esso fosse scordato e stemperato.[35]

Sono proprio «quelle abitazioni della quiete»[36] a praticare la «virtù dell'ospitalità» nei confronti di «coloro che, fuggendo le molestie della casa e i pensieri delle faccende, trovano quivi di che ristorarsi»[37]. In esse il primo benefico effetto è assicurato dall'«architettura della bottega», un «delizioso spettacolo da teatro con molte belle vedute che ti si affacciano con tanta ricreazione del cuore, che non vorresti vedere altro»[38]. Segue un'articolata descrizione di tale spazio nelle sue varianti:

In un luogo sono adoperati i migliori pittori che ti rappresentano giardini, uccellagioni, cadute di acqua; in un altro diligentissimi intagliatori in legno si sono affaticati in bellissimi fregi tutti dorati, nel mezzo dei quali vengono collocati lucidi specchi che, mentre tu stai a sedere, ti mostrano e fanno conoscere le genti che passano per via; e senza tuo disagio, quasi sdraiato se vuoi, ti stai a godere il bulicame di chi va e di chi viene. Quan-

---

[32] Ibid., 214.

[33] In merito ai caffè veneziani si rinvia ai seguenti contributi: Giuseppe Ortolani, «Venezia nel periodo goldoniano», in: Id., *Settecento. Per una lettura dell'abate Chiari. Studi e note*, Venezia, Fondazione Giorgio Cini, 1960, 33-69; Pompeo G. Molmenti, «Ritrovi di svago e ridotti di gioco», in: Id., *La storia di Venezia nella vita privata. Dalle origini alla caduta della Repubblica*, vol. 3: *Il decadimento*, Trieste, Lint, 1983, 259-286; Danilo Reato, *La bottega del caffè. I caffè veneziani tra '700 e '900*, Venezia, Arsenale, 1991. Riguardo ad alcuni aspetti relativi agli spazi pubblici si rinvia all'articolata analisi – già menzionata – di Ilaria Crotti, «Aristarco e Demetrio tra caffè ed accademia».

[34] *L'Osservatore Veneto*, vol. II, 58, 22 agosto 1761, 36.

[35] Ibid.

[36] Ibid.

[37] Ibid, 37.

[38] Ibid.

to è a' sedili, dove gli troverai tu migliori? Non vedi tu come di qua ti aprono le braccia sedie soffici, di là lunghi canapè, in un altro luogo, se non vuoi tanta grandezza, agiatissime panche?[39]

La teatralizzazione dello spazio del caffè appare completa, arricchita dall'immagine obliqua di quegli specchi che riflettono i passanti, consentendo agli avventori di vedere chi passa senza essere visti[40], secondo una dinamica oppositiva fra staticità e movimento.

A tali coordinate si affiancano alcune componenti allusive di un ambito nel quale trovano collocazione nuovi modelli di sapere, anche sul piano esperienziale. In tal senso l'ospitalità del caffettiere – del quale si sottolineano le doti di bontà e clemenza – non è «disutile»:

Non avrà un uomo dabbene praticato una bottega da caffè sei mesi, che uscirà di là nel mondo con quella dottrina alla quale avrà avuto l'animo più inclinato. La geografia è la prima disciplina, della quale si farà profondo conoscitore, e ad un tempo la storia. Prenderà informazioni dei costumi di tutti i popoli e di tutte le nazioni del mondo, dell'arte della guerra: assedi, battaglie, marce, ritirate; e sopra tutto renderà atta la lingua ad articolare con facilità ogni cosa, con l'uso del ripetere spesso cognomi di lontani paesi, e nomi pieni di consonanti, che danno grandissimo travaglio alla strozza e schiantano dalle radici l'ugola a chi non gli avrà prima uditi e ripetuti più volte in una bottega di caffè.[41]

In questo segmento, denso di aspetti plurimi, si sottolinea la presenza, all'interno della bottega, di una serie di saperi distinti, recepibili tramite il semplice sostare in tale luogo e che dipendono dalle inclinazioni del singolo soggetto, a segnalare la dimensione individuale del meccanismo percettivo. La bottega veneziana viene così a proporsi – per quanto non in forma sistematica – quale pratica e accessibile enciclopedia dei saperi moderni e della morale, esemplificata quest'ultima sulla scia di una serie di casi tratti dal presente, ché «suonano più vivi agli orecchi nostri»[42], già a partire dai nomi che hanno «suono nostrale e producono migliore e più subito effetto»[43].

In questi termini, rispetto a un orizzonte morale affidato in passato a un sistema di norme ritenute ora «una cosa morta»[44], si determina una conoscenza distinta, sulla scia di esempi tratti dalla misura del quotidia-

---

[39] Ibid.
[40] Cf. Fajen, *Die Verwandlung der Stadt*, 183-221.
[41] *L'Osservatore Veneto*, vol. II, 58, 22 agosto 1761, 38.
[42] Ibid, 39.
[43] Ibid.
[44] Ibid.

no e da un aumento della relatività del presente. In relazione a queste coordinate, la bottega del caffè si propone quale luogo di chiacchiera e ascolto, di narrazione e ricezione, di percezione e messa in scena, non più legato a un sapere statico, di carattere erudito-letterario, quanto alla natura fluida del presente. Lo dichiara il medesimo «osservatore» nel concedere spazio a un «dialogo, o piuttosto zibaldone di ciance, ch'io standomi secondo l'usanza mia rincantucciato in una bottega da caffè, udii iersera sopra le maschere»[45].

È questa l'effettiva cornice, reale e metaforica al tempo stesso, che allinea e caratterizza numerosi inserti gozziani, nei fogli del periodo considerato; e che è riflesso della percezione, a volte anche ironica, delle voci altrui e del mescolarsi di chiacchiere negli spazi interni al caffè. È durante tali soste che l'«osservatore» si premura di recepire quanto narrato da altri e che senza il suo intervento finirebbe disperso. Si tratta di un nuovo richiamo, in termini impliciti e indiretti, all'epifania enunciativa del caffè, dove si mescolano materiali diversi, entro il comune appartenere del narratore e del narratario alla medesima cornice esperienziale.

In questa direzione il conte gazzettiere, nell'intervenire su quel «larghissimo campo» che «è la morale e lo studio universale degli uomini», ossia i due ambiti tematici che attraversano l'intero tessuto pubblicistico gozziano, viene a specificare quanto segue:

> Due sono i mondi, ne' quali possono fare le riflessioni. L'uno è il mondo vivo, ch'è una continua rappresentazione di fatti che abbiamo sotto gli occhi; e l'altro è il mondo morto, le cui azioni si leggono nelle cronache, nelle storie, nelle lettere, nelle novelle e in altre scritture che ci serbano le memorie de' tempi passati.[46]

In realtà, nel tessere la materia novellistica della *Gazzetta Veneta*, Gozzi sembra privilegiare la rappresentazione di fatti appartenenti al presente o che si fondano su elementi collegati nello specifico al «mondo vivo».

È questa l'effettiva cornice nella quale si delinea la percezione delle voci altrui, e dove si può cogliere la compresenza di forme di ozio individuale da parte del singolo – isolato ma attento a quanto lo circonda – e forme di ozio condiviso da parte di più soggetti – ossia quanto accade nel regime conversativo. Tale aspetto corrisponde pienamente ai comportamenti di coloro che bevono il caffè, bevanda che risveglia e non intorbida come invece accade con la malvasia. In quest'ottica i caffè e le

[45] *L'Osservatore Veneto*, vol. II, 72, 10 ottobre 1761, 120.

[46] Gozzi, *La Gazzetta Veneta*, IX, 5 marzo 1760, 44.

osterie veneziane, accolti in questi fogli, sono espressione di spazi di sociabilità differenti.

Si tratta di una polarità che, per quanto presente, non è oggetto di diretta enunciazione sulle pagine gozziane, pur essendo tipicamente connessa allo spazio cittadino veneziano. Per esempio, nella *Gazzetta* si concede spazio alla menzione dei magazzini del vino, i cui frequentatori appaiono contraddistinti – nonostante l'ampio elogio formulato nel numero XLVIII – da tratti e comportamenti diversi rispetto a coloro che bevono il caffè.

In realtà, per Gozzi anche l'osteria è un luogo di fuga dalla quotidianità, al pari della bottega del caffè; la differenza risiede, piuttosto, nel fatto che, mentre la prima finisce spesso per tradursi in un attacco o in una distruzione dell'ordine sociale e familiare (si pensi alla disputa tra due «barcaiuoli» sul fatto di riuscire a far entrare una barca in un magazzino del vino[47] o alla lite scoppiata tra due coniugi padovani dopo una sosta all'osteria, dove il marito, con il «fuoco in capo, forse aiutato dalla taverna», uccide la moglie[48]), la seconda consente di mantenerli e preservarli entrambi, assicurando spazi di quiete e tranquillità (per esempio, nel descrivere quattro amici «in una bottega da caffè, cianciando, come si fa in que' luoghi, senza un pensiero al mondo»[49]).

In aggiunta, il caffè rappresenta lo spazio in cui si localizza un nuovo sapere, soggettivo e connesso a un frazionarsi crescente delle magmatiche conoscenze umane e a un loro ripartirsi in più discipline. Si tratta di una preferenza in linea con le coordinate del presente che, senza dover ricorrere a garanti quali «Plutarco o Seneca, allega le botteghe da caffè, le pubbliche strade e le conversazioni»[50].

A proposito del materiale narrativo che viene a confluire nel foglio, si deve menzionare anche la richiesta di un caffettiere di inserire «delle belle novellette, che diano pascolo all'ozio»[51], evitando un ritorno alla moda della «*garba*» (la malvasia amara) soppiantata dall'arrivo del caffè. Nella risposta il gazzettiere, nel dichiarare la sua incapacità nel «far che si scambiasse il caffè nell'antica *garba*»[52], sottolinea come le novelle presenti nel foglio derivino da

---

[47] Gozzi, *La Gazzetta Veneta*, XXVII, 7 maggio 1760, 126.

[48] Gozzi, *La Gazzetta Veneta*, XLIV, 5 luglio 1760, 197.

[49] Gozzi, *La Gazzetta Veneta*, LIV, 9 agosto 1769, 239.

[50] Gozzi, *La Gazzetta Veneta*, XXI, 16 aprile 1760, 100.

[51] Gozzi, *La Gazzetta Veneta*, LXXXIII, 19 novembre 1760, 349.

[52] Ibid., 350. In proposito, dal punto di vista dialettale, osserva Spezzani: «Solo in un caso la sottolineatura corsiva di un termine veneziano adempie a una precisa funzione di connotazione

atti, opere, fantasie, stravaganze e capricci di questo e di quello, che si sentono a dire cotidianamente e si veggono in ogni luogo. In somma, le sono di quelle cose medesime che udirete a dire più volte il dì nella bottega vostra e delle quali avrete riso più volte. Io non fo altro che scriverle, in iscambio di dire sedendo con la chicchera in mano; anzi all'incontro, quando ho la chicchera in mano, succio, taccio, ascolto; e quella ch'io stampo è per lo più materia somministratami da molti gentili ingegni, a' quali escono le grazie e le urbanità, senza ch'essi punto se n'avveggano, e io sono come un raccoglitore di quello che anderebbe in aria disperso.[53]

È quel suo sostare al caffè a consentirgli di recepire quanto narrato da altri e di rielaborarlo nel continuo affastellarsi di voci ed echi distinti.

Passando ora agli spazi privati dell'ozio – inteso nella sua veste interiore – vi è da considerare il motivo della stanza della scrittura. Nel Settecento esiste al riguardo una tradizione ormai consolidata, aperta a una varietà di significati e di declinazioni a partire da Dante e Petrarca.[54] Spazio fisico delimitato da quattro mura, esso può assumere contorni e significati distinti: è dove, per esempio, si instaura il rapporto con i classici tramite la lettura, il che può favorire una sua identificazione con uno dei luoghi deputati all'erudizione, la biblioteca. Di seguito può divenire lo spazio in cui si registra il vibratile andamento delle escursioni oniriche del letterato, condotte a occhi aperti e con l'apporto di una sensibile fantasia.

Per esempio, nel numero LVII della *Gazzetta* si ragiona intorno alla poesia, in particolare all'utilità di «chi la esercita»[55] e di chi ne fruisce. Nei riguardi della prima categoria, il gazzettiere – maschera dietro la quale si cela Gasparo Gozzi – la giudica utilissima in quanto, nonostante i poeti sembrino «in disgrazia della fortuna» rispetto alle cose mondane, nel loro caso «la vera quiete sta di dentro e non nelle cose estrinseche». Così, rivolgendosi all'interlocutore che gli ha proposto il que-

socioculturale della moda e del costume del tempo: si tratta del termine *garba* 'malvasia amara' (cf. LXXXIII 349 e 350), che, abilmente interposto dal Gozzi in un duplice contesto epistolare di notevole risalto argomentativo e dialettico, assume un valore simbolico di rievocazione di consuetudini e usi veneziani più antichi e ormai scomparsi, in contrapposizione col costume moderno rappresentato dal più aperto veicolo di mode culturali nuove diffuse dai più importanti caffè veneziani di allora.» Cf. Pietro Spezzani, «Lingua quotidiana e prosa d'arte nel dialetto della *Gazzetta Veneta*» in: *Studi di filologia romanza e italiana offerti a Gianfranco Folena dagli allievi padovani*, Modena, Mucchi, 1980, 419.

[53] Gozzi, *La Gazzetta Veneta*, LXXXIII, 19 novembre 1760, 350.

[54] Roberto Ubbidiente, «La 'Stanza della scrittura' come *locus* letterario», in: Id., *L'Officina del poeta. Studi su Edmondo De Amicis*, Berlin, Frank & Timme, 2013, 21-26.

[55] Gozzi, *La Gazzetta Veneta*, LVII, 20 agosto 1760, 252.

sito, dà spazio a frammenti della propria biografia e al variegato tenore delle sue escursioni:

Potrà mai affermare vostra signoria, né altri, che non sia felicità il trovarsi in uno stanzino a tetto, con un migliaio di zanzare attorno, con le invetriate rotte, le mura fesse, ed essere trasportato dalla fantasia per modo, che paia al poeta di essere in un solitario boschetto di fronzuti alberi, sopra i quali cantino dolcemente i rosignuoli e fra le cui fronde con grato mormorio spirino i zeffiretti soavi? Chi potrà dire che un poeta sia povero se, quando vuole, ha il capo in ricchissimi campi, in verdi prati, attorniato dagli armenti, a' quali parla come a cose sue, e gli tosa quando vuole e ne trae lana e fa panni? Gli altri uomini conviene che si contentino di quelle donne che trovano; abbiansi il naso schiacciato, gli occhi scerpellini, i tarli del vaiuolo e un migliaio di difetti, si hanno ad appagare: il poeta se le fa da sé come vuole, bianche, vermiglie, brunette, con occhi celesti come Pallade, neri come Giunone, capelli d'oro, denti d'avorio, dita schiette e, in somma, con tutte quelle perfezioni che può mettervi pittore o scultore. Oh, le sono pazzie! bene sta; ma quali non sono pazzie al mondo? chi non si pasce di fantasie? chi non fa castelli in aria? chi non vive di ombre e speranze? questa è la utilità particolare del poeta.[56]

In sintesi, una vera e propria perorazione a sostegno della poesia e della sua utilità dal punto di vista della tenuta immaginativa. Si assiste così al delinearsi di una disarmonia tra il potenziale immaginativo di cui egli dà prova – in qualità di poeta, letterato e pubblicista – e le reali condizioni fisiche dell'ambiente che, nel suo caso, è un misero stanzino. Sono continui, nei fogli del periodo, i riferimenti alla stanza in cui si trova a riflettere intorno al destino avverso che gli è proprio o all'accoglienza modesta riservata ai suoi scritti, allietato dalla sola compagnia del calamaio. Si tratta di una forma di ozio che gli consente di evadere dallo studio e dalla meditazione tramite il conforto dei miraggi a cui si appella. È in questa situazione che egli procede, tramite un tenore immaginativo obliquo, all'elaborazione del proprio vissuto.

In questo senso, sia la percezione dell'ozio altrui che quella del proprio risultano soggette a un processo di valorizzazione. Nella fase finale degli *Osservatori Veneti*, tuttavia, si delinea anche l'amarezza di chi – dopo aver accolto nelle sue pagine regimi esperienziali in fase di definizione e aver ritratto spazi concreti e metaforici appartenenti alla sfera dell'ozio – nel ragionare intorno al destino che gli è stato riservato, viene a chiedersi perché sia

venuto alla luce o piuttosto alle tenebre di questo mondo? Imperocché posso io ben dire che sieno tenebre colà, dove per li miei continui pensieri non giova punto a ricreare gli

[56] Ibid., 252 sq.

occhi miei né la serenità del cielo, né lo splendido sole che illumina gli occhi di tutti gli altri mortali. S'io m'aggiro il giorno, altro non veggo che uomini più di me fortunati i quali, vagando qua e colà co' più lieti visi del mondo, mostrano negli aspetti consolati la quiete e la contentezza dell'animo loro; e comparando tutto quello che m'apparisce in essi col mio tribolato spirito, altro non sento che rabbia e rammarico de' fatti miei.[57]

È l'amara e sconsolata constatazione di chi – di fronte alla quiete e serenità altrui – si scopre irrimediabilmente sconfitto.

Bibliografia

1. Fonti primarie

Encyclopédie ou Dictionnaire raisonné des sciences, des arts et des métiers, par une société de gens de lettres. Mis en ordre et publié par Denis Diderot et Jean-Baptiste Le Rond d'Alembert, 35 vol., Paris, Briasson et al., 1751-1780.

Gozzi, Gasparo, *La Gazzetta Veneta*, edd. Antonio Zardo, Firenze, Sansoni, 1915.

Gozzi, Gasparo, *Gazzetta Veneta 1760-1762*, in: Manlio Pastore Stocchi/Gilberto Pizzamiglio (eds.), *Gasparo Gozzi e la sua famiglia*, 2 vol., Venezia, Istituto Veneto di Scienze, Lettere ed Arti, 2015, vol. 2.

Gozzi, Gasparo, *L'Osservatore Veneto*, edd. Noris Raffaelli, 3 vol., Milano, Rizzoli, 1965.

Gozzi, Gasparo, *Il Mondo morale*, in: *Opere, del conte Gasparo Gozzi viniziano*, vol. 6, Venezia, Giuseppe Molinari, 1812.

Gozzi, Gasparo, *Scritti scelti*, edd. Nicola Mangini, Torino, UTET, 1976.

The Spectator, edd. Henri Morley, London, George Routledge and Sons, 1891.

2. Fonti secondarie

Bachtin, Michail, *Estetica e romanzo*, Torino, Einaudi, 1979.

Crotti, Ilaria, «Aristarco e Demetrio tra caffè ed accademia», in: Elena Sala di Felice/Laura Sannia Nowé (eds.), *La cultura fra Sei e Settecento. Primi risultati di una indagine*, Modena, Mucchi, 1994, 43-83.

Fabris, Angela, «L'architettura della *Gazzetta Veneta*: dialogo tra generi e forme», in: *Gasparo Gozzi e la sua famiglia*, edd. Manlio Pastore Stocchi/Gilberto Pizzamiglio, 2 vol., Venezia, Istituto Veneto di Scienze, Lettere ed Arti, 2015, vol. 2, 1-48.

Fajen, Robert, *Die Verwandlung der Stadt. Venedig und die Literatur im 18. Jahrhundert*, Paderborn, Wilhelm Fink, 2013.

[57] Gozzi, *L'Osservatore Veneto*, vol. III (*Gli Osservatori Veneti*), 19, 3 marzo 1762, 53.

Fontana, Alessandro/Jean-Louis Fourniel, «Piazza, Corte, Salotto, Caffè», in: Alberto Asor Rosa (ed.), *Letteratura italiana,* vol. 5: *Le questioni,* Torino, Einaudi, 1982, 635-686.

Klettke, Cornelia, «Der Kaffee als Droge der Aufklärer», in: Helmut C. Jacobs et al. (eds.), *Die Zeitschrift Il Caffè. Vernunftprinzip und Stimmenvielfalt in der italienischen Aufklärung,* Frankfurt a. Main et al., Peter Lang, 2003, 131-147.

Molmenti, Pompeo G., «Ritrovi di svago e ridotti di gioco», in: Id., *La storia di Venezia nella vita privata. Dalle origini alla caduta della Repubblica,* vol. 3: *Il decadimento,* Trieste, Lint, 1983, 259-286.

Ortolani, Giuseppe, *Settecento. Per una lettura dell'abate Chiari. Studi e note,* Venezia, Fondazione Giorgio Cini, 1960.

Perrot, Michelle, «Gli spazi del privato», in: Franco Moretti (ed.), *Il romanzo,* vol. 4: *Temi, luoghi, eroi,* Torino, Einaudi, 2003, 495-520.

Quondam, Amedeo, «L'Accademia», in: Alberto Asor Rosa (ed.) *Letteratura italiana,* vol. 1: *Il letterato e le istituzioni,* Torino, Einaudi, 1982, 823-898.

Reato, Danilo, *La bottega del caffè. I caffè veneziani tra '700 e '900,* Venezia, Arsenale, 1991.

Ricorda, Ricciarda «Carlo e Gasparo Gozzi» in: Ilaria Crotti et al. (eds.), «*Il mondo vivo*». *Aspetti del romanzo, del teatro e del giornalismo nel Settecento italiano,* Padova, Il Poligrafo, 2001, 153-224.

Spezzani, Pietro, «Lingua quotidiana e prosa d'arte nel dialetto della *Gazzetta Veneta*» in: *Studi di filologia romanza e italiana offerti a Gianfranco Folena dagli allievi padovani,* Modena, Mucchi, 1980, 405-421.

Ubbidiente, Roberto, *L'Officina del poeta. Studi su Edmondo De Amicis,* Berlin, Frank & Timme, 2013, 21-26.

Zardo, Antonio «Come fu istituita un'Accademia», in: Id., *Gasparo Gozzi nella letteratura del suo tempo in Venezia,* Bologna, Zanichelli, 1923, 167-171.

INMACULADA URZAINQUI

Los ocios de un ilustrado en dificultades: Jovellanos

> Yo, en medio de la mayor ociosidad, vivo siempre muy ocupado.
> (Carta de Jovellanos a Carlos González de Posada, 26 de diciembre de 1792)

Ya se sabe, en la compleja urdimbre del vivir, hay tiempos fáciles y menos fáciles, épocas de tranquilidad y épocas de pesadumbres y dificultades. Y Jovellanos (1744-1811) no escapó a esa ley universal. Tras los prometedores y felices años sevillanos y los de su brillante encumbramiento madrileño, desde agosto de 1790 en que es apartado de la Corte y enviado a Asturias en lo que en realidad fue «un honesto destierro», según el expresivo diagnóstico de su amigo y biógrafo Ceán Bermúdez,[1] su vida va a estar signada por muchas amarguras, desaires y adversidades; especialmente, durante los siete años de su injusto confinamiento mallorquín, su experiencia personal más triste y angustiosa.

Pese a ello, en lo fundamental de sus costumbres no varía, pues, aunque las circunstancias sean muy otras –sobremanera en Mallorca– continúa, o trata de continuar, con su ritmo de siempre, trabajando incansable muchas horas y ocupando sus ratos de ocio con actividades diversas. Ni desaires ni dificultades fueron cómodo expediente para hacerle caer en la indolencia o el abatimiento.

¿Y cómo son sus ocios en esos azarosos veintiún años que van a seguir al regreso a su tierra natal? Eso es lo que propongo reflejar en estas páginas, apoyándome en la rica información que proporcionan tanto su *Diario*, que justamente empieza a escribir en aquella fecha, como su correspondencia con amigos y familiares, y las noticias de sus primeros biógrafos, particularmente los dos que le trataron más de cerca y conocieron bien lo que le aconteció en ese tiempo, Juan Agustín Ceán Bermúdez y Carlos González de Posada.

---

[1] Juan Agustín Ceán Bermúdez, *Memorias para la vida del Excmo. Señor D. Gaspar Melchor de Jovellanos, y noticias analíticas de sus obras*, Madrid, Fuentenebro, 1814 (Reed. facsimilar, Gijón, Ateneo Jovellanos, 2000), 48.

1. Los años asturianos

Fiel a sus hábitos de conducta, durante los once años que vive en su Gijón natal despliega una actividad extraordinaria pues, como escribe poco después de su regreso a su gran amigo y ministro de Marina Antonio Valdés, «ocioso y desairado ni quiero estar ni estaré en parte alguna».[2] Y en efecto, lejos de limitarse a realizar lo que el gobierno le ha encomendado en relación con la carretera de Gijón a Madrid y la explotación de minas –que suponían un volumen de trabajo muy inferior al de los años precedentes–, se las arregla para desarrollar una labor extraordinaria. Por un lado, encaminada a profundizar en el conocimiento de la realidad social, económica, artística y cultural de su tierra –en la que había estado muy poco tiempo en su vida de adulto (unos pocos meses en 1768 y en la primavera de 1782)– y, por otro, a promover su desarrollo cultural y económico. Ello se concretará principalmente en la fundación del Real Instituto de Náutica y Mineralogía (1794) para la formación de pilotos de navíos de transporte y técnicos en la explotación de minas, su iniciativa de mayor empeño, y de sendas escuelas gratuitas de primeras letras para niñas y para niños; en la promoción de actividades de carácter cultural, como la finalmente fallida Academia Asturiana para el estudio de la historia y la lengua del Principado de Asturias –por la que empezó a trabajar muy al poco de su regreso a Gijón y continuó haciéndolo hasta ser detenido en marzo de 1801–; en el impulso a las mejoras urbanísticas de la villa, que tiempo atrás había planificado y en las que tomará parte muy activa, entre otras cosas, con la plantación y financiación de gran cantidad de árboles; y, en fin, estimulando y prestando su ayuda a proyectos, estudios y escritos de diversos amigos y conocidos. A ello se unió también, cuando ya el Instituto empezó a

[2] Todas las citas de su epistolario y del *Diario* que voy a hacer corresponden a la edición de las *Obras completas* de Jovellanos, edd. José Miguel Caso González et al., 14 vol., Oviedo/Gijón, Centro de Estudios del Siglo XVIII et al., 1984-2011; con referencia a la *Correspondencia*, edd. J. M. Caso González, Oviedo, Ayuntamiento de Gijón-Instituto Feijoo de Estudios del Siglo XVIII, vol. 2 (1985); vol. 3 (1986); vol. 4 (1988); vol. 5 (1990); *Diario. 1º*, edd. J. M. Caso González con la colaboración de Javier González Santos, Oviedo, Ayuntamiento de Gijón-Instituto Feijoo de Estudios del Siglo XVIII, vol. 6 (1994); *Diario 2º* y *3º*, edd. María Teresa Caso Machicado/Javier González Santos, Oviedo, Ayuntamiento de Gijón-Instituto Feijoo de Estudios del Siglo XVIII, vol. 7 (1999); vol. 8 (2011). Para no multiplicar las citas, consigno las anotaciones del *Diario* y de la *Correspondencia* poniendo entre paréntesis día, mes y año. Los demás volúmenes de esta edición de *Obras completas* realizada por el Instituto Feijoo de Estudios del Siglo XVIII se indican en las notas correspondientes. La carta citada, sin fecha pero escrita en torno al 15 de junio de 1791, en: *Correspondencia*, vol. 2, 456.

funcionar, su tarea como profesor, orientador de estudios, organizador de certámenes, promotor de diversas actividades lúdico-festivas (excursiones, bailes, representaciones dramáticas...) y, también, todo lo que llevó consigo la construcción de un edificio apropiado, cuya primera piedra se colocará el 12 de diciembre de 1797.

Para profundizar en el conocimiento del patrimonio cultural y la realidad económico-social del Principado, se lanza a recorrer lugares para revisar archivos y bibliotecas (donde copia multitud de documentos), examinar obras públicas, construcciones y monumentos artísticos, explorar terrenos, cultivos y plantíos, conocer cifras de población, usos, costumbres y toda suerte de curiosidades; unas veces aprovechando los viajes a que le obligan sus trabajos y comisiones, y otras, por propia iniciativa, solo o acompañado de familiares y amigos. Todo con una pasión y una dedicación admirables, sin ahorrar esfuerzos ni sacrificios, madrugando, recorriendo kilómetros y kilómetros a pie o a caballo, y arrostrando con increíble fortaleza las incomodidades e inclemencias del tiempo. Fruto principal de ello será la importantísima *Colección de Asturias*, que se publicará muchos años después.

Paralelamente, escribe mucho: las *Cartas del viaje de Asturias*, que aunque ya tenía una primera redacción amplía y corrige entonces, el *Informe sobre espectáculos* encargado por la Academia de la Historia y que igualmente ultima en ese tiempo, los Informes mineros, el *Informe sobre la Ley Agraria,* la *Noticia* del Real Instituto y los discursos que pronuncia en él, poesía, los apuntamientos y ensayos relativos a la historia, usos y costumbres del Principado... Son años también en los que continúa leyendo (o haciéndose leer) mucho, algo que para él no solo es una noble manera de practicar el ocio sino una verdadera disciplina intelectual.[3] A todo ello se unirá además la gestión de los asuntos familiares, especialmente después de la muerte de su hermano mayor, su queridísimo Francisco de Paula, primer director del Instituto.

Es decir, que realmente su vida está muy lejos de ser ociosa en el peor sentido de la palabra, *indolente, holgazana*, algo que para él, como reiteradamente expresa en muchos de sus escritos económicos y pedagógicos, es la situación más «funesta» e «infame» en que puede hallarse un hombre en tanto en cuanto va asociada a esterilidad, vicio, corrupción y torpeza. «La semilla de la pobreza es el abandono y la ociosidad de los

---

[3] La dimensión lectora de Jovellanos la analiza perspicazmente Gabriel Sánchez Espinosa en su estudio «Gaspar Melchor de Jovellanos, un paradigma de lectura ilustrada», en: *El libro ilustrado. Jovellanos lector y educador*, Madrid, Real Academia de Bellas Artes de San Fernando, 1994, 33-59.

individuos, o la falta de trabajo en que emplearse», escribe ya en el Informe sobre hospicios que presentó al consejo de la Sociedad Patriótica de Sevilla en 1778.[4]

Pero eso no significa en absoluto, como intento subrayar, que esa sostenida actividad le impida armonizarla con muchos ratos de ocio en su más noble sentido de recreo y diversión, de legítimo descanso para fortalecer el ánimo y recuperar energías. Ratos habitualmente compartidos con familiares, amigos y conocidos, bien sea en «la tertulia de casa», como la llama, en la que, según constata su íntimo amigo González de Posada –que desde 1790 vivió trece meses con él, con pocos intervalos de ausencia y luego mantuvo una larga correspondencia–, se divertía diariamente «en buena y alegre compañía»,[5] y a la que se unían también muchos forasteros de paso por Gijón, o bien en las casas de amigos y parientes en las que se aloja durante sus recorridos por el Principado o por los lugares más lejanos a los que se desplaza para cumplir sus cometidos.

Porque Jovellanos, contra lo que muchos creen, no fue un hombre solitario, volcado exclusivamente en esos cometidos y obligaciones, ni menos un hombre estirado, adusto e incapaz de divertirse, como han dicho algunos. Muy al contrario; desde su juventud fue, como he tratado de exponer en un estudio relativamente reciente,[6] un hombre sociable, que cultivó la amistad y fue muy amigo de sus muchos amigos. Por temperamento, por educación y por los usos sociales de la época, sí; pero también por convicción, por una decisión ética comprometida con su visión del hombre como miembro del «gran círculo del género humano»,[7] con su concepto de *felicidad pública* y con el valor que otorga a la conversación como medio de unión y de enriquecimiento personal. Porque todo ser humano está hecho para vivir en sociedad, necesita de los demás y debe tratar de estrechar «los vínculos de amor y fraternidad» con quienes le rodean para contribuir a la perfección y felicidad de la

---

[4] *Obras completas. Escritos económicos*, edd. Vicente Llombart/Joaquín Ocampo, vol. 10 (2008), 438.

[5] Carlos González de Posada, *Memorias para [la] biografía del señor Jovellanos* [1812], en: José Miguel Caso González, «Una biografía inédita de Jovellanos. Las *Memorias* de González de Posada», en: *Boletín del Centro de Estudios del Siglo XVIII* 2 (1974), 57-92. Reed. en J. M. Caso González, *De Ilustración y de ilustrados*, Oviedo, Instituto Feijoo de Estudios del Siglo XVIII, 1988, 163-201. Cito por esa última, 181.

[6] Inmaculada Urzainqui, «"Las cualidades más afectuosas del hombre social". Jovellanos y la sociabilidad», en: *Boletín de Letras del Real Instituto de Estudios Asturianos* 178 (2011), 107-134.

[7] *Memoria sobre la educación pública*, en: *Obras completas. Escritos pedagógicos*, 1°, edd. Olegario Negrín Fajardo, vol. 13 (2010), 501.

gran familia humana. ¿Y cómo? Mediante la palabra, desde luego, la conversación urbana y cordial, pero también a través del entretenimiento, la diversión en común, que no solo es un descanso de las ocupaciones, sino también un poderoso estímulo para fomentar la fraternidad y contribuir al bien y a la prosperidad general. «Unos hombres que frecuentemente se congregan para solazarse y divertirse en común –dirá en la *Memoria sobre las diversiones públicas*– formarán siempre un pueblo unido y afectuoso. Conocerán un interés general y estarán más distantes de sacrificarlo a su interés particular».[8] Cuanto más goce el pueblo mejor trabajará, tanto más amará y obedecerá al gobierno, tanto más tendrá que perder, tanto más temerá el desorden y respetará la autoridad destinada a reprimirlo. Y al contrario, el que se retrae y no participa de esos momentos de jubilosa expansión, fácil será que se revista de «ese cierto carácter insociable y feroz que se advierte en los rústicos de algunas de nuestras provincias», al que alude en el *Informe de Ley Agraria*.[9] Y por eso, por «la relación que hay entre las diversiones y la felicidad pública», considera que han de merecer toda la atención de las autoridades;[10] aunque, eso sí, sin que ello se traduzca en un intervencionismo abusivo, pues su papel ha de limitarse a fomentarlas y velar por su decoro.

Desde esta estimulante visión del ocio compartido, le entristece sobremanera la atonía y falta de comunicación que reina en la mayor parte de los pueblos de España; que en los días de fiesta, en vez de la alegría y bullicio que debería anunciar el contento de sus habitantes, reine una perezosa inacción y «un triste silencio que no se puede advertir sin admiración ni lástima»;[11] en gran medida por ese afán reglamentista de las autoridades, que arrogándose unas atribuciones tan injustas como inhumanas sofocan los regocijos y fiestas populares para mantener al pueblo quieto y sumiso. No, dirá. No basta que los hombres estén quietos; es preciso que estén contentos, que se relacionen y, en vez de convertir el ocio en pereza e inacción, se diviertan de acuerdo con su condición y expectativas. En los pueblos y lugares pequeños, con sus juegos y entretenimientos habituales, y en las ciudades, con maestranzas, teatros, bailes de máscaras, saraos públicos, juegos de pelota o de otro tipo, y «casas

---

[8] *Memoria sobre las diversiones públicas*, en: *Obras completas. Escritos sobre literatura*, edd. Elena de Lorenzo Álvarez, vol. 12 (2009), 252.

[9] *Informe de Ley Agraria*, en: *Obras completas. Escritos económicos*, ed. cit., vol. 10, 822.

[10] *Memoria sobre las diversiones públicas*, ed. cit., 262.

[11] Ibid., 250.

de conversación», un tipo de establecimiento que novedosa y significativamente propone en la *Memoria sobre las diversiones públicas* para que puedan servir como espacios de sociabilidad donde se converse, se lean y comenten los periódicos, y se practiquen juegos sedentarios, como las cartas, el billar o el ajedrez:

Hace también gran falta en nuestras ciudades el establecimiento de cafés o casas públicas de conversación y diversión cotidiana, que arreglados con buena policía son un refugio para aquella porción de gente ociosa que, como suele decirse, busca a todas horas donde matar el tiempo. Los juegos sedentarios y lícitos de naipes, ajedrez, damas y chaquete, los de útil ejercicio como trucos y billar, la lectura de papeles públicos y periódicos, las conversaciones instructivas y de interés general no solo ofrecen un honesto entretenimiento a muchas personas de juicio y probidad en horas que son perdidas para el trabajo, sino que instruyen también a aquella porción de jóvenes que, descuidados en sus familias, reciben su educación fuera de casa, o como se dice vulgarmente, en el mundo.[12]

Es decir, lugares no para matar lastimosamente el tiempo, sino para mantener conversaciones que aporten conocimiento y orienten la visión del mundo y de las cosas, para leer la prensa y entretenerse amistosamente con juegos lícitos. Todo, matiz importante, con armonía y respeto hacia los demás, con ese «orden y compostura sin mengua de la honesta libertad de discurrir» que recomienda a los estudiantes en el *Reglamento de Calatrava* para sus ratos de tertulia,[13] y que son sin duda los requisitos básicos en los que piensa cuando dice que esos establecimientos estén «arreglados con buena policía». Y por esa confianza en el valor civilizador del entretenimiento en común quiso fundar en Gijón una «casa de recreo» e incluso redactó un reglamento, que lamentablemente no nos ha llegado ni sabemos si pasó de mero proyecto. Sea como fuere, el relato de Ceán Bermúdez, a quien debemos la noticia, deja bien a las claras cuál era el tuétano que lo animaba: que la *civilidad* «fuese más decorosa e ilustrada».[14]

Aunque estas ideas las expresa fundamentalmente en la *Memoria de espectáculos públicos,* el gran valor que otorga a la diversión en común lo hace patente también en el *Expediente de ley agraria*, en la Carta sobre las romerías de sus *Cartas del viaje de Asturias,* en el nº 3 del periódico que dejó manuscrito, *El Aechador* (1786), destinado a replicar a un corresponsal del *Correo de los ciegos* que proponía el cierre de las tabernas

---

[12] Ed. cit., 260 sq.

[13] *Escritos pedagógicos*, ed. cit., 612.

[14] Ceán Bermúdez, *Memorias*, 225.

en los días festivos, en la *Descripción del castillo de Bellver*, en las secciones destinadas al asueto de sus reglamentos pedagógicos y, si es el caso, lo dice también privadamente, como ocurrió con un juez que quiso impedir una magnífica danza de hombres en las fiestas del Candás:

> El día fue muy divertido, y lo hubiera sido mucho más si el juez, que no había leído mi *Informe de espectáculos*, no hubiese deshecho la más magnífica danza de hombres que había visto yo en mi vida. No pude dejar de manifestarle mi desaprobación; disculpóse con el temor de los palos, a que decía venir dispuestos los vecinos de los concejos inmediatos; yo le respondí que cuando la justicia era vigilante y humana, el pueblo era manso y tranquilo, y le dejé con la palabra en la boca.[15]

Si le indignan estas abusivas injerencias del poder público, y le desazonan los pueblos tristes y silenciosos que ve en su paso por Castilla o los ambientes mortecinos y escasos de alicientes, como el que encuentra en una visita a Oviedo –«No hay diversión ni sociedad, y yo suspiro por mi Gijón»[16]–, le llenan de alegría las reuniones alegres y bulliciosas y las escenas de diversión popular, como las que contempla en las romerías de Asturias o en la plaza de Vergara con ocasión de la fiesta de san Martín:

> ¡Qué bulla! ¿Qué alegría! Su vista me llena de placer: el pito y tamboril, los gritos de regocijo y fiesta, los cohetes, la zambra y la inocente gresca que se ve y se oye por todas partes penetran al corazón más insensible. ¡Dichoso yo si lograse trasladar esta sencilla institución a mi país, en la plaza del nuevo Instituto, empezando con los alumnos! (en Vergara, 11-9-1797).

He recordado estos presupuestos ideológicos porque son el telón de fondo que explica su actitud y su vivencia del ocio en estos tres tramos de su azarosa existencia.

Y vuelvo a su vida gijonesa. A través de las escuetas anotaciones del *Diario* o de los relatos algo más circunstanciados de algunas de sus cartas –a González de Posada especialmente– conocemos cómo llenaba sus espacios de ocio y las actividades que le gustaba practicar. Que no eran, me apresuro a decirlo, ni excesivamente variadas ni mucho menos sofisticadas.

Costumbre indefectible del día a día es el paseo, las pequeñas o largas caminatas; cuando está en Gijón, por las calles de la villa, por la cercana playa («el Arenal») o hasta el muelle, por el nuevo camino de Tremañes, o por los prados, arboledas y lugares de los alrededores. A veces solo,

---

[15] Carta a González de Posada del 27 de octubre de 1792, *Correspondencia*, vol. 2, 549.

[16] Carta a González de Posada del 9 de julio de 1791, *Correspondencia*, 476.

aunque con mayor frecuencia acompañado de amigos, parientes o algún alumno del Instituto. Y no solo cuando el tiempo es apacible. Lo hace también en días de lluvia, viento y frío, por más que a veces esas «crueles» circunstancias –como suele calificarlas–, le obliguen a recogerse. Muchos son vespertinos, pero muchos también mañaneros o incluso de madrugada; y no pocas veces haciendo doblete, es decir, paseando un rato por la mañana y otro por la tarde. Y eso que hace cuando está en Gijón lo hace también en sus correrías por otros lugares del Principado de Asturias o por las tierras más lejanas de Castilla, León, Cantabria o el País Vasco a las que le llevan sus compromisos.

¿Y por qué lo hace? ¿Qué le estimula a salir de casa, abandonar por unas horas la escritura, la lectura y tantas otras cosas más como tiene entre manos, y ponerse a caminar de aquí para allá? Pese a no ser pródigo en confesiones íntimas, sus anotaciones reflejan con suficiente claridad lo que busca en esas caminatas: disfrutar de la naturaleza, a la que siempre fue extraordinariamente sensible, ver obras de arte –otra de sus grandes pasiones desde la juventud–, comprobar la marcha de las nuevas obras públicas que tantísimo le importan, ver algo de interés, leer algún libro a la vez que camina, hacer alguna visita, aprovechar para podar unos árboles («Amanece un día clarísimo. Paseo y poda de árboles por la mañana; repítese a la tarde», 31-1-1794), y también, aunque eso quede más en penumbra, camina para meditar, hacer ejercicio y «mantener su salud», como recuerda en su biografía González de Posada al referirse a esta costumbre inveterada. En definitiva, porque vitalmente lo necesita, porque abomina el sedentarismo y le gusta sentir el aire estimulante de la vida. Porque los suyos no son los paseos al uso de la buena sociedad, para ver y ser visto, sino paseos tranquilos, buscados y gozosamente disfrutados. Basta abrir cualquier página de su *Diario* para comprobarlo porque en todas prácticamente nos topamos con esa palabra, «paseo», que en el cómputo de su existencia representa sin lugar a dudas muchos centenares de horas. He aquí algunas de ellas:

> A comer a Oviedo; paseo al Campo [de S. Francisco] y los Pilares, bellísima obra de 1570, de arquitectos montañeses, pero digna de los romanos (19-9-1790).

> Por la tarde visitas y paseo; grandes casas; indicios de antigua riqueza general y bien repartida. Visitas en casa de Inguanzo y Rubín. Concurrencia por la noche; poco sueño (9-8-1791).

> Por no estar ocioso iré a ver Simancas, el canal de Campos y algún viejo archivo (carta a González de Posada, 4-9-1791).

A ver la iglesia con el marqués y un beneficiado. Retablo de arquitectura y escultura muy medianos [...] Paseo en una bellísima arboleda de altas hayas tras de la iglesia. Gran juego de pelota; buena plaza; grande edificio consistorial; muchas casas altas, nuevas o renovadas, y muchos indicios de riqueza. Excelente cultivo en una vega a la espalda del pueblo, atravesada por el río. Fábrica de anclas (26-8-1791, viaje por el País Vasco).

Ya dije a usted que habíamos tenido un día de campo en Contrueces, en que nos divertimos mucho. Después hicimos una correría por las parroquias de Somió y Cabueñes, que son bellas y frondosas sobre toda ponderación. El tiempo es delicioso, y las campiñas inmediatas ríen por todas partes; así que las horas que no llevo la pluma, se pasan muy agradablemente en el campo (Carta a González de Posada, 8-6-1793).

Otro elemento esencial de su vivir diario es, como antes apuntaba, la tertulia, la reunión con amigos, parientes y conocidos, que se celebra en la torre nueva de su casa o en el salón, al calor de la chimenea que se había hecho instalar. Tertulias en las que, además de agasajar a los invitados con refrescos, café, licores, fruta o chocolate y de consumir tabaco o rapé, se habla y se cuentan anécdotas, se comentan libros, a veces se baila, se canta, se hacen juegos de manos, se oye la música de algún aficionado o se representan piezas caseras «para reunir más y más en sociedad fraternal y culta» a sus amigos y familiares, según consigna González de Posada. Vale la pena citar completo su testimonio, aunque sea un tanto impreciso, porque revela un aspecto muy significativo de su noción de diversión:

Para reunir más y más en sociedad fraternal y culta aquellas familias se representaban en su casa por sus hermanas y personas de la alta nobleza dramas discretos y arreglados, compuestos por él o de otra mano de su buen gusto; esto mismo, a persuasión suya, se practicó en Oviedo entre los magnates, bien asegurados de que el teatro, bien montado, puede influir mucho en la buena instrucción, buena moral y buena política.[17]

Y tertulias –otro elemento significativo– en las que también se practican juegos de mesa, para los que había una específica,[18] bien fuera de naipes, como el *mediator*, antecesor del actual tresillo y ya practicado en el siglo anterior,[19] el *treinta y uno*, también de vieja tradición española, la *secan-*

[17] José Miguel Caso González, «Una biografía inédita de Jovellanos», 176.

[18] Para este y otros aspectos de su existencia doméstica, v. Elena de Lorenzo Álvarez, «Jovellanos. El gabinete de un ilustrado», en: *La luz de Jovellanos. Exposición conmemorativa del bicentenario de la muerte de Gaspar Melchor de Jovellanos* (1811-2011), Madrid, Sociedad Estatal de Acción Cultural, 2011, 113-125.

[19] V. María Inés Chamorro Fernández, *Léxico del naipe del Siglo de Oro*, Gijón, Ediciones Trea, 2005, 111 sq. La popularidad del juego hizo que «Un aficionado» –no sabemos más– publicara en

sa,[20] de estilo similar aunque más moderno, el *revesino,*[21] y la *malilla*, parecido al tute y de introducción reciente según el *Diccionario de Autoridades*[22]–, bien de dados y fichas, como el antiguo y popular *chaquete,*[23] o el ajedrez, este ya para iniciados, como el matemático Pedrayes, Quirós o su hermano Pachín. Recojo algunas anotaciones que reflejan ese tipo de actividades:

A comer con el intendente. A casa; en ella canta Tineo y baila su ayuda de cámara, Paquito. A paseo con el intendente (en León, 28-6-1795);

Por la tarde vamos don Pedro de Llanos y yo a observar el mar en el nuevo paredón, que bate cruelmente. Horroriza ver con qué facilidad le descarna, casi hasta descubrir el cimiento; es verdad que después le reviste y defiende con arenas, pero más lentamente. Dos fuertes mareas de equinoccio, con tiempo tormentoso por el vendaval, bastan para arruinarle. A casa, y en ella toda la noche. Vienen las niñas Ramírez. Partidas de secansa y mediator (19-12-1793).

Tarde, paseo; de noche, tertulia. Antes, me visitaron los dos hermanos de la Santa Cruz, Manuel y Pepe Miranda [y Gayoso]. Baile en el Ayuntamiento; aquí, partidas de revesino, mediator y secansa. Tiempo claro al sur (7-1-1801).

Quirós y [José Agustín] Pedrayes juegan el ajedrez, y con Le Gueu (8-11-1795).

Por la noche una música, dada por el médico, con instrumentos de aficionados y de la tropa, y además con una salva de quince tiros de artillería, para la cual se trajeron los pedreros a la plazuela de casa. La noche muy serena. La partimos en la casa de Ramírez y aquí, donde vinieron las niñas a la música (5-1-1794).

A beber a casa de los Santa Cruz; convidado Vallejo; todo en confianza; tocan las damas la espineta de la marquesa, que es bellísima... (12-11-1794).

Por la noche, juegos de manos y baile (6-10-1796).

Paseo con don Joaquín de Nando. Tarde fresca; llovizna. Luego, en compañía general, juegos, baile. Empieza a diluviar. Juegos de manos hasta tarde (16-10-1796).

1789 un libro específico con las *Reglas y leyes que se han de observar en el juego del mediator*, que se reeditó en 1801.

[20] El nombre procede del fr. *séquence*, y este del lat. *sequentĭa*, secuencia.

[21] «Llámase así, porque al revés de lo que en los demás sucede aquí gana la partida el que hace menos bazas. Se juega entre cuatro...» (cf. Chamorro Fernández, *Léxico*, 132).

[22] Ibid., 112.

[23] «Especie de juego de *tablas reales*, en el cual se van pasando alrededor todas las piezas por las casas desocupadas, y el que más presto las reduce al extremo contrario y las saca sin más lances gana el juego.» (*Diccionario de Autoridades*).

En todo ello, y en la concreta práctica de esos juegos de mesa, tan frecuentes para entretener las reuniones familiares y sociales de la época y que tan convenientes creía para pasar el tiempo amistosamente en esos centros de recreo que proyectaba, Jovellanos se conduce como uno más. Juega con gusto con los participantes en su tertulia, y aunque por lo extremadamente sucinto de sus anotaciones no podamos saber con qué actitud y de qué modo lo hace, cabe sospechar, por lo que sabemos de su talante y maneras, que se conduciría sin más pasión que la requerida para su buen éxito y con la ecuanimidad y elegancia que recomienda para los asuetos en sus escritos pedagógicos.

Fuera de esas reuniones familiares, Jovellanos promueve también diversas excursiones y celebraciones para fomentar el espíritu comunitario de los alumnos del Instituto o para obsequiar a sus amigos y solemnizar algún acontecimiento. Escribe así a propósito del día de campo en Contrueces que ofrece «a la tertulia de casa» el 2 de junio de 1793: «El día fue delicioso, sin calor ni frío, sin sol ni viento; todo el mundo estuvo de buen humor; reinó en todos y por todo el día la paz y la alegría, y aquella honesta y cordial confianza que es la madre del placer sencillo y inocente». Otro expresivo relato que merece la pena recordar, para dar fe de su bonhomía y capacidad de comprensión, es el del festejo que siguió al primer certamen público del Instituto, en el que algunos muchachos se excedieron un poco en la bebida:

> Se come ¡con qué alegría! ¡Qué algazara! ¡Qué coplas! ¡Qué brindis! Tres o cuatro muchachos se emborracharon más, a mi ver, de alegría que de vino; no importa; el mal está en el hábito; fueron precisamente los más juiciosos y moderados [...] ¡Viva la alegría! [...]. Se corre, se ríe, se juega, se trisca por todas partes [...]; al anochecer todos a casa, juntos y cantando por el camino, con vivas al rey, a los Jovellanos, al Instituto. Así hasta mi casa; no hubo una sola desgracia ni el menor disgusto. Este sí que es un placer puro y sin mezcla; ¿y hay quién no le goce, pudiendo a tan poca costa? (16-5-1797).

Parte esencial también de sus entretenimientos cotidianos son las visitas a parientes y amigos, que en bastantes ocasiones adquieren el formato más lúdico de un baile o una audición musical, como registran algunas de las anotaciones que antes he citado. Y en otro orden de cosas, hay que señalar también su importantísima faceta de bibliófilo y coleccionista de obras de arte, que en este tiempo, como antes y después, continúa siendo fuente de muchas alegrías y satisfacciones.

Lo que falta por completo en los ocios de Jovellanos es la asistencia al teatro, por la sencilla razón de que Gijón, villa a la sazón de poco más de 1000 vecinos, no lo tenía y solo muy ocasionalmente se hacían representaciones o espectáculos para-teatrales en locales improvisados y por compañías de muy escasa cualificación. Como tampoco había toros, espectáculo «funesto», degradante y sanguinario que abominaba. Lo confirma él mismo sin disimular su satisfacción en una de sus *Cartas del viaje de Asturias*: «no le voy a hablar de teatros o espectáculos magníficos, pues por la misericordia de Dios no se conocen en este país. Las comedias, los toros y otras diversiones tumultuosas y caras, que tanto divierten y tanto corrompen a otros pueblos reputados por felices, son desconocidas aun en las mayores poblaciones de esta provincia».[24] Como alternativa a ese prácticamente inexistente teatro popular, promueve esas representaciones caseras a las que antes me he referido con el testimonio de Ceán y otras de ese estilo con los alumnos del Instituto, como la loa *El Agradecimiento* que representaron como parte de la fiesta para celebrar la colocación de un retrato de Carlos IV en el centro (12-11-1795) o el *Prólogo para la comedia «El Regocijo»* (1795). Y si se da el caso de que venga alguna compañía de la legua, como sucede con la que representa *Los amantes de Teruel* en la bodega de Rato, y le dicen que es «pestífera», su decisión estará clara: «no pienso verla» (17-8-1795). A cambio, se congratula de que «la juventud del pueblo» proyecte la representación de la magnífica comedia *El viejo y la niña* de Moratín (18-8-1795).

En sus diversiones faltan también los juegos de pelota, de bolos u otros ejercicios físicos que quizá, por su edad, no estaba en las mejores condiciones de practicar. Como falta también, todo hay que decirlo, una relación amorosa. Porque Jovellanos, que permaneció soltero, aunque fue muy sensible a la belleza femenina y no faltan razones para sospechar que en sus años anteriores sí que las mantuvo,[25] lo cierto es que en esta etapa de su vida no da muestra alguna de ello. Trata a muchas mujeres, sí, pero la posibilidad de un noviazgo o un matrimonio la descarta por completo. Se lo dice tajante al obispo de Lugo, Felipe Peláez Caunedo, cuando de manera bastante impertinente le aconsejaba que se dedicara al cuidado de la casa y tomara estado: «quien de mozo no se atrevió a tomar una novia por su mano, no la recibirá de viejo de la de tal amigo».[26] Lo que no quiere decir, como digo, que no se relacionara amistosamente con muchas mujeres, y que incluso alguna le atrajera de

---

[24] «Carta sobre las romerías de Asturias», en: *Obras completas. Escritos asturianos*, edd. Elena de Lorenzo Álvarez/Álvaro Ruiz de la Peña Solar, vol. 9 (2005), 109 sq.

[25] Para su historia sentimental es fundamental el estudio que incluye José M. Caso González en su libro *La poética de Jovellanos*, Madrid, Editorial Prensa Española, 1972, 62-70.

[26] Carta del 11 de diciembre de 1799, en: *Correspondencia*, vol. 3, 500.

manera especial, como sucede con Ramona Villadangos, «la Majestuosa», con la que se entrevista en León al menos en tres ocasiones de 1795; pero sin decidirse a ir más allá porque, según anota, «distamos mucho en años y propósitos» (29-6-1795).

De su etapa ministerial (de noviembre de 1797 a agosto de 1798), que supuso un giro radical y una experiencia no poco dificultosa para él, lamentablemente apenas sabemos nada porque durante esos nueve meses abandonó el *Diario*. Pero lo que en él refleja de su viaje camino de Madrid para hacerse cargo del ministerio y del de su regreso a Asturias, tras una breve estancia en los baños de Trillo para recuperar la salud, muestra que hace lo que siempre en sus viajes: visitar –o ser visitado– por los amigos, charlar con los conocidos, hacer algún que otro paseo por los lugares cercanos, e incluso participar en un baile público, como el que tiene lugar en León –donde se detiene ocho días–, «en una casa yerma adornada a propósito», en el marco de las celebraciones populares que se organizaron para festejar la promoción al Común de un sobrino suyo (1-9-1798). Por lo demás, es fácil suponer que hasta donde se lo permitían sus ocupaciones mantendría sus hábitos y tendría una participación muy activa en las tertulias madrileñas y no faltaría alguna que otra vez a los teatros.

Luego, durante los dos años de su recuperada existencia gijonesa, el ritmo de vida se acompasará a sus hábitos de antes, con paseos, visitas, tertulias, juegos y celebraciones, según confirman las páginas del *Diario* («Tarde, paseo; de noche, tertulia. Antes me visitaron los dos hermanos de la Santa Cruz, Manuel y Pepe Miranda [y Gayoso]. Baile en el Ayuntamiento; aquí, partidas de revesino, mediator y secansa...», 7-1-1800)– y algunas cartas, como la que escribe a González de Posada el 20 de noviembre de 1799 contándole entre otras cosas que espera recuperarse del resfriado que padece «a fuerza de descanso y paseos». Prueba del espíritu animado que mantiene hasta el final de su vida gijonesa es la celebración de su último cumpleaños en libertad:

> He andado muy ocupado con mi fiesta acostumbrada de Reyes. Una cena a 70 personas, y tornaboda de comida a 26, no puede dejar de ocupar mucho. Hubo, lo que no falta jamás en las gentes de acá cuando se reúnen y son bien escogidas, mucha franqueza y mucha alegría, y en medio de ella he llenado mis 57, y marcado los auspicios del XIX *¡Utinam fauste!* [*Ojalá dichosamente!*].[27]

[27] Carta a González de Posada, 14 de enero de 1801, en: *Correspondencia*, vol. 3, 605.

2. El destierro mallorquín

Pero esa grata existencia se va a frustrar irremisiblemente con la orden del 13 de marzo de 1801 que determina su inmediata y forzosa partida al confinamiento mallorquín. El horizonte que se le abre no es desde luego el más a propósito para pensar en entretenimientos y diversiones. Ni sabe qué va a ser de él ni de qué margen va a disponer para organizar su vida razonablemente a su gusto.

Pese a ello, ya en el diario del viaje hacia su triste destino, redactado desde la voz expresiva del encargado de conducirle hasta Barcelona, el regente de la Audiencia de Oviedo Andrés de Lasaúca,[28] comprobamos que lejos de sumirse en el abatimiento y la pasividad se conduce según su estilo. Para entretener el recorrido, lee en lo que llama su «biblioteca del coche» (2-4-1801) la *Gaceta* y, se supone, los dos libros que se ha podido llevar, Virgilio y el Kempis; vuelca sus impresiones en el *Diario* con la complicidad afectuosa de Lasaúca; toma notas de lo que ve con el lapicero que también ha podido llevarse consigo; conversa con el regente y los soldados que les acompañan coreando las bromas que de cuando en cuando van saliendo, y conversa también, aunque le esté prohibido, con las personas que se topan en pueblos y posadas, amén de con la madre y hermanas de Lasaúca a las que encuentran en su paso por Zaragoza y del gobernador de Lérida, el asturiano José de Heredia, que les salió al encuentro. También, si la ocasión se presenta, se detiene a pasear y visitar alguno de los lugares por los que atraviesan:

> La tarde estaba hermosa y serena, y nos convidó a dar un paseo muy dilatado por todo el espacio a que se extiende el cultivo del pueblo a la parte de mediodía. De ida y vuelta, reconocimos la ermita de San Antón, que es una bella iglesita en miniatura, con sus tres naves, crucero, media naranja con vidrieras, de piedra blanca, con buena lanilla y adornos, todo en pequeño, pero muy gracioso (8-4-1801).

Tras su llegada a Barcelona, donde inmediatamente es conducido al monasterio de la Merced, aunque siga estándole vedada toda comunicación, sabemos por González de Posada que al menos el marqués de la Romana «le visitaba y gastaba muchas horas en su conversación», como también que fueron muchos los que acudieron para interesarse por él:

---

[28] Sobre ello y las características del viaje, v. Inmaculada Urzainqui, «Dos hombres para un *Diario*. Jovellanos y Lasaúca. Un caso atípico de escritura autobiográfica», en: Patrizia Garelli/Giovanni Marchetti (eds.), *«Un hombre de bien». Saggi di lingue e letterature iberiche in onore di Rinaldo Froldi*, a cura di, Bologna, Edizioni dell'Orso, vol. 2 (2004), 643-663.

indicios claros de que, pese a lo penoso de la situación, no había menguado un ápice el gusto por comunicarse cordialmente con los demás.

Y eso es lo que va a suceder también, hasta donde se lo permiten las condiciones de su confinamiento, en el sucederse de sus años mallorquines, según podemos conocer a través de los dos fragmentos del *Diario* que nos han quedado (uno, perteneciente a cinco días de su estancia en la cartuja de Valldemosa –del 23 de septiembre al 30 de octubre de 1801–, y otro del 20 de febrero de 1806 al 24 de enero de 1807, ya en el castillo de Bellver), como también de sus cartas y el testimonio de sus biógrafos. Lejos de debilitarse su temple moral, y dado que no se le había prescrito ninguna actividad determinada, saca fuerzas de flaqueza para llenar con provecho la inacción a la que se ve condenado. Lee, escribe, observa y toma notas sobre lo que tiene a su alrededor –plantas, arboledas, insectos, peculiaridades del terreno, obras artísticas...–, disfruta de la conversación con las personas con las que puede relacionarse, emprende diversos trabajos e investigaciones para profundizar en el conocimiento de la historia, la cultura y la realidad de la nueva tierra que le acoge, estimula a los eruditos locales para que desarrollen o avancen en sus estudios sobre la historia y cultura mallorquinas, y se ocupa en diversos quehaceres materiales.

Lo vemos ya en el año que pasa en la cartuja de Valldemosa (hasta el 5 de mayo de 1802), donde su calidad personal le trae de inmediato el afecto y admiración de los monjes. Además de colaborar económicamente en sus necesidades, arregla su biblioteca, participa en los proyectos de mejora del edificio, y les diseña y costea un paseo. Con ellos hace también diversos recorridos por los alrededores tras obtener la autorización del gobierno; varios con el boticario del convento para investigar la flora de la zona, pues, como relata Ceán, «para hacer más dulce, útil y entretenida aquella solitaria residencia, emprende estudiar la botánica aprovechándose de las luces y conocimientos en esta ciencia del religioso boticario del convento, que había conocido en El Paular el año de 1780». Así, paseando juntos por montes y valles en busca de plantas y hierbas, y explicando el religioso sus figuras, virtudes y propiedades, logró formar unos interesantes elementos de historia natural del país, que, lamentablemente, se perdieron.[29] Allí emprende también, además de diversos extractos y apuntamientos, la redacción de un tratado educativo –la *Memoria sobre educación pública*– estimulado por la convoca-

[29] Ceán Bermúdez, *Memorias*, 85 sq.

toria de la Sociedad Económica mallorquina publicada en la *Gaceta* del 10 de abril de 1801, y se familiariza con la lengua del país.

Luego, tras su traslado al castillo de Bellver en condiciones mucho más rigurosas y con su salud ya muy deteriorada, se recortan mucho sus movimientos y posibilidades de comunicación, que prácticamente se reducen a las que mantiene con los que han ido con él a la isla (su secretario y amanuense Martínez Marina, su fiel mayordomo Domingo de la Fuente y el cocinero Ramón de la Huerta), su confesor, el canónigo Ignacio Bas y Bauzá, el atrabiliario e imprevisible gobernador del castillo, Ignacio García, y los militares que lo custodian. Dos meses después, sin embargo, gracias a la Real Orden del 31 de agosto de 1803 se le permite, por prescripción facultativa, pasear por las inmediaciones del castillo y tomar baños de mar acompañado de algún oficial. Pero fuera de ello, su único recreo «para evitar el fastidio de la ociosidad y pasar el tiempo con menos amargura» es, como dice a su hermana Catalina, la lectura.[30]

Poco a poco sin embargo, especialmente a partir de 1804 en que se suavizan las condiciones de su reclusión, podrá escribir cartas con libertad, recibir visitas de los familiares de los soldados de la fortaleza y de diversas gentes de la isla, y desarrollar sus aficiones sin más trabas que la sujeción propia del confinamiento. Por eso, aunque las circunstancias sean muy otras, el Jovellanos de ahora se asemeja mucho al Jovellanos de sus años gijoneses.

Como le es permitido ya salir de la fortaleza, baja al puerto y pasea por las cercanías o por la galería si el tiempo no acompaña, muchas veces con las personas que acuden a visitarle. En el verano toma baños de mar, e incluso a pesar de su reumatismo y problemas en la vista emprende algunas ascensiones: «A la tarde se trepó por valles y cimas» (18-3-1806).

Llevado de su costumbre inveterada, comparte muchos ratos de tertulia –por la mañana, a la hora del chocolate, o por la tarde con esas personas que le visitan, en su mayoría damas y caballeros de la buena sociedad palmesana y con algunas de las cuales anudará profunda amistad, como el capellán P. Jaime Campins, que le provee de libros y noticias culturales, el capitán general de Mallorca, Juan Miguel de Vives, que suele acudir con su esposa, su sobrino y el cuñado de éste, Tomás de Verí, miembro luego de la Junta Central en representación de Ma-

---

[30] Carta del 29 de diciembre de 1804, en: *Correspondencia*, vol. 4, 145.

llorca, el conde de Ayamans, el presbítero José Barberí, con el que trata de su proyectada *Biblioteca mallorquina*, las marquesas de la Romana y de Solleric, esta gran «favorecedora» suya, etc. De ese círculo de amicalidad forman parte también algunos militares encargados de su custodia, más amigos que carceleros, como *messieurs* Belmont, Mauleon, Du Breuil, Le Roy, Roger de Caux –copista del cuaderno X del *Diario* y con el que luego partirá a Barcelona–, o el capitán del regimiento suizo Luis Kenel. Y como hacía en Gijón, también aquí gusta de obsequiarlos con almuerzos y refrescos:

Vieron el castillo [las esposas del regente e intendente de la Isla] por todos sus cuartos y lo alto, y se les dio una merienda con tres platos fiambres: empanada de pichones, lengua y perdigones en escabeche; dos pastas, pastelitos y buñuelos; crema de café en jícaras, dulces y frutas. Estuvieron alegres y partieron contentas ya de noche... (26-8-1806).

El consuelo y satisfacción que para él supone esa comunicación con sus guardianes y visitantes lo expresa en una de sus cartas a su cuñada Gertrudis del Busto:

mi salud es buena cuanto puede serla en un viejo; mi humor se resiente poco de los años, aunque sin desaprovecharlos; leer y pasear son, como siempre fueron, mis placeres; hallo en los que me guardan compasión y buena sociedad, y lo que es más raro aún, disfruto en un país, do nunca acaso se oyera mi nombre, de una opinión y una inclinación que no podría prometerme en la más brillante fortuna.[31]

En esa agradable sociabilidad tampoco está ausente la música, pues por un par de anotaciones del *Diario* (que en este tiempo lo redacta desde la voz expresiva de Martínez Marina), sabemos que al menos en dos ocasiones tocaron la guitarra el secretario del general Vives, don Juan de Orrios, y el propio Martínez Marina (13 y 24-8-1806), al que, por cierto, Jovellanos financió las clases de música que por entonces recibe. Cabe suponer que no serían las únicas, y que incluso él mismo la tocaría, como sabemos que hacía en sus viejos tiempos de estudiante en Alcalá.

Y tampoco faltan las partidas de cartas, que casi todas las noches se juegan en su habitación y a las que también suele acudir el gobernador de la fortaleza si no está, como dice con gracia, «de cuerno»: «Misa y chocolate en comunidad, incluso el gobernador, que ayer noche hizo la partida y jugó con el amo en su buen humor ordinario» (8-4-1806); «Por la noche conversación hasta la hora de la malilla» (3-4-1806);

[31] Carta del 28 de octubre de 1807, en: *Correspondencia*, vol. 3, 473.

«*Monsieur* de Caux, que jugó y cenó aquí de noche, subió esta mañana a tomar chocolate...» (15-4-1806).

Como no se le había privado de su sueldo de consejero de Estado, sus recursos le permiten adquirir y encargar muchos libros y periódicos tanto de España como del extranjero. Y como va formando una nueva biblioteca, la tercera, manda hacer estanterías y cuidadas encuadernaciones. Incluso él mismo se ocupa de realizarlas, según cuenta a su queridísimo Posada haciéndole partícipe de su vida cotidiana:

Acudo a la mesa sagrada cada quince días; he leído de segunda vez toda la Biblia; he decorado un Psalterio, acomodado a mi solicoro, y por toda lectura piadosa tengo el mejor de los libros no canónicos, Kempis, mi antiguo amigo. Por fin, con buen fondo de salud, que el régimen, el uso de menestras y frutas, baños en el mar, de verano, buen sueño y buen ejercicio en todo tiempo van conservando; con buenos libros, y vastísimos, y también vastísimos proyectos literarios para ocupar las mañanas, y con encuadernación de libros, siesta, chaquete, lecciones de gramática para entretener tardes y noches, y una partida de báciga[32] o malilla, tiene usted el compendio de la vida interior y exterior que hago, olvidado de los que están lejos, compadecido de los que no, y a lo que creo bienquisto de los pocos que me oyen, y amado y bien asistido de los que me sirven.[33]

Como muestra de su «habilidad», envía a Posada varios tomos encuadernados en folio, según él cuenta en la biografía de su amigo. Y, en otro orden de cosas, también le envía para su pequeño gabinete «muchas producciones del terreno que pisaba en sus paseos y orillas del mar, con otras que encargaba por la isla, todas con nomenclatura de su mano»[34]: indicio elocuente del interés con el que observaba y estudiaba la fisonomía del lugar.

Otro de sus pasatiempos es decorar sus aposentos, más espaciosos ahora que en su primera época en Bellver. Para ello, no solo compra láminas y cuadros que manda enmarcar cuidadosamente e incorpora algunos enseres que hagan más grata la estancia de sus visitas. Sabemos que desde octubre de 1806 Martínez Marina, que era gran aficionado a la pintura y había ganado un premio de dibujo en el Instituto de Gijón, junto con el capitán Kenel, que también participaba de esa afición y era muy habilidoso, empiezan a pintar paisajes para la chimenea y para la puerta estimulados y orientados por el propio Jovellanos, que también echa su cuarto a espadas pese a estar bastante menos dotado para ello:

---

[32] Juego de naipes de tres cartas.

[33] Carta de agosto 1805, en: *Correspondencia*, vol. 3, 236.

[34] José Miguel Caso González, «Una biografía inédita de Jovellanos», 195.

«El amo, mejorado de sus ojos, trabajó en la segunda parte del *Apéndice*, relativa a la historia de la obra de la catedral, y se ocupó en pintarrajear en la chimenea y en vernos pintar, porque vino el capitán [Luis] Kenel y pintó en el friso, mientras yo, en las tabletas que han de hacer el cuadro de la sobrepuerta» (15-10-1806). Y a ese ambiente artístico se unirán también Fray Manuel Bayeu, que había sido llamado a Valldemosa para pintar los frescos de la nueva iglesia y lo hará también en el cuarto de Jovellanos, el artista mallorquín Francisco Tomás y Rotger, con el que conversa sobre arte y literatura y el P. Juan Bautista Capó, cartujo de Valldemosa y colaborador suyo en sus investigaciones histórico-artísticas. Más allá de las pinturas de su cuarto, a Martínez Marina lo ocupará también en levantar planos y hacer vistas de Bellver y otros edificios de Palma para las investigaciones artísticas que tiene entre manos, entre otras, sus *Memorias histórico-artísticas de arquitectura*, que inicia en 1804 para enviar a su amigo Agustín Ceán Bermúdez y donde incluirá su espléndida *Descripción del Castillo de Bellver*.

Pero es mucho más lo que escribe en ese tiempo, porque lo que se lleva la gran parte de su día a día son sus dos grandes aficiones de siempre, la lectura de libros y de periódicos –insistentemente aludida ahora también en sus cartas y el *Diario*– y la escritura, que para él, como dice a González de Posada en carta del 10 de abril de 1806, más que una ocupación «es una diversión para mí» (IV, 3º, p. 312). Escritos, como antes, de muy variada naturaleza, que aquí no es posible mencionar, y a los que habría que añadir también el gran número de copias y extractos de obras y manuscritos que se procura o se hace prestar para sus investigaciones o las de sus conocidos, así como las anotaciones meteorológicas que han quedado entre sus papeles mallorquines.[35]

3. La libertad recuperada

Con la recuperación de la libertad tras el motín de Aranjuez (la orden del ministro Caballero va firmada el 5 de abril de 1808), su vida va a experimentar un cambio radical, no solo porque ahora pueda ya moverse sin traba ninguna, sino, y sobre todo, por la convulsa situación del país. Con una España en guerra y una gestión política absolutamente

[35] Puede verse una relación circunstanciada de sus escritos mallorquines en la valiosa monografía de Ángel R. Fernández y González, *Jovellanos y Mallorca*, Palma de Mallorca, Ediciones Biblioteca Bartolomé March, 1974, 183-205.

inédita y que pronto reclamará de él compromisos y pronunciamientos, el porvenir se presentaba muy incierto. De momento, sus planes se concretan en ir a Valldemosa, adonde acude acompañado por el doctor Bas, Martínez Marina y «muchos oficiales amigos suyos» y permanecerá unos días, a la cercana Palma y a otros lugares de la isla para compartir la alegría de su libertad con amigos y conocidos; lo que significa que todavía puede disfrutar de convites, excursiones, visitas y recorridos para conocer mejor la isla, y aun de jugar «una partidita de malilla» junto a la chimenea la noche anterior a la salida para Alcudia (22-4-1808).

Pero en los días y meses siguientes será mucho más difícil que pueda pensar en distracciones y entretenimientos, excepción hecha de su breve estancia en Jadraque, adonde llega el 1º de junio «para reposar en los brazos de la amistad de tan largos trabajos» en casa de su queridísimo *papá*, don Juan Arias de Saavedra, y reparar su salud.[36] Tras su nombramiento como representante de la Junta de Asturias (3 de septiembre) y luego vocal de la Junta Central, se dedicará por entero y con absoluta convicción a las labores del gobierno provisional, como luego explicará en su *Memoria en defensa de la Junta central* (1811):

> después que, nombrado por el gobierno central, cuando los muchos años y trabajos y una prolija enfermedad tenían arruinada mi salud, no sólo renuncié al descanso y al deseo de conservar mi vida, sino que consagré sus restos al servicio de mi nación admitiendo aquel encargo, y dediqué a su desempeño la aplicación más continua y el más puro y ardiente celo.[37]

Esa decisión, y las circunstancias que irán viniendo hacen que, en efecto, pueda dar muy poca tregua al descanso y a los placeres de la sociabilidad. Según participa a su gran amigo lord Holland, al que había conocido en Gijón en 1793 y con el que había entrado de nuevo en contacto epistolar en agosto de 1808, «la vida que vivimos, mi amado Milord, es ciertamente muy insocial, pues que apenas gozamos de pocos instantes para darlos al dulce trato de la amistad...».[38] Pero no renuncia del todo a ellos, pues cuando sus ocupaciones se lo permiten participa de muchos encuentros y tertulias con sus antiguos amigos de Sevilla, sus sobrinos Francisco Javier de Cienfuegos y Juan María de Tineo, con otros amigos de ese tiempo sevillano, como Blanco White, Quintana etc., con sus compañeros de la Junta («Se ha comido con buen humor. Ahora esta-

---

[36] Carta a lord Holland del 16 de agosto de 1808, en: *Correspondencia*, vol. 5, 569.

[37] *Obras completas. Escritos políticos*, edd. Ignacio Fernández Sarasola, vol. 11 (2006), 466.

[38] Carta del 24 de febrero de 1809, en: *Correspondencia*, vol. 5, 61.

mos en Sección y nuestro Hermida habla como una cotorra»[39]) y, sobremanera, con el propio lord Holland, con el que comparte muchos almuerzos y tertulias, frecuentemente en compañía de John Allen, su médico y hombre de confianza, Capmany, Quintana, Arjona, Alea, Escosura, Arriaza, Blanco White...[40] Tanta es la alegría y satisfacción que para lord Holland representan estos encuentros que, según le dice, un día que no pueda disfrutar «de su amable trato» lo considera «un día perdido».[41] Si, además de ello, también pudo asistir a alguna representación teatral de las que por entonces se hicieron no ha quedado memoria.

Lamentablemente, no podemos conocer con más detalle su día a día en ese vertiginoso tiempo de graves responsabilidades políticas porque a partir de su estancia en Jadraque interrumpe el *Diario* y solo lo reanudará, por unos pocos días, en el viaje que hace a Galicia, tras la disolución de la Junta Central, en el bergantín Covadonga con la idea de llegar cuanto antes a Asturias.

La nueva etapa que se abre en Muros de Galicia, adonde arriba el 6 de marzo de 1810 y donde se verá precisado a permanecer hasta julio de 1811 por la entrada de las tropas francesas en Gijón, será ya mucho más propicia para disfrutar de momentos relajados y entretenidos, según él mismo dice tranquilizando a lord Holland: «para que no se aflija su corazón sobre mi suerte, dígole solamente que mi amado Pachín [el marqués de Camposagrado] y yo estamos buenos, tranquilos y con bastante humor para hacer una vida más alegre y menos agitada que de antes».[42] Porque, en efecto, como allí apenas se dejan sentir los avatares de la guerra, puede hacer pequeños viajes y excursiones con su querido Camposagrado –que había venido con él y su familia–, gozar de las atenciones y afecto que le dispensan los vecinos de Muros –reflejados con enorme gratitud en la *Memoria en defensa de la Junta Central*, que redacta allí– y, también, disfrutar de la cálida hospitalidad de la marquesa de Rivadulla, en cuyo pazo de Ortigueira se aloja desde el 14 de abril hasta el 7 de junio de 1811. Las 18 cartas que han quedado de su comunicación epistolar atestiguan expresivamente el gran afecto que se profesaron y el consuelo que para él supuso disfrutar de la compañía de

---

[39] Carta a lord Holland del 11 de junio de 1809, en: Ibid., 205.

[40] Sobre este ambiente sevillano, v. el importante estudio de Fernando Durán López, *José María Blanco White o la conciencia errante*, Sevilla, Fundación José Manuel Lara, 2005.

[41] Carta de finales de marzo de 1809, en: *Correspondencia*, vol. 5, 85.

[42] Carta del 13 de junio de 1810, en: Ibid., 395.

su familia en ese tiempo de aislamiento y espera. Creo que un párrafo de una de ellas es muestra elocuente de ello:

Arribamos a Muros antes de las nueve, fuimos recibidos con entusiasmo de los antiguos tertulianos y nos reunimos en nuestra antigua colonia, donde las memorias de los alegres días de Santa Cruz y de sus amables moradores llenaron la conversación y sirvieron de algún consuelo en la ausencia de esa mansión donde la inocente alegría reside y hace tan dulce las horas; horas dichosas que yo no olvidaré jamás, y mucho menos la inmensa bondad con que Vm., mi buena amiga, y toda su amable familia me han procurado, proporcionando la temporada más deliciosa que he gozado en mi vida.[43]

Luego, en su momentáneo regreso a Gijón, adonde llega el 7 de agosto, su vida volverá a llenarse de dolores e incertidumbres. Con los destrozos que la guerra ha causado en su casa y en el Instituto, todo su esfuerzo se concentra en intentar repararlos y en volver a ponerlo de nuevo en marcha. Lo que no le impide vivir intensamente el cariño de sus paisanos y charlar largamente con sus amigos, especialmente con su íntimo Pedro de Valdés Llanos, con el que tres meses después compartirá la apresurada salida de Gijón ante la nueva entrada de los franceses.

La manera en que termina sus días, tras su accidentada arribada a Puerto de Vega, pequeña localidad portuaria del occidente asturiano, es prueba elocuente de su profundo sentido de la amistad, de eso que en frase feliz de su amigo y primer biógrafo, Isidoro de Antillón era «la pasión dominante que avasallaba todos los afectos»:[44] se acoge a la generosidad de un amigo, Antonio Trelles Osorio, y, pese a estar muy debilitado, dedica todas sus atenciones a cuidar con infinita ternura («con aquel tierno afecto que siempre conservó a sus amigos»[45]), a ese compañero fiel de toda la vida, Pedro de Valdés Llanos, que morirá justamente dos días antes que él. Otro buen amigo, Manuel María de Acebedo y Pola, al que quiso reclamar para que le acompañara en esa triste hora, solo pudo llegar para contribuir a la dignidad de sus funerales.[46]

---

[43] Carta del 8 de junio de 1811, publicada con las demás que dirige Jovellanos a la marquesa por Manuel Álvarez-Valdés y Valdés en: *Noticias de Jovellanos y de su entorno*, Gijón, Fundación Alvargonzález, 2006, 557. Sobre esa relación, apenas tratada por sus biógrafos, v. las esclarecedoras páginas que este mismo autor les dedica en sus dos libros, *Jovellanos, enigmas y certezas*, Gijón, Fundación Alvargonzález, 2002, 123-135 y *Jovellanos. Vida y pensamiento*, Oviedo, Ediciones Nobel, 2012, 551-556; 560-567.

[44] *Noticias históricas de D. Melchor Gaspar de Jovellanos. Conságralas a sus respetables cenizas Y. M. de A. M.* Palma, imp. de Miguel Domingo, ^{2}1812, 3 sq.

[45] Ceán Bermúdez, *Memorias*, 122 sq.

[46] El texto corresponde a la amplia semblanza de Jovellanos que plasma en sus *Reflexiones sobre el reinado de Carlos IV*, ultimadas después de 1830, y reproducida por Perfecto Rodríguez, en «Jo-

Indudablemente, y termino, los últimos tiempos de la vida Jovellanos, ese personaje fundamental de nuestra historia, unánimemente admirado y respetado por su vigorosa ejecutoria como magistrado, político, economista, pedagogo y tantas otras cosas más, no fueron fáciles. Pero su poderosa estatura moral siguió brillando en ellos como en los de su mayor encumbramiento. También, como aquí he querido mostrar, en uno de los aspectos menos conocidos de su faceta más personal: en la manera, el noble arte diría mejor, con que supo vivir sus momentos o sus obligados años de ocio. Los ocios *ilustrados* de un gran ilustrado.

Bibliografía

1. Fuentes primarias

Antillón, Isidoro de, *Noticias históricas de D. Melchor Gaspar de Jovellanos. Conságralas a sus respetables cenizas Y. M. de A. M.* Palma, imp. de Miguel Domingo, [2]1812.

Jovellanos, Gaspar Melchor de, *Obras completas*, edd. José Miguel Caso González et al., 14 vol., Oviedo/Gijón, Centro de Estudios del Siglo XVIII et al., 1984-2011.

2. Fuentes secundarias

Álvarez-Valdés y Valdés, Manuel, *Jovellanos, enigmas y certezas*, Gijón, Fundación Alvargonzález, 2002.

Álvarez-Valdés y Valdés, Manuel, *Jovellanos. Vida y pensamiento*, Oviedo, Ediciones Nobel, 2012.

Álvarez-Valdés y Valdés, Manuel, *Noticias de Jovellanos y de su entorno*, Gijón, Fundación Alvargonzález, 2006.

Caso González, José Miguel, *La poética de Jovellanos*, Madrid, Editorial Prensa Española, 1972.

Caso González, José Miguel, «Una biografía inédita de Jovellanos. Las *Memorias* de González de Posada», en: *Boletín del Centro de Estudios del Siglo XVIII* 2 (1974), 57-92 (Reed. en J. M. Caso González, *De Ilustración y de ilustrados,* Oviedo, Instituto Feijoo de Estudios del Siglo XVIII, 1988, 163-201).

Ceán Bermúdez, Juan Agustín, *Memorias para la vida del Excmo. Señor D. Gaspar Melchor de Jovellanos, y noticias analíticas de sus obras*, Madrid, Fuentenebro, 1814 (Reed. facsimilar, Gijón, Ateneo Jovellanos, 2000).

Chamorro Fernández, María Inés, *Léxico del naipe del Siglo de Oro*, Gijón, Ediciones Trea, 2005.

vellanos visto por su contemporáneo Manuel Mª de Acevedo», en: *Boletín del Instituto de Estudios Asturianos* 117 (1986), 73-123. La cita en 123.

Durán López, Fernando, *José María Blanco White o la conciencia errante*, Sevilla, Fundación José Manuel Lara, 2005.

Fernández y González, Ángel R., *Jovellanos y Mallorca*, Palma de Mallorca, Ediciones Biblioteca Bartolomé March, 1974.

Lorenzo Álvarez, Elena de, «Jovellanos. El gabinete de un ilustrado», en: *La luz de Jovellanos. Exposición conmemorativa del bicentenario de la muerte de Gaspar Melchor de Jovellanos (1811-2011)*, Madrid, Sociedad Estatal de Acción Cultural, 2011, 113-125.

Rodríguez, Perfecto, «Jovellanos visto por su contemporáneo Manuel Mª de Acevedo», en: *Boletín del Instituto de Estudios Asturianos* 117 (1986), 73-123.

Sánchez Espinosa, Gabriel, «Gaspar Melchor de Jovellanos, un paradigma de lectura ilustrada», en: *El libro ilustrado. Jovellanos lector y educador*, Madrid, Real Academia de Bellas Artes de San Fernando, 1994.

Urzainqui, Inmaculada, «Dos hombres para un *Diario*. Jovellanos y Lasaúca. Un caso atípico de escritura autobiográfica», en Patrizia Garelli/Giovanni Marchetti (eds.), *«Un hombre de bien». Saggi di lingue e letterature iberiche in onore di Rinaldo Froldi*, 2 vol., Bologna, Edizioni dell'Orso, 2004, vol. 2 (2004), 643-663.

Urzainqui, Inmaculada, «"Las cualidades más afectuosas del hombre social". Jovellanos y la sociabilidad», en: *Boletín de Letras del Real Instituto de Estudios Asturianos* 178 (2011), 107-134.

ANDREAS GELZ

Diego de Torres Villarroel y la liberación de la literatura: autorretrato de un siglo entre ocio y ociosidad

I.

El texto *Visiones y visitas de Torres con don Francisco de Quevedo por la Corte*, escrito a partir del año 1727 es un texto liminal. Pone en escena el encuentro imaginario entre la España tradicional, barroca, representada por Francisco de Quevedo, muerto en 1645, y una sociedad urbanizada en vía de transformación, que todavía no es la de las Luces; entre la España de los Habsburgo y la de los Borbones, entre el siglo XVII y el siglo XVIII, transformación que tanto Quevedo, el visitante del más allá, como Torres, protagonista soñador, narrador, dialogante y guía en este paseo imaginario a través de Madrid, perciben como una especie de decadencia. El tono moralizador de las *Visiones y visitas de Torres con don Francisco de Quevedo por la Corte* contrasta con la del segundo texto del mismo autor que queremos tratar, *Vida, ascendencia, nacimiento, crianza y aventuras del doctor Diego de Torres Villarroel* escrita a partir del año 1743, donde esta misma transformación de la sociedad española ya no se observa desde fuera, paseándose los protagonistas como espectros en la sociedad que critican, sino que se vive desde dentro, siguiendo su descripción y la de la vida del protagonista un esquema evolutivo que, para muchos críticos, ha convertido este texto, a pesar de ciertos rasgos picarescos, en una de las manifestaciones más destacadas de la autobiografía del siglo XVIII español.

En ambos textos, sin embargo, esa transformación se puede analizar a partir de la representación y reflexión de las nociones de ocio y ociosidad, cuyo uso en los textos de Torres, en esta primera mitad del siglo XVIII, todavía no se diferencia mucho, siendo más frecuente el uso del término ociosidad. Si seguimos el esquema macrohistórico que nos parecen presentar los protagonistas de ambos textos, la propagación de la ociosidad en la sociedad española del siglo XVIII sería la expresión misma, si no la causa de su decadencia, y posiblemente el resultado de los cambios socioculturales introducidos por la dinastía borbónica.

De los muchos indicios que aducen los protagonistas, quiero insistir sobre todo en la supuesta incultura de la sociedad española de su tiempo. Del hecho de que, según Torres Villarroel, ya no se lee, culpabiliza a las clases nobles ociosas que ya no desempeñarían su papel ejemplar en cuanto a conductas y actitudes:

> En otro tiempo era la lección el pan de cada día: empezaba el cariño a las letras desde los príncipes; su ejemplar seguían los demás caballeros; los pobres y plebeyos, prometiéndose abrigo en la estimación de los nobles y adinerados, destinaban largos desvelos al estudio de las artes y ciencias. Cayeron del seno de la afición de los príncipes, olvidáronse las fatigas, dominó la ociosidad [...].[1]

En esta «edad tan bruta, siglo irracional»,[2] según el comentario de Quevedo, la élite entrega sus hijos a la inacción con consecuencias temibles en cuanto a la civilidad, si no a la civilización: «Los nobles cortesanos criaban a sus hijos delicados, ignorantes y libres: por el amor a su salud y a sus deleites les permitían el ocio y el vicio, y en las manos de esta desventurada y perniciosa lástima crecían fieras los racionales.»[3] Aprenden en «la universidad de la sencillez»,[4] en «la universidad de la perdición»,[5] o en «la universidad del vulgo»,[6] en «esta malvada escuela de la ociosidad»[7] que llevaría el país a la perdición. Después de haber pasado por los diferentes rincones de Madrid, Quevedo pregunta a Torres Villarroel a propósito de la juventud española, garante del futuro del país:

> En las otras dos apariciones me acuerdo que me dijiste que los jóvenes bien nacidos ni se dedicaban a leer, ni a domar un caballo, ni a tocar un instrumento, ni a jugar un arma, ni a la asistencia a las tertulias en donde se conferenciaba sobre varias materias. Pues dime, ¿qué se hacen estos hombres? ¿En qué gastan las horas de los días?
> –En vicios y en ocios –le respondí–.[8]

Según Torres, España está por convertirse en una «república de las pasiones».[9]

No vamos a seguir a Torres Villarroel en sus andanzas por Madrid en compañía de Quevedo, observando los dos en el espacio urbano – convertido en un símbolo de la ociosidad y una especie de 'mundo al

---

[1] Diego de Torres Villarroel, *Visiones y visitas de Torres con don Francisco de Quevedo por la Corte* [1727], edd. Russell P. Sebold. Madrid, Espasa-Calpe, 1966, 36.

[2] Ibid., 37.

[3] Ibid., 178.

[4] Ibid., 179.

[5] Ibid., 76.

[6] Ibid., 85.

[7] Ibid., 78.

[8] Ibid., 224.

[9] Ibid., 86.

revés'– los diferentes oficios y negocios convertidos, a su modo de ver, en ocios y ociosidades, ni le seguiremos en su narración autobiográfica de las diferentes etapas de su viaje a través de la península ibérica, en, según el mismo Torres, «las ridículas aventuras de químico, soldado, santero y maestro de danza»,[10] torero y cuantos oficios más al servicio de muchos amos que, por su ociosidad congénita, después de cierto tiempo acaba por dejar para buscar nueva fortuna.

Nos preguntamos más bien, cómo, en un contexto sociocultural en que reina supuestamente la incultura y se ha perdido «el cariño a las letras», Torres justifica la escritura de un libro como el o los suyo(s). Cómo concibe una actividad que, lo veremos a continuación, de forma esquizofrénica, para su *alter ego* en las *Visiones y visitas* y en la *Vida* constituye una actividad ociosa que con profusión de palabras condena. En segunda instancia nos preguntaremos si y cómo, a pesar de este veredicto, el narrador concibe un aprendizaje en «la escuela de *mi* ociosidad»,[11] como la llama en el «trozo segundo» de su *Vida,* que cubre los acontecimientos de su vida desde los 10 a los 20 años, haciendo suyo lo que era, en las *Visiones y visitas*, una valoración de la situación general de España confrontada a «esta malvada escuela de la ociosidad».[12] Una respuesta a estas preguntas que tocan tanto al individuo como al escritor Torres Villarroel y que se refieren tanto a aspectos antropológicos como sociales y comunicativos, promete algunas aclaraciones en cuanto a la posición de la literatura en la sociedad de la Preilustración española.

Haciéndose portavoz de una interpretación tradicionalista de la ociosidad como vicio –incluso nos presenta en *Visiones y visitas* una interpretación socioeconómica de la ociosidad típica del siglo XVII al defender Quevedo durante su visita madrileña la institución de un hospicio para pobres como elemento de una política contra los ociosos o vagos– Torres tiene que legitimar la escritura y publicación de su propio texto, no sólo frente a argumentos de tipo político o socioeconómico sino también de índole religiosa. Y es en los diferentes paratextos –dedicatoria, prólogo, introducción, y otros más– así como en el íncipit de

---

[10] Diego de Torres Villarroel, *Vida, ascendencia, nacimiento, crianza y aventuras del doctor Diego de Torres Villarroel* [1743], edd. Dámaso Chicharro, Madrid, Cátedra, [5]2011, 141.

[11] Ibid. La cursiva es mía, A.G.

[12] Torres Villarroel, *Visiones y visitas*, 78.

sus textos que Torres responde, anticipándolas, a esas reservas con respecto a su proyecto literario.[13]

II.

La dedicatoria de *Visiones y visitas de Torres con don Francisco de Quevedo por la Corte*, para dar un primer ejemplo, al dirigirse al obispo de Almería hace explícita referencia a un antiguo concepto cristiano del ocio, el de la contemplación, estado en el que Torres supone al obispo, complemento, como dice, de otras de sus actividades religiosas como el estudio, el ejercicio de la virtud bajo la forma de «devotísimas tareas»[14] que no comprenden, como concede Torres en fingida modestia, la lectura del libro que le dedica y de sus «desdichadas y ridículas moralidades».[15] Complementa este bosquejo idealizado del ocio cristiano la enumeración de algunos de sus lugares típicos y tópicos, como la celda del «varón apostólico»,[16] «quien [...] trata las ociosidades, los espectáculos y las diversiones del mundo con aborrecimiento generoso»,[17] lugar del retiro del que le apartarían tan sólo «la doctrina, la cultura, el ejemplo y el socorro de las muchas almas»,[18] pero no, como repite Torres de forma muy astuta, la «festividad de mis locuciones»[19] haciendo un elo-

---

[13] Para el análisis del prólogo, «el género favorito de Torres» (Randolph Pope, *La autobiografía española hasta Torres Villarroel*, Frankfurt a. M., Peter Lang, 1974, 256), como «el lugar en el que puede negarse lo que a continuación se afirma» (267), cf. Carlota Fernández-Jáuregui Rojas, «Poética del pronóstico y autobiografía: Diego de Torres Villarroel», in: *Dialogía. Revista de lingüística, literatura y cultura* 10, (2016), 260-291 y también Gernot Kamecke, «Kunst des Vorworts. Die Pointe der *Vida*», in: Id., *Die Prosa der spanischen Aufklärung: Beiträge zur Philosophie der Literatur im 18. Jahrhundert (Feijoo – Torres Villarroel – Isla – Cadalso)*, Frankfurt a. M., Vervuert, 2015, 264-270. Es este carácter paradójico del paratexto en las obras de Torres que nos interesa también en nuestro análisis; un paratexto que trasciende los límites genéricos tradicionales al servicio de la expresión autobiográfica y, en un sentido metatextual, autoreflexiva: «La dédicace devient mémoire, le prologue supplante l'œuvre présentée, le traité scientifique est aussi songe fantastique. Les genres traditionnels perdent leur rigidité et leur destination primitive, ils sont remodelés et réorientés pour que le moi puisse s'épancher en toute liberté» (Guy Mercadier, *Diego de Torres Villarroel. Masques et miroirs*, Paris, Honoré Champion, 1976, 333-354, 353).

[14] Torres Villarroel, *Visiones y visitas*, 3.

[15] Ibid.

[16] Ibid.

[17] Ibid., 4.

[18] Ibid.

[19] Ibid., 3.

gio de su agudeza y equiparando su texto con una forma de ocio[20] que en todo su libro, sin embargo, va condenando.

Las primeras palabras del libro no resuelven esta ambivalencia entre la referencia a un modelo idealizado del ocio cristiano y su rechazo a las formas de ociosidad mundana, de las que forma parte, sin embargo, la «festividad de mis locuciones». No carece de cierta gracia, por ejemplo, que a pesar de situar su texto del lado opuesto de las formas del ocio cristiano, presenta su dedicatoria al obispo (y por lo tanto todo su texto) como una especie de «culto» que rinde a la iglesia, convirtiendo, de forma milagrosa, y son las palabras de Torres, la necedad en culto, la relajación en voto, la miseria en obsequio.[21]

La misma ambivalencia la podemos observar a un nivel narrativo: Frente a la reprobación 'oficial' de la ociosidad en *Visiones y visitas* llama la atención que la estructura misma del texto, la observación de la sociedad madrileña a través de diferentes paseos en la ciudad, constituye una actividad ociosa por antonomasia. Al presentarse Quevedo en su cuarto, Torres se sorprende de la petición del fantasma de acompañarle y de servirle de guía en la Corte y Villa: «Vivo y muerto, eres y fuiste más avisado que yo; y una vez que tocas estas materias, no necesitas mi comento para su inteligencia. Ni yo tampoco he menester que tú me digas nada, pues vivo en Madrid y trato gentes, y me paseo ocioso.»[22] Es más, el texto –más allá de toda dimensión narrativa o referencial– juega, en cuanto a su estructura retórica así como epistemológica, con las metáforas del ocio –lo vimos al calificar Torres su texto como una expresión de la «festividad de mis locuciones»–, y más concretamente, con las del juego, del teatro o del paseo: «Vamos, discreto mío, hacia esta calle, por donde nos introduciremos a hacer segundo registro de la baraja de la Corte, formando segundas consideraciones en sus figuras».[23] En los dos ejemplos que siguen, de forma muy significativa en el contexto de la Preilustración española, se establece un paralelo entre procesos cognitivos y la actividad ociosa:

[20] Cf. *Diccionario de Autoridades*, t. III, 1732, «FESTIVIDAD. s. f. En su riguroso sentido vale agudeza, donáire en el modo de decir. [...] Se toma regularmente por el acto solemne de festejar y solemnizar alguna cosa. [...] Se llama tambien el día festívo, en que la Iglésia celebra algún Mystério o Santo.»

[21] Torres Villarroel, *Visiones y visitas*, 4.

[22] Ibid., 52.

[23] Ibid., 115.

Luego que la imaginativa se vio sin pedagogo, empezó a travesear con una tropa de títeres, cucarachas y monicacos que se esconden en la covachuela de mi celebro; y pasando esta desordenada escaramuza a sacar otras figurillas a sus tablas, con orden, concierto y disposición admirable, representaron en el corral de mi cholla la comedia [...].[24]

o:

empezó a formar en las calles de mi calletre una procesión de figuras tan proprias, tan vivas y tan ordenadas, que más parecieron obra de un discreto cuidado que pintura de una loca aprehensión, y las fue colocando en la forma que irá leyendo el que tuviese ánimo para tomar a pechos el acíbar de estas verdades.[25]

Más de una década después el contexto es notablemente diferente en la dedicatoria de la *Vida, ascendencia, nacimiento, crianza y aventuras del doctor Diego de Torres Villarroel,* dirigida ya no a un eclesiástico sino a la duquesa de Alba: «Refiero en ellas (en estas planas) el ocio, los empleos, los afanes, los descuidos y las malicias que han pasado por mí, desde que entré en el mundo hasta ahora que estoy bien cercano a salir de él.»[26] No obstante, el ocio y su semántica muy ambivalente aparecen todavía como el primer y primordial punto de interés de esta *Vida.* Al concentrarnos en la enumeración de los temas del libro que acabamos de citar, habrá que preguntarse, entre otros, si se concibe el ocio, en un sentido moderno, como descanso, es decir en relación al trabajo, a «los empleos, los afanes», o si se define en el sentido tradicionalmente peyorativo y moralmente reprobatorio de «descuidos» y «malicias».[27] Esta y otras ambivalencias fundamentales determinarán también, y desde sus primeras líneas, este texto de Torres Villarroel y a través de él la biografía del hombre de la Ilustración entre pautas de vida tradicionales y la percepción de una transformación social ofreciendo nuevas posibilidades de realizarse individual y colectivamente.[28] Otra ambivalencia que queda irresuelta en los textos de Torres y que no puedo analizar aquí, es la relación estrecha de la noción de ocio con el concepto de libertad que se anhela o se teme según el contexto en que se emplean juntas esas dos palabras. Se habla por ejemplo de la «rebelión de aquel común alivio que sienten los muchachos con el ocio, la libertad y el esparcimiento»,[29]

---

[24] Ibid., 198.

[25] Ibid., 108.

[26] Torres Villarroel, *Vida,* 87.

[27] Ibid.

[28] Cf. David Becerra Mayor, «La contradicción como clave constitutiva de la *Vida* de Torres Villaroel», in: *Dieciocho: Hispanic Enlightenment* 36, (2013), 273-300.

[29] Torres Villarroel, *Vida,* 114.

que lleva Torres a darse cuenta de que con «el ejemplo de otros colegiales amigos del ocio, la pereza y las diversiones inútiles, iba insensiblemente perdiendo la inocencia y amontonando una población de vicios y desórdenes en el alma.»[30] Tomando «algún asco a las desenvolturas y libertades que había aprendido en la escuela de mi ociosidad y en las maestrías de mis amigotes»,[31] en otra fase de su vida, al contrario, huye de gente «intentando quitarme el sosiego, la libertad y el aplauso»,[32] se acuerda de «los disparates y fantasías que yo agarré al vuelo por el mundo, cuando lo vagaba libre y alegre»,[33] para concluir: «destino los pocos minutos de tiempo que me quedan en pensar y en escribir estas especies de extravagancias y libertades que me han dado en el mundo honra, nombre y provecho.»[34]

Esa ambivalencia e indecisión reside no sólo en el contenido 'ocioso' de la obra sino también en la estructura pragmática de la dedicatoria. A pesar de reprobar de forma a primera vista tan rotunda las ociosidades de su vida, «Lo más que contiene este angustiado compendio son perversas locuras, sucesos viciosos y tristísimas casualidades»,[35] no las dirige, lo vimos, como en *Visiones y visitas* a las autoridades eclesiásticas en busca del perdón sino que las presenta, con la misma finalidad, en un contexto él mismo ocioso y cortesano, en una especie de cortejo a una dama. Se trata de un procedimiento blasfematorio, tanto más que Torres considera –al igual que lo había hecho, de forma más ortodoxa, con el obispo como dedicatario– el gesto de dedicar la narración de su vida a una dama, una especie de culto:

y siendo tan escandaloso este culto, ni me avergüenzo de sacrificarlo a los pies de V. Exc., ni desespero de que su discretísima compasión deje de admitir mis ansias reverentes. [...]

Suplico a V. Exc. rendidamente se digne de recibir la vida que gozo y la Vida que escribo, pues sobre una y otra han puesto las honras de V. Exc. un dominio apetecible y una esclavitud inexcusable.[36]

[30] Ibid., 125.
[31] Ibid., 141.
[32] Ibid., 193.
[33] Ibid., 280.
[34] Ibid., 341.
[35] Ibid., 87 sq.
[36] Ibid., 88 sq.

«La vida que gozo y la Vida que escribo»[37] – las dos en una confusión de prácticas se nos presentan como una manifestación de la ociosidad, una equiparación que se convierte en un hilo conductor para la interpretación de este libro y constituye, al fin y al cabo, una forma innovadora de resolver la ambivalencia que acabamos de describir en cuanto a la legitimación de la literatura en esta primera mitad del siglo XVIII.

III.

El intento sutil de Torres Villarroel, que transluce en las dos dedicatorias, de revalorizar el ocio como factor culturalmente productivo frente a la visión negativa, por motivos religiosos, del ocio se escolla sin embargo a la visión normativa de la comunicación literaria en su época, es decir una poética de la imitación de modelos literarios y morales, poco compatible con la concepción de la literatura, tanto de su producción como de su lectura, como actividad ociosa, es decir no subordinada a funcionalidades externas. Es inútil recordar la importancia de esta cuestión para los cambios axiológicos de la concepción de la literatura a lo largo del siglo XVIII y parte del siglo XIX, es decir el final de una estética de la imitación, la progresiva autonomía de la literatura, nuevos conceptos de autoría, etc. La legitimación de su libro a moralidad dudosa, como confiesa el propio Torres Villarroel, es decir de su vida ociosa y de su escritura como actividad ociosa, pasa, a mi modo de ver, por una redefinición del papel social (y por supuesto también económico) de la literatura, de los procesos de comunicación literaria, de su función modélica y moralizadora.

Su argumentación parte principalmente de una reflexión acerca del papel de la lectura:

> A los que leen, dicen que les puede servir, al escarmiento o la imitación, la noticia de las virtudes o las atrocidades de los que con ellas fueron famosos en la vida. No niego algún provecho; pero también descubro en su lectura muchos daños, cuando no lee sus acciones el ansia de imitar las unas y la buena intención de aborrecer las otras, sino el ocio impertinente y la curiosidad mal empleada.[38]

El ocio aparece aquí a primera vista en su vertiente positiva como precondición de la curiosidad dirigida al conocimiento y la imitación de

---

[37] Ibid., 88.
[38] Ibid., 95.

formas de vida modélicas. Pero advierte Torres, nunca es la totalidad de la vida ajena que pueda servir para su imitación y tampoco se debe subestimar el peligro del «ocio impertinente» que lleva a una «curiosidad mal empleada» constituyendo una amenaza para la función moralizadora de la literatura.

> Las relaciones de los sucesos gloriosos, infelices o temerarios de infinitos vivientes y difuntos, podrán ser útiles, importantes y aun precisas. Sean enhorabuena para todos; pero a mí, por lado ninguno me viene bien, ni vivo ni muerto, la memoria de mi vida, ni a los que la hayan de leer les conduce para nada el examen ni la ciencia de mis extravagancias y delirios. Ella es tal que ni por mala ni por buena, ni por justa ni por ancha, puede servir a las imitaciones, los odios, los cariños, ni las utilidades.[39]

A partir de su propia vida y su propio texto Torres rechaza el recurso a la figura de la imitación y por lo tanto a una fuente de legitimidad de su propia producción autobiográfica. Esa decisión tiene consecuencias importantes: pretendiendo que no hay ninguna lección que se pueda sacar de la lectura de su libro, admite que tal lectura –a pesar de toda reprobación aparente del ocio en sus páginas– es, para jugar con las palabras, ociosa. Esta decisión abre la vía a nuevas perspectivas sobre formas de subjetividad modernas, más allá de una antropología negativa de base religiosa, las cuales ya no se moldean según una lógica binaria del bien y del mal cuya jerarquía se querría poner en escena en las lecturas edificadoras y contemplativas de la época, sino por una mezcla 'inimitable', genuina de sentimientos a veces contradictorios.[40] Esa nueva forma de 'igualdad' –dice Torres también: «Tal cual vez soy bueno; pero no por eso dejo de ser malo. Muchos disparates de marca mayor y desconciertos plenarios tengo hechos en esta vida, pero no tan únicos que no los hayan ejecutado otros infinitos antes que yo», o, «todos somos unos y, con corta diferencia, tan malos los unos como los otros»[41]– alcanza también la literatura, que, por lo tanto, se 'democratiza' problematizando toda lógica de imitación a base de una jerarquía estética basada en la representación literaria de cierta moraleja. Este pensamiento se acompaña de una autorreflexión literaria:

---

[39] Ibid.

[40] Para la antinomia como calidad paradójica de la identidad de los protagonistas y consistencia del yo autobiográfico, cf. Gernot Kamecke, *Die Prosa der spanischen Aufklärung: Beiträge zur Philosophie der Literatur im 18. Jahrhundert (Feijoo - Torres Villarroel – Isla - Cadalso)*, Frankfurt a. M., Vervuert, 2015, 253-264.

[41] Torres Villarroel, *Vida*, 96.

A los libros ancianos aún les conservaba algún respeto; pero después que vi que los libros se forjaban en unas cabezas tan achacosas como la mía, acabaron de poseer mi espíritu el desengaño y el aborrecimiento. [...] Todos están hechos por hombres y, precisamente, han de ser defectuosos y obscuros como el hombre. Unos los hacen por vanidad, otros por codicia, otros por la solicitud de los aplausos, y es rarísimo el que para el bien público se escribe. [...] Yo confieso que para mí perdieron el crédito y la estimación los libros después que vi que se vendían y apreciaban los míos, siendo hechuras de un hombre loco, absolutamente ignorante y relleno de desvaríos y extrañas inquietudes. La lástima es –y la verdad– que hay muchos autores tan parecidos a mí que sólo se diferencian del semblante de mis locuras en un poco de moderación afectada; pero en cuanto a necios, vanos y defectuosos, no nos quitamos pinta.[42]

Una objeción previsible podría consistir en considerar estos pensamientos de Torres Villarroel como las huellas de un ideario barroco convencido de la futilidad de la vida y actividad humanas. Un contraargumento, a mi modo de ver, consiste en comprobar la evolución sucesiva de la visión de la ociosidad por Torres que la describe, si nos basamos en su autobiografía, cada vez más como una fuerza reflexiva y productiva –ya mencionamos su relación estrecha y ambivalente con el concepto de libertad– en el ámbito sociocultural[43] que, personalmente, le ha llevado a subir la escalera social hasta ocupar al final una cátedra en la universidad de Salamanca.

IV.

Eso puede sorprender porque vimos que la relación entre ociosidad y educación, para Torres, parece negativa –por lo menos en cuanto a las instituciones pedagógicas y universitarias de su tiempo, que critica de una manera muy dura en su *Vida* sin callar su responsabilidad personal en este fracaso educativo–. Pero siguiendo la misma línea de interpretación de una visión ambivalente del ocio o de la ociosidad, en Torres encontramos pasajes que presentan la ociosidad –y ya vimos su relación con la curiosidad– como la precondición de todo tipo de aprendizaje,

[42] Ibid., 115 sq.

[43] Con respecto al papel de la literatura, cf. Frédéric Prot, «Irréductible aux faits: L'autofiction dans la *Vie* de Diego de Torres Villarroel», in: Danielle Boillet et al. (eds.), *Ecrire des vies: Espagne, France, Italie XVI*e*-XVII*e *siècle*, Paris, Presses de la Sorbonne nouvelle, 2012, 121-134: «La *Vie* de Torres, parue en 1743, prouve que l'autofiction plonge ses racines bien avant. La fictionnalisation du sujet y diffère du topique baroque de la vie confondue dans le songe et l'illusion comique. Elle repose ici sur l'idée *moderne* que la *vérité* tient autant à l'exactitude des faits rapportés qu'à une mise en récit selon un intime critère, assumé ou inconscient. L'être est inséparable de son *expression*» (ibid., 124).

esto sí –y es ciertamente representativo para la historia de la enseñanza y de la formación intelectual en la España del siglo XVIII– fuera de sus instituciones tradicionales.

A pesar de describir, en la parte de su autobiografía que trata de sus años de formación, con muchos detalles todo lo que su ociosidad no le hizo aprender, describe reiteradamente cómo, después de cinco años de colegio, y de vuelta en casa de sus padres, lee y entra por primera vez en contacto con la matemática. Son precisamente los libros que se consideraban inútiles los que le abrieron nuevos horizontes:

> Leía, por engañar al tiempo y entretener la opresión, tal cual librillo de los que por inútiles se habían quedado del remate y desbarato de la tienda de mis padres, y especialmente me deleitó con embeleso indecible un tratado de la esfera del padre Clavio, que creo fue la primera noticia que había llegado a mis oídos de que había ciencias matemáticas en el mundo.[44]

O describe cómo, durante su vida vagabunda –un elemento definitorio de la ociosidad en el siglo XVII– en las carreteras de España y de Portugal y durante los momentos de tregua en la casa de amigos o de sus padres, entra en contacto con los libros que le van a preparar a su acceder a la fama con la publicación de sus almanaques y pronósticos:

> Di en el extraño delirio de leer en las facultades más desconocidas y olvidadas y, arrastrado de esta manía, buscaba en las librerías más viejas de las comunidades a los autores rancios de la Filosofía natural, la Crisopeya, la Mágica, la Transmutatoria, la Separatoria y, finalmente, paré en la Matemática, estudiando aquellos libros que viven enteramente desconocidos o que están por su extravagancia despreciados. Sin director y sin instrumento alguno (de los indispensables en las ciencias matemáticas), lidiando sólo con las dificultades, aprendí algo de estas útiles y graciosas disciplinas. [...]
>
> A estos cartapacios y a las conferencias y conversaciones que tuve con el padre D. Manuel de Herrera, clérigo de San Cayetano y sujeto docto y aficionado a estos artes, debí las escasas luces que aún arden en mi rudo talento y los relucientes antorchones que hoy me ilustran maestro, doctor y catedrático en Salamanca, cuando menos.
> A los seis meses de estudio salí haciendo almanaques y pronósticos, y detrás de mí salieron un millón de necios y maldicientes blasfemando de mi aplicación y de mis obras.[45]

Más importante para nuestra comprensión del papel cambiante de la literatura en esta primera mitad del siglo XVIII es, por lo tanto, otro tipo de educación literaria, no sólo fuera de las instituciones oficiales,

[44] Torres Villarroel, *Vida*, 132.
[45] Ibid., 159 sq.

sino también fuera de los cánones oficiales de la época («leer en las facultades más desconocidas y olvidadas») –Iris Zavala habla, a propósito de la cita anterior, de una «inversión carnavalesca»–,[46] a través de la lectura ociosa de textos que, como también su propio texto autobiográfico, se consideraron inferiores en cuanto a su reconocimiento social:

> Las novelas, las comedias y los autores romancistas me entretuvieron la ociosidad y el retiro forzado; y éstos me dejaron descuidadamente en la memoria tal cual estilo y expresión castellana con que me bandeo para darme a entender en las conversaciones, los libros y las correspondencias.[47]

Esta cita es sumamente interesante porque describe una Ilustración que implica una visión de la sociedad como proceso comunicativo del que se puede participar independientemente de las normas vigentes en el Antiguo Régimen.

Podríamos seguir esta revalorización no progresiva, pero intermitente, de la ociosidad a lo largo de la vida de Don Diego de Torres Villarroel, que llega hasta hacer converger un ocio 'libertador' como marco de la producción y recepción de la literatura y la literatura como ocio (en cuanto a su codificación de procesos comunicativos ociosos). Al final de su vida, dando de nuevo un vuelco a su visión de la ociosidad, termina por ver en ella una prueba de su ascensión social cuando describe –y ya fuera de toda implicación subversiva y de manera conservadora– detalladamente su participación en las actividades ociosas de la aristocracia, para recurrir luego a una visión casi humanista del ocio de lectura y de conversación en casa de unos amigos, hasta terminar por relativizar y, finalmente, esquivar la condena religiosa de la ociosidad contra la cual todo su proyecto literario se diseñaba:

> Yo debía poner una ansia cuidadosa en moralizar y en inquirir por qué la clemencia de Dios me ha permitido durar tanto tiempo en el mundo, siendo el escándalo, la ojeriza y el mal ejemplo de sus moradores. [...] mereciendo mis operaciones más castigos y más crueles que los que justísimamente padecen los condenados infernales, me retiene su piedad en la vida, y en ella me deja gozar de la salud, de las abundancias, los festejos, las risas, los aplausos y las ociosidades. Es imposible a mis fuerzas penetrar este misterio. ¡Dios me alumbre, Dios me asista y Dios me perdone![48]

---

[46] Iris Zavala, *Lecturas y lectores del discurso narrativo dieciochesco*, Amsterdam, Rodopi, 1987, 19.

[47] Ibid., 127.

[48] Ibid., 225 sq.

Bibliografía

1. Fuentes primarias

Torres Villarroel, Diego de, *Vida, ascendencia, nacimiento, crianza y aventuras del doctor Diego de Torres Villarroel* [1743], edd. Dámaso Chicharro, Madrid, Cátedra, [5]2011.

Torres Villarroel, Diego de, *Visiones y visitas de Torres con don Francisco de Quevedo por la Corte* [1727], edd. Russell P. Sebold. Madrid, Espasa-Caple, 1966.

2. Fuentes secundarias

Becerra Mayor, David, «La contradicción como clave constitutiva de la *Vida* de Torres Villaroel», in: *Dieciocho: Hispanic Enlightenment* 36, (2013), 273-300.

Fernández-Jáuregui Rojas, Carlota, «Poética del pronóstico y autobiografía: Diego de Torres Villarroel», in: *Dialogía. Revista de lingüística, literatura y cultura* 10, (2016), 260-291.

Kamecke, Gernot, «Kunst des Vorworts. Die Pointe der *Vida*», in: Id., *Die Prosa der spanischen Aufklärung: Beiträge zur Philosophie der Literatur im 18. Jahrhundert (Feijoo – Torres Villarroel – Isla-Cadalso)*, Frankfurt a. M., Vervuert, 2015, 264-270.

Mercadier, Guy, *Diego de Torres Villarroel. Masques et miroirs*, Paris, Honoré Champion, 1976.

Pope, Randolph, *La autobiografía española hasta Torres Villarroel*, Frankfurt a. M., Peter Lang, 1974.

Prot, Frédéric, «Irréductible aux faits: L'autofiction dans la *Vie* de Diego de Torres Villarroel», in: Danielle Boillet et al. (eds.), *Ecrire des vies: Espagne, France, Italie XVIe-XVIIe siècle*, Paris, Presses de la Sorbonne nouvelle, 2012, 121-134.

Zavala, Iris, *Lecturas y lectores del discurso narrativo dieciochesco*, Amsterdam, Rodopi, 1987.

OLAF MÜLLER

Ozio e lettura femminile: Pietro Chiari e la creazione del pubblico del romanzo

1. Ozio e lettura (di romanzi)

All'interno della discussione sull'ozio nel Settecento l'atto della lettura conosce una valutazione differenziata e ambivalente. È chiaro che la lettura ha bisogno di ozio per essere compiuta, qui nel significato di 'attività non manuale', ma dalla qualità, dal contenuto, o come si vedrà, dal genere della lettura, dipende in realtà la valutazione del tempo in essa impiegato: se si tratti insomma di un ozio di tipo 'nobile', o per lo meno accettabile, o se si sia già nel campo della moralmente dubbiosa 'oziosità'.

Per Montaigne ad esempio la lettura è un mezzo assolutamente positivo contro «l'oisiveté ennuyeuse», come afferma nel saggio «Des trois commerces»:

> [Le commerce des livres] a pour sa part la constance et facilité de son service: Cettuy-cy costoye tout mon cours, et m'assiste par tout: il me console en la vieillesse et en la solitude: il me descharge du poix d'une oisiveté ennuyeuse: et me deffait à toute heure des compagnies qui me faschent.[1]

Ma qui il genere inizia a fare la differenza, perchè Montaigne legge i classici antichi e i resoconti di viaggi, non i romanzi.

Nel famoso passo della lettera 82 di Seneca a Lucilio è la lettura o l'occupazione con le lettere a giustificare l'ozio, mentre «otium *sine* litteris mors est et hominis vivi sepultura» (X, 82,3),[2] ma nel Settecento anche 'l'otium *cum* litteris' deve essere giustificato, se al posto di opere antiche, classiche, storiografiche o filosofiche, ad essere letti sono ap-

---

[1] Michel de Montaigne, «Des trois commerces», in: Id., *Les Essais*, edd. Jean Balsamo et al., Paris, Gallimard, 2007, 859-871, 868 sq.

[2] Per la comprensione stoica dell'*otium* e sulla funzione della lettura all'interno dell'*habitus vitae*, cioè dell'«Ausbildung der sittlichen Vollkommenheit» cf. Ulf Gregor Hamacher, *Senecas 82. Brief an Lucilius. Dialektikkritik illustriert am Beispiel der Bekämpfung des metus mortis*, München et al., Saur, 2006, 28-30; l'*otium* completamente passivo ricercato da Lucilio, è un errore per Seneca, poichè un *otium* corretto deve essere legato alla lettura e quindi non può rinunciare ad ogni tipo di attività, cf. ibid., 46.

punto i romanzi. Lodovico Antonio Muratori ha descritto nel 1721 in una lettera autobiografica il problematico ruolo della lettura all'interno della formazione della sua capacità di giudizio. Egli non trovava, a ben vedere, nella sua lettura giovanile delle opere di Madeleine de Scudéry alcuna conseguenza negativa, ma considerava che persino questi romanzi, non moralmente discutibili, avrebbero potuto avere effetti fatali su animi sensibili, per non parlare poi dei testi considerati immorali, ai quali si poteva approdare con la stessa facilità. In questa lettera dal titolo *Intorno al metodo seguito nei suoi studi* Muratori confessa:

> Se non che ne' miei più teneri anni mi avvenni in alcuni romanzi, i quali tanto mi sollecitarono il gusto, che quanti ne potei mai ottenere, tutti con incredibile avidità divorai, fino a portarli meco alla mensa, pascendo di più sapore allora di quelle favole la mia curiosità, che il corpo de' cibi. S'io dirò che questa lettura servì non poco a svegliarmi l'ingegno, a facilitarmi lo stile e ad invogliarmi sempre più di leggere, forse dirò il vero. Ma debbo nello stesso tempo intimare massimamente ai giovani che non venisse lor mai talento d'imitare un sì pericoloso esempio: perciocché quand'anche potessero qualche cosa guadagnare dalla parte dell'ingegno, potrebbono perder molto da quella de' costumi; e quando ancora s'abattessero in que' soli, ch'io ebbi alla mano, cioè nell'opera dell'ingegnosa e savia Madama di Scudery e in altri simili non disonesti romanzi, pure non è si facile l'impedire che da libri tali non vengano ispirate dalle massime vane del mondo, le quali s'abbarbicano presto delle menti tenere e producono poscia il lor frutto a suo tempo.[3]

Anche la lettura dei «non disonesti romanzi» di Mlle de Scudéry è quindi già un «pericoloso esempio», soprattutto per le «menti tenere».

2. Ozio e lettura femminile

La domanda del rapporto fra ozio e lettura si complica ancora di più quando, non solo l'oggetto della lettura è un romanzo, ma soprattutto quando a leggere questo romanzo sono le donne, poiché è opinione diffusa che l'oziosità, già moralmente problematica, sia ancora più pericolosa, quando è il genere femminile a dedicarvisi.[4] L'articolo «Oisiveté»

---

[3] Lodovico Antonio Muratori, «Intorno al metodo seguito nei suoi studi. Lettera all'illustrissimo signore Giovanni Artico Conte di Porcìa», in: Id., *Opere*, edd. Giorgio Falco/Fiorenzo Forti, 2 vol., Milano/Napoli, Ricciardi, 1964, vol. 1, 6-38, 6 sq.

[4] Per la lettura femmile di romanzi nel XVIII secolo nel contesto europeo: cf. da ultimo Erich Schön, «Weibliches Lesen. Romanleserinnen im späten 18. Jahrhundert», in: Helga Gallas/Magdalene Heuser (eds.), *Untersuchungen zum Roman von Frauen um 1800*, Tübingen, Niemeyer, 1990, 20-40; Ursula A. J. Becher, «Lektürepräferenzen und Lesepraktiken von Frauen im 18. Jahrhundert», in: Hans Erich Bödeker (ed.), *Lesekulturen im 18. Jahrhundert*, Hamburg, Felix

nell'undicesimo volume dell'*Encyclopédie* (1765) è qui lapidario: «l'*oisiveté* est sur-tout fatale au beau sexe».[5] Ma lo stesso anonimo autore (Louis de Jaucourt?) formula qui anche l'altro argomento tradizionale per una lettura che sia utile: «L'esprit humain étant d'une nature agissante, ne peut pas demeurer dans l'inaction; et s'il n'est occupé de quelque chose de bon, il s'applique inévitablement au mal».[6] E Sebastiano Franci, che scrive in quegli stessi anni una «Difesa delle donne» sulla rivista milanese *Il Caffè*, riassume il suddetto concetto ricordando il giudizio negativo sulle nobili dame, versioni femminili del *giovin signore* pariniano:

> Infinite doglie si fanno in Europa contro le donne; si detesta la loro vita oziosa, molle ed affatto inutile all'umana società. Le nobili si levano tardi alla mattina, che tutta impiegano alla pettiniera; nel dopo pranzo vanno al passeggio, cioè vedono passeggiare i loro cavalli che le strascinano al corso; e fatta sera passano ad annoiarsi al teatro; il giuoco riempie alcuni vuoti della giornata.[7]

E neanche le «donne plebee», nella loro condizione attuale di ignoranza e di mancanza di educazione, sanno impiegare il loro tempo in modo utile, e trascurano quindi in questa maniera l'«economia domestica»: «Le donne plebee, sempre costanti in fuggire diligentemente tutte le fatiche necessarie all'economia domestica, si trovano in ogni ora del giorno coi loro pargoletti in braccio a perder tempo».[8] Per Franci al fine

---

Meiner Verlag, 1991 (= *Aufklärung. Interdisziplinäre Halbjahresschrift zur Erforschung des 18. Jahrhunderts und seiner Wirkungsgeschichte* 6,1 [1991]), 27-42; William B. Warner, *Licensing Entertainment. The Elevation of Novel Reading in Britain, 1684-1750*, Berkeley et al., University of California Press, 1998; Jacqueline Pearson, *Women's Reading in Britain 1750-1835. A dangerous recreation*, Cambridge, Cambridge University Press, 1999; Martyn Lyons, *Readers and Society in Nineteenth-Century France. Workers, Women, Peasants*, Basingstoke, Palgrave, 2001, 81-99 (cap. 4: «Reading Women: from Emma Bovary to the New Woman»); Marina Roggero, «L'alphabétisation en Italie: Une conquête feminine?», in: *Annales. Histoire, Sciences Sociales* 56, 4-5, (2001), 903-925; Tiziana Plebani, *Il «genere» dei libri. Storie e rappresentazioni della letteratura al femminile e al maschile tra Medioevo ed età moderna*, Milano, Franco Angeli, 2003; Suellen Diaconicoff, *Through the Reading Glass. Women, Books, and Sex in the French Enlightenment*, Albany, State University of New York Press, 2005; Marina Roggero, *Le carte piene di sogni. Testi e lettori in età moderna*, Bologna, Il Mulino 2006; Richard De Ritter, *Imagining women readers, 1789-1820. Well-regulated minds*, Manchester, Manchester University Press, 2014.

[5] «Art. Oisiveté [Louis de Jaucourt]» in: *Encyclopédie ou Dictionnaire raisonné des sciences, des arts et des métiers, par une société de gens de lettres. Mis en ordre et publié par Denis Diderot et Jean-Baptiste Le Rond d'Alembert*, 35 vol., Paris, Briasson et al., 1751-1780, vol. 11 [1765], 445-446, 446.

[6] Ibid.

[7] Sebastiano Franci, «Difesa delle donne», in: *Il Caffè: 1764-1766*, edd. Gianni Francioni/Sergio Romagnoli, 2 vol., Torino, Bollati Boringhieri, 1998, vol. 1, 245-256, 245.

[8] Ibid, 246.

di poter gestire l'ozio, affinché esso diventi utile, è necessaria una «mente ben regolata», frutto di un'educazione illuminata.[9]

Nel dibattito intorno all'ozio si possono dunque, un po' schematicamente, individuare tre principali questioni che investono il tema della lettura, e in particolar modo la lettura femminile di romanzi, alla metá del Settecento:

1) Il rifiuto crescente dell'ozio quale attitudine nobile, poiché improduttivo socialmente e quindi minaccioso per l'armonico sviluppo della vita della collettività, considerando che il comportamento dei nobili viene ancora visto come un modello da imitare (questa in poche parole anche la posizione di Alessandro Verri[10] e di altri dalle pagine de *Il Caffè*).

2) Il passaggio da un tipo di lettura 'intensiva' con pochi testi canonici (su tutti la Bibbia) ad un tipo di lettura 'estensiva', nel quale si possono comprendere contenuti variegati dai quali ottenere informazioni e svago.[11]

---

[9] Cf. ibid., 249: «Il sedere ad un banco di cambio per dirigere le opportune corrispondenze ed il presedere ad una manifattura non è fuori della sfera d'una mente ben regolata d'una cittadina». Per una discussione del concetto di «mente ben regolata» nel Settecento cf. il capitolo «Well regulated minds: development in the domestic novel», in: Alan Richardson, *Literature, Education, and Romanticism. Reading as Social Practice, 1780-1832,* Cambridge, Cambridge University Press, 1994, 185-202, e De Ritter, *Imagining women readers*, 6-12.

[10] Che per Verri l'ozio corrisponda alla noia e che sia soprattutto un vizio della vecchia nobiltà si vede nel suo saggio omonimo su *Il Caffè*: Alessandro Verri, «Dell'ozio», in: *Il Caffè*, vol. 1, 288-291, 289: «L'uomo ragionevole, dando alla religione, alla famiglia, a' suoi impieghi, alla cultura del suo spirito tutta la giornata, passa assai più felicemente il suo tempo di colui che frag li agi e le ricchezze non sa fare un'ora di parentesi alla noia che lo accompagna al sepolcro. La vita di costoro è un continuo sonno, e la vita degli operosi è una serie di buone azioni e dipiaceri. Così il magistrato, il letterato, il mercante, l'artigiano trovano nelle loro fatiche i giorni brevi, intantoché un ricchissimo sfaccendato cava ad ogni momento l'oriuolo dalla sua tasca stupendosi delle lunghezza del tempo e rimettendo sempre all'ora che vien dopo la briga della sua felicità.» Il 22 luglio 1767 Alessandro, pensando alla sua carriera professionale, scrive a Pietro Verri riflettendo sul ruolo puramente negativo dell'ozio, che non è che una «vessazion[e]»: «Diamo un'occhiata agli uomini impiegati: sono eglino felici quando sono sensibili? [...] Tu avresti mai pensato a diventar Consigliere se le vessazioni non te lo avessero stimolato? Generalmente sono i mali e la noia dell'ozio, che ci fanno aspirare alle cariche», in: *Carteggio di Pietro e di Alessandro Verri dal 1766 al 1797,* edd. Emanuele Greppi/Alessandro Giulini, vol. 1,2 (luglio 1767-agosto 1768), Milano, Cogliati, 1923, 8-10, 9.

[11] Cit. in Reinhard Wittmann, «Gibt es eine Leserevolution am Ende des 18. Jahrhunderts?», in: Roger Chartier/Guglielmo Cavallo (eds.), *Die Welt des Lesens. Von der Schriftrolle zum Bildschirm*, Frankfurt a. M./New York, Campus 1999 [trad. tedesca di *Storia della lettura nel mondo occidentale*, Roma/Bari, Laterza, 1995], 419-454, 422.

3) Il dibattito intorno alla necessità di una lettura (e financo scrittura!) femminile che investe argomenti pragmatico-economici da una parte e giudizi morali dall'altra,[12] e che diventa stringente di fronte al successo del romanzo sentimentale negli epigoni europei di Richardson, e nel cui contesto sono da interpretare anche *La Filosofessa italiana* e *La Francese in Italia* di Pietro Chiari.

Queste problematiche si intersecano con un dibattito più generale: quello su una pandemia che prende il nome di 'Lesewut' o 'Lesesucht' in Germania o di 'furore di leggere' in Italia e che viene considerato come un'epidemia virale nociva all'ordine sociale e alla felicità individuale. Il vescovo di Parma, Adeodato Turchi, in un'*Omelia recitata il giorno di Pentecoste 1791 sopra la lettura de' libri*, se ne lamenta in cattedra, temendo l'effetto pericoloso dell'erudizione per le donne:

[L]a passione di leggere è diventata in oggi un furore. Le donne stesse in questo voglion distinguersi, lasciandosi veder sovente con qualche libro in mano. Si senton dire alla giornata dai loro adoratori, che bisogna istruirsi, coltivare lo spirito, acquistare dei lumi. Va bene: ma con quai libri? Ah quel serpente che volle Eva erudita, non la volle erudita che per suo danno, e per danno dei figli suoi.[13]

Una descrizione dei sintomi di questo «furore» ce la da anche il teologo tedesco Johann Rudolf Gottlieb Beyer alla fine del Settecento, ed è rimarchevole come l'atto della lettura venga qui accompagnato da una serie di attitudini, che tradizionalmente erano collegate all'ozio, ma adesso hanno raggiunto un tale grado di patologia da creare una vera e propria dipendenza, tanto quanto alcuni beni di lusso. Beyer descrive:

I lettori e le lettrici di libri, che si alzano con un libro in mano e con esso vanno a letto, con esso si siedono a tavola, lo pongono a fianco al lavoro, lo portano con sé durante le passeggiate e non si possono mai separare dalla lettura iniziata, fino a che questa non venga terminata. Ma appena hanno divorato l'ultima pagina, iniziano a guardarsi intorno, avidi di nuove letture, e appena intravedono su un tavolo da toiletta, su un pulpito o in qualunque altro posto, qualcosa che possa minimamente interessarli, o che sia semplicemente leggibile, lo prendono con sé e lo divorano in una specie di attacco famelico. Nessun fumatore, nessuna caffeinomane, nessun bevitore nessun giocatore è legato alla

---

[12] Cf. Alfred Messerli, «Gebildet, nicht gelehrt. Weibliche Schreib- und Lesepraktiken in den Diskursen vom 18. zum 19. Jahrhundert», in: Gabriela Signori (ed.), *Die lesende Frau*, Wiesbaden, Harrassowitz, 2009, 295-320.

[13] Adeodato Turchi, «Omelia recitata il giorno di Pentecoste 1791 sopra la lettura de' libri», in: Id., *Omelie, orazioni funebri, lettere pastorali, editti ed indulti*, Venezia, Foresti/Bettinelli, 1819, 58-63, 59. Per questa citazione vedi anche Luca Clerici, *Il romanzo italiano del Settecento. Il caso Chiari*, Venezia, Marsilio 1997, 19 sq.

pipa, alla bottiglia, al tavolo da gioco o da caffé quanto alcuni di questi affamati di lettura alla lettura stessa.[14]

La lettura è dunque una dipendenza ancora più forte di quella dal tabacco, dal caffé, dall'alcool, o dal gioco, e la scelta di definire uno dei luoghi possibili su cui trovare qualcosa da leggere «un tavolo della toilette», indica che Beyer pensa soprattutto per questa dipendenza al pubblico femminile delle lettrici. Anche se questa rappresentazione è sicuramente esagerata,[15] essa indica sotto quale aspetto negativo e moraleggiante la lettura femminile veniva concepita.

È qui importante però differenziare fra l'immagine della donna dipendente dalle letture, creata negli scritti moralistici di Beyer e di Turchi e la realtà empirica e quantificabile. Per l'Italia, per lo meno, a causa della bassa alfabetizzazione, la situazione è molto diversa rispetto all'Inghilterra, su cui le ricerche in questo senso sono state più ampie.[16] Per il pubblico di lettori inglese del Settecento, gli studi più recenti hanno ribaltato l'opinione consolidata (ad esempio dal noto testo di Ian Watt *The Rise of the Novel*) che il pubblico di lettori di romanzi sia prevalentemente femminile,[17] poiché questa opinione si basava soprattutto sulle

[14] «Bücherleser und Leserinnen, die mit dem Buche in der Hand aufstehen und zu Bette gehen, sich damit zu Tische setzen, es neben der Arbeit liegen haben, auf Spaziergängen sich damit tragen und sich von der einmal angefangenen Lektüre nicht wieder trennen können, bis sie sie vollendet haben. Aber kaum ist die letzte Seite eines Buches verschlungen, so sehen sie sich schon wieder gierig um, wo sie ein anderes herbekommen wollen; und wo sie nur irgend etwas auf einer Toilette, auf einem Pulte, oder sonst wo, erblicken, das in ihr Fach gehört [das sie thematisch interessiert], oder für sie lesbar scheinet, da nehmen sie es mit, und verschlingen es in einer Art von Heißhunger. Kein Tabaksbruder, keine Kaffeeschwester, kein Weintrinker, kein Spielgeist kann so an seine Pfeife, Bouteille, an den Spiel- oder Kaffeetisch attachiert seyn, als mache Lesehungrige an ihre Lesereyen.» Johann Rudolf Gottlieb Beyer, «Ueber das Lesen, insofern es zum Luxus unserer Zeiten gehört», in: *Acta Academiae Electoralis Moguntinae Scientiarum Utilium*, vol. 12, Erfurt, Keyser, 1794, 7, qui cit. in Wittmann, *Leserevolution*, 422 (traduzione mia).

[15] Per i tentativi di Chiari di avvicinarsi ai vari gradi di alfebatizzazione del suo pubblico si veda il capitolo «Gli atteggiamenti di lettura e la visione del mondo» in: Clerici, *Il romanzo italiano*, 145-176. Per un'analisi differenziata del rapporto fra prassi e rappresentazione della lettura nel Settecento nel caso inglese cf. James Raven et al. (eds.), *The Practice and Representation of Reading in England*, Cambridge, Cambridge University Press, 1996.

[16] Sulle diverse gradualità fra oralità e scrittura e le forme dell'insegnamento di scrittura e lettura per le donne in Italia, cosí come il ruolo particolare delle insegnati elementari cf. Roggero, «L'alphabétisation en Italie».

[17] Cf. Ian Watt, *The Rise of the Novel. Studies in Defoe, Richardson and Fielding*, London, Chatto & Windus, 1957, 44: «Women of the upper and middle classes could partake in few of the activities of their menfolk, whether business or pleasure. It was not usual for them to engage in politics, business or the administration of their estates, while the main masculine leisure pursuits such as hunting and drinking were also barred. Such women, therefore, had a great deal of leisure, and this leisure was often occupied by omnivourous reading».

prediche come quelle di Beyer e Turchi, piuttosto che su dati scientifici e quantitativamente rilevabili. Questi dati non sono certo facili da riscontrare, ma lì dove è stato fatto, l'immagine che ne è scaturita è profondamente diversa. Nelle ore del «leisure», cioè dell'ozio, non erano solo le donne a leggere e soprattutto non erano soprattutto le donne a leggere romanzi, e quindi la rappresentazione di un pubblico di lettrici come dominante non può essere confermata. Jan Fergus ha giustamente notato nel suo studio sul pubblico di lettori nella provincia inglese del Settecento:

> To speak of 'the' audience for any form, including eighteenth-century novels, is a mistake. Audiences are multiple, shifting, and intersecting, and each reader belongs to many. Booksellers' records can offer only a narrow window onto these intersections and multiplicities, but this window may offer a better perspective than some other evidence currently cited, much of which comes from anecdote and from contemporary moralists' comments on readership. In the eighteenth century, moralists denounced the novel as a dangerous popular entertainment and closely associated the genre with women, much the way that soap opera today is assigned to a female audience. Modern scholars have tended to echo those eighteenth-century, generally male, moralists by identifying reading novels as a particularly female activity. But this identification is not at all supported by either the Clay or the Stevens bookselling records. Overwhelmingly, the records show that in the Midlands men were the major purchasers and borrowers of novels. Even if we assume that some were obtaining fiction for their wives or daughters, others can be shown not to have done so. Furthermore, we cannot discount the eager interest of schoolboys. Novels were not written only for women and decidedly not consumed by them exclusively.[18]

L'opinione consolidata, che la differenziazione economica e la divisione del lavoro abbia avuto come conseguenza, il fatto che le attività tradizionali femminili nella casa borghese non dovessero più essere esguite dalle donne borghesi della casa e che quindi il tempo qui guadagnato venisse impiegato nella lettura soprattutto di romanzi,[19] è anch'essa una visione estrapolata dagli scritti moralistici di autori come Beyer e Turchi, che si è interpretata come una realtà storica, o meglio, come ha sin-

---

[18] Jan Fergus, *Provincial Readers in Eighteenth-Century England*, Oxford, Oxford University Press, 2007, 41.

[19] Un esempio fra i molti possibile è la formulazione nello studio classico di Lawrence Stone, *The Familiy, Sex and Marriage in England 1500-1800*, London, Weidenfeld and Nicolson, 1977, 396: «Wives of the middle and upper classes increasingly became idle drones. They turned household management over to stewards, reduced their reproductive responsibilities by contraceptive measures, and passed their time in such occupations as novel-reading, theatre-going, card-playing and formal visits».

tetizzato Naomi Tadmor, «the rebukes of eighteenth-century moralists have been elevated to the status of historical fact».[20]

E poichè anche le riflessioni che qui seguono si basano sia su questi «rebukes of eighteenth-century moralists» sia su altre fonti letterarie, si tratterà qui non tanto di pratiche concrete di lettura, quanto di rappresentazione della lettura femminile, poiché la 'donna lettrice' nel Settecento, come ha dimostrato Jacqueline Pearson, non è solo diventata una realtà storica diffusa, ma anche un significante con un enorme numero di possibili significati.[21]

Lo storico della chiesa francese Claude Fleury, che alla fine del Seicento aveva redatto un trattato didattico molto famoso, ripubblicato poi nel 1753, anno dell'uscita della *Filosofessa italiana* di Chiari,[22] dice esplicitamente che alle giovani donne vanno date piuttosto lezioni in lingue straniere, matematica, teologia, giurisprudenza e storia anziché permetter loro di leggere per ore i romanzi. Probabilmente, aggiunge Fleury, queste stesse donne non utilizzeranno mai le loro conoscenze scientifiche, ma sarà sempre meglio questo che lasciarle utilizzare les «heures de leur loisir» per leggere romanzi, per giocare o per condurre conversazioni sulla moda:

> Elles ne sont point destinées aux emplois qui rendent ces études nécessaires ou utiles, & plusieurs en tireroient de la vanité. Il vaudrait mieux toutefois qu'elles y employassent les heures de leur loisir, qu'à lire des romans, à joüer, ou parler de leurs juppes, & de leurs rubans.[23]

La lettura femminile di romanzi è dunque per Fleury particolarmente pericolosa perché è un piacere ozioso ed edonistico, così come il gioco o i discorsi sugli acessori di moda.

Nel 1764 esce a Venezia, anonimamente, il testo *Politica per le dame*, il cui scopo è, come si dice nel Prologo, «di ordinatamente in picciolo

---

[20] Naomi Tadmor, «"In the Even my Wife Read to Me". Women, Reading and Household Life in the Eighteenth Century», in: Raven et al. (eds.), *The Practice and Representation of Reading*, 162-174, 165.

[21] Pearson, *Women's Reading*, 1: «The reading woman became not only historical reality but also a sign, with a bewildering range of significations. The period's most important debates, about authority, gender and sexuality, the economics and morality of consumption, national identity and stability, class and revolution, use the sign of the reading woman: and she might function as either positive or negative term».

[22] Claude Fleury, *Traité du choix et de la méthode des études*, Nouvelle édition, Paris, Alexandre Martin, 1753.

[23] Claude Fleury, *Traité du choix et de la méthode des études*, Nouvelle édition corrigée, Paris, Gabriel Martin et al., 1740 [prima ed. 1686], 270.

Libro raccogliere que' principj di sana morale Filosofia che da' Sapienti sono stati sul proposito delle Donne sparsi ne' loro Volumi».[24] Questo saggio dedica molto spazio alle letture appropriate per il genere femminile in un capitolo dal titolo «La Dama nella cultura di se medesima». Scopo della *Politica per le Dame* è occuparsi dei «vantaggi della civile società anche nelle ore, che meno occupate con serietà essere dovrebbero, ed al sollevamento dell'animo dagl'interessj più serj sacrificate»[25]; ciò significa in altre parole che anche le ore di 'ozio' delle donne devono essere controllate e organizzate. E i momenti liberi possono essere utilizzati per ampliare le proprie conoscenze, ma attraverso appropriate letture, opportunamente selezionate:

> Non lasci però ella infruttuosa passare alcuna occasione, che di lumi liberale essere le possa, senza prevalersene con riflessiva prudenza. La lettura sopra ogni altra cosa di ottimi Libri, può essere capace in brevissimo tempo di formare una mente delle più belle virtudi a tutta dovizia ripiena.[26]

E questa scelta non può essere fatta dalla donna stessa ma deve essere realizzata «col consiglio di prudenti, non pregiudicate persone [...] che di profitto essere le possano al rischiarimento del di lei spirito».[27] Che questa richiesta di «riflessiva prudenza» escluda i romanzi si capisce da sè, ma l'anonimo autore non manca di esplicitarlo di nuovo:

> Inutile per questo reputasi, e quasi dannosa dai saggi, la continua lettura, che fanno talune di certi Romanzi, che nessuna idea buona somministrare potendo, riempiono l'anima solo di falsi inganni, e di chimere ridicole. Il loro studiato mirabile, i Leggitori delle stravaganze perdutamente innamora [...]. I nuovi loro, e lambiccati concetti, ad altro non servono, che ad istillare prave massime, ed a portare in trionfo l'effemminatezza più detestabile.[28]

L'unica occupazione utile per non rendere oziose le ore femminili è dunque la «lettura di molti utilissimi Libri» poiché solo quelli utili «allontanano la infingardaggine, e l'ozio, e impediscono, che a cose sdicevoli il pensiero mai sempre occupato non volgasi»[29].

---

[24] Anon., *Politica per le Dame*, Venezia, Paolo Colombani, 1764, 5 sq.

[25] Ibid., 7.

[26] Ibid., 39.

[27] Ibid.

[28] Ibid., 39 sq.

[29] Ibid., 41.

3. Ozio e la lettura nei romanzi di Pietro Chiari

In quello stesso anno 1764 a Venezia, un nemico giurato di Pietro Chiari, Giuseppe Baretti, aveva riassunto nel giornale *La Frusta letteraria* tutte le proprietà negative che la *Politica per le Dame* collegava astrattamente alla lettura di romanzi, attraverso un esempio molto concreto però: i romanzi dell'abate Pietro Chiari.[30] In una lettera fittizia a una giovane milanese, Baretti mette in guardia il giovane pubblico femminile dagli effetti dell'opera di Chiari. Se le donne italiane non sono così educate come quelle francesi, inglesi, tedesche, danesi o svedesi infatti «[...] la colpa di questa vergognosa differenza tra l'universale delle nostre donne, e l'universale delle donne di que' paesi [...] va addossata in gran parte ai nostri scrittori, che non seppero sinora somministrare alla patria loro de' libri atti a perfezionare l'educazione femminile».[31] E fra gli scrittori la colpa va soprattutto a Pietro Chiari, i cui romanzi non devono essere letti in nessun modo dalle giovani, come colei a cui Baretti scrive:

> [...] avvertiti bene, vita mia, a non legger mai alcuno de' romanzi dell'abate Chiari, perché cose più bislacche, più abbiette, più fuor di natura non è possibile trovarne in tutta Europa, non che in Italia. Lascia che i nostri servidori di livrea, e che le più plebee nostre donnicciuole si godano i romanzi dell'abate Chiari che pel volgo più spregievole li ha scritti; ma tu che sei una fanciulla nobile di mente come di schiatta, non hai a leggerne alcuno mai, come neppure alcun'altra cosa scritta dall'abate Chiari.[32]

Il giudizio di Baretti, molto noto e spesso citato[33] con quello di Carlo Gozzi nella *Marfisa bizzarra* e nelle *Memorie inutili*[34], ha come scopo anche quello di discreditare il pubblico di Chiari, definendolo compo-

---

[30] Per uno sguardo d'insieme sul romanzo italiano del Settecento e sul ruolo di Chiari cf. Clerici, *Il romanzo italiano*, e Helmut C. Jacobs, «Der Begriff *romanzo* in der poetologischen Diskussion des Settecento», in: Id./Gisela Schlüter (eds.): *Beiträge zur Begriffsgeschichte der italienischen Aufklärung im europäischen Kontext*, Frankfurt a. M. et al., Peter Lang, 2000, 321-349.

[31] Giuseppe Baretti, «Pamela fanciulla. Commedia di Carlo Goldoni», in: *La Frusta letteraria* No. XVII, 1.6.1764, qui cit. in: *Opere di Giuseppe Baretti scritte in lingua italiana*, 5 vol., Milano, Luigi Mussi, 1813-1814, vol. 2 [1813], 255-272, 256.

[32] Ibid., 258.

[33] Cf. da ultimo Robert Fajen, «Erzählen im Zeichen der Heterotopie: Pietro Chiari, *La Viniziana di spirito*», in: Id., *Die Verwandlung der Stadt. Venedig und die Literatur im 18. Jahrhundert*, Paderborn, Wilhelm Fink, 2013, 347-353 (347 per il giudizio di Baretti).

[34] Carlo Gozzi, *Memorie inutili*, edd. Paolo Bosisio con la collaborazione di Valentina Garavaglia, Milano, Edizioni universitarie di Lettere Economia Diritto, 2 vol., 2006, vol. 1, 377) tratta Chiari di «scrittore il più gonfio, e ampolloso che adornasse il nostro secolo»; per un elenco di altri giudizi su Chiari cf. Jacobs, «Der Begriff *romanzo*».

sto da «servidori di livrea» e da «le più plebee nostre donnicciuole», cosa in realtà impossibile perché un tale gruppo sociale mai avrebbe avuto né i soldi né il tempo libero e nemmeno la necessaria alfabetizzazione per una possibile lettura di questi testi. Al massimo potevano ascoltare una lettura ad alta voce di qualcuno che avesse comprato o preso in prestito il libro.[35]

Lo straordinario successo (per quei tempi) del primo romanzo di Chiari, la *Filosofessa italiana* appunto, che scatena l'invidia e la rabbia di Baretti, è quasi leggendario[36] e difficilmente calcolabile in cifre. Luca Clerici nella sua monografia sul «caso Chiari» calcola 42 ristampe solo per i primi quattro romanzi dell'autore e circa 200.000 copie vendute.[37] Ancora oggi non si sa con sicurezza quanti romanzi Chiari abbia effettivamente scritto, ma è chiara comunque la strategia della rivalutazione della lettura femminile di romanzi, attraverso il mezzo del romanzo stesso, che diventa una caratteristica della sua poetica a partire dalla prima opera di successo.

Nel paratesto della *Filosofessa italiana*, il discorso dello «Stampatore a chi legge» è già parte di questa struttura fizionale, poiché il presunto Stampatore dichiara di tradurre semplicemente un testo dato in Francia fresco alle stampe:

> Questo romanzo, che espongo alla luce del Pubblico, è tanto nuovo, che l'ho ricevuto da Parigi a foglio per foglio, secondo che usciva dal Torchio; e posso dire con tutta franchezza, che in Italia non l'ha ancora veduto nessuno.[38]

Marius Warholm Haugen ha recentemente proposto di leggere questo prologo dello «stampatore» così come l'intero paratesto della *Filosofessa* quale parte di una strategia autoriflessiva. Il testo si presenta come una

---

[35] Infatti, secondo Franco Fido, il caso Chiari ci può dare «una intuizione della condizione autoriale nel Settecento, chè come sospesa a metà strada fra un rapporto clientelare col principe (il quale sarà nei casi più famosi Caterina di Russia o Federico II di Prussia), e la consapevolezza nuova di un destinatario collettivo, una *readership* potenzialmente di massa», Franco Fido, «I romanzi: temi, ideologia, scrittura», in: Carmelo Alberti (ed.), *Pietro Chiari e il teatro europeo del Settecento*, con una nota di Cesare Molinari, Vicenza, Neri Pozza, 1986, 281-301, 291.

[36] Successo non immeritato, siccome «[p]iù che un rivale del Goldoni che scrisse anche romanzi, Chiari è stato il maggiore romanziere italiano del Settecento – un grande romanziere, a modo suo [...] – che per una decina d'anni fu anche commediografo e sfruttò abilmente la riforma goldoniana e l'interesse da essa suscitato per moltiplicare anche sulle scene i suoi successi e i suoi guadagni», cf. Franco Fido, «I romanzi», 283.

[37] Clerici, *Il romanzo italiano*, 19.

[38] «Lo Stampatore a chi legge», in: Pietro Chiari, *La filosofessa italiana, o sia Le avventure della Marchesa N.N. Scritte in francese da lei medesima*, edd. Carlo A. Madrignani, San Cesario di Lecce, Manni, 2004, 29.

nuovissima importazione dalla Francia e sottilinea in questo senso il suo *status* di fondatore di un genere, fino ad allora sconosciuto in Italia, ma già esistente e di successo in Francia e Inghilterra.[39] La protagonista del romanzo rappresenta così il nuovo romanzo italiano per sè e il romanzo di Chiari

> constructs a metaphorical relationship between the heroine and the text itself that allows us to read the story of her quest for identity as a metaphorical account of the struggle to create an identity for the Italian novel.[40]

Il titolo completo del romanzo, *La filosofessa italiana, o sia Le avventure della Marchesa N.N. Scritte in francese da lei medesima*, sottolinea ancora di più questa finzione ed il rapporto fra il modello del romanzo francese e quello italiano *in fieri*. A questa tesi di Warholm Haugen, che mi trova perfettamente d'accordo, vorrei qui aggiungere, che non solo il romanzo si presenta come un documento di fondazione del genere in Italia, ma anche che, contemporaneamente, esso crea il suo pubblico e cioè un pubblico di lettrici interessate ad un insegnamento virtuoso e morale.

Due altri aspetti, caratteristici di Chiari appaiaono qui da subito:

1) Il testo viene presentato come lo scritto autobiografico di una donna francese (è questa sia la possibilità di rimarcare il ritardo italiano nell'educazione delle donne rispetto alla Francia, un punto che avrebbe trovato d'accordo in astratto anche Baretti, che un modo per evitare la parola 'romanzo' nel titolo, come già notato da Jacobs).[41]

2) Lo Stampatore segnala la carica di curiosità connessa al titolo della *Filosofessa italiana*, che si rivolge esplicitamente alle donne che leggono nelle loro ore libere: «Il solo titolo basta a metter curiosità nelle persone di spirito; e nelle Donne particolarmente, che si dilettano di passar qualche ora leggendo».[42]

---

[39] Cf. Marius Warholm Haugen, «Appropriating the Novel: Pietro Chiari's *La Filosofessa Italiana*», in: *Forum for Modern Language Studies* 51 (2015), 212-228.

[40] Ibid., 213.

[41] Jacobs, «Der Begriff *romanzo*», 328. Si noti però che lo «Stampatore» inizia il suo discorso al lettore con le parole: «Questo Romanzo, che espongo alla luce del Pubblico», cf. «Lo Stampatore a chi legge», 29; all'interno della finzione paratestuale insomma il termine non è ovviamente così problematico e può addirittura servire per l'autodescrizione del tipo di testo all'interno della finzione letteraria.

[42] «Lo Stampatore a chi legge», 29.

A queste donne viene detto ad inizio del primo capitolo, che la lettura delle «avventure» della protagonista fornirà loro la via in un «Mondo pieno d'inganni»[43]. La narratrice dice di aver scritto il testo «per mio sol divertimento» e per la lettura di sua figlia, ma le sue memorie sono d'interesse anche per «chiunque altro avesse la curiosità, o l'incontro di leggerle». Ella stessa è una lettrice insaziabile, le cui attitudini molto assomigliano all'incriminata patologia del «furore di leggere». Ma questa lettura eccessiva, coltivata già nell'età infantile non induce a comportamenti riprovevoli, ma al contario ad un atteggiamento riflessivo e virtuoso di contro al «Mondo pieno d'inganni»:

> La passione mia predominante era fin d'allora la lettura e lo studio. Sin dagli anni più teneri m'avevano fatta insegnare la lingua inglese, la todesca, e l'italiana; ed ognuna di queste, oltre la lingua francese a me naturale, avea contribuito non poco ad arricchire il mio spirito di cognizioni superiori ancora al mio sesso. Un numero innumerabile di Storie, di Poesie, di Romanzi, e di Viaggi, che divoravo leggendo, m'andava somministrando di giorno in giorno qualche nuova idea di quel gran mondo, che non avevo ancora veduto; e per cui mi parea d'esser nata. Quanto mi dilettava il leggere, altrettanto affliggevami il riflettere sopra ciò che leggevo, non sapendo qual figura avrei io fatta sulla gran scena del Mondo.[44]

Porterebbe troppo lontano riassumere la storia complicatissima della protagonista, piena di *coups de théâtre* e di incredibili incontri, e secondo Luca Clerici non servirebbe neanche un riassunto, perché «[b]asta aver letto un solo romanzo di Chiari per accorgersi di un fatto singolare: riposto il libro, non rimane impresso nella memoria il nome di neppure un personaggio».[45] La protagonista che durante la storia cerca di ritrovare i suoi genitori, e dunque la sua identità, passa di avventura in avventura, spesso sotto vesti maschili, riesce a resistere a tutte le tentazioni grazie alla forza della riflessione, che lei stessa ha esercitato nelle lunghe ore di lettura: «A forza di riflessioni avevo concepita tal avversione alle debolezze del nostro sesso, che non le miravo nell'altre donne, se non per compiangerle.»[46] Anche nelle varie attività che ella deve esercitare nel corso del romanzo, utilizza ogni possibile minuto per prepararsi alla vita leggendo:

[43] Ibid., 37.
[44] Chiari, *La Filosofessa italiana*, 40 sq.
[45] Clerici, *Il romanzo italiano*, 33.
[46] Chiari, *La Filosofessa italiana*, 123.

Tutto il tempo, che m'avanzava dal mio nuovo impiego, ed era moltissimo, lo spendevo leggendo. Ogni libro, che m'insegnasse a pensar bene, era la mia delizia. Tutti gli altri mi dilettavano, e li leggevo con piacere incredibile: di modo che andavo arricchendo il mio spirito di tali, e tante cognizioni diverse, che non si discorreva poi di cosa alcuna, la quale mi riuscisse nuova, e non mi desse campo di poterci dire anch'io il mio sentimento.[47]

Il risultato di queste letture è la costanza con cui la *filosofessa* reagisce alle tentazioni e alle trappole del «Mondo pieno d'inganni»: «Solo mi reggeva la mia virtù, o, dirò così, la mia Filosofia».[48] Già nel primo capitolo la narratrice aveva annunciato che era soddisfatta della sua vita trascorsa, di quello che aveva raggiunto e appreso, e che ella scriveva con l'intento di diffondere la propria esperienza ad altri lettori e lettrici, affinché essi potessero parteciparvi attraverso la lettura:

Nel momento che io scrivo mi trovo contentissima di quanto ho imparato vivendo. Non è dunque lontano dal verisimile, che più d'uno si troverà del pari contento di quanto avrà imparato leggendo.[49]

Per questo motivo vengono giustificate numerose digressioni nel romanzo, poiché anche storie parallele che nulla portano al nucleo principale, possono sempre avere come scopo quello di apportare un insegnamento ad uno dei lettori e in questo modo di rendere utile l'ozio del suo tempo di lettura: ad esempio quando la *filosofessa* arriva a Versailles riflette sulla dipendenza dal gioco in cui tutta la corte sembra essere caduta: «La cosa, che più mi diede nell'occhio, fu il giuoco, che facea la principale, anzi l'unica occupazione di quanti eran colà».[50] Dopo aver sottolineato la sua avversione per il gioco («In virtù di quanto osservavo negli altri, ebbi motivo di prender al giuoco dell'avversione in me stessa»), ella fa seguire alla riflessione generale un esempio particolare: la *filosofessa* osserva come in un caffè un uomo anziano venga picchiato con un bastone da uno giovane. Quello che in un primo momento la muove a pietà, le sembra poi una giusta punizione quando apprende che l'anziano è un «usurajo», che voleva truffare il giovane, «Colonello d'uno dei primi Regimenti di Francia», il quale gli aveva già pagato debiti di gioco contratti in precedenza con lui. Dopo aver quindi mostrato i pericoli del gioco non solo in astratto ma anche con un esempio con-

[47] Ibid., 123 sq.
[48] Ibid., 177.
[49] Ibid., 37.
[50] Ibid., 178.

creto, ella prosegue: «Anche questa piccola digressione può servir per qualcuno d'ammaestramento».[51] Il testo segnala quindi continuamente al lettore il suo carattere educativo e che dunque il tempo dedicato alla lettura è un *ozio* ben investito.

La valutazione positiva dell'ozio femminile utilizzato nella lettura è ancora più evidente in un successivo romanzo di Chiari, *La Francese in Italia*, uscito per la prima volta nel 1759. Questo romanzo, che si dichiara uno scritto autobiografico, inizia con un capitolo introduttivo metapoetico, che riflette la legittimazione morale e la pubblicazione dei ricordi delle *Memorie critiche di Madama N. N.* e prova a dimostrare i benefici per l'educazione, in particolare per il pubblico femminile. In questa introduzione con il titolo «Occasione di scrivere queste Memorie, e motivi ragionevoli di pubblicarle», *Madama N. N.* dà fondamento alla propria autorevolezza di autore, dichiarando lo scrivere come un mezzo attivo contro l'ozio, mentre la lettura delle sue avventure, soprattutto per il pubblico femminile, può trasformare il loro *ozio* in una forma valida e morale di impiego del loro tempo. È molto improbabile che il pubblico abbia veramente creduto alla finzione di una curatela e a Chiari come solo l'editore del libro, ma è importante sottolineare che il capitolo iniziale riflette sin dalla prima frase questo rapporto fra donne che scrivono e donne che leggono:

> Le donne leggono assai, dacchè si sono poste a scrivere le donne. Tempo già fu, che l'ignoranza era un pregio del nostro sesso; perocchè falsamente supponevasi da' nostri Maggiori, che da lei dipendesse in gran parte la nostra onestà. Una femmina faccendiera era l'idolo delle famiglie, benchè nelle faccende sue giornaliere nulla mostrasse di discernimento, o di senno. Una donna all'opposto inclinata alla lettura, e allo studio, passava ordinariamente per donna oziosa, e da poco, se non vogliam dire ancora, che si riputasse furiosamente predominata dall'amore al bel tempo, e dal cattivo costume.[52]

In una coppia di opposizioni, che ricorda l'episodio neotestamentario delle sorelle Marta e Maria nel passo di Luca (10, 38-42), è la donna che legge, ovvero Maria, il simbolo della nuova femminilità secondo il modello francese, rappresentato dalla francese *Madama N. N.*, mentre la sempre attivissima, ma incolta Marta rappresenta il sorpassato modello italiano. Questo modello implicava «che fosse d'uopo alle donne non saper nè leggere, nè scrivere, nè conversare per essere virtuose, ed one-

[51] Ibid., 179.

[52] Pietro Chiari, *La Francese in Italia, o sia Memorie critiche di Madama N. N. Scritte da lei medesima, e pubblicate dall'abate Pietro Chiari*, 2 vol., Parma, Filippo Carmignani, 1763, vol. 1, 1.

ste».[53] E per questo non è di poco conto, che l'autrice fittizia *Madama N. N.* sia una francese, poichè il vantaggio nell'educazione, con il quale ella viaggia attraverso l'Italia, le permette uno sguardo critico sulla realtà della penisola, che sembra ancora influenzata dai costumi barbarici del periodo precedente:

Anche a' tempi miei, e colle mie orecchie medesime ho sentiti conservarsi, e ripullulare dentro l'Italia di questa perniciosissima massima i miserabili avanzi. Quanti Padri, e quante Madri si sono fatte in mia presenza una gloria di non volere, che le figlie loro imparino a leggere, e a scrivere nella loro più fresca età, perchè non imparino sì per tempo a fare all'amore! Deplorabile raziocinio d'uno stravolto intelletto, e massima veramente ridicola; quasi che la natura umana non fosse la prima maestra dell'umana malizia, e fosse ancora il gran dubbio indeciso, se più contribuisca a conservare oneste le femmine la coltura dello spirito, o la più caliginosa ignoranza.[54]

L'ex-gesuita Chiari parte dalla tendenza al peccato della natura umana, («la prima maestra dell'umana malizia»), dalla quale le giovani donne devono essere liberate al più presto possibile attraverso «la coltura dello spirito». Egli vede tutto il mondo attraverso una metafora tessile come coperto da una rete infida, di cui si deve però conoscere la tessitura per non rimanervi impigliati: «Se il Mondo tutto è coperto da una rete sola tesa al gran fine d'allacciare gl'incauti, come può non cadervi chi non conosce la tessitura, e gl'inciampi?»[55] Non sorprende, a partire da queste premesse, che Madama N. N. non giudichi in maniera moralizzante l'onnipresente entusiasmo per la lettura delle sue contemporanee, bensì lo veda come l'espressione del progresso di civiltà e dell'Illuminismo. Ella descrive anche scene come quelle già viste nelle prediche di Beyer o di Turchi, ma le valuta positivamente e soprattutto come prova che le donne italiane prossimamente potranno raggiungere le avantaggiate francesi:

Grazie al Cielo non è più quel tempo, che dalle mani delle fanciulle oneste erano banditi i libri, e le penne; e mi rimetto al giudizio di tutti, se il Mondo adesso sia divenuto meno scandaloso, e forse ancora più saggio. Tutte leggono al giorno d'oggi le donne, e si pregiano di leggere, benchè non tutte possano gloriarsi d'intendere, e d'approfittare della loro continua lettura. Fra gli aghi, i fusi, e gli altri attrezzi donneschi, oggidì al fianco delle donne si vedono i libri. Con un libro alla mano passan esse l'ore più calde del giorno, e l'ore più fresche non meno del loro passeggio. Da' libri, ch'escono alla giornata, si cominciano ordinariamente i discorsi con chi va a visitarle. Regna in molte

---

[53] Ibid., 2. Per il modello di Marta e Maria cf. Plebani, *Il «genere» dei libri*, 85-87.

[54] Chiari, *La Francese in Italia*, 2.

[55] Ibid., 3.

una furiosa inclinazione a divorarli subito che sono usciti alle stampe. [...] In alcune poche alla fine s'è suscitato anche il prurito di scrivere; e dacchè queste l'hanno fatto in Francia, e in Italia con qualche fortuna, s'è fatta sì familiare nel nostro sesso la lettura, e lo studio, che non passa per donna di spirito quella, che non se ne veda giornalmente occupata.[56]

Se si pensa al vasto pubblico dei romanzi di Chiari, si può veramente credere che sia riuscito a liberare la lettura femminile dall'accusa di dubbia moralità che a lungo l'aveva accompagnata,

utilizzando espedienti tipici di generi semiletterari ed extraletterari familiari a [un pubblico illetterato], secolarizzando strategie espressive tipiche della tradizione scolastica ed ecclesiastica e sostituendo ai fini devozionali e pietistici di quelle opere un obiettivo modernamente edonistico.[57]

Il pubblico femminile di Chiari trova proprio nel testo che legge, nell'atto della lettura, la sua legittimazione morale. La contrapposizione fra la incolta «femmina faccendiera» e la lettrice «donna oziosa», nelle quali si intravedono le sorelle evangeliche del celebre passo di Luca, non dimostra soltanto la straordinaria rivalutazione dell'ozio e della lettura femminile[58] ma anche del ruolo dello stesso autore di romanzi. Nel passo evangelico, mentre Marta si agita nelle faccende domestiche, Maria sceglie di concentrarsi sulla parola del Signore, e questa parola è, come dice Cristo «la parte migliore, quella che non le verrà tolta»: nell'atto della lettura femminile, intorno al 1750, è la parola dell'autore del romanzo che viene letto, a dare questa identica legittimazione all'atto inconsueto di un nuovo modello di ozio femminile.

[56] Ibid., 4 sq.

[57] Clerici, *Il romanzo italiano*, 161.

[58] Le innumerevoli avventure, che la *Filosofessa italiana* affronta senza perdere la sua «virtù» dimostrano che l'ozio femminile, trascorso leggendo, la prepara ad attraversare il «Mondo pieno d'inganni» senza venirne intaccata. Come viene esplicitamente detto in *La Francese in Italia*: «[...] una donna, che nulla sappia del Mondo, per non averlo studiato su' libri, come può prevederne i pericoli, ed evitarne gl'inganni?», Chiari, *La Francese in Italia*, 3.

Bibliografia

1. Fonti primarie

Anon., *Politica per le Dame*, Venezia, Paolo Colombani, 1764.

Baretti, Giuseppe, *Opere di Giuseppe Baretti scritte in lingua italiana*, 5 vol., Milano, Luigi Mussi, 1813-1814.

Carteggio di Pietro e di Alessandro Verri dal 1766 al 1797, edd. Emanuele Greppi/Alessandro Giulini, vol. 1,2 (luglio 1767-agosto 1768), Milano, Cogliati, 1923

Chiari, Pietro, *La filosofessa italiana, o sia Le avventure della Marchesa N.N. Scritte in francese da lei medesima*, edd. Carlo A. Madrignani, San Cesario di Lecce, Manni, 2004

Chiari, Pietro, *La Francese in Italia, o sia Memorie critiche di Madama N. N. Scritte da lei medesima, e pubblicate dall'abate Pietro Chiari*, 2 vol., Parma, Filippo Carmignani, 1763.

Encyclopédie ou Dictionnaire raisonné des sciences, des arts et des métiers, par une société de gens de lettres. Mis en ordre et publié par Denis Diderot et Jean-Baptiste Le Rond d'Alembert, 35 vol., Paris, Briasson et al., 1751-1780.

Fleury, Claude, *Traité du choix et de la méthode des études*, Nouvelle édition corrigée, Paris, Gabriel Martin et al., 1740 [prima ed. 1686]

Gozzi, Carlo, *Memorie inutili*, edd. Paolo Bosisio con la collaborazione di Valentina Garaviglia, Milano, Edizioni universitarie di Lettere Economia Diritto, 2 vol., 2006.

Il Caffè: 1764-1766, edd. Gianni Francioni/Sergio Romagnoli, 2 vol., Torino, Bollati Boringhieri, 1998.

Montaigne, Michel de, «Des trois commerces», in: Id., *Les Essais*, edd. Jean Balsamo et al., Paris, Gallimard, 2007, 859-871.

Lodovico Antonio Muratori, «Intorno al metodo seguito nei suoi studi. Lettera all'illustrissimo signore Giovanni Artico Conte di Porcìa», in: Id., *Opere*, edd. Giorgio Falco/Fiorenzo Forti, 2 vol., Milano/Napoli, Ricciardi, 1964, vol. 1, 6-38.

Turchi, Adeodato, «Omelia recitata il giorno di Pentecoste 1791 sopra la lettura de' libri», in: Id., *Omelie, orazioni funebri, lettere pastorali, editti ed indulti*, Venezia, Foresti/Bettinelli, 1819, 58-63.

2. Fonti secondarie

Becher, Ursula A. J., «Lektürepräferenzen und Lesepraktiken von Frauen im 18. Jahrhundert», in: Hans Erich Bödeker (ed.), *Lesekulturen im 18. Jahrhundert*, Hamburg, Felix Meiner Verlag, 1991 (= *Aufklärung. Interdisziplinäre Halbjahresschrift zur Erforschung des 18. Jahrhunderts und seiner Wirkungsgeschichte* 6,1 [1991]), 27-42.

Clerici, Luca, *Il romanzo italiano del Settecento. Il caso Chiari*, Venezia, Marsilio 1997.

De Ritter, Richard, *Imagining women readers, 1789-1820. Well-regulated minds*, Manchester, Manchester University Press, 2014.

Diaconicoff, Suellen, *Through the Reading Glass. Women, Books, and Sex in the French Enlightenment*, Albany, State University of New York Press, 2005

Fajen, Robert, *Die Verwandlung der Stadt. Venedig und die Literatur im 18. Jahrhundert*, Paderborn, Wilhelm Fink, 2013.

Fergus, Jan, *Provincial Readers in Eighteenth-Century England*, Oxford, Oxford University Press, 2007.

Fido, Franco, «I romanzi: temi, ideologia, scrittura», in: Carmelo Alberti (ed.), *Pietro Chiari e il teatro europeo del Settecento*, con una nota di Cesare Molinari, Vicenza, Neri Pozza, 1986, 281-301.

Hamacher, Ulf Gregor, *Senecas 82. Brief an Lucilius. Dialektikkritik illustriert am Beispiel der Bekämpfung des metus mortis*, München et al., Saur, 2006.

Jacobs, Helmut C., «Der Begriff *romanzo* in der poetologischen Diskussion des Settecento», in: Id./Gisela Schlüter (eds.): *Beiträge zur Begriffsgeschichte der italienischen Aufklärung im europäischen Kontext*, Frankfurt a. M. et al., Peter Lang, 2000, 321-349.

Lyons, Martyn, *Readers and Society in Nineteenth-Century France. Workers, Women, Peasants*, Basingstoke, Palgrave, 2001.

Messerli, Alfred, «Gebildet, nicht gelehrt. Weibliche Schreib- und Lesepraktiken in den Diskursen vom 18. zum 19. Jahrhundert», in: Gabriela Signori (ed.), *Die lesende Frau*, Wiesbaden, Harrassowitz, 2009, 295-320.

Pearson, Jacqueline, *Women's Reading in Britain 1750-1835. A dangerous recreation*, Cambridge, Cambridge University Press, 1999.

Plebani, Tiziana, *Il «genere» dei libri. Storie e rappresentazioni della letteratura al femminile e al maschile tra Medioevo ed età moderna*, Milano, Franco Angeli, 2003.

Raven, James, et al. (eds.), *The Practice and Representation of Reading in England*, Cambridge, Cambridge University Press, 1996.

Richardson, Alan, *Literature, Education, and Romanticism. Reading as Social Practice, 1780-1832*, Cambridge, Cambridge University Press, 1994.

Roggero, Marina, «L'alphabétisation en Italie: Une conquête feminine?», in: *Annales. Histoire, Sciences Sociales* 56, 4-5, (2001), 903-925.

Roggero, Marina, *Le carte piene di sogni. Testi e lettori in età moderna*, Bologna, Il Mulino 2006.

Schön, Erich, «Weibliches Lesen. Romanleserinnen im späten 18. Jahrhundert», in: Helga Gallas/Magdalene Heuser (eds.), *Untersuchungen zum Roman von Frauen um 1800*, Tübingen, Niemeyer, 1990, 20-40.

Stone, Lawrence, *The Familiy, Sex and Marriage in England 1500-1800*, London, Weidenfeld and Nicolson, 1977.

Warholm Haugen, Marius, «Appropriating the Novel: Pietro Chiari's *La Filosofessa Italiana*», in: *Forum for Modern Language Studies* 51 (2015), 212-228.

Warner, William B., *Licensing Entertainment. The Elevation of Novel Reading in Britain, 1684-1750*, Berkeley et al., University of California Press, 1998.

Watt, Ian, *The Rise of the Novel. Studies in Defoe, Richardson and Fielding*, London, Chatto & Windus, 1957.

Wittmann, Reinhard, «Gibt es eine Leserevolution am Ende des 18. Jahrhunderts?», in: Roger Chartier/Guglielmo Cavallo (eds.), *Die Welt des Lesens. Von der Schriftrolle zum Bildschirm*, Frankfurt a. M./New York, Campus 1999.

III.

Transformaciones de la sociabilidad

Trasformazioni della sociabilità

ROBERTO BIZZOCCHI

La frenesia dell'ozio: sociabilità, teatro, politica

Dall'operoso riserbo all'ozio socievole

Le donne del popolo hanno sempre lavorato. Ma prima del Settecento anche per le donne appartenenti ai ceti elevati – con l'eccezione forse degli strati più alti della nobiltà titolata – l'ozio non era visto di buon occhio. Dominante era infatti l'ideologia della «donna forte» della Bibbia, espressa in un passo famoso del libro dei *Proverbi* (cap. 31): la perfetta padrona di casa doveva essere non solo fedele e sottomessa al marito, ma anche abile nella gestione della casa, operosa, risparmiatrice e attiva nel cooperare al benessere economico della famiglia, secondo un modello che tendeva ad accostare o addirittura ad identificare fra loro come un oggetto implicito di condanna l'indolenza, il lusso e la lussuria. Questa ideologia era ampiamente esposta in opere letterarie, ma anche divulgata in immagini incise, come per esempio una, anonima, intitolata *Ufficio della madre di famiglia*, in cui la «donna forte» della Bibbia era rappresentata nel pieno dello svolgimento dei suoi compiti, accanto a una culla, fra le serve intente al lavoro e gli oggetti tipici delle occupazioni casalinghe; intorno all'ovale contenente la figura, dei cartigli con brevi ammonimenti scritti ricordavano alla moglie e madre i doveri e i limiti propri del suo sesso e del suo ruolo: «Non tenga commercio (= rapporti) fuor che con Marito e figliuoli», «Si faccia monda (= pulita) non bella, vestendosi secondo il suo grado», «Non vada a spasso perché non tornerà migliore», e così via[1].

Una simile regolamentazione dei comportamenti femminili corrispondeva a un'idea generale dell'economia domestica in rapporto all'economia *tout court* e all'organizzazione della vita sociale che è stata studiata sotto il segno della «economica»[2]. In quell'ottica, il programma

---

[1] L'incisione si può vedere in Ottavia Niccoli, *Storie di ogni giorno in una città del Seicento*, Roma/Bari, Laterza, 2000, 59, tav. 32.

[2] Penso in particolare al classico saggio di Otto Brunner, «Das "ganze Haus" und die alteuropäische "Ökonomik"», in italiano «La casa come "complesso" e l'antica "economica" europea», in: Id., *Per una nuova storia costituzionale e sociale*, a cura di Pierangelo Schiera, Milano, Vita e Pensiero, 1970, 133-164.

'biblico' di operosità e riserbo domestico era un progetto di lunghissimo corso, che risaliva – oltre che appunto alla Bibbia – ad Aristotele e a Senofonte, e di cui si possono ancora riconoscere i tratti inconfondibili nel personaggio di Levin in *Anna Karenina*. Tuttavia il suo momento cruciale fu l'età della Controriforma, quando la reclusione delle donne nell'ambito e negli orizzonti dell'attività familiare rientrò in una gigantesca offensiva di disciplinamento politico-religioso: non per nulla l'incisione citata qui sopra *Ufficio della madre di famiglia* risale ai primi del Seicento.

I conservatori rimasero fedeli alla linea anche in circostanze ormai mutate; un esempio: sotto il titolo inequivocabile di *Ritratto della donna forte de' Proverbi, al cap. 31* il gesuita Antonfrancesco Bellati ribadiva nel 1734 l'ideale dell'operosità domestica delle donne, nel suo duplice aspetto di fuga dai vizi e contributo alla ricchezza familiare.[3] Per passare dalla letteratura alla vita vissuta, in quello stesso 1734 un nobile cittadino di Pisa, Leonardo Bracci Cambini, registrò in un suo libro di ricordi la morte della moglie Bona Ruschi, con cui aveva trascorso decenni e condiviso figli, affetti e interessi, scrivendone un ritratto insieme sincero e molto aderente al modello biblico, e fra l'altro concluso proprio con le parole finali del capitolo 31 dei *Proverbi*:

Fu assai virtuosa e pratica nell'affari concernenti una dama, di cucire, far calze, e simili al pari di qualunque meglior donna, attenta nell'economia in tirar avanti la famiglia e la casa, devota verso la santa Vergine, [...] parca nel vitto, divota dell'anime del Purgatorio, caritatevole verso i poveri, lontana dal lusso mondano e dalle conversazioni e massime da festini, e dalle commedie della notte, [...] provvida nel supplire a bisogni della casa e governo della medesima, assegno che molte volte se ne andava in calesse con un servitore per rivedere i nostri beni e attendere all'entrate della campagna e della villa. [...] Fu estremamente pulita e diligente in custodire i suoi panni, in modo che sempre i suoi abiti furono – benché portati per molto tempo – come se fossero stati nuovi, il che causò un gran rispiarmo (= risparmio) alla casa; dava sempre intorno acciò buoni consigli a profitto degli altri, che havrebbe voluti dell'istesso genio. [...] In tutta la sua ultima infermità ancora mostrò una gran risegnazione al voler di Dio, né si dispaventò della morte, contrassegno della sua buona vita, e non mancò di lasciar de buoni avvertimenti a figlioli e a tutti che gli stavano appresso, e di avvertirli e insegnarli ancora delle cose concernenti all'economia e buon governo della casa. Finalmente se gli puol molto adattare quel detto della Sapienza *Consilio manuum suarum operata est: fallax gratia et vana pulchritudo. Mulier timens Deum ipsa laudabitur.*[4]

[3] L'opuscolo di Bellati è accuratamente esaminato da Luciano Guerci, *La sposa obbediente. Donna e matrimonio nella discussione dell'Italia del Settecento*, Torino, Tirrenia, 1988, 44-46.

[4] Cito da Roberto Bizzocchi, *In famiglia. Storie di interessi e affetti nell'Italia moderna*, Roma/Bari, Laterza, 2001, 37 sq.

Nel Settecento avanzato, lo stile di vita di Bona Ruschi e la canonizzazione propostane dal marito nel suo ritratto funebre apparivano comunque alquanto problematici e datati. Lo proverò ricorrendo nuovamente a un'incisione e a una testimonianza letteraria. La prima, *Il gioco della verità*, opera dell'artista bolognese Giuseppe Maria Mitelli, mostra che già nel 1688 la donna forte della Bibbia subiva la concorrenza di un modello di condotta femminile proiettato fuori dell'orbita domestica e lontano dalle pratiche dell'economia e buon governo della casa. Ad illustrazione di una possibile partita a dadi, Mitelli rappresentava il punteggio vincente di 6 col quadretto, intitolato *Chi attende a' fatti suoi sempre guadagna*, di un interno familiare comprendente un uomo impegnato ad aggiornare il libro dei conti di casa, il figlio chino sui compiti scolastici e la moglie occupata a cucire. I quadretti dei cinque punteggi perdenti, stigmatizzando comportamenti ludici e dispersivi, ne attestavano per altro l'avvenuta diffusione; essi presentano, rispettivamente: *Specchiandosi si perde* un uomo e una donna dediti a una elaborata toletta; *Su la porta a discorrere si perde* un azzimato cavaliere in conversazione con una donna ritta in una posa disinvolta sull'uscio della propria casa; *Chi gioca perde, e chi non gioca vince* una dama al tavolo di gioco fra due uomini; *Ballando perderai più che non credi* la danza di una coppia mascherata; *Fuor di casa sempre si perde* una dama che, pur accompagnata da una fantesca, passeggiando per strada riceve l'omaggio floreale di un bellimbusto.[5]

La testimonianza letteraria si deve a Giovanni Battista Fagiuoli, in una commedia andata in scena nel 1708 a Firenze con immediato e franco successo, poi rinnovatosi in altre città. Nel monologo d'apertura un vecchio saggio, Anselmo, sfoga il suo malumore per le dilapidazioni della nuora in un memorabile confronto fra passato e presente:

Qui, di lavorare, di badare alla casa e di starci, non se ne ragiona mai; sempre fuori a render visite, a conversazione dalla signora tale, dalla signora quale: e s'ella sta in casa è peggio; la conversazione vien qui, la mia roba a scialacquo: subito rinfreschi, e rinfreschi che costano. Non è come a tempo mio, che veniva una vicina a far la calza dalla mia moglie, e si diceva alla serva: vai, e porta da bere; ed ella veniva colla sua rócca allato e un tovagliolino sul braccio, col fiasco e col bicchiere in mano; e con uno o due bicchieri di vino, si finiva la festa. Ora, acque che costano sette volte più del vino, sorbetti, pap-

[5] Una riproduzione in Piero Lai/Anna Maria Menichelli, *Costume e società nei giochi a stampa di Giuseppe Maria Mitelli*, Perugia, Electa, 1988, 110.

pine, e di più caffè e cioccolata; che gli venga la rabbia a chi ha trovato il modo di rinfrescar coll'acqua bollente.[6]

La tirata di Anselmo contiene una parola chiave per comprendere il grande cambiamento di morale privata e abitudini sociali già in corso fra Sei e Settecento, nonostante la sopravvivenza delle posizioni più conservatrici: si tratta della parola 'conversazione', versione italiana del francese *conversation.* Non occorre insistere sul fatto che nei decenni a cavallo fra i due secoli si realizzò anche una cruciale svolta politico-culturale, la cosiddetta «crisi della coscienza europea»[7]. Ma accanto alla grande vicenda intellettuale dell'affermazione del relativismo culturale, della critica del principio d'autorità, del superamento del dogmatismo religioso, maturò un non meno importante rinnovamento nel costume, il cui esito gli storici odierni indagano sotto l'etichetta della sociabilità, ma che all'epoca si sarebbe piuttosto definito, appunto, *conversation.* In pieno sviluppo nei salotti della Francia del Seicento, e di qui irradiata poi in Europa e in particolare in Italia fra la fine del secolo e l'inizio del successivo, la 'conversazione' non era solo la specifica azione verbale che intendiamo noi oggi con questa parola, ma anche, in un senso assai più largo, e del resto meglio corrispondente alla sua matrice latina (*conversatio* = uso frequente di una cosa), frequentazione, abitudine di relazione, dimestichezza di rapporti: insomma l'insieme delle pratiche d'incontro e di mondanità che noi sintetizziamo con la parola sociabilità, e che abbiamo visto polemicamente adombrate nel ritratto di Bona Ruschi, nell'incisione di Mitelli e nel monologo di Anselmo in Fagiuoli.[8]

Rispetto alle abitudini della vita sociale cinque e seicentesca, prevalentemente concentrata nella rete delle relazioni familiari, e caratterizzata da una forte limitazione della libertà di movimento e dei rapporti sociali delle donne, la 'conversazione' illuministica contemplava invece una intensa attività di incontro e di svago: ricevimenti, anche danzanti, non limitati alla cerchia parentale, apertura dei salotti nei palazzi, passeggiate nei parchi e viali cittadini e gite piacevoli in campagna, assidua presenza al teatro e all'opera, fervente applicazione al gioco, anche d'az-

[6] Giovanni Battista Fagiuoli, *Commedie*, vol. 1, Firenze, Moücke, 1734, 179.

[7] Mi riferisco ovviamente al magnifico e sempre vivo libro di Paul Hazard, *La crise de la conscience européenne* (Paris, Fayard, 1995), pubblicato la prima volta nel 1935.

[8] Per orientarsi in una bibliografia ormai abbondante si può partire da Elena Brambilla, «Sociabilità e opinione pubblica nell'Europa moderna», in: Id., *Sociabilità e relazioni femminili nell'Europa moderna*, Milano, Franco Angeli, 2013, 17-78.

zardo, nelle case private e nei casini nobiliari; insomma, un pieno sviluppo della vita mondana.

L'ozio era parte integrante del fenomeno. Ozio – si capisce – nel senso non di pigrizia e apatia ma di attitudine contraria al negozio, secondo la contrapposizione classica di Cicerone o Seneca fra *otium* e *negotium*. E infatti una cosa è certa: non solo per studiare la filosofia morale, ma anche per frequentare la società serve del tempo libero. Magari lo si può impiegare per godere di un ozio letterario, organizzando sedute di lettura o gare di composizione poetica. Farò l'esempio concreto della famiglia Cittadella di Lucca, fra le cui carte sono conservate le tracce documentarie di una simile attività: per citarne almeno una, esiste un sonetto, databile alla seconda metà del Settecento, intitolato *Senza le lettere I, O, U*, che è proprio un esercizio di bravura tecnico-linguistica consistente nella scrittura di 14 versi contenenti solo le vocali a ed e:

> Teresa se per te sempre serena
> splende la face, che rallegra e scalda;
> manca per me, per me secca è la vena,
> trema la man, ch'era fedele e salda...[9]

Leggendo oggi un testo come questo immaginiamo la riunione – tra il frivolo, il (relativamente) colto e il galante – tenuta da dame e gentiluomini nel salotto di palazzo Cittadella. In ogni modo, la fruizione dell'ozio, comprendente o no qualche anche modestissima prestazione letteraria, era una condizione imprescindibile della sociabilità illuministica in tutti i suoi aspetti.

Un'altra componente ovviamente imprescindibile – e del resto subito dichiarata anche nel sonetto senza tre vocali appena citato – era appunto la presenza femminile: che gusto c'è e che senso ha ritrovarsi e fare feste senza donne? Il ruolo femminile nel grande processo di incivilimento dei costumi europei fra Sei e Settecento ha un'importanza e un'evidenza schiaccianti. Le testimonianze al proposito non si contano, sicché mi limiterò a citarne una, autorevolissima, del filosofo David Hume: «in un popolo incivilito [...] i due sessi s'incontrano e socializzano facilmente; e il carattere degli uomini, così come il loro comportamento, s'ingentilisce a vista d'occhio»[10]. Con buona pace di tutti i

---

[9] Archivio di Stato di Lucca, *Archivio Tucci*, *Carte Cittadella*, non numerate (ringrazio il dottor Sergio Nelli per la segnalazione).

[10] Citato (dai *Discorsi politici*) in Philip Carter, *Men and the emergence of polite society, Britain 1660-1800*, London, Longman, 2001, 68 (trad. mia).

persistenti seguaci dell'ideale biblico della donna economa e operosa entro le mura domestiche, le donne dovevano ormai essere libere di oziare per godere del tempo e dell'agio necessari a prepararsi in casa e poi fare fuori casa la loro decisiva parte nella realizzazione della civiltà della 'conversazione'.

In Italia questa vicenda ebbe una declinazione particolare, a causa della connessione ivi operatasi fra oziosità socievole e apparizione di un costume che è stato poi identificato come peculiarmente italiano, e anzi tale da caratterizzare in Europa la specificità della morale privata italiana. La presenza del costume è già attestata all'altezza del 1708 nel titolo, o meglio nel sottotitolo, della commedia di Fagiuoli ricordata qui sopra, cioè *Quel che appare non è, ovvero il cicisbeo sconsolato*. Il cicisbeo, che le fonti coeve chiamano così solo per scherno, come fa appunto Fagiuoli, ma altrimenti di norma cavalier servente, era in ambito nobiliare un uomo, sposato o più spesso celibe, dedito all'accompagnamento in società di una dama maritata a un altro uomo.[11]. Non si tratta di una sorta di legalizzazione dell'adulterio, come è stato detto tante volte ma erroneamente. Si capisce che avere tutto l'agio di stare accanto a una donna offriva facili occasioni per corteggiarla, ma nel secolo galante e libertino non c'era davvero bisogno di questo espediente per tradire la fedeltà coniugale. Al contrario, il cavalier servente, abitualmente scelto nel quadro dei patteggiamenti prenuziali fra i capi delle famiglie degli sposi, poteva finire con l'assumere una funzione di scorta, se non addirittura di controllo, per una dama il cui marito non aveva sempre tempo o voglia di condurla agli appuntamenti di un'agenda mondana via via più fitta. Fatta la tara ai pregiudizi e ai pettegolezzi, ovviamente copiosi, le testimonianze serie e attendibili, che non mancano, su relazioni adulterine fra dama e cicisbeo sono in fin dei conti assai meno rilevanti dell'evidenza del ruolo sociale del costume come regolatore di rapporti nel contesto di un sistema di matrimoni combinati e abbondanza di celibi, e come garante della nuova, inusitata esposizione delle donne nobili in una sociabilità tutta esterna alle consuete reti di relazioni familiari.

E di fatto, essendo europeo il fenomeno d'incivilimento non a caso commentato da Hume, non è neanche vero che l'Italia avesse il monopolio del cicisbeismo. Spiegare perché si sia diffusa, a partire dal Sette-

[11] Per un approfondimento vedi Roberto Bizzocchi, *Cicisbei. Morale privata e identità nazionale in Italia*, Roma/Bari, Laterza, 2008 (trad. ingl.: *A lady's man. The cicisbei, private morals and National identity in Italy*, London, Palgrave MacMillan, 2014).

cento stesso, la convinzione, ancora oggi non del tutto superata, della peculiarità italiana dell'uso ci porterebbe un po' troppo lontano dai temi del socievole ozio illuminato. Basti qui dire, in un contesto incentrato sulla comparazione italo-spagnola, che mentre esistevano prevedibili differenze e dunque soluzioni in parte diverse nell'Europa cattolica e nell'Europa protestante ai problemi dell'intreccio fra sociabilità pubblica e morale privata, il cavalier servente esisteva in Spagna quanto in Italia, non solo sotto il nome italianizzante di *chichisveo*, ma più spesso e normalmente sotto quello di *cortejo*. A parte le ricerche successive, fino ai contributi spagnoli a questo volume, il tema è già al centro di un bel libro della famosa scrittrice Carmen Martín Gaite pubblicato nel 1972[12].

Il cavalier servente era la figura di necessario accompagnamento della donna in una sociabilità, come quella illuministica, neppure concepibile senza l'esaltazione del ruolo femminile nel dar senso e interesse a ogni fattispecie del nuovo ozio mondano. Per questo motivo, il capolavoro polemico e satirico della letteratura italiana del Settecento, *Il giorno* di Giuseppe Parini[13], dev'essere letto – come testimonianza storica – tutto in contrappunto. Concepito e ambientato da Parini nella società nobiliare di Milano, il poemetto, suddiviso in parti variamente scritte e rifatte per oltre un trentennio a partire dai primi anni sessanta, non risulta alla fine un organismo del tutto coerente e compiuto; ciononostante, il contenuto è molto chiaro. Nella figura del «giovin signore» che ne è il protagonista, il poeta ha messo sotto accusa un ceto nel suo insieme, la nobiltà oziosa, privilegiata, costosa e inutile per la società; ma in questo quadro a tutto tondo egli ha riservato alla particolare pratica del cicisbeismo, come fenomeno tipicamente nobiliare, un posto centrale e dominante. Il «giovin signore», celibe, è infatti il cavalier servente di una dama maritata: «la pudica d'altrui sposa a te cara»[14], come Parini la definisce mordacemente, rivolgendosi al suo eroe negativo in un verso che torna più volte quasi invariato nel poema[15].

Il giovin signore comincia a pensare alla sua bella fin dal proprio tardo e lento risveglio, conseguenza di una notte di festa e di gioco, e con-

[12] Carmen Martín Gaite, *Usos amorosos del dieciocho en España*, Madrid, Madrid, Siglo XXI de España, 1972.

[13] Giuseppe Parini, *Il giorno*, edd. Dante Isella/Marco Tizi, 2 vol., Parma, Fondazione Bembo/Guanda, 1996.

[14] Parini, *Il giorno*, «Il mattino», vol. 1, v. 682.

[15] Cf. ibid., vol. 1, v. 744, 822 e 928.

tinua a farlo durante la propria elaborata toeletta, che comprende l'intervento di un parrucchiere di grido e si conclude con un abbigliamento ispirato all'ultima moda di Francia. Egli si reca quindi in casa della dama, dove pranza sedendole accanto e flirtando con lei apertamente in tutta naturalezza davanti all'indifferente marito, del resto forse a sua volta cavalier servente di un'altra donna. Il giovin signore, che ha anche il diritto di dare ordini ai servi di questa casa altrui, controlla che alla dama vengano portati i cibi che più le piacciono, e poi le serve personalmente il caffè durante la brillante ma superficiale conversazione che segue il pranzo. S'interessa quindi che vengano preparati la carrozza e i cavalli per il passeggio, e nell'attesa intrattiene la dama giocando con lei a tric trac, una specie di complicato *backgammon*. Nel pomeriggio, preso congedo dal marito, l'accompagna in una visita, e quindi al corso, dove entrambi intrecciano dialoghi galanti con altre dame e cavalieri, ma possono poi anche approfittare dei momenti d'intimità concessi loro al calar delle tenebre dalla riservatezza della carrozza. Infine è sempre il «giovin signore», e non il marito, ad accompagnare la dama a un lussuoso ricevimento in un palazzo il cui salone è stato allestito con tavoli per le carte e altri giochi di società, dal quale la ricondurrà poi a casa a notte fonda, chiudendo così il ciclo della giornata. Tutto *Il giorno* è costantemente animato da uno spirito polemico aspro e sprezzante, disciplinato con grande maestria nelle forme imposte da un codice letterario classicistico.

Naturalmente non si deve confondere Parini con Bellati o Fagiuoli, e non solo sotto il profilo della qualità letteraria: Parini non era semplicemente un passatista, e anzi nel *Giorno*, come nel precedente suo *Dialogo sopra la nobiltà*, la nostalgia per il buon tempo antico assumeva qua e là tratti quasi russoviani.[16] Di certo, egli non era però in grado di apprezzare il nesso funzionale fra cicisbeismo, ozio, libertà femminile e civiltà dei Lumi. La sua schietta reazione all'ozio del giovin signore, in apertura del *Mattino*, la prima parte del poemetto, in cui il suo poltroneggiare fra le coltri è contrapposto all'alacre risveglio del contadino e dell'artigiano fin dalle prime luci del'alba, corrisponde alla rappresentazione negativa di ogni aspetto della sociabilità illuministica, di cui Parini sottolinea sempre il rischio di futile dispersione di energie e facile

---

[16] Vedi in proposito le osservazioni di Claudio Donati, *L'idea di nobiltà in Italia. Secoli XIV-XVIII*, Roma/Bari, Laterza, 1988, 348 sq.

scivolamento nella corruzione, specie sessuale, senza mai riconoscerne il ruolo positivo di incivilimento.

Vedremo più avanti che il suo grande contemporaneo Goldoni non condivideva quest'attitudine radicalmente ostile. E in generale non la condividevano coloro che colsero il rapporto necessariamente esistente fra presenza femminile (e dunque ruolo dei cavalier serventi) e ingentilimento delle relazioni sociali, un'accoppiata che presupponeva la valorizzazione dell'ozio, nel senso che ho definito qui sopra. Per fare un esempio, verso la fine di questa stagione culturale, nel 1790, uno scrittore italiano filoilluminista e più tardi giacobino, Giuseppe Compagnoni, diede una ricostruzione insieme entusiastica e acuta della funzione civilizzatrice che la frequentazione fra i due sessi aveva avuto negli ultimi cento anni della storia d'Europa. Rispondendo a una lettera del commediografo Francesco Albergati Capacelli che deprecava la corruzione dei matrimoni moderni, in cui la costanza era stata sopraffatta dall'infedeltà, tanto che «nei passeggi o ne' pubblici ridotti» non si usava più indicare una donna come «la moglie del tale», ma come «la donna servita dal sig. tale», Compagnoni gli rimproverava «una filosofia piuttosto spartana», per lanciarsi poi in una perorazione appassionata in favore della galanteria come elemento integrante del progresso della civiltà, un progresso a torto accusato di aver rammollito i costumi, e invece consistente nel raffinamento della cultura e nel miglioramento delle condizioni materiali della vita:

Non si conoscevano che partiti e fazioni. I tradimenti, le stragi erano cose famigliarissime. I matrimoni [...] non servivano sciaguratamente che a consolidare l'inondante calamità. [...] Violenza, ebrietà, e sfrenata libidine, ecco il costume di que' tempi. Una barbara gelosia teneva allora schiave le donne, e serrate nei più nascosti appartamenti di casa. [Ma poi] una felice rivoluzione è venuta [...]. Noi crediamo fermamente che le donne abbiano ai piaceri della virtù lo stesso diritto che v'abbiamo noi. Noi perciò abbiamo loro aperto l'adito agli spettacoli d'ogni genere, alle pubbliche comparse, ai ridotti, ai caffè, alle conversazioni, alle accademie. [...] Voi vedete così che non più, come successe un giorno, sospetti i più leggieri fanno fra noi né versar sangue, né macchinar tradimenti, né suscitare disordini Io riguardo la galanteria europea come uno de' più forti nodi sociali: io attribuisco ad essa e la pacifica tranquillità che regna nelle città nostre, e la stima, i riguardi, i soccorsi scambievoli, che le famiglie e i cittadini si prestan fra loro. [...] La galanteria nel suo oggetto generale non contiene che un piano d'uffizi scambievoli atti di lor natura a cementare negli animi la concordia e la beneficenza. [...] Abbiamo messo in due fogli di stampa quello che non si raccoglie in dieci de' loro pesanti volumi. Quello che delle opere di spirito io dico, ditelo d'ogni genere d'arti. Osservate i vecchi camini di certi palazzi, le sedie d'appoggio, e tali altre masserizie domestiche. Confrontatele con quelle che forniscono il vostro gabinetto; e poi pronunziate fra le robuste generazioni passate, e la presente ammollita e debole. Se v'è un'arte per ben vivere, il nostro secolo la possiede sicuramente[17].

Una testimonianza femminile

Nella seconda parte del mio intervento proporrò un esempio concreto della vita vissuta da una dama nobile che a fine Settecento è stata una grande protagonista dell'ozio socievole dell'età dell'Illuminismo. L'esempio mi pare tanto più interessante perché questa donna fu tutt'altro che un'accesa progressista, e anzi all'avvento della Rivoluzione e al suo arrivo in Italia dimostrò senza mezzi termini il proprio attaccamento all'ordinamento cetuale della società di Antico Regime. Ciò non le ha per nulla impedito di condurre una vita affatto dissimile da quella di Bona Ruschi, o di qualsiasi altra seguace del modello della «donna forte» dei *Proverbi.*

Si tratta di Luisa Palma, una nobildonna di Lucca, moglie di uno dei più importanti e influenti suoi concittadini, Lelio Mansi. Luisa ci ha lasciato una testimonianza di eccezionale interesse: un diario – scritto in francese, la lingua principe della conversazione – che sotto il titolo *Memoires ou Notices à l'usage de Louise Palma Mansi* copre gli anni dal 1791 al 1823, e dunque anche il periodo dei rivolgimenti politici a cavallo dei due secoli. I *Memoires* sono un testo davvero prezioso: quattro tomi manoscritti, per un totale di circa 900 pagine, di registrazione quotidiana, attenta, puntigliosa, maniacalmente precisa, degli appuntamenti della vita sociale dell'autrice, che documenta così gli incontri, divertimenti e feste di una nobiltà cittadina italiana fra fine dell'Antico Regime, periodo francese e Restaurazione. Qui mi concentrerò soprattutto sui primi, fittissimi tomi, che riguardano il decennio finale del Settecento, alla vigilia della caduta della Repubblica oligarchica di Lucca per opera dei Francesi nel 1799.[18] Proprio il fatto che i *Memoires* non siano lo sfogo di un'anima nel senso russoviano ma una cronaca di vita sociale, prevalentemente scritta con il calore umano di un atto notarile,

---

[17] Giuseppe Compagnoni/Francesco Albergati Capacelli, *Lettere piacevoli se piaceranno. Tomo Primo e forse Ultimo*, Modena, Società tipografica, 1791, 63 e 77-94.

[18] I *Memoires* sono conservati nell'Archivio di Stato di Lucca, *Arnolfini*, 191. Li citerò qui di seguito nel testo, con l'indicazione del tomo in numeri romani e della pagina in numeri arabi. Per maggiori dettagli, e per le vicende dopo il 1799, vedi Roberto Bizzocchi, «Vita sociale, vita privata in un diario femminile fra Sette e Ottocento», in: *Genesis. Rivista della Società Italiana delle Storiche*, 3,1 (2004), 125-167.

ne fanno una testimonianza molto attendibile sulla natura, il rilievo e le implicazioni della conversazione; anche sul ruolo che vi svolgeva il cicisbeismo, perché l'accompagnatore abituale di Luisa Palma nei suoi impegni mondani, ora in sostituzione ora in aggiunta al marito, fu il suo cavalier servente, un altro nobile lucchese, celibe come il «giovin signore» di Parini, di nome Costantino de' Nobili.

È l'agenda della sociabilità documentata dai *Memoires* che giustifica il mio titolo sulla *frenesia dell'ozio*: il ritmo sostenuto da Luisa – di pranzi, cene, feste, ricevimenti, balli, conversazioni (strutturate, costose, impegnative: ce n'è una di 70 persone), passeggi in carrozza, villeggiature in campagna (in ville proprie e di amici e parenti) e alle terme dei Bagni di Lucca, ritrovi al Casino dei nobili, in casini privati di gioco, e poi serate musicali, concerti, teatro, teatro d'opera – toglie il fiato. Un esempio:

Les divertissements du Carnaval de cette année 1793 ont consisté en 5 fêtes de bal masqué au Casin, en deux fêtes de bal masqué chez Mr. Aurelio Mansi qu'il a donné à ses dépens, en 4 fêtes du bal au Casin pour les Dames, en 2 fêtes de bal masqué au Théatre Panthère, et en 6 conversations, chez Mme Chelli, Mme Bottini, Mme Cenami, Mme Bernardini, Mme Guinigi, et Mme Trebiliani. [...] J'ai été à toutes les fêtes qu'on a donné dans le Carnaval, excepté à une au Casin après minuit. (I, 44)

La frenesia può, alla lettera, schiantare. Luisa aveva una tempra d'acciaio per reggere la fatica di tutti questi divertimenti; ma è lei stessa a riferire nel suo diario, qualche giorno dopo, che la signora Chelli, la quale aveva partorito da poco, finì poi addirittura col morire, «d'un mal à la gorge que les medecins n'ont pas connu, et qu'ils ont atribué aux suites de son accouchement» (I, 45), conseguenze – siamo tentati di commentare – cui andrebbero aggiunte quelle degli strapazzi della mondanità. I lettori dei *Mémoires* di Saint-Simon, o almeno di Auerbach, non possono non ricordare al proposito la straordinaria e straziante narrazione della morte «en couche de son second fils», della ventottenne duchessa di Lorge, «la meilleure femme du monde et la plus folle de tout plaisir, surtout du gros jeu»:

Sa santé, elle n'en faisait aucun compte, et pour sa dépense, elle ne croyait que terre pût jamais lui manquer. Elle était délicate, et sa poitrine s'altérait. On le lui disait; elle le sentait; mais, de se retenir sur rien, elle en était incapable. Elle acheva de se pousser à bout de jeu, de courses, de veilles en sa dernière grossesse. Toutes les nuits, elle revenait couchée en travers de son carrosse. On lui demandait en cet état quel plaisir elle prenait;

elle répondait, d'une voix qui, de faiblesse, avait peine à se faire entendre, qu'elle avait bien du plaisir.[19]

Per fortuna non finiva sempre così male; sicché le eroine dell'ozio frenetico potevano adempiere alla loro missione di sacerdotesse della sociabilità, con tutte le implicazioni che ciò comportava. Attraverso il caso di Luisa Palma ne illustrerò due, entrambe molto importanti. La prima è la partecipazione alla vita teatrale cittadina, e anche la promozione della medesima. Un viaggiatore inglese del Grand Tour particolarmente mal disposto verso l'Italia, il medico Samuel Sharp, scrisse nel 1765 che gli Italiani avevano, fra i loro molti imperdonabili difetti, quello di non ascoltare le opere liriche in teatro:

[...] [I]t is so much the fashion at *Naples*, and, indeed, through all *Italy*, to consider the Opera as a place of rendezvous and visiting, that they do not seem in the least to attend to the musick, but laugh and talk through the whole performance, without any restraint [...].[20]

Sharp, che di solito era di cattivo umore e comunque non capiva l'italiano, ha frainteso il cruciale rapporto fra conversazione e vita teatrale. Certo che nei palchi ci si incontrava, si parlava, e fra l'altro – come avrebbe un po' più tardi visto e praticato ben altrimenti Stendhal – si amoreggiava; ma ciò non impediva di seguire quel che accadeva sulla scena. Per esempio il diario di Luisa Palma dimostra una partecipazione entusiastica e molto competente (Luisa studiava musica e cantava) alle varie forme di spettacolo. Dopo aver assistito il 5 settembre 1795 a una rappresentazione del *Matrimonio segreto* di Cimarosa, creato tre anni prima, ne definì «superbe» la musica (I, 140). Non si lasciò sfuggire un concerto del violinista Rodolphe Kreutzer durante la sua tournée italiana del 1797, qualche anno prima della dedica della sonata di Beethoven (II, 107-9). E come ascoltatrice molto preparata lasciò spesso dei commenti che meriterebbero di essere approfonditi dagli specialisti quali segnali eloquenti di un'evoluzione in corso del gusto e della sensibilità musicale. Recatasi apposta a Firenze nel 1797 col marito e il cavalier servente per ascoltare un recital del soprano inglese Elizabeth Billington, non ne apprezzò senza riserve il virtuosismo: «elle étonnoit, mais ne touchoit point le cœur» (II, 68-9). Quattro anni più tardi ebbe una

[19] Citato in Erich Auerbach, *Mimesis. Il realismo nella letteratura occidentale*, vol. 2, Torino, Einaudi, 1967, 187 sq.

[20] Samuel Sharp, *Letters from Italy describing the customs and manners of that country, in the years 1765 and 1766*, 2° ed., London, Cave, 1767, 78.

reazione simile di fronte all'esibizione lucchese del giovane Paganini: «Il joue très bien, et execute les choses les plus difficiles avec une dexterité, et une precision qui le caracterisent pour un grand Professeur, quoiqu'il soit encore très jeune, mais il lui manque jusqu'à présent l'art d'emouvoir le cœur» (III, 38). Aggiungo che un'analisi minuziosa dei *Memoires* permetterebbe di raccogliere numerose informazioni sulla pratica della *Hausmusik*, diffusa a Lucca tramite il sistema delle *benefiziate*, che serviva sia a incoraggiare la partecipazione di nobili dilettanti che a patrocinare con un aiuto economico gli inizi di carriera di qualche promettente giovane professionista.

Un discorso anche più lungo meriterebbero le cronache teatrali di Luisa Palma, perché attraverso il suo diario si concretizza un'idea che viene ispirata dalla lettura di Goldoni, o meglio dall'immagine che ci si può fare della realtà delle messe in scena delle sue commedie in teatro. Luisa era un'assidua frequentatrice di commedie, di Goldoni e di altri, sia a Lucca che nelle città vicine: una conferma di come l'ozio socievole femminile non sia stato solo spettatore ma anche attore di un cambiamento cruciale del teatro italiano del Settecento circa la condizione della donna.[21] Personalmente ritengo che si disegni nel percorso comico goldoniano, dal punto di vista della sociabilità specie femminile, una parabola di sviluppo dalle posizioni più conservatrici ancora molto influenti nelle prime commedie coi Pantaloni (es. *L'uomo prudente*, 1748) ai grandi capolavori della «conversazione onesta», onesta sì ma in un senso ormai molto diverso da quello biblico di Fagiuoli e Bracci Cambini. Gli «adorateurs de l'ancienne simplicité»[22], come Goldoni stesso li chiamerà ironicamente nei *Mémoires* compiacendosi che siano spariti dal mondo, erano appunto stati già messi in scena sotto l'etichetta di *Rusteghi* (1760), cioè nemici della mondanità 'oziosa'. Il famoso dialogo fra Simon e Lunardo (atto III, scena 1) sul convento che sarebbe per le rispettive mogli più divertente della loro vita in casa noi lo leggiamo, ma bisogna sforzarsi di ricollocarlo nel contesto: esso era rappresentato davanti a un pubblico in buona parte femminile, che – nonché chiudersi in convento – era appunto uscito di casa a ingentilire e vivacizzare la serata in teatro, e che la sociabilità illuministica metteva in condizione

[21] Molti elementi al proposito nel libro di Robert Fajen, *Die Verwandlung der Stadt. Venedig und die Literatur im 18. Jahrhundert*, Paderborn, Wilhelm Fink, 2013.

[22] Carlo Goldoni, *Mémoires*, in: id., *Tutte le opere*, edd. Giuseppe Ortolani, 14 vol., Milano, Mondadori, 1935-1956, vol. 1 [1935], 393.

di essere necessario 'coautore' dello sviluppo ideologico e teatrale goldoniano.

L'altra implicazione dell'ozio socievole ben evidenziato dal diario di Luisa Palma è più immediatamente e schiettamente politica. La vita mondana non si svolgeva in modo casuale e disordinato, ma secondo regole precise, a cominciare da quelle che governavano l'attribuzione, e a Lucca la rotazione, dei palchi a teatro. Lucca era una repubblica aristocratica indipendente, dove il potere, le responsabilità e il prestigio erano attentamente dosati e suddivisi, anche nelle loro manifestazioni più visibili. Ebbene, la sociabilità mondana non era semplicemente il riflesso, ma una componente essenziale di questo complicato sistema. Ciò valeva verso l'esterno: quando un forestiero importante veniva a Lucca, era il Consiglio di governo che incaricava un nobile, e ovviamente una nobile, di fare gli onori di casa, «servire», come si diceva usando non a caso la stessa espressione che indica il cavalier servente. Le testimonianze dei *Memoires* al riguardo sono innumerevoli.

Ma soprattutto, all'interno della nobiltà lucchese, oltre al gioco di ripartizione dei palchi teatrali, le feste e i ritrovi che abbiamo visto praticati con frenesia da Luisa obbedivano a norme fisse di riconoscimento di parità di grado e reciprocità di inviti, e in tal modo costruivano anche sul terreno della vita mondana la solidarietà del ceto di governo. (La nostra irriflessa idea di spontaneità del divertimento è antropologicamente ingenua). Nei *Memoires* quelle norme tendono a restare implicite proprio perché introiettate come scontate; però vi si intuiscono, e tanto meglio se messe a confronto con un testo circa coevo, tanto più esplicito quanto più esterno. Esterno ma informato: lo si deve infatti a un prete, Jacopo Chelini, che era al servizio di una casa nobile lucchese, i Sardini. Riesumando nel 1804, in un tono di rimpianto per i bei tempi della defunta Repubblica oligarchica, le *Costumanze lucchesi nel tempo dell'aristocrazia*, Chelini dichiara e spiega ciò che nella Palma compare in atto. Le famiglie del ceto di governo si riunivano in due *camerate d'unione*, non due partiti, ma due mezzi di distribuzione dei ruoli pubblici, che si manifestavano prima di tutto nei ricevimenti mondani, determinati da una logica ferrea di scambio e riequilibrio:

Davasi talora il caso che il signor A ne' tempi trascorsi aveva per amicizia dato un festino alla signora C in occasione che maritò una sua figlia: accadeva adesso che in casa del signore A vi entrava una sposa, ed era allora il caso che il signor C, sebbene non vi fosse né parentela né intrinseca amicizia, per obbligo di restituzione dar dovea un festino. [...] Le camerate di unione erano esse pure a turno, ed i capi delle camerate tenevano un registro esatto di quelle case che le avevano fatte, onde l'anno avvenire potessero farlo sapere per tempo a quelle case a cui toccava. [...] La padrona di casa che dava la veglia, in compagnia di qualche sua parente co' rispettivi cavalier serventi, stava presso la porta della prima camera dell'appartamento, a ricevere e complimentare le dame che co' loro amici intervenivano.[23].

I rilievi di Chelini aiutano a cogliere il senso delle tante cronache che nel diario di Luisa Palma confermano senza esprimerla apertamente l'esistenza di regole sulla base delle quali e a partire dalle quali si doveva intrattenere e si poteva limitatamente e convenzionalmente allargare una rete di rapporti. Eccone un esempio, risalente al gennaio 1796:

Le jour 25 du même j'ai fait mon festin pour Mme Anne Arnolfini Mansi. Je l'ai fait particulierement pour Mme Catherine Mansi, mais je l'ai offert encore à Mme Arnolfini, quoique je ne fusse obligée à le faire ni pour l'une, ni pour l'autre. J'ai mis 14 tables de jeu y compris trois premieres, mais il auroit fallu en metre 16 que je n'ai pu mettre parce que je n'y avois pas assez de place. J'ai envoyé le sorbet à ma Tante de S. Giustina, et alle Luciani, alle Trenta, et alla Poggi de S. Giovannetto. (I, 162)

Fine di un modello

Nell'Italia del Settecento il modello istituzionale della repubblica aristocratica, che concerneva oltre a Lucca città dell'importanza di Venezia e Genova, era affiancato da quello principesco, proprio delle città dove esistevano una dinastia regnante e una corte Qui l'ozio mondano si strutturava e manifestava in altri modi; ma la sociabilità, e in particolare femminile, vi era pure – anche a maggiore ragione – regolata e politicamente significativa. Farò, rapidamente, il caso di Torino e della corte sabauda. I ricevimenti regi, come per esempio quelli organizzati nel 1730 dalla corte per la fiera di Alessandria chiariscono che la presenza di un potere monarchico determinava secondo calcoli di opportunità diplomatica gli accoppiamenti fra le dame e i loro occasionali serventi diversi dai mariti. Ne abbiamo notizia dal curioso resoconto dell'ambasciatore francese Louis-Augustin Blondel, il quale nonostante fosse stato assegnato a una dama diciottenne da lui stesso definita «très-belle», sembra non abbia mancato di stancarsene: «Cette corvée dura huit

[23] Le *Costumanze* sono state pubblicate da Raffaella Bocconi, *La società civile lucchese del Settecento*, Lucca, Artigianelli, 1940, per la citazione vedi 24-35.

jours, et je fus très content quand elle fut finie et que Madame m'eut donné mon bon servi [...]»[24].

Anche l'attività dei salotti nobiliari era controllata dall'alto: per esempio il principale di Torino, quello della contessa di Saint-Gilles, fungeva come una sorta di anticamera del palazzo reale, per presentarvi i forestieri che poi sarebbero stati ricevuti in corte. Può darsi che questa gestione molto autoritaria dell'ozio socievole lo rendesse alquanto compassato rispetto ai casi di Lucca o Genova, per non dire di Venezia, o anche rispetto ai casi di città, quali Milano e Firenze, non più repubblicane ma con una perdurante, forte tradizione cetuale. Una ragazza molto vivace, la famosa Giustiniana Wynne protagonista di un episodio delle memorie di Casanova, trovò nel 1757 la galanteria torinese «malissimo condotta»[25]. Ma più tardi anche Edward Gibbon giudicò la conversazione dalla Saint-Gilles «triste et petite» e concluse sentenziando: «Turin n'est pas la ville des amusements.»[26] Comunque sia, a parte le differenze fra le configurazioni dell'ozio e della sociabilità nobiliari in questa o quella città d'Italia, l'arrivo dei Francesi scompaginò dovunque anche questo aspetto della vita d'Antico Regime. La trattazione delle conseguenze di un simile radicale cambiamento esula dai propositi e dai termini cronologici del nostro colloquio. Ma vale almeno la pena citare, abbreviandolo un poco, il primo articolo del primo fascicolo del principale giornale del Triennio democratico dedicato alle donne, la *Vera Repubblicana*, pubblicato a Torino fra dicembre 1798 e gennaio 1799. L'autore si rivolge alla dama galante della nobiltà prerivoluzionaria:

> Sono stanco di vedervi tutto il giorno oziosa, e solamente occupata nell'addobbarvi. La vostra vita è un ammasso continuo di nulla. [...] Alla mattina, svegliata che siete, il che succede assai tardi, vi fate servire in letto di caffè o di cioccolato secondo la varietà delle stagioni. [...] Calata dal letto col seno semi-ignudo, e in atteggiamento che darebbe scandalo alla stessa impudica Venere, ricevete le ambasciate amorose, e passando alla toeletta vi piace la compagnia del cicisbeo. [...] Finita la cincinnatura e il dispendioso ingrassamento del finto o del vero crine, passate a filosofare sull'abbigliamento, che non finisce mai. [...] La cameriera è stucca, il damerino aspetta: il mezzogiorno è vicino, bisogna uscir di casa. Per dove? Se si può, al passeggio. [...] Finito il passeggio si va a pranzo. Dopo il pranzo, se d'estate, un sognetto non farà male finché ritorni il vostro

[24] Louis-Augustin Blondel, «Memorie aneddotiche sulla corte di Sardegna», edd. Vincenzo Promis, in: *Miscellanea di Storia italiana*, vol. 13, Torino 1871, Bocca, 522-524.

[25] Cito da Andrea di Robilant, *Un amore veneziano*, Milano, Mondadori, 2003, 14.

[26] Edward Gibbon, *Journey*, edd. Georges A. Bonnard, London, Nelson, 1961, 20. Per il controllo sovrano sulla sociabilità nobiliare piemontese è prezioso il libro di Andrea Merlotti, *L'enigma delle nobiltà. Stato e ceti dirigenti nel Piemonte del Settecento*, Firenze, Olschki, 2000.

Adone. Felice lui se può trovarvi semi-immersa nel sonno! allora voi fingete di non sentire, ed egli ha tutto il tempo di contemplare le vostre languide attrattive. [...] Se non avete denari bisogna giuocare, affinché il damerino col pretesto del giuoco somministrar possa convenientemente il necessario pel vostro lusso. Finito il giuoco, al passeggio; dal passeggio al teatro, dal teatro a cena, da cena a letto. [...] Ditemi: non avete voi marito? Certamente, mi rispondete. Perché dunque trasandate con gravissimo scandalo della società i doveri coniugali? Non avete voi prole? Certamente, mi rispondete: perché dunque non curate un dovere sì sacrosanto qual è quello della educazione? Non avete voi persone utili a vostra spesa? Certamente, mi rispondete: perché dunque non vegliate sulla loro condotta? [...] Il marito, i figli, i domestici sparlano di voi, e voi nol sapete. Dicono che volete far la *polla*, e siete gallina vecchia; dicono che sedete troppo a lungo sul sofà col vostro damerino al fianco e che troppo spesso lo ricevete anche dal letto; dicono ch'egli comanda più di chi deve comandare; dicono insomma... E' questo il sistema di vita di una donna repubblicana, cioè virtuosa? Eccovi un terribile dilemma: o voi vi convertite, o ch'io paleso al pubblico il vostro nome. Voi arrossite... Questo rossore può esser figlio della virtù. Dunque bisogna cambiar metodo[27].

Come in un severo controcanto, che riprendeva in una chiave tutta nuova le antiche proteste dei nostalgici della donna biblica, le occupazioni di una dama del bel mondo venivano additate alla riprovazione della morale repubblicana nella ferma determinazione di rigenerare le virtuose matrone di Sparta o di Roma. Noi continuiamo a chiamarle occupazioni, in quanto riempivano la giornata delle protagoniste e dei protagonisti della sociabilità settecentesca, che era anche un aspetto della civiltà dei Lumi. Ma l'articolo s'intitola – e certo usando la parola in tutt'altro senso da quello fin qui adottato – *L'ozio*.

Bibliografia

1. Fonti primarie

Archivio di Stato di Lucca, *Archivio Tucci, Carte Cittadella*.
Archivio di Stato di Lucca, *Arnolfini*, 191.
Blondel, Louis-Augustin, «Memorie aneddotiche sulla corte di Sardegna», edd. Vincenzo Promis, in: *Miscellanea di Storia italiana*, vol. 13, Torino 1871, 459-693.
Compagnoni, Giuseppe/ Albergati Capacelli, Francesco, *Lettere piacevoli se piaceranno. Tomo Primo e forse Ultimo*, Modena, Società tipografica, 1791.
Fagiuoli, Giovanni Battista, *Commedie*, 7 vol., Firenze, Moücke, 1734-1736.

[27] *La vera repubblicana*, Morano, Torino, dicembre 1798, 5, 7 sq., 10-13, 20, 22, 23 sq., 35, 39. Fondamentale in proposito il saggio di Elisa Strumia, «Un giornale per le donne nel Piemonte del 1799: *La vera repubblicana*», in: *Studi Storici*, 30 (1989), 917-946.

Gibbon, Edward, *Journey*, edd. Georges A. Bonnard, London, Nelson, 1961.
Goldoni, Carlo, *Tutte le opere*, edd. Giuseppe Ortolani, 14 vol., Milano, Mondadori, 1935-1956.
La vera repubblicana, Morano, Torino, dicembre 1798.
Parini, Giuseppe, *Il giorno*, edd. Dante Isella/Marco Tizi, 2 vol., Parma, Fondazione Bembo/Guanda, 1996.
Sharp, Samuel, *Letters from Italy describing the customs and manners of that country, in the years 1765 and 1766*, 2° ed., London, Cave, 1767.

2. Fonti secondarie

Auerbach, Erich, *Mimesis. Il realismo nella letteratura occidentale*, 2 vol., Torino, Einaudi, 1967.
Bizzocchi, Roberto, *In famiglia. Storie di interessi e affetti nell'Italia moderna*, Roma/Bari, Laterza, 2001.
Bizzocchi, Roberto, «Vita sociale, vita privata in un diario femminile fra Sette e Ottocento», in: *Genesis. Rivista della Società Italiana delle Storiche*, 3,1 (2004), 125-167.
Bizzocchi, Roberto, *Cicisbei. Morale privata e identità nazionale in Italia*, Roma/Bari, Laterza, 2008.
Bocconi, Raffaella, *La società civile lucchese del Settecento*, Lucca, Artigianelli, 1940.
Brambilla, Elena, «Sociabilità e opinione pubblica nell'Europa moderna», in: Id., *Sociabilità e relazioni femminili nell'Europa moderna*, Milano, Franco Angeli, 2013, 17-78.
Brunner, Otto, «La casa come 'complesso' e l'antica 'economica' europea», in: Id., *Per una nuova storia costituzionale e sociale*, a cura di Pierangelo Schiera, Milano, Vita e Pensiero, 1970, 133-164.
Carter, Philip, *Men and the emergence of polite society, Britain 1660-1800*, London, Longman, 2001.
Donati, Claudio, *L'idea di nobiltà in Italia. Secoli XIV-XVIII*, Roma/Bari, Laterza, 1988.
Fajen, Robert, *Die Verwandlung der Stadt. Venedig und die Literatur im 18. Jahrhundert*, Paderborn, Wilhelm Fink, 2013.
Guerci, Luciano, *La sposa obbediente. Donna e matrimonio nella discussione dell'Italia del Settecento*, Torino, Tirrenia, 1988.
Hazard, Paul, *La crise de la conscience européenne*, Paris, Fayard, 1995.
Lai, Piero/Menichelli, Anna Maria, *Costume e società nei giochi a stampa di Giuseppe Maria Mitelli*, Perugia, Electa, 1988.
Martín Gaite, Carmen, *Usos amorosos del dieciocho en España*, Madrid, Siglo XXI de España, 1972.
Merlotti, Andrea, *L'enigma delle nobiltà. Stato e ceti dirigenti nel Piemonte del Settecento*, Firenze, Olschki, 2000.
Niccoli, Ottavia, *Storie di ogni giorno in una città del Seicento*, Roma/Bari, Laterza, 2000.
Robilant, Andrea di, *Un amore veneziano*, Milano, Mondadori, 2003.
Strumia, Elisa, «Un giornale per le donne nel Piemonte del 1799: *La vera repubblicana*», in: *Studi Storici* 30 (1989), 917-946.

RUDOLF BEHRENS / ESTHER SCHOMACHER

Gli oggetti dell'ozio, l'immaginario sociale e gli affetti nella Trilogia della villeggiatura di Carlo Goldoni

1. Ozio, teatralità e auto-controllo[1]

Nella sua *Trilogia* del 1762, Goldoni conferisce alla villeggiatura il carattere di uno spazio eterotopico. Questo è costituito dal trasferimento della vita civile cittadina della bassa nobiltà e dell'alta borghesia dalla città alla campagna, come già accade in varie commedie degli anni cinquanta del Settecento. Pertanto, questo spazio eterotopico della villeggiatura rappresenta anche – come il carnevale – un tempo dell'eccezione, nel quale le norme vincolanti della vita economica e sociale vengono sospese e relativizzate all'insegna dell'ozio, del divertimento e della ricreazione, e precisamente in modo tale che la villeggiatura rispetto alla normale vita cittadina venga intesa come una liberazione. I personaggi di Goldoni lo rappresentano in ogni caso così quando ne parlano. Ma questa eccezione, come ogni trasgressione culturale, è connessa in maniera molto stretta con le regole sociali della vita cittadina; sembra addirittura consolidare questa normalità e metterla maggiormente in evidenza proprio tramite le negazioni ludiche.[2] Così l'eterotopia riflette lo spazio della città come uno specchio deformante che, tramite una messa a fuoco variabile, rende evidente qualcosa di totalmente diverso da ciò che i villeggianti, nel loro progetto annuale di *otium* organizzato, cercano o sperano di trovarvi. Quest'eterotopia rivela invece gli abissi e le fratture dei rapporti sociali, le preoccupazioni per il futuro finanziario e le contorsioni dei sentimenti dei villeggianti.[3]

---

[1] Ringraziamo la dott.ssa Enrica Cintio per la traduzione della maggior parte del testo; per l'assistenza linguistica e stilistica nell'ultima fase della redazione ringraziamo anche la dott.ssa Carol Ciarli.

[2] Quest'interferenza di funzioni sia economiche che dilettevoli e allo stesso tempo sociali e (auto-)riflessive è stata notata da Robert Fajen, *Die Verwandlung der Stadt. Venedig und die Literatur im 18. Jahrhundert*, Paderborn, Wilhelm Fink, 2013, 224.

[3] La *Trilogia* rappresenta, così, in un modo molto ironico, una prassi sociale che nel Settecento veniva già considerata come un fenomeno di decadenza. Per una lettura della *Trilogia* sullo sfondo di questo contesto storico-culturale cf. Michele Bordin, «Fra 'negozio' e 'villa'. Crisi della morale borghese dal *Prodigo* alla trilogia della *Villeggiatura*», in: *Problemi di critica goldoniana* 2 (1995),

Dal punto di vista storico, la concezione goldoniana della villeggiatura può essere definita una messa in scena della decadenza. Nel Cinquecento e nel Seicento la villa e la villeggiatura erano ancora parte di un sistema economico ed etico di rigenerazione. Appartenevano all'*oikos* e per un certo periodo dell'anno univano le famiglie cittadine dei grandi proprietari terrieri alle tenute agricole delle cui rendite vivevano.[4] Numerosi poemi hanno idealizzato questa pausa arcadico-idillica nel territorio dell'Italia settentrionale come una periodica simbiosi con la natura, sebbene essa de facto servisse anche al controllo della famiglia e della sua attività agricola. In questa stagione gli investimenti precedentemente effettuati si tramutavano pur sempre in profitto, quindi in quella sostanza che permetteva ai possidenti di vivere in città, ovvero in denaro.[5]

133-182; id., «"Figurare nel mondo". La trilogia della villeggiatura o la commedia del desiderio», in: *Problemi di critica goldoniana* 3 (1996), 199-281; sempre importante il contributo ormai classico di Nicola Mangini, «Il tema della villeggiatura nel teatro goldoniano», in: Id., *La fortuna di Goldoni e altri saggi goldoniani*, Firenze, Le Monnier, 1965. La diagnosi di un'imminente crisi della tradizione della villeggiatura è legata alla storia della Repubblica di Venezia nell'età dell'Illuminismo, di solito definita come storia del tramonto della Serenissima. Cf. Massimo Petrocchi, *Il tramonto della Repubblica di Venezia e l'assolutismo illuminato*. Venezia, La Deputazione editrice, 1950; Marino Berengo, *La società veneta alla fine del Settecento*, Firenze, Sansoni, 1956; Jean Georgelin, *Venise au siècle des Lumières*, Paris/La Haye, Mouton, 1978, e il volume di Girolamo Arnaldi/Manlio Pastore Stocchi (eds.), *Storia della cultura veneta*, vol. 5,1: *Il Settecento*, Vicenza, Neri Pozza, 1985. Nel suo recente studio Robert Fajen sviluppa una prospettiva più vasta sugli sconvolgimenti dell'(auto-)percezione quasi narcisistica della città lagunare leggendoli come sintomi di una profonda «crisi d'identità», cf. Fajen, *Die Verwandlung der Stadt*, 64.

[4] Per la storia culturale della villeggiatura specificamente veneziana si veda, ibid., 223 sq. Vorremmo qui accennare anche a lavori che forniscono punti di riferimento importanti per la ricerca proprio in una prospettiva storica più vasta; cf. Pompeo Molmenti, *La storia di Venezia nella vita privata. Dalle origini alla caduta della repubblica*, vol. 3: *Il decadimento*, Trieste, Lint, 1981; Giuseppe Gullino, «Quando il mercante costruì la villa. Le proprietà dei Veneziani nella Terraferma», in: Gaetano Cozzi/Paolo Prodi (eds.), *Storia di Venezia. Dalle origini alla caduta della Serenissima*, vol. 6: *Dal Rinascimento al Barocco*, Roma, Istituto della Enciclopedia italiana, 1996, 875-924; Gian Maria Varanini, «Proprietà fondiaria e agricola», in: Alberto Tenenti/Ugo Tucci (eds.), *Storia di Venezia. Dalle origini alla caduta della Serenissima*, vol. 5: *Il Rinascimento. Società e economia*, Roma, Istituto della Enciclopedia italiana, 1996, 807-879. La tensione tra gli aspetti centrali della villeggiatura – l'aspetto della distribuzione o diffusione della città, quello del rispecchiamento del suo ordine culturale e sociale e quello della ricreazione e del passatempo – è colta da Robert Fajen nella metafora molto confacente di una «Zerstreuung der Stadt», cf. Fajen, *Die Verwandlung der Stadt*, 224.

[5] Ciò si rispecchiava, non da ultimo, nell'architettura della villa. L'habitus della signoria si mostra in modo addirittura esemplare nella famosa Villa Rotonda di Palladio nelle vicinanze di Vicenza, ma esso si manifesta in una maniera un po' più discreta anche nei più modesti edifici situati lungo il Brenta o nell'hinterland della Serenissima. La vista proposta dalle terrazze si estende verso i campi e rivela all'osservatore – quindi al possidente, che trascorre là un periodo di riposo, e ai suoi ospiti – il territorio coltivato in qualità di un paesaggio ideale, caratterizzato dal terrazzamento di diverse superfici coltivabili, da strade rurali e da edifici annessi. In questa messinscena del controllo

In ogni caso con la messa in scena della villeggiatura nel teatro goldoniano le prospettive si spostano in modo particolare. Goldoni tematizza quest'usanza veneziana adottata dai ceti sociali più elevati all'interno delle condizioni del suo teatro comico riformato, dunque rappresentando i rapporti sociali tra gli uomini sotto forma di una raffinata teatralità del nascondersi e del mettersi in mostra allo scopo di ottenere diversi vantaggi personali – come ha fatto spesso, in molteplici variazioni, in altre sue commedie strutturate nei modi più svariati.[6] Così la villeggiatura goldoniana, ormai totalmente priva delle sue funzioni economiche originarie, diventa una specie di teatro sociale con numerosi palcoscenici e livelli di rappresentazione inscatolati gli uni negli altri come delle matrioske.[7]

In questa messa in scena, un fenomeno stupisce e ci sembra straordinariamente significativo: sono le *cose* di cui i villeggianti si circondano in un modo ossessivo che sembrano svolgere una funzione particolare – e su ciò ci concentreremo in questo nostro contributo. Gli oggetti che strutturano la vita quotidiana della villeggiatura non possiedono più in prima linea la funzione d'uso del godere pragmatico. Le cose – la loro posizione nel discorso sociale, ma alla fin fine anche il loro consumo fantasmatico – funzionano in questo contesto come un 'medium': tramite la disponibilità e il controllo delle cose i personaggi da un lato tentano di realizzare le loro auto-ideazioni e, dall'altro, cercano di catalizzare, accelerare o mitigare le relazioni sociali. Ma questa funzione rimane legata ad un livello quasi teorico e non abbandona lo spazio dei desideri. Per dirlo chiaramente: le nostre riflessioni nascono dall'osservazione che ai personaggi goldoniani sfugga sempre più il controllo su queste dinamiche mediate, per così dire, dalle cose – non solo ma anche perché ai personaggi manca semplicemente una copertura finanziaria per questa ossessione materiale.

---

economico come visione estetica è, però, di per sé già iscritto un momento altamente teatrale. Per il rapporto tra l'architettura della villa e la messinscena di un controllo sociale da parte dei signori, si veda Reinhard Bentmann/Michael Müller, *Die Villa als Herrschaftsarchitektur. Versuch einer kunst- und sozialgeschichtlichen Analyse*, Frankfurt a. M., Suhrkamp, 1971.

[6] Per la teatralità del comportamento dei personaggi goldoniani facciamo qui riferimento allo studio approfondito di Iris Hafner, *Ästhetische und soziale Rolle. Studien zur Identitätsproblematik im Theater Carlo Goldonis*, Würzburg, Königshausen & Neumann, 1994.

[7] Il momento di carattere giocoso e sperimentale si annuncia nella *Trilogia* già attraverso lo spostamento dell'azione – insolito per lo spettatore teatrale veneziano – a Livorno e nell'hinterland livornese. Tramite questo spostamento viene segnalato un distanziamento comico che permette di godere in maniera più libera e non vincolata il momento satirico della rappresentazione di una teatralità in sé strutturata.

Non possiamo qui seguire tutti i complessi intrecci dei tre drammi con le loro numerose diramazioni. Loro coniugano la trama centrale – ruotante intorno alla giovane donna Giacinta e alle sue manovre sentimentali tra Leonardo, il fidanzato non amato, e l'affascinante Guglielmo, gentiluomo un po' libertino e quasi irresistibile – con la trama che è incentrata intorno a suo padre, Filippo, e ad altre due famiglie fino alla loro rovina sia finanziaria che affettiva. Questi intrecci conducono ad una fine fatale producendo un'unione infelice addirittura triplice. Quello che ci interessa sono, piuttosto, i rapporti tra la villeggiatura in quanto tempo «ozioso», le cose e gli affetti nella *Trilogia* goldoniana. In tale contesto sembrano emergere dei legami soprattutto tra tre diversi, ma non indipendenti, livelli di circolazione. Infatti, Goldoni, nel suo mondo teatrale della villeggiatura, collega la circolazione delle cose da un lato alla circolazione degli affetti e dall'altro ad una circolazione del denaro, circolazione che invece è sempre frenata o rischia di crollare. A nostro avviso, dunque, i suoi personaggi falliscono a causa delle mutue interferenze di scambi e dislocazioni di natura emozionale, materiale e monetaria.[8]

2. Introduzioni teatrali

All'inizio del primo atto delle *Avventure della villeggiatura*, dunque all'inizio di quella parte centrale che è dedicata al soggiorno in campagna, la teatralità della villeggiatura trova la sua espressione emblematica in una scena che funziona da *mise en abyme*. Al mattino presto la servitù gioca a rappresentare in piena regola la forma sociale della villeggiatura mentre i signori dormono ancora.[9] Ma questa parodia della villeggiatura non si limita all'ostentazione della teatralità attraverso un raddoppiamento interno alla finzione. Sono infatti Paolino e Brigida, due personaggi appartenenti alla servitù, a pronunciare le parole decisive che pos-

[8] La prospettiva sulla funzione delle cose nella *Trilogia* goldoniana proposta in questa sede è perciò diversa da quella delle altre ricerche finora eseguite sulle 'cose' nel teatro di Goldoni. Sia il lavoro di Rainer Stillers, «Objekt-Sprache. Zum Doppelsinn szenischer Objekte in Komödien Carlo Goldonis», in: *Romanische Forschungen* 103 (1996), 1-20, sia quello di Fritz Peter Kirsch, «Zur Funktion der Objekte in Goldonis Komödien», in: *Italienische Studien* 5 (1982), 53-66, sono incentrati sulla funzione ostentativa e caratterizzante degli oggetti.

[9] Cf. Carlo Goldoni, «Le Avventure della villeggiatura», in: Id., *Trilogia della villeggiatura. Le Smanie per la villeggiatura, Le Avventure della villeggiatura, Il Ritorno dalla villeggiatura*, edd. Franco Fido, Venezia, Marsilio, 2005, 155-243, atto I, scene 1-3, 161-166.

siamo persino prendere come guida per la nostra prospettiva sulla *Trilogia*:

PAOLINO: Così veramente *qualche cosa* si gode. Ma che *cosa* godono i nostri padroni?
BRIGIDA: Niente. Per loro la città e la villa è la *stessa cosa*. Fanno per tutto la medesima vita.
PAOLINO: Non vi è altra differenza, se non che in campagna trattano più persone, e spendono molto di più. [...]
BRIGIDA: Già della roba ce n'è, già la consumano malamente; è meglio che godiamo *qualche cosa* anche noi.[10]

In realtà, dal punto di vista della servitù, lo specifico godimento della villeggiatura consiste ormai nel disporre liberamente *delle cose*. Secondo loro, durante la villeggiatura la vita cittadina viene potenziata solo in quanto viene intensificato il ciclo che prevede il bisogno di oggetti, l'acquisizione di essi e il loro consumo. Perciò questo mondo di un'eccezione tardo-estiva viene governato da scatole, valigie, capi di abbigliamento, carrozze, tavolini da gioco, tovaglie, posate, alimenti, e così via; i percorsi di questi oggetti nel tessuto sociale sembrano dispiegare una considerevole vita propria.[11]

Sullo sfondo di queste osservazioni non sembra essere un caso che le cose all'inizio del primo dramma della *Trilogia*, dunque nelle *Smanie*, caratterizzino proprio il parlare dei personaggi. Già nella primissima scena, in un dialogo tra il mercante Leonardo e il suo servo, domina la parola «cosa», ripetuta per quattro volte nelle prime cinque battute: «Si han da far cento *cose*», «allestire il baule [è] una delle *cose* necessarie da farsi», «ho bisogno di voi per qualche *cosa* di più importante», «è una *cosa* impossibile».[12] Qui naturalmente la parola «cosa» ha una funzione catacretico-metonimica: mira, per così dire, all'astrazione radicale di «qualcosa» che fisicamente difatti non esiste sulla scena. Ma questo massiccio menzionare la cosa, intesa in qualità di oggetto astratto del desiderio, predispone come un preludio ironico il dialogo. Quest'ultimo, infatti, si concentrerà sugli oggetti concreti che i servitori dovranno or-

---

[10] Ibid., atto I, scena 1, 162 (corsivo nostro).

[11] In questo caso gli oggetti non diventano perciò essi stessi i soggetti autonomi dell'azione, come si può notare in alcune novelle dal primo Settecento in poi. Si veda, con un richiamo ad esempio alla *Autobiography of a Pocket-Handkerchief* di James Fenimore Cooper: Michael Niehaus, *Das Buch der wandernden Dinge*, München, Carl Hanser Verlag, 2009, 32 sq.; per l'ambito della letteratura francese si veda Henri Lafon, *Les Décors et les choses dans le roman français du dix-huitième siècle de Prévost à Sade*, Oxford, Voltaire Foundation, 1992.

[12] Carlo Goldoni, «Le Smanie per la villeggiatura», in: Id., *Trilogia della villeggiatura*, pp. 61-153, atto I, scena 1, 67 sq. (corsivo nostro).

ganizzare o procurare: «mantiglie» e «mantiglioni», «cuffie da giorno», «cuffie da notte», «forniture di pizzi, di nastri, di fioretti», «le posate», «due coltelliere», «quattro sottocoppe», «sei candelieri d'argento», «dieci libre di caffè», «cinquanta libbre di cioccolata», «venti libbre di zucchero», «carte da giuoco», «candele di cera».[13]

Da un lato questo «arsenale di roba»[14] è certamente volto a dimostrare la distinzione sociale.[15] Dall'altro le cose si muovono sempre sulla linea di confine tra un sistema economico di scambio dei valori chiuso, nel quale il possesso può essere tramutato in reputazione e la reputazione in possesso, e un'economia del dispendio.[16] In quest'ultima antieconomia dello sperpero, alla base del disporre degli oggetti di lusso e di consumo vi è sempre una trasgressione, ma innanzitutto una negazione dei valori sociali.[17] Compiendo questa trasgressione tramite la spesa, colui che amministra liberamente e senza preoccupazione i beni di consumo esercita la propria sovranità. Egli si libera delle costrizioni sistemiche di un'economia del risparmio e sancisce – almeno in modo figurato – la propria indipendenza.[18] Ma è proprio questo che non riesce più ai villeggianti di Goldoni.

Le cose funzionano infatti, come vedremo, come oggetti in processi immaginativi 'egocentrici', cioè centrati sull'io, sui sentimenti o sul corpo di quelli che immaginano. Questa immaginazione ruota da un lato intorno al desiderio rivolto agli oggetti, al loro godimento e al rinvio di

---

[13] Ibid., atto I, scena 1, 68 sq.

[14] Ibid., atto I, scena 1, 68. Per quanto riguarda l'arredamento 'reale' nelle ville del Settecento si veda Piergiovanni Momento, «La vita in villa», in: Arnaldi/Pastore Stocchi, *Storia della cultura veneta*, vol. 5,1: *Il Settecento*, 607-629.

[15] Cf. Pierre Bourdieu, *La distinction: critique sociale du jugement*, Paris, Editions de minuit, 2010. In riguardo a ciò il testo goldoniano parla una lingua più che chiara: dal momento che durante la villeggiatura, come essa viene descritta qui, viene perseguita la «soggezione», dunque un equilibrio tra l'adeguamento agli standard economici e l'esigenza di surclassare le famiglie che concorrono per la «reputazione», Leonardo deve mostrare un «impegno», come egli afferma, che de facto oltrepassa le sue possibilità finanziarie: «Sono io pure in necessità di far di più di quello che far vorrei.» Cf. Goldoni, «Le Smanie per la villeggiatura», atto I, scena 1, 68.

[16] Possiamo qui solo fare un breve accenno al concetto della «dépense», sviluppato da Bataille; si veda Georges Bataille, *La part maudite. Précédé de la notion de dépense*, Paris, Editions de minuit, 2007.

[17] Com'è noto, Bataille prende spunto per i suoi argomenti dal discorso antropologico ed etnologico sul fenomeno *potlatch*, facendo innanzitutto riferimento al famoso studio di Marcel Mauss, «Essai sur le don. Forme et raison de l'échange dans les sociétés archaiques», in: *L'année sociologique, Nouv. Ser.* 1 (1923), 30-186.

[18] Per il legame tra un consumo ostentativo di oggetti di lusso e la preservazione dello status sociale cf. lo studio economico divenuto classico di Thorstein Veblen, *The Theory of the Leisure Class: an Economic Study in the Evolution of Institutions*, New York et al., The Modern Library, 1953.

tale godimento, dall'altro è incentrata sulla promessa di felicità individuale entro condizioni generali di un controllo sociale rafforzato.[19] In breve, le cose funzionano come feticci. Sono cariche di un fascino libidinoso e sviluppano tuttavia una dinamica propria che trascina i loro 'proprietari' nella rovina di un autodissolvimento della persona.[20]

Così l'affascinante Guglielmo, quando domanda a Filippo per quale motivo si rechi «in villa» con gli altri, anche se in fondo non lo vuole («Ma non siete voi il padrone?»), mette esattamente il dito nella piaga.[21] Infatti Filippo non è più 'padrone di sé stesso' perché non vuole discostarsi dal corso della moda attuale e fa compagnia alla figlia, che a sua volta in questa moda segue solo gli altri: «Si va quando vanno gli altri, ed io mi lascio regolar dagli altri».[22] In realtà questa frase suscita la domanda decisiva: chi si lascia «regolare» da chi o da che cosa? Chi o che cosa *dispone* delle persone di questa villeggiatura, le quali di certo affermano tutte quante apertamente la propria egemonia partecipando alla parata degli oggetti di lusso posseduti ma de facto cadendo in una rete di complesse dipendenze?

3. Uomini, cose, immaginazioni

La questione si pone in modo particolare per il personaggio principale, la giovane Giacinta. Ella, infatti, continua ad affermare la propria particolare autonomia nei confronti delle pretese autoritarie di suo padre e della reputazione sociale. Gli sviluppi dell'azione durante la villeggiatura la inducono però a riconoscere che proprio per la sua «maledetta ambizione di non voler dipendere»[23] si è impelagata in un dilemma nel quale

---

[19] Questa funzione per così dire «felicizzante» dell'immaginazione è stata messa in risalto, soprattutto in riguardo al denaro, da Georg Simmel in varie riflessioni. Cf. Georg Simmel, *Die Philosophie des Geldes*, edd. David P. Frisby/Klaus Christian Köhnke, Frankfurt a. M., Suhrkamp, 1989 (Georg Simmel, Gesamtausgabe, vol. 6); Georg Simmel, «Die Bedeutung des Geldes für das Tempo des Lebens», in: Id., *Aufsätze und Abhandlungen 1894 bis 1900*, Frankfurt a. M., Suhrkamp, 1992 (Georg Simmel, Gesamtausgabe, vol. 5), 215-234.

[20] Per un concetto del feticismo come modello del rapporto dell'uomo moderno con le cose si veda Hartmut Böhme, *Fetischismus und Kultur. Eine andere Theorie der Moderne*, Reinbek bei Hamburg, Rowohlt, 2006; con enfasi sul fenomeno del feticcio nella letteratura cf. Dörte Bischoff, *Poetischer Fetischismus. Der Kult der Dinge im 19. Jahrhundert*, Paderborn, Wilhelm Fink, 2011. Si veda anche Böhme, *Fetischismus und Kultur*, cap. 3: «Der Warenfetischismus», 283 sq.

[21] Goldoni, «Le Smanie per la villeggiatura», atto I, scena 9, 82.

[22] Ibid.

[23] Goldoni, «Le Avventure della villeggiatura», atto II, scena 1, 184.

si trasforma nell'esatto contrario di una persona 'padrona di sé'. È proprio nel suo caso, tuttavia, che diventa evidente quanto le cose – a dispetto di tutte le intenzioni contrarie dei personaggi – favoriscano un'autoalienazione della persona. Che questo a sua volta abbia non poco a che fare con quell'aura che agisce a livello immaginativo si mostra in un discorso letteralmente isterico su un pomposo vestito di seta chiamato «mariage».[24] Ben numerose scene dell'inizio delle *Smanie* sono legate fra loro da questo filo rosso comune: le due giovani dame Giacinta e Vittoria, che concorrono per rango sociale, si sono fatte fare un «mariage» (di una stoffa tricolore) e questo ognuna senza sapere che l'altra persegue lo stesso progetto. Sicuramente lo scopo di questi passaggi è di introdurre nella scena il costume che prefigura la trama successiva e il cui carico simbolico è evidente. Non è un caso che il suo nome faccia riferimento al matrimonio come obiettivo delle villeggianti più giovani, i colori (tre!) si lasciano interpretare come un richiamo al numero delle famiglie coinvolte, mentre le applicazioni incrociate del vestito («guarnizione intrecciata»[25]) potrebbero rappresentare metonimicamente gli affetti che si intrecciano con i piani dell'azione.[26] Nel nostro contesto, però, questo episodio è rilevante soprattutto perché mostra in modo particolare il rapporto di retroreazione tra soggettività e cose, tra la percezione sociale nella società della villeggiatura e l'anticipazione immaginativa di quest'ultima che si rivela anche e soprattutto nel fenomeno della moda. Come le cose a cui si è già fatto accenno, ovvero i candelabri, le posate e le grandi quantità di caffè e cioccolata, il vestito non viene comprato per sopperire ad una mancanza. La sua necessità poggia su altri meccanismi che vengono spiegati in termini espliciti da Vittoria, personaggio piuttosto ingenuo, che riflette – anche se sul livello delle chiacchiere – la situazione di Giacinta: «[...] [L]a mancanza di un abito alla moda può far perder il credito a chi ha fama di essere di buon gusto»[27], così spiega Vittoria al fratello Leonardo l'irrinunciabilità del vestito ed esplica in questo modo l'amalgama di interpretazioni e supposizioni che riflettono la (auto)percezione sociale e al tempo stesso risultano ripetutamente efficaci a livello immaginativo. Dunque si tratta della «fama» del buon gusto, fama che Vittoria non vorrebbe perdere, ma forse perderebbe o potrebbe perdere se non si pre-

[24] Goldoni, «Le Smanie per la villeggiatura», atto I, scena 3, 72 sq.
[25] Ibid., atto I, scena 3, 73.
[26] Bordin, «"Figurare nel mondo"», 231 sq.
[27] Goldoni, «Le Smanie per la villeggiatura», atto I, scena 3, 73.

sentasse con dei vestiti eleganti all'ultima moda francese. Vittoria immagina, dunque, non solo come la vedono gli altri membri della sua piccola enclave sociale (ovvero come lei vorrebbe da questi esser vista) e si attribuisce – per così dire dalla loro prospettiva – una certa «fama». Vittoria immagina per sé anche le conseguenze che la mancanza del vestito possibilmente *potrebbe* avere per la percezione sociale. E prova ad evitare queste conseguenze immaginate facendo sì che il vestito *non* manchi. Troviamo qui pertanto una retroreazione tra la percezione sociale che si basa su un'osservazione di secondo ordine – ovvero sull'osservazione di osservazioni[28] – ed un immaginario progetto di sé che si fonda su queste osservazioni osservate. Tale progetto di sé, infatti, si fonda proprio sull'idea di «credito» e «fama» che rimangono sfocate nell'ipotetico.

L'assurda isteria dei rapporti uomo-cose che Goldoni fa emergere nel dialogo sul vestito può essere spiegata come una sovrapposizione di due dinamiche in sé già contraddittorie. Da un lato si tratta di una dinamica tra la particolare ostentazione di sovranità e un condizionamento esterno che paradossalmente segue di pari passo e che sembra emergere dagli effetti comunicativi delle osservazioni di secondo ordine (come per esempio nel caso della moda o dell'opinione pubblica).[29] Dall'altro si tratta di una dinamica tra un bisogno di controllo, che alla fin fine si rivolge alla percezione sociale tramite la mediazione delle cose, e proprio la perdita di questo controllo che a sua volta, in realtà, si manifesta nell'incontrollabilità delle cose e si mostra come un'ampia incapacità di gestire la percezione di sé.

È proprio attraverso questi meccanismi che gli oggetti entrano nel circuito del desiderio e del discorso dei personaggi. Non è per questo un caso che gli sforzi di mantenere segreto il design, ma anche l'anticipazione della sorpresa, dell'ammirazione o dell'invidia della «società» (e soprattutto delle altre giovani dame) occupino a livello drammaturgico uno spazio di gran lunga più ampio rispetto alla descrizione del vestito. Così gli oggetti prendono parte – in senso lacaniano – al carattere immaginario della conversazione:[30] è un parlare per così dire

[28] Cf. Elena Esposito, *I paradossi della moda: originalità e transitorietà nella società moderna*, Bologna, Baskerville, 2004, 22 sq. e 75.

[29] Cf. Esposito, *I paradossi della moda*, 23.

[30] Si potrebbe parlare di una «parole vide» in senso lacaniano. Per questo si veda Jacques Lacan, «Fonction et champ de la parole et du langage en psychanalyse», in: Id., *Écrits*, Paris, Seuil, 1966, 237-322.

obliquo, sempre indiretto, che ruota intorno al godimento dell'oggetto, ma necessariamente non riesce a raggiungere il suo fine.

Quasi nella stessa epoca della *Trilogia*, nel 1763, Giuseppe Parini ha messo a fuoco la stessa dinamica contraddittoria nella prima parte del poema *Il Giorno*, quando nella descrizione dei rituali mattutini del «Giovin Signore» dipinge così l'entrata in scena del mercante francese:[31]

> [...] A te quest'ora
> Condurrà il Merciajuol che in patria or torna
> Pronto inventor di lusinghiere fole,
> E liberal di forestieri nomi
> A merci che non mai varcàro i monti.
> Tu a lui credi ogni detto: e chi vuoi, ch'osi
> Unqua mentire ad un tuo pari in faccia?
> Ei fia che venda, se a te piace, o cambj
> Mille fregi e giojelli a cui la moda
> Di viver concedette un giorno intero
> Tra le folte d'inezie illustri tasche.[32]

Parini all'inizio definisce il mercante, che vende oggetti alla moda provenienti dalla Francia, in modo molto interessante come un inventore di favole «lusinghiere» che crea liberamente «forestieri nomi». Qui non è così importante il fatto che le cose da lui offerte non siano al servizio della «Necessitade», che poi viene ironicamente definita «antiqua [...] / Madre e donna de l'arti»[33], bensì che esse servano la nuova dea del lusso, sulla cui utilità o danno morale ed economico si discute ampiamente

---

[31] In riguardo alla funzione degli oggetti di lusso ne *Il giorno*, cf. Rudolf Behrens, «"Leggiadre cure". Ironisierte Selbstpflege des *Giovin Signore* Giuseppe Parinis im Kontext des anthropologisch-hygienischen Wissens im 18. Jahrhundert», in: Andreas Gipper/Gisela Schlüter (eds.), *Giuseppe Parinis* Il Giorno *im Kontext der europäischen Aufklärung. Mit einem Anhang zeitgenössischer Übersetzungen des* Giorno *ins Französische, Deutsche und Spanische*, Würzburg, Königshausen & Neumann, 2006, 33-62. Il dibattito economico e filosofico sulla legittimità del lusso come uno dei contesti contemporanei importanti per l'analisi dell'opera di Parini è preso in considerazione da: Marc Föcking, «Luxus und Ästhetik. Parinis Philosophie des Geldes und die luxuriöse *écriture* in *Il Giorno*», in: Gipper/Schlüter (eds.), *Giuseppe Parinis* Il Giorno *im Kontext der europäischen Aufklärung*, 3-16, e Ulrich Schulz-Buschhaus, «Ethik und Ästhetik des Luxus. Zur Gestaltung eines aufklärerischen Themas bei Voltaire und Parini», in: Ibid., 17-31; Franco Arato, «"Un'avara malinconia". La discussione sul lusso in Italia», in: Gennaro Barbarisi et al. (eds.), *«L'amabil rito». Società e cultura nella Milano di Parini*, 2 vol., Bologna, Cisalpino, 2000, vol. 1, 237-251; Carlo Borghero, «Il lusso tra Francia e Italia», in: Ibid., vol. 1, 205-235; Enrico Colle, «La polemica sul lusso: l'arredo», in: Ibid., vol. 2, 1086-1095; Rosa Maria Colombo, «Il lusso del *Giorno*», in: Ibid., vol. 1, 253-265.

[32] Giuseppe Parini, *Il giorno*, edd. Dante Isella/Marco Tizi, 2 vol., Parma, Fondazione Bembo/Guanda, 1996, «Il mattino», vol. 1, v. 645-655.

[33] Ibid., v. 663 sq.

da Mandeville fino ai milanesi passando per Rousseau e Voltaire.[34] È anche decisivo il fatto che gli oggetti – qui gli oggetti di lusso – si accompagnino a una promessa fantasmatica. Nel loro significato sono i segni cangianti di qualcosa che si sottrae ai criteri di giusto e sbagliato e a cui è necessario 'credere' in qualità di strumento volto a soddisfare un vago 'desiderio': «Tu a lui [al commerciante] credi ogni detto [...]». Su questo Goldoni e Parini concordano con il fondamento antropologico che Alessandro Verri espone molto in generale riguardo all'ozio nel ventiseiesimo foglio de *Il Caffè*: con un'eco di natura moralistico-agostiniana, egli definisce l'ozio un espediente sistematico per indirizzare le energie, vincolate durante la vita lavorativa razionale su 'oggetti' che occupano costantemente l'attenzione immaginativa:[35] «Il cuore umano ha un vero bisogno d'essere occupato in qualche oggetto che lo tolga dalla noia, inseparabile compagna della indolenza.»[36] L'ozioso cer-

[34] Facciamo qui riferimento anche a lavori con un approccio storico-concettuale, p. e. Christopher J. Berry, *The Idea of Luxury. A Conceptual and Historical Investigation*, Cambridge, Cambridge University Press, 1994, e Reinhold Reith/Torsten Meyer (eds.), *Luxus und Konsum – eine historische Annäherung*, Münster et al., Waxmann, 2003.

[35] Non possiamo qui approfondire il fatto che questo modo di pensare la relazione tra 'uomo' e 'cosa' sia intimamente connesso con il dibattito illuministico sul rapporto tra immaginazione e stimoli corporali (e perciò anche legato alle teorie più ampie concernenti il rapporto tra 'anima' e 'corpo'); della vasta letteratura disponibile su questo tema possiamo qui menzionare solamente i lavori riguardanti le teorie illuministiche dell'immaginazione: Fabienne Brugère, «Ce que l'imagination fait aux objets. Lecture de Hume et de Smith», in: Christophe Martin/Catherine Ramond (eds.), *Esthétique et poétique de l'objet au XVIIIe siècle*, Bordeaux, Pessac, 2005, 19-27; Silvia Contarini, *Il Mistero della macchina sensibile. Teorie delle passioni da Descartes a Alfieri*, Ospedaletto, Pacini, 1997; John O'Neal, *The Authority of Experience: Sensationist Theory in the French Enlightenment*, University Park, Pennsylvania State University Press, 1996; L. Joseph Rather, *Mind and Body in Eighteenth Century Medicine. A Study Based on Jerôme Gaub's* De regime mentis, Berkeley/Los Angeles, University of California Press, 1965; Philipp Sarasin, *Reizbare Maschinen: eine Geschichte des Körpers 1765-1914*, Frankfurt a. M., Suhrkamp, 2001; Anne C. Vila, *Enlightenment and Pathology. Sensibility in the Literature and Medicine of Eighteenth-Century France*, Baltimore, Johns Hopkins University Press, 1998. Per una sintesi della storia delle teorie dell'immaginazione, dei diversi concetti storici della sua stimolazione e del suo controllo, così come per la relativa ricerca si veda: Rudolf Behrens/Jörn Steigerwald, «Imagination», in: Heinz Thoma (ed.), *Handbuch Aufklärung*, Stuttgart, Metzler, 2015, 277-288.

[36] Alessandro Verri, «Dell'ozio», in: *Il Caffè. 1764-1766*, edd. Gianni Francioni/Sergio Romagnoli, 2 vol., Torino, Bollati Boringhieri, 1994, vol. 1, 288-291, 288 sq.; studi molto ricchi di prospettive sulla rivista – che non a torto è considerata l'organo principale dell'Illuminismo intellettuale e borghese italiano, caratterizzato da uno stretto legame con i modelli francesi – sono offerti da Helmut Jacobs et al. (eds.), *Die Zeitschrift* Il Caffè. *Vernunftprinzip und Stimmenvielfalt in der italienischen Aufklärung*, Frankfurt/Main et al., Lang, 2003; Wolfgang Rother, «Publizistik im Dienste der Aufklärung. Zum philosophischen Selbstverständnis der Zeitschrift *Il Caffè*», in: Ulrich Johannes (ed.), *Kulturen des Wissens im 18. Jahrhundert*, Berlin, de Gruyter, 2008, 243-250.

ca «in ogni parte qualche oggetto onde riempire quel vuoto che [ha] nella mente»[37].

4. Cose e denaro

Il contesto della villeggiatura ha tuttavia un ulteriore effetto sulle immaginazioni e sulle azioni (discorsive) legate alle cose: in questo periodo di pausa sia le discussioni intorno alle cose che gli spostamenti delle cose avvengono all'insegna di conseguenze pecuniarie giocosamente sospese.[38] Per questo risulta emblematico, così vorremmo dimostrare, il modo in cui i villeggianti trattano il denaro, e cioè quel livello della circolazione su cui poggia dopotutto la circolazione stessa delle cose e con la quale quest'ultima in un certo modo dovrebbe andare in sincronia. Com'è noto non è questo il caso di Goldoni.

Il progetto collettivo della villeggiatura consiste, come abbiamo visto, nel 'divertirsi alla grande' durante il periodo dell'ozio della villeggiatura, dunque nel creare tramite la parata degli oggetti di lusso un mondo fan-

---

[37] Verri, «Dell'ozio», 289. Un numero elevato di ricerche mette in risalto le funzioni di cose "assenti" o "inaccessibili" in testi letterari diversi, p. e. Dorothee Kimmich, «"Mit blasiert eleganter Frivolität". Von der Begegnung mit fremden Dingen», in: *Zeitschrift für Kulturwissenschaften* 1 (2007), 73-82; Uwe C. Steiner, «Unbehauste Ökonomie. Von der Zirkulation der Dinge bei Hans Sachs und Grimmelshausen», in: Iuditha Balint/Sebastian Zilles (eds.), *Literarische Ökonomik*, Paderborn, Wilhelm Fink, 2014, 47-67; Ulrike Vedder, «Das Rätsel der Objekte: Zur literarischen Epistemologie von Dingen. Eine Einführung», in: *Zeitschrift für Germanistik, Neue Folge* 12 (2012), 7-16.; con una prospettiva più ampia si veda p. e. Claudia Breger et al. (eds.), *Dinge. Medien der Aneignung – Grenzen der Verfügung*, Königstein (Taunus), U. Helmer Verlag, 2002, e Christine Weder, *Erschriebene Dinge. Fetisch, Amulett, Talisman um 1800*, Freiburg, Rombach, 2007. Lo studio paradigmatico nell'ambito della storia della vita quotidiana con un'enfasi sull'aspetto materiale e pragmatico delle cose è Lorraine Daston (ed.), *Things that Talk. Object Lessons from the History of Art and Science*, New York, Zone Books, 2004; si veda però anche Arjun Appadurai (ed.), *The Social Life of Things. Commodities in Cultural Perspectives*, Cambridge, Cambridge University Press, 1986. Ci limitiamo qui a un breve accenno a quei lavori degli ultimi anni che approfondiscono la ricerca dal punto di vista della storia dell'arte, p. e. Natascha Adamowsky (ed.), *Affektive Dinge. Objektberührungen in Wissenschaft und Kunst*, Göttingen, Wallstein, 2011; Gisela Ecker/Susanne Scholz (eds.), *Umordnungen der Dinge*, Königstein (Taunus), Helmer, 2000. Di particolare interesse per le nostre riflessioni è stato il volume di Frauke Berndt/Daniel Fulda (eds.), *Die Sachen der Aufklärung. Beiträge der DGEJ-Jahrestagung 2010 in Halle an der Saale*, Hamburg, Meiner, 2012.

[38] Già Michele Bordin ha richiamato a questo concatenamento inestricabile e disastroso delle dinamiche economiche e quelle sentimentali (cf. Bordin, «"Figurare nel mondo"», 206 sq.). Con l'accento sul *sujet* del denaro mancante Goldoni accoglie un elemento conosciuto e addirittura costitutivo della commedia, cf. Daniel Fulda, *Schau-Spiele des Geldes. Die Komödie und die Entstehung der Marktgesellschaft von Shakespeare bis Lessing*, Tübingen, Niemeyer, 2005.

tasmatico d'interazione dei desideri che si incrociano, ma restano privi dell'effetto desiderato. Ma questo progetto sfugge di mano non solo perché i diversi meccanismi di controllo sociale, di osservazione reciproca e riflessiva, e di un *self-fashioning* idoneo alle circostanze si sconfessano a vicenda, ma anche perché il progetto è basato su un calcolo finanziario errato.

Consideriamo ancora una volta le linee principali della trama. Le due famiglie legate da rapporti di amicizia – il vecchio Filippo con sua figlia Giacinta, il giovane mercante Leonardo con la sorella, Vittoria, e lo scroccone Ferdinando – vogliono recarsi insieme nelle loro ville situate l'una vicina all'altra nei pressi di Montenero in montagna. Per Leonardo, che ha chiesto la mano di Giacinta, i preziosi possedimenti sono addirittura dei 'villaggi Potemkin'. Leonardo non solo finge nei confronti di Filippo, padre di Giacinta, un'agiatezza della quale non dispone, ma persino nasconde i suoi debiti, che egli intende saldare con la dote di Giacinta. Filippo, d'altra parte, fa credere a tutti che sua figlia Giacinta avrà una dote di «ottomila scudi», mentre, in effetti, non è in grado di pagarle nessuna dote. I soldi che Leonardo segretamente spera di ottenere sposando Giacinta non esistono più.[39] Fin dall'inizio il soggiorno in campagna si ritrova così segnato dall'apparenza economica. Perlomeno inizialmente ognuno dei personaggi è perfettamente consapevole della sua simulazione di fatti falsi. Tuttavia la visione dell'agio della vita prodotto dalle cose finisce in qualche modo per celare il suo carattere illusorio. Dopo che a sarti, fornitori, negozianti e creditori sono state fatte speranze rimandando il pagamento a tempo indeterminato dopo la villeggiatura,[40] la mancanza del denaro nelle *Smanie* non dà più fastidio a nessuno.

Questo modo di agire caratterizzato dalla mancanza di conseguenze a breve termine si riflette soprattutto nella gestione del denaro sul piano narrativo della commedia. Non solo il mezzo del denaro, già di per sé amorfo, non si manifesta in nessun modo a livello materiale. Solo dei sostituti – per lo più certificati di credito e lettere – vengono passati per così dire di mano in mano sulla scena. Somme di denaro, la cui funzio-

---

[39] Leonardo, al quale Giacinta si è legata durante un compromettente rendez-vous davanti agli occhi di Guglielmo, ha bisogno di almeno 8.000 ducati dalla dote di Giacinta per saldare i propri debiti che tramite la 'sfilata' degli oggetti di lusso durante la villeggiatura sono aumentati al punto da fargli rischiare l'insolvenza. Filippo, il padre di Giacinta, a sua volta non può procurare i soldi. Cf. Carlo Goldoni, «Il Ritorno dalla villeggiatura», in: Id., *Trilogia della villeggiatura*, 245-363, atto II, scena 6; atto III, scena 1-3.

[40] Cf. Goldoni, «Le Smanie per la villeggiatura», atto I, scena 1-2; atto II, scena 9-10.

ne sociale fissata per iscritto avrebbe suggerito una certa misura di sostanzialità (come la dote di Giacinta o il pagamento dei debiti di Leonardo), giocano un ruolo solo all'insegna della negatività, ovvero come non presenti o mancanti. Le spese per candele, caffè e cioccolata a loro volta non vengono nemmeno quantificate in cifre.[41] Tutto questo contribuisce all'impressione generale di una virtualità delle transazioni in cui mezzi finanziari non più presenti vengono addirittura dilapidati, senza lasciare effetti degni di nota.[42] Non a caso i villeggianti di Goldoni passano il tempo in campagna con diversi giochi d'azzardo; dunque con giochi che suggeriscono che il denaro non abbia bisogno di essere guadagnato e che le transazioni di denaro non abbiano niente a che fare con la circolazione delle merci.[43] La disponibilità (discorsiva e immaginaria) delle cose, sciolta a tal punto dalla base dell'economia reale, diventa sempre più un meccanismo che genera un moto perpetuo. Questo ha obbligatoriamente come conseguenza, dopo il «ritorno», un amaro risveglio: il denaro *torna* dolorosamente in mente proprio a causa del suo non essere presente.

5. Emozioni e affetti

Entrambe le economie finora prese in considerazione, quella delle cose e quella del denaro, sono inoltre, come già accennato, legate da un rapporto di retroreazione alla circolazione di affetti ed emozioni – ed anche in questo si ritrova un ulteriore motivo per l'amara fine verso cui fa rotta l'impresa della villeggiatura nella *Trilogia*. Ricordiamo solo che la figlia di Filippo, Giacinta, sembra approfittare del precario mettersi in mostra da parte delle due famiglie durante l'ozio estivo per chiarirsi le

---

[41] Il fatto che i personaggi ogni tanto richiamino la funzione economica tradizionale della villeggiatura – anche mettendola in contrasto con le loro stesse azioni – caratterizza questo mascheramento dei fatti economici come una manifestazione della decadenza. Si veda per questo Roberto Alonge, «Soldi e sentimenti nella *Trilogia della villeggiatura*», in: Id., *Goldoni. Dalla commedia dell'arte al dramma borghese*, Milano, Garzanti, 2004, 145-169.

[42] Cf. le osservazioni di Niehaus, *Das Buch der wandernden Dinge*, 222 sq.

[43] Goldoni, «Le Avventure della villeggiatura», atto I, scena 4, scena 9, scena 11; atto II, scena 8, ecc. Non possiamo qui esaminare i dettagli delle funzioni del gioco d'azzardo nell'economia pervertita della villeggiatura. Sullo sfondo di tutto ciò che abbiamo detto finora, il fatto che i giochi non solo tocchino questioni finanziarie, ma anche questioni affettive ed emozionali, in quanto formano ed esprimono relazioni, non sarà per niente sorprendente. Si veda l'esauriente saggio di Norbert Jonard, «La question de l'argent dans le théâtre de Goldoni», in: *Problemi di critica goldoniana* 4 (1997), 153-170.

idee sui propri sentimenti in uno stato di autoalienazione controllata. Si comporta esattamente come certi personaggi femminili nel teatro di Marivaux. Copiando questo modello francese, legato a un ottimismo stupendo nell'armonizzare la dialettica fra «raison» e «sentiment»,[44] ella si mette nelle condizioni di fare un esperimento su di sé; esperimento, però, nel quale lei stessa e di volta in volta anche il suo interlocutore divengono, per così dire, oggetti di consumo osservabili e valutabili. Entro le rilassate condizioni sociali della villeggiatura Giacinta desidera, da una parte, saggiare l'idoneità al matrimonio borghese del pretendente Leonardo; dall'altra, desidera *testare* l'impressione che il giovane accompagnatore Guglielmo esercita sulla sua sensibilità erotica. Durante questo gioco, però, si addentra in un'artificiosa reificazione e viene poi dominata dalle dinamiche dell'esperimento da lei avviato, in quanto nel grande gioco della villeggiatura ella coniuga i propri sentimenti con l'apparenza delle cose.

Il fatto che Giacinta soccomba ad un giudizio sbagliato su di sé, i propri affetti e la loro controllabilità, è infine – e questo risulta ovvio soprattutto nelle *Avventure* – un effetto della carica affettiva delle cose che nelle emozioni proiettate nel loro godimento creano una qualità tutta particolare. Basta pensare alla domanda, ossessiva all'inizio delle *Avventure*, chi, con chi, dove e quando berrà la cioccolata del mattino. È importantissima questa domanda perché nel consumo comune di cioccolata i rapporti affettivi – fino ad arrivare ad un desiderio erotico – assumono una forma rivelante e allo stesso tempo vengono così (più o meno consapevolmente) svegliati, distratti o reindirizzati.[45] La famosa scena III, 3 delle *Avventure*, rende questa combinazione addirittura palese *ex negativo:* Giacinta e Guglielmo, che si sono sempre più intricati

[44] Per quest'analogia si veda Hafner, *Ästhetische und soziale Rolle*. Il carattere un po' malinconico delle 'soluzioni' alla Marivaux è invece ben conosciuto. Si veda soprattutto Patricia Oster, *Marivaux und das Ende der Tragödie*, München, Wilhelm Fink, 1992, e Helmut Meter, «Marivaux' Dramenfiguren und die Dialektik von 'cœur' und 'raison'. Anthropologisches Denken im Theater des 18. Jahrhunderts», in: *Romanistische Zeitschrift für Literaturgeschichte* 15 (1991), 262-290.

[45] Goldoni, «Le Avventure della villeggiatura», atto II, scena 2-5; scena 9, tra l'altro; il consumo delle droghe 'nuove' del Settecento, del caffè, del tè e della cioccolata, si trova nell'Europa dell'Illuminismo al centro di un vasto discorso moralistico e medico che classificava in modo dettagliato gli effetti di questi prodotti su delle condizioni corporali e mentali molto diverse. Per uno studio dettagliato si veda Cornelia Klettke, «Der Kaffee als Droge der Aufklärer», in: Jacobs et al. (eds.), *Die Zeitschrift* Il Caffè, 131-147; interessante in questo contesto risulta però anche l'opera bibliografica di Wolf Müller, *Bibliographie des Kaffee, des Kakao, der Schokolade, des Tee und deren Surrogate bis zum Jahre 1900*, Bad Bocklet/Wien et al., Krieg, 1960. Questo discorso, che nel caso del dramma goldoniano viene presentato solo di passaggio, ne *Il Giorno* gioca un ruolo ben più importante ed ironizzante; cf. a questo proposito Behrens, «"Leggiadre cure"».

nella rete dei loro sentimenti reciproci attraverso dichiarazioni d'amore, vengono sorpresi proprio dal fidanzato Leonardo in un boschetto solitario. Ed è proprio nell'ambiente idillico, e per questo assolutamente *privo di cose*, che Giacinta si rende conto delle sue emozioni e del vicolo cieco in cui è andata a cacciarsi.[46] Com'è noto, Giacinta, però, non riuscirà alla fine nell'intento di limitare i danni e salvare la buona reputazione. Il denaro che manca da tutte le parti non potrà essere sostituito tramite abili operazioni. Allora, Giacinta, per motivi di decoro sociale, non scioglie il fidanzamento con Leonardo, viene infine trascinata nella rovina finanziaria di questi ed ironicamente rende tuttavia possibile una soluzione del problema finanziario. Sia Leonardo che Filippo si rendono conto delle proprie situazioni disastrose e si mettono d'accordo per seguire il piano del vecchio consulente finanziario Fulgenzio, il quale propone di far sposare Giacinta e Leonardo impiegando come dote una malandata tenuta di campagna presso Genova. La proprietà, appartenente a Filippo, non costa nulla, ma finora non porta alcun profitto, e tuttavia promette alla giovane coppia un gradito esilio e un riparo dai creditori. Ad essere sconfessate non sono soltanto le speranze di Giacinta di poter mantenere – non importa a qual prezzo – l'apparenza e di potersi nonostante tutto affidare a questa, in una società in cui niente è come appare. Sconfessato viene anche il concetto ottimista del matrimonio di convenienza di stampo borghese, un matrimonio che sì non viene esclusivamente contratto per amore nel senso di una passione, ma perlomeno può portare con sé dei vantaggi finanziari.

6. Le lettere

Il medium privilegiato che collega tra loro i singoli circuiti in controtendenza qui descritti è proprio quello della lettera e così nuovamente una cosa particolare. Le tre lettere che nella *Trilogia* vengono scritte, spedite, consegnate, lette e (in misura diversa) discusse, trasmettono tutte quante degli affetti in diretto collegamento con dei motivi economici. Le lettere interferiscono inoltre al di là del proprio stato di cose con la già descritta dinamica di desiderio, tentativo di controllo, immaginazione ed osservazione sociale.[47] Questo si può già osservare nel caso

[46] Cf. Goldoni, «Le Avventure della villeggiatura», atto III, scena 3, 219.

[47] I passaggi relativi alle lettere d'amore sono: Goldoni, «Le Avventure della villeggiatura», atto II, scena 11 (lettera da Guglielmo a Giacinta) e ibid., atto III, scena 11 (lettera da Sabina a Ferdi-

straordinario di una lettera contraffatta da Leonardo, con la quale egli prova di salvare il suo fidanzamento con Giacinta facendo credere alla piccola società di villeggianti di aver appena ereditato una forte somma.[48] Ma particolarmente rilevante da questo punto di vista è la lettera d'amore della non più giovane vedova Sabina al di gran lunga più giovane viveur Ferdinando, coppia problematica, la cui relazione attraversa le tre parti come trama collaterale. La lettera non contiene solamente appassionati giuramenti d'amore, bensì anche l'assicurazione che la mittente intesterà tutto ciò che possiede all'amante, qualora questi dovesse tornare da lei. Questa lettera viene consegnata a Ferdinando proprio nel salone in presenza della maggior parte della società di villeggianti in cui egli prontamente – dopo diverse interruzioni intese a far crescere la tensione («[...] io muoio di volontà di leggere quella lettera», «Leggete tutto, e non ci fate la baronata di lasciar fuori qualche bel sentimento»[49]) – si fa oggetto della curiosità generale. Se la lettera nella poetica dell'epoca si presenta come 'medium della sentimentalità'[50] e dunque come mezzo della comunicazione intimo-personale ed immediata per eccellenza, così Goldoni in questa scena rovescia la sua funzione trasformandola nel contrario. Al posto dell'intimità tra il mittente e il destinatario si ritrova qui l'interesse sfrontatamente aggressivo dell'intera società dei villeggianti. Invece di permettere una comunicazione segreta ed intima tra due 'anime sensibili', la lettera provoca commenti crudeli sull'aspetto fisico della mittente e del destinatario così come sulle evidenti motivazioni economiche della relazione. È proprio questo inserimento della lettera nella percezione sociale che mette in risalto la sua materialità. Mentre nella 'lettera sensibile' idealizzata all'epoca la dimensione materiale della scrittura viene velata,[51] qui è, appunto, la sua materialità opa-

---

nando). Finora le lettere e le loro funzioni sono state scarsamente notate dalla ricerca; per un approfondimento facciamo qui riferimento ad Alonge, «Soldi e sentimenti nella *Trilogia della villeggiatura*», e a Pamela D. Stewart, «Le lettere e la scena. Il costume e l'attività epistolare nelle commedie di Goldoni», in: *Quaderni veneti* 5 (1987), 81-119.

[48] Cf. Goldoni, «Le Avventure della villeggiatura», atto III, scena 7 e atto III, scena 14.

[49] Goldoni, «Il Ritorno dalla villeggiatura», atto III, scena 11, 331-332.

[50] Cf. Tanja Reinlein, *Der Brief als Medium der Empfindsamkeit. Erschriebene Identitäten und Inszenierungspotentiale*, Würzburg, Königshausen & Neumann, 2003. Si veda in questo contesto anche Ulrike Vedder, *Geschickte Liebe*, Köln, Böhlau, 2002; Albrecht Koschorke, «Alphabetisation und Empfindsamkeit», in: Hans-Jürgen Schings (ed.), *Der ganze Mensch. Anthropologie und Literatur im 18. Jahrhundert. DFG-Symposium*, Stuttgart, Metzler, 1992, 605-628.

[51] Com'è stato già notato dalla critica in vari contesti, la poetica della lettera all'epoca fu definita da un ideale di oralità che tende a negare la materialità della scrittura. Cf. Rudolf Behrens, «Schrift und Stimme. Illusionen der Gegenwart und ihre Zerstörung im französischen Briefroman des 18. Jahrhunderts», in: Caroline Welsh et al. (eds.), *Sinne und Verstand. Ästhetische Modellierun-*

ca o piuttosto: la sua idoneità a generare qualsiasi chiacchierio che si rivela uno stimolo per l'immaginazione sociale:

FERDINANDO: Cospetto! [La lettera] pare scritta in arabico.
[...]
COSTANZA: [Sabina] ha la lacrimetta perenne.
[...]
FERDINANDO: [...] Scrive qui, che non si capisce: quando ha scritte queste due righe, convien dire che le tremasse molto la mano. [...][52]

7. In guisa di conclusione: cose, emozioni, ozio

Che cosa apprendiamo dalla nostra lettura sul ruolo degli oggetti di lusso nello spazio eterotopico dell'ozio organizzato intorno al 1760? Di certo le commedie non rispecchiano semplicemente una realtà sociale. Non la rispecchiano già solo perché il teatro di Goldoni è basato su un metodo ironico di incorporazioni. Le sue commedie trasformano la realtà sociale dell'epoca in una sorta di ammiccante teatro delle marionette nel quale la concreta realizzazione di questa trasformazione – il recitare degli attori, la presenza dell'elemento corporeo, la rappresentazione di un ruolo sociale – è posta in un complicato rapporto con la realtà che vuole rappresentare.[53] Proprio per questo è tuttavia molto interessante il fatto che Goldoni non *mostri* gli oggetti del mondo della villeggiatura. Stupisce dunque il fatto che non li esponga materialmente, nonostante il loro evidente significato, in modo ostentativo. Pertanto si può certamente parlare di un brulichio di oggetti sulla scena, un brulichio, però, che è presente solamente nella semantica del linguaggio dei personaggi: proprio nella loro assenza fisica gli oggetti stimolano i discorsi dei personaggi e possono suscitare gli effetti fin qui abbozzati.

Abbiamo costatato, che già nella realtà del Settecento la villeggiatura cambia il suo stato di fronte alle strutture economiche ed etiche. Alla

gen der Wahrnehmung um 1800, Würzburg, Königshausen & Neumann, 2001, 189-206.; ma anche Carmen Furger, *Briefsteller. Das Medium 'Brief' im 17. und frühen 18. Jahrhundert*, Köln/Weimar/Wien, Böhlau, 2010; Robert H. Vellusig, «Mimesis von Mündlichkeit. Zum Stilwandel des Briefes im Zeitalter der technischen Reproduzierbarkeit der Schrift», in: Theo Elm/Hans H. Hiebel (eds.), *Medien und Maschinen. Literatur im technischen Zeitalter*, Freiburg, Rombach, 1991, 70-92; Gideon Stiening/Robert H. Vellusig (eds.), *Poetik des Briefromans. Wissens- und mediengeschichtliche Studien*, Berlin/Boston, de Gruyter, 2012; Armando Petrucci, *Scrivere lettere. Una storia plurimillenaria*, Roma/Bari, Laterza, 2008.

[52] Goldoni, *Il Ritorno dalla villeggiatura*, atto III, scena 11, 332 sq.

[53] Ci riferiamo qui di nuovo al lavoro di Hafner, *Ästhetische und soziale Rolle*.

tradizione della sospensione delle regole dell'intero *òikos*, nell'eterotopia della villeggiatura si sovrappone un mondo dell'immaginario nel quale le brame e i desideri si coniugano con stili di vita tradizionali. Ma il dramma della rappresentazione goldoniana mostra anche che questo mondo dei desideri viene ironicamente sommerso proprio da ciò con cui la gente 'in villa' guadagna il suo denaro, precisamente dal movimento delle cose. Se normalmente i prodotti consentono al mercante e al proprietario dei grandi terreni d'agricoltura l'incremento del suo patrimonio, qui invece mostrano apertamente il carattere che tentano di celare attraverso la loro presenza sensibile all'interno della circolazione dei valori diventando fantasmi. Essi occupano l'immaginario delle persone ed entrano nell'*oikonomìa* degli affetti. Qui, nei meccanismi psichici delle persone coinvolte, le cose gestiscono praticamente la biopolitica del *self-fashioning* e si sovrappongono finalmente alla dinamica affettiva.

Bibliografia

1. Fonti primarie

Goldoni, Carlo, *Trilogia della villeggiatura. Le Smanie per la villeggiatura, Le Avventure della villeggiatura, Il Ritorno dalla villeggiatura*, edd. Franco Fido, Venezia, Marsilio, 2005.

Il Caffè: 1764-1766, edd. Gianni Francioni/Sergio Romagnoli, 2 vol., Torino, Bollati Boringhieri, 1998.

Parini, Giuseppe, *Il giorno*, edd. Dante Isella/Marco Tizi, 2 vol., Parma, Fondazione Bembo/Guanda, 1996.

2. Fonti secondarie

Adamowsky, Natascha (ed.), *Affektive Dinge. Objektberührungen in Wissenschaft und Kunst*, Göttingen, Wallstein Verlag, 2011.

Alonge, Roberto, «Soldi e sentimenti nella *Trilogia della villeggiatura*», in: Id., *Goldoni. Dalla commedia dell'arte al dramma borghese*, Milano, Garzanti, 2004, 145-169.

Appadurai, Arjun (ed.), *The Social Life of Things. Commodities in Cultural Perspectives*, Cambridge, Cambridge University Press, 1986.

Arnaldi, Girolamo/Manlio Pastore Stocchi (eds.), *Storia della cultura veneta*, Vol. 5,1: *Il Settecento*, Vicenza, Neri Pozza, 1985.

Barbarisi, Gennaro, et al. (eds.), *«L'amabil rito». Società e cultura nella Milano di Parini*, Bologna, Cisalpino, 2000.

Bataille, Georges, *La part maudite. Précédé de la notion de dépense*, Paris, Editions de minuit, 2007.

Behrens, Rudolf, «"Leggiadre cure". Ironisierte Selbstpflege des *Giovin Signore* Giuseppe Parinis im Kontext des anthropologisch-hygienischen Wissens im 18. Jahrhundert», in: Andreas Gipper/Gisela Schlüter (eds.), *Giuseppe Parinis* Il Giorno *im Kontext der europäischen Aufklärung. Mit einem Anhang zeitgenössischer Übersetzungen des* Giorno *ins Französische, Deutsche und Spanische*, Würzburg, Königshausen & Neumann, 2006, 33-62.

Behrens, Rudolf/Jörn Steigerwald, «Imagination», in: Heinz Thoma (ed.), *Handbuch Aufklärung*, Stuttgart, Metzler, 2015, 277-288.

Bentmann, Reinhard/Michael Müller, *Die Villa als Herrschaftsarchitektur. Versuch einer kunst- und sozialgeschichtlichen Analyse*, Frankfurt a. M., Suhrkamp, 1971.

Berengo, Marino, *La società veneta alla fine del Settecento*, Firenze, Sansoni, 1956.

Berndt, Frauke/Daniel Fulda (eds.), *Die Sachen der Aufklärung. Beiträge der DGEJ-Jahrestagung 2010 in Halle an der Saale*, Hamburg, Meiner, 2012.

Berry, Christopher J., *The Idea of Luxury. A Conceptual and Historical Investigation*, Cambridge, Cambridge University Press, 1994.

Bischoff, Dörte, *Poetischer Fetischismus. Der Kult der Dinge im 19. Jahrhundert*, München, Wilhelm Fink, 2011.

Böhme, Hartmut, *Fetischismus und Kultur. Eine andere Theorie der Moderne*, Reinbek bei Hamburg, Rowohlt, 2006.

Bordin, Michele, «Fra 'negozio' e 'villa'. Crisi della morale borghese dal *Prodigo* alla trilogia della *Villeggiatura*», in: *Problemi di critica goldoniana* 2 (1995) 133-182.

Bordin, Michele, «"Figurare nel mondo". La trilogia della villeggiatura o la commedia del desiderio», in: *Problemi di critica goldoniana* 3 (1996), 199-281.

Bourdieu, Pierre, *La distinction: critique sociale du jugement*, Paris, Editions de minuit, 2010.

Breger, Claudia, et al. (eds.), *Dinge. Medien der Aneignung – Grenzen der Verfügung*, Königstein (Taunus), U. Helmer Verlag, 2002.

Brugère, Fabienne, «Ce que l'imagination fait aux objets. Lecture de Hume et de Smith», in: Christophe Martin/Catherine Ramond (eds.), *Esthétique et poétique de l'objet au XVIIIe siècle*, Bordeaux, Pessac, 2005, 19-27.

Contarini, Silvia, *Il Mistero della macchina sensibile. Teorie delle passioni da Descartes a Alfieri*, Ospedaletto, Pacini, 1997.

Daston, Lorraine (ed.), *Things that Talk. Object Lessons from the History of Art and Science*, New York, Zone Books, 2004.

Ecker, Gisela/Susanne Scholz (eds.), *Umordnungen der Dinge*, Königstein (Taunus), Helmer, 2000.

Esposito, Elena, *I paradossi della moda: originalità e transitorietà nella società moderna*, Bologna, Baskerville, 2004.

Fajen, Robert, *Die Verwandlung der Stadt. Venedig und die Literatur im 18. Jahrhundert*, Paderborn, Wilhelm Fink, 2013.

Fulda, Daniel, *Schau-Spiele des Geldes. Die Komödie und die Entstehung der Marktgesellschaft von Shakespeare bis Lessing*, Tübingen, Niemeyer, 2005.

Furger, Carmen, *Briefsteller. Das Medium 'Brief' im 17. und frühen 18. Jahrhundert*, Köln/Weimar/Wien, Böhlau, 2010.

Georgelin, Jean, *Venise au siècle des Lumières*, Paris/La Haye, Mouton, 1978.

Gullino, Giuseppe, «Quando il mercante costruì la villa. Le proprietà dei Veneziani nella Terraferma», in: Gaetano Cozzi/Paolo Prodi (eds.), *Storia di Venezia. Dalle origini alla caduta della Serenissima*, vol. 6: *Dal Rinascimento al Barocco*, Roma, Istituto della Enciclopedia italiana, 1996, 875-924.

Hafner, Iris, *Ästhetische und soziale Rolle. Studien zur Identitätsproblematik im Theater Carlo Goldonis*, Würzburg, Königshausen & Neumann, 1994.

Jacobs, Helmut, et al. (eds.), *Die Zeitschrift* Il Caffè. *Vernunftprinzip und Stimmenvielfalt in der italienischen Aufklärung*, Frankfurt a. M. et al., Lang, 2003.

Kimmich, Dorothee, «"Mit blasiert eleganter Frivolität". Von der Begegnung mit fremden Dingen», in: *Zeitschrift für Kulturwissenschaften* 1 (2007), 73-82.

Kirsch, Fritz Peter, «Zur Funktion der Objekte in Goldonis Komödien», in: *Italienische Studien* 5 (1982), 53-66.

Koschorke, Albrecht «Alphabetisation und Empfindsamkeit», in: Hans-Jürgen Schings (ed.), *Der ganze Mensch. Anthropologie und Literatur im 18. Jahrhundert. DFG-Symposium*, Stuttgart, Metzler, 1992, 605-628.

Lacan, Jacques, «Fonction et champ de la parole et du langage en psychanalyse», in: Id., *Écrits*, Paris, Seuil, 1966, 237-322.

Lafon, Henri, *Les Décors et les choses dans le roman français du dix-huitième siècle de Prévost à Sade*, Oxford, Voltaire Foundation, 1992.

Mangini, Nicola, «Il tema della villeggiatura nel teatro goldoniano», in: Id., *La fortuna di Goldoni e altri saggi goldoniani*, Firenze, Le Monnier, 1965.

Mauss, Marcel, «Essai sur le don. Forme et raison de l'échange dans les sociétés archaiques», in: *L'année sociologique, Nouv. Ser.* 1 (1923), 30-186.

Meter, Helmut, «Marivaux' Dramenfiguren und die Dialektik von 'cœur' und 'raison'. Anthropologisches Denken im Theater des 18. Jahrhunderts», in: *Romanistische Zeitschrift für Literaturgeschichte* 15 (1991), 262-290.

Molmenti, Pompeo, *La storia di Venezia nella vita privata. Dalle origini alla caduta della repubblica*, 3 vol., Trieste, Lint, 1981.

Müller, Wolf, *Bibliographie des Kaffee, des Kakao, der Schokolade, des Tee und deren Surrogate bis zum Jahre 1900*, Bad Bocklet/Wien et al., Krieg, 1960.

Niehaus, Michael, *Das Buch der wandernden Dinge*, München, Carl Hanser Verlag, 2009.

O'Neal, John, *The Authority of Experience: Sensationist Theory in the French Enlightenment*, University Park, Pennsylvania State University Press, 1996.

Oster, Patricia, *Marivaux und das Ende der Tragödie*, München, Wilhelm Fink, 1992.

Petrocchi, Massimo, *Il tramonto della Repubblica di Venezia e l'assolutismo illuminato.* Venezia, La Deputazione editrice, 1950.

Petrucci, Armando, *Scrivere lettere. Una storia plurimillenaria*, Roma/Bari, GLF Editori Laterza, 2008.

Rather, L. Joseph, *Mind and Body in Eighteenth Century Medicine. A Study Based on Jerôme Gaub's* De regime mentis, Berkeley/Los Angeles, University of California Press, 1965.

Reinlein, Tanja, *Der Brief als Medium der Empfindsamkeit. Erschriebene Identitäten und Inszenierungspotentiale*, Würzburg, Königshausen & Neumann, 2003.

Reith, Reinhold/Torsten Meyer (eds.), *Luxus und Konsum – eine historische Annäherung*, Münster et al., Waxmann, 2003.

Rother, Wolfgang, «Publizistik im Dienste der Aufklärung. Zum philosophischen Selbstverständnis der Zeitschrift *Il Caffè*», in: Ulrich Johannes (ed.), *Kulturen des Wissens im 18. Jahrhundert*, Berlin, de Gruyter, 2008, 243-250.

Sarasin, Philipp, *Reizbare Maschinen: eine Geschichte des Körpers 1765-1914*, Frankfurt a. M., Suhrkamp, 2001.

Schulz-Buschhaus, Ulrich, «Ethik und Ästhetik des Luxus. Zur Gestaltung eines aufklärerischen Themas bei Voltaire und Parini», in: Andreas Gipper/Gisela Schlüter (eds.), *Giuseppe Parinis* Il Giorno *im Kontext der europäischen Aufklärung. Mit einem Anhang zeitgenössischer Übersetzungen des* Giorno *ins Französische, Deutsche und Spanische*, Würzburg, Königshausen & Neumann, 2006, 17-31

Simmel, Georg, *Die Philosophie des Geldes*, edd. David P. Frisby/Klaus Christian Köhnke, Frankfurt a. M., Suhrkamp, 1989 (Georg Simmel, Gesamtausgabe, vol. 6).

Simmel, Georg «Die Bedeutung des Geldes für das Tempo des Lebens», in: Id., *Aufsätze und Abhandlungen 1894 bis 1900*, Frankfurt a. M., Suhrkamp, 1992 (Georg Simmel, Gesamtausgabe, vol. 5), 215-234.

Steiner, Uwe C., «Unbehauste Ökonomie. Von der Zirkulation der Dinge bei Hans Sachs und Grimmelshausen», in: Iuditha Balint/Sebastian Zilles (eds.), *Literarische Ökonomik*, Paderborn, Wilhelm Fink, 2014, 47-67.

Stewart, Pamela D., «Le lettere e la scena. Il costume e l'attività epistolare nelle commedie di Goldoni», in: *Quaderni veneti* 5 (1987), 81-119.

Stiening, Gideon/Robert H. Vellusig (eds.), *Poetik des Briefromans. Wissens- und mediengeschichtliche Studien*, Berlin/Boston, de Gruyter, 2012.

Stillers, Rainer, «Objekt-Sprache. Zum Doppelsinn szenischer Objekte in Komödien Carlo Goldonis», in: *Romanische Forschungen* 103 (1996), 1-20.

Varanini, Gian Maria, «Proprietà fondiaria e agricola», in: Alberto Tenenti/Ugo Tucci (eds.), *Storia di Venezia. Dalle origini alla caduta della Serenissima*, vol. 5: *Il Rinascimento. Società e economia*, Roma, Istituto della Enciclopedia italiana, 1996, 807-879.

Veblen, Thorstein, *The Theory of the Leisure Class: an Economic Study in the Evolution of Institutions*, New York et al., The Modern Library, 1953.

Vedder, Ulrike, «Das Rätsel der Objekte: Zur literarischen Epistemologie von Dingen. Eine Einführung», in: *Zeitschrift für Germanistik, Neue Folge* 12 (2012), 7-16.

Vedder, Ulrike, *Geschickte Liebe*, Köln, Böhlau, 2002.

Vellusig, Robert H., «Mimesis von Mündlichkeit. Zum Stilwandel des Briefes im Zeitalter der technischen Reproduzierbarkeit der Schrift», in: Theo Elm/Hans H. Hiebel (eds.), *Medien und Maschinen. Literatur im technischen Zeitalter*, Freiburg, Rombach,1991, 70-92.

Vila, Anne C., *Enlightenment and Pathology. Sensibility in the Literature and Medicine of Eighteenth-Century France*, Baltimore, Johns Hopkins University Press, 1998.

Weder, Christine, *Erschriebene Dinge. Fetisch, Amulett, Talisman um 1800*, Freiburg, Rombach, 2007.

Welsh, Caroline, et al. (eds.), *Sinne und Verstand. Ästhetische Modellierungen der Wahrnehmung um 1800*, Würzburg, Königshausen & Neumann, 2001, 189-206.

CLAUDIA GRONEMANN

Del lujo ostentoso a la ética del hombre sociable: ocio y sociabilidad en las *Cartas marruecas* de Cadalso

> Todo esto sin duda es muy bueno, porque contribuye a hacer al hombre cada día más sociable. El continuo trato y franqueza descubre mutuamente los corazones de los unos a los otros; hace que se comuniquen las especies y se unan las voluntades.
> (Gazel, Carta XI)

> [...] la verdadera alegría, la conversación festiva, la chanza inocente, la mutua benevolencia, el agasajo sincero y la amistad [...].
> (Nuño Núñez, Carta XXXIII)

Escoger las *Cartas marruecas*[1] de Cadalso como corpus de referencia para una reflexión particular sobre la cuestión del ocio y de la ociosidad parece a primera vista sorprendente, pues es un tema secundario en la novela donde los corresponsales, el viajero marroquí Gazel Ben-Aly, su maestro Ben-Beley y el español Nuño Núñez, aluden a ese problema siempre en relación con aspectos de la práctica social, política, económica o cultural. Estas cuestiones fundamentales forman la materia principal de la novela epistolar girando principalmente en torno al «asunto más delicado que hay en el mundo, que es la crítica de una nación»,[2] como lo expresa el editor ficticio en el prólogo que inaugura la obra. Cadalso, el autor de esta ficción proporciona, por medio de sus protagonistas-corresponsales, una descripción amplia del carácter nacional y de las costumbres de la España de su tiempo dibujando toda una fenomenología de la decadencia con el fin de descubrir los (re)medios apropiados –lejos de la posición monolítica de los tradicionalistas o modernistas– para reformar el país y renovar su prestigio. Ese tema nacional se corresponde con el amplio corpus literario de la España dieciochesca

[1] Escrita ya hacia 1772 y publicada póstumamente en 1788/89 en el *Correo de Madrid*, y como libro en 1793. Cito según José Cadalso, *Cartas marruecas. Noches lúgubres*, edd. Russell P. Sebold, Madrid, Cátedra [2]2002.

[2] Cadalso, *Cartas marruecas*, 151.

que se dedica menos a cuestiones universales, que tanto preocupan a los ilustrados en Francia como al proyecto particular de «una ilustración» de su propia identidad.[3]

Tampoco resulta obvio abordar el ocio con referencia al siglo dieciocho en España ya que destaca precisamente su rechazo en el reformismo socioeconómico y cultural de iniciativa borbónica. Para insistir en un cambio necesario, sus protagonistas toman distancia del Siglo de Oro, que representa para ellos la época del «ocio y despilfarro».[4] Hasta ahora la crítica literaria se ha interesado sobre todo por la práctica del ocio y los debates sobre su licitud en la España de la Contrarreforma lo que se manifiesta en el gran número de trabajos importantes publicados sobre esa cuestión.[5] En la perspectiva de los dieciochistas este aspecto no es más de importancia. Frente a la cuestión de reformas socioeconómicas predominan tanto los conceptos de utilidad, labor y empeño, que se desvanece el interés positivo y legítimo por el ocio. Prevalece un discurso peyorativo sobre la ociosidad que la relaciona con pereza y desocupación y caracteriza,[6] desde su punto de vista, la nobleza como clase derrochadora y primera responsable de la decadencia del país.

En este contexto, se reestablece el concepto sexuado y despectivo del ocio, de modo que este queda atribuido al sexo femenino, y estipula su

---

[3] Esa proposición resuena en el título del libro de Christian von Tschilschke sobre los discursos de la identidad en la literatura del siglo XVIII: *Identität der Aufklärung/Aufklärung der Identität. Literatur und Identitätsdiskurs im Spanien des 18. Jahrhunderts*, Frankfurt a. M., Vervuert, 2009.

[4] Ese es el título de la monografía (2 vol.) del historiador Peter Hersche que se concentra en un retrato complejo de la historia social de la Europa católica y que defiende la existencia de una modernidad propia de estos países criticando la dominancia del aspecto económico como parámetro de la modernidad, cf. Peter Hersche, *Muße und Verschwendung. Europäische Gesellschaft und Kultur im Barockzeitalter*, Freiburg, Herder, 2006.

[5] En la última década se publicaron diversos libros que incluyen o tratan directamente el ocio en la España del *Siglo de Oro*, v. Wolfgang Adam/Christoph Strosetzki et al. (eds.), *Geselligkeit und Gesellschaft im Barockzeitalter*, Wiesbaden, Harrassowitz, 1997; el homenaje colectivo para Christoph Strosetzki editado por Martin Baxmeyer et al., *El sabio y el ocio. Zu Gelehrsamkeit und Muße in der spanischen Literatur und Kultur des Siglo de Oro*, Tübingen, Narr, 2009; Enrique García Santo-Tomás (ed.), *Materia crítica. Formas de ocio y de consumo en la cultura áurea*, Madrid/Frankfurt a. M., Vervuert, 2009; Mechthild Albert (ed.), *Sociabilidad y literatura en el Siglo de Oro*, Pamplona, Universidad de Navarra, 2013. Respecto a la metodología, la editora del último volumen destaca la excepcionalidad de aplicar el concepto de la sociabilidad a la literatura de la época, porque «el estudio de la sociabilidad quedaba reducido, más que nada, al ámbito de los historiadores» (Albert, *Sociabilidad*, 11).

[6] Weller subraya en su artículo que ese consumo no puede haber correspondido a la realidad histórica, sin embargo confirma su estudio otra vez la predominancia de ese discurso negativo desde el Siglo de Oro, cf. Thomas Weller, «*Madre de todos los vicios?* Müßiggang und ostentativer Konsum im Spanien des Siglo de Oro und im Heiligen Römischen Reich Deutscher Nation», en: Martin Baxmeyer et al. (eds.), *El sabio y el ocio*, 203-216.

negatividad frente a una sociedad constituida sobre la idea del bien común. Por lo tanto, en el siglo de reformas no siguen siendo válidas las ideas clásicas sobre el ocio como una actividad autosuficiente que no se equipara con la acedia («pereza»), como se comprendía anteriormente: esas ideas incluyen la superioridad de la vida contemplativa en la Antigüedad, la sacralidad del ocio monástico en la Edad Media, el ocio ostentoso de la *leisure class*, y asimismo el ocio del sabio que destaca en la cultura humanística.[7] Al contrario de todas esas conceptualizaciones, el ocio como modelo serio, requisito previo básico para la reflexión filosófica, parece completamente invertido en el siglo ilustrado si consideramos los escritos antropológicos de Immanuel Kant, que lo discute como problema mental, incluso patológico.[8]

Por otro lado, esta misma época se enfrenta a la continuación, e incluso a la intensificación, de diversas formas ociosas sobre todo lo que se refiere al intercambio sociable –en España destacan con la urbanización creciente, la tertulia, el paseo, el cortejo, la corrida– así que es justo llamarla como hizo el historiador Im Hof el «siglo de la sociabilidad».[9] También España presenció «una eclosión de sociabilidad» en el siglo XVIII[10] y se establecieron nuevas formas y medios de la comunicación, un público creciente de lectores e incluso de lectoras[11] que empieza a dedicarse de manera extensiva al consumo de obras periódicas y/o literarias. Además, se formaron en la vida social nuevos círculos públicos, privados y semiprivados, algunos de estos se parecen al salón parisino[12] dirigido por damas aristócratas (las asambleas de la condesa-duquesa de

[7] Sobre la relación entre saber y ocio ver particularmente Baxmeyer et al. (eds.), *El sabio y el ocio*, 2009.

[8] Cf. Marc Rölli que observa, en relación a la obra *La antropología pragmática* (*Anthropologie in pragmatischer Hinsicht*, 1798) de Kant, una patologización del ocio («Begündete Kritik, abgründiger Zweifel. Zur Pathologie der Muße in der Aufklärung», in: *Paragrana* 16 [2007], 62-72, 69).

[9] Cf. Ulrich Im Hof, *Das gesellige Jahrhundert. Gesellschaft und Gesellschaften im Zeitalter der Aufklärung*, München, Beck, 1982.

[10] Mónica Bolufer Peruga, «Del salón a la asamblea: Sociabilidad, espacio público y ámbito privado (siglos XVII-XVIII)», en: Saitabi 56 (2006), 121-148; 127 sq.

[11] Sobre el cambio de los espacios de comunicación v. Joaquín Álvarez Barrientos (ed.), *Espacios de la comunicación literaria*, Madrid, CSIC, 2002, y, sobre las lectoras de la prensa y de la literatura, los trabajos de Bolufer: «Espectadores y lectoras. Representaciones e influencia del público femenino en la prensa del siglo XVIII», en: *Cuadernos de Estudios del siglo XVIII* 5 (1995), 23-57, e Inmaculada Urzainqui Miqueleiz, «La mujer como receptora literaria en el siglo XVIII», en: Susana Gil-Albarellos et al. (eds.), *Ecos silenciados. La mujer en la literatura española: siglos XII al XVIII*, Segovia, Junta de Castilla y León, 2006, 289-314.

[12] El término se atribuyó solo posteriormente a ese tipo de la asociación (semi)privada, cf. Antoine Lilti, *Le Monde des salons. Sociabilité et mondanité à Paris au XVIII*^e^ *siècle*, Paris, Fayard, 2005.

Benavente y duquesa de Osuna María Josefa Alonso Pimentel Téllez-Girón; de la condesa de Montijo, María Francisca de Sales Portocarrero; de la duquesa de Alba, María Pilar Teresa Cayetana de Silva y Álvarez de Toledo; de la marquesa de Fuerte Híjar, María Lorenza de los Ríos).[13] Asimismo se fundaron las Academias Reales y las Sociedades Económicas de Amigos del País. Los espacios tradicionalmente masculinos se abren para las mujeres y para el contacto entre hombres y mujeres, y con ello además el encuentro de diferentes clases.[14]

Obviamente, cuando en ese mismo siglo los conceptos del lujo y del ocio cayeron en desgracia fueron reemplazados por el neologismo de la sociabilidad que no remite solamente a las nuevas prácticas sociales sino que «alude a la tendencia humana a vivir en sociedad –siendo ésta no ya la compañía o asociación de ciertos particulares en determinadas circunstancias, sino una comunidad amplia y perdurable formada en virtud de cierta propensión natural».[15] A diferencia de la época del Barroco, la Ilustración parece conocer una nueva dimensión del ocio que ya no se basa más en la oposición entre lo útil y lo autosuficiente y que resalta tanto la persistencia de la cultura áurea como una ruptura con ella anunciando un tránsito visible hacia la modernidad. Desde una perspectiva socio-histórica se ha constatado una relación funcional entre una persona de rango dentro de la sociedad estratificada del Antiguo Régimen y la ociosidad de carácter lúdico que sirvió como práctica de distinción social para la clase privilegiada.[16] En el momento de la transición de esta sociedad estamental al sistema funcional (utilizo la terminología de la teoría sistémica de Luhmann) ese emblema de rango –dentro de una jerarquía preestablecida– perdió su función original y se convirtió en signo de estatismo, autosuficiencia e inutilidad.

En la novela *Cartas marruecas* encontramos la descripción de diferentes formas de ociosidad en relación con su dimensión política, econó-

---

[13] Cf. Paloma Fernández-Quintanilla, *La mujer ilustrada en la España del siglo XVIII*, Madrid, Ministerio de Cultura, 1981.

[14] V. de modo ejemplar el estudio sociohistórico rico en documentación de Charles Emil Kany, *Life and manners in Madrid. 1750-1800*, Berkeley, University of California, 1932, también la visión de conjunto por Joaquín Álvarez Barrientos en este volumen, y con un enfoque teórico general Bolufer, «Del salón a la asamblea».

[15] Un recorrido por la presencia del término en el pensamiento ilustrado ofrece Elena de Lorenzo Álvarez, «La sociabilidad ilustrada. Instinto de conservación, compromiso civil y práctica social», en: Marieta Cantos Casenave (ed.), *Redes y espacios de opinión pública. Cádiz, América y Europa ante la Modernidad. 1750-1850*, Cádiz, Universidad de Cádiz, 2006, 431-444, v. 432.

[16] V. p. ej. José Antonio Maravall, *Poder, honor y élites en el siglo XVII*, Madrid, sigloveintiuno, 1979, 39 sq.

mica o moral. Primero, se despliega una visión crítica sobre todo por parte de Nuño y Gazel refiriéndose al problema muy debatido del ocio nobiliario que no solo había corrompido al hombre moralmente sino perjudicado la economía (cartas XXVI, XLI). La única solución, así opina el marroquí frente a su maestro Ben-Beley (carta XLI), corresponde a la estrategia mercantilista de fomentar un lujo «nacional».[17] De esta manera, los temas del ocio se transmiten sobre todo en la descripción del país desde las perspectivas de Gazel, cuya visión «desde fuera» aparece comentada por su guía Nuño Núñez. A través del intercambio se produce un retrato, a veces satírico y sarcástico, de las costumbres contemporáneas, que incluye la crítica del exceso tanto material como cultural, lo cual era considerado siempre perjudicial para el bien común.

En segundo lugar, una práctica del ocio está (omni)presente en otro nivel del texto más allá del tema tratado: los protagonistas no solo frecuentan los salones y las tertulias madrileños sino que intercambian opiniones y se relacionan como amigos por medio de sus cartas y conversaciones así que la novela se equipara propiamente con una tertulia textual o virtual.[18] Gazel está verdaderamente disfrutando de la compañía tan complaciente e instructiva de Nuño diciendo: «En su compañía se me pasan con gusto las horas, porque procura instruirme en todo lo que pregunto; [...].»[19] Ambos protagonistas, que ni pertenecen a la misma clase ni a la misma cultura, se encuentran y se juntan voluntariamente durante el viaje de Gazel, descubren una afinidad personal mutua y se igualan por medio de la conversación y de la sociabilidad, a pesar de todas las diferencias culturales y políticas, en la virtud. Estas prácticas de una «sociabilidad de imaginación literaria»[20] son decisivas para la comprensión de la novela porque tienen sus propios códigos que se transmiten, que se exponen y escenifican a través de la lectura, contribuyendo en gran parte a la formación del propio público.

---

[17] Sobre esta reflexión del lujo en las *Cartas marruecas* v. Hans-Joachim Lope, «¿Mal moral o necesidad económica? La polémica acerca del lujo en la Ilustración española», en: Manfred Tietz/Dietrich Briesemeister (eds.), *La secularización de la cultura española en el Siglo de las Luces*, Wiesbaden, Harrassowitz, 1992, 129-150.

[18] Es la idea de tertulia que defiende Andreas Gelz que destaca la polifonía, la oralidad y la privacidad simuladas hablando de una tertulia virtual, cf. Andreas Gelz, *Tertulia. Literatur und Soziabilität im Spanien des 18. und 19. Jahrhunderts*, Frankfurt a. M., Vervuert, 2006, 86.

[19] *Cartas marruecas*, 154.

[20] Utilizo la terminología de Peter Seibert quien destacó el efecto compensatorio de la comunicación literaria en la medida en que ella misma realiza lo que socialmente no es viable.

Esta sociabilidad representada por los tres protagonistas y transmitida «en escenario literario» se entiende como modelo alternativo al ocio ostentoso y subraya el espíritu de una nueva comunidad de *hombres de bien*. En vez de referirse a la distinción, a la singularización o al retiro del mundo, se superpone intrínsecamente con lo sociable y con la relación al otro. La novela parece funcionar como una utopía social porque el intercambio literario no solo refleja la sociabilidad sino que constituye precisamente una comunidad de personas iguales. Se expresa por ejemplo en la interacción y el comportamiento de los corresponsales, su «acostumbrado paseo»,[21] sus diversas visitas a tertulias, el estilo suelto de sus conversaciones, la cortesía en sus cartas y las propias reflexiones sobre esta categoría. Por lo tanto, hay que precisar la aparición del ocio en la novela, cuyos protagonistas no solo disputan sobre problemas relacionados con el ocio sino que ponen directamente en práctica sus convicciones acerca de esa nueva sociabilidad que tiene como objetivo educar y socializar al hombre.

Lo que observamos en primer lugar y que se manifiesta también en las *Cartas marruecas* de Cadalso, es una transformación del concepto mismo –así lo confirmaron los debates durante nuestro congreso– en la medida en que las prácticas sobrepasan cada vez más el fin de distinguir a la clase alta. Cadalso usa la novela como escenario para demostrar por medio del intercambio entre Gazel y Nuño el proceso –fundamentalmente sociable– de adquisición de virtudes y principios éticos. El comportamiento sociable se escenifica por medio del texto de manera que puede participar el público lector,[22] y ello sirve para demostrar las dinámicas del proceso socializador y civilizador ilustrando el empeño de los interlocutores en identificar la conducta correcta, en ejercer un aprendizaje continuo que ha de realizarse a través de sus conversaciones, sus cartas y, desde luego, de sus relaciones personales.

No hay duda de que esa 'enseñanza' que efectúa el discurso novelístico respecto a las virtudes de la *hombría de bien* se dirige a los nobles, una clase especialmente importante en España.[23] Desde la perspectiva

---

[21] *Cartas marruecas*, 181.

[22] Sobre los procedimientos textuales y la multiplicación de lectores y lecturas al interior del texto de la novela v. Iris Zavala, *Lecturas y lectores del discurso narrativo dieciochesco*, Amsterdam, Rodopi, 1987.

[23] «Dans cette société très hiérarchisée que nous dépeignent les Cartas, l'intérêt est bien vite centré sur une classe en particulier, celle de la noblesse, qui est en Espagne particulièrement importante, à la fois numériquement et en termes de puissance économique, et dont on verra qu'elle est l'objet d'un examen attentif, sans concession», cf. Alexandra Merle, «Société, noblesse et monarchie

de Cadalso, la ociosidad y la desocupación nobiliarias no tienen ya más razón de ser, el ocio ostentoso fomenta la concurrencia e impide una participación de las élites en la reforma socioeconómica por lo que debe dar paso a una sociabilidad capaz de inspirar y formar al hombre virtuoso, de saber estimular el ser bueno en compañía de otro ser bueno. En su opinión, los nobles tendrían que ocupar un papel activo y responsable, a ellos les conviene realizar la «misión patriótica», tan importante a juicio de nuestro autor.[24] Con el fin de crear los requisitos básicos de esa función política de la nobleza como clase dirigente de la reforma nacional, Cadalso ilustra una sociabilidad que no establece distinciones sino un modelo comunitario teniendo por objetivo el desarrollo de una ética mundana que se realiza en la compañía de hombres virtuosos y a través de la cual ellos se forman como igualitarios.

Muy al contrario del retiro practicado por el sabio,[25] ampliamente discutido y también escenificado en las *Cartas marruecas* a propósito de la antinomia entre campo y ciudad,[26] predomina en el discurso de Nuño el elogio de la vida social, que parece la forma más adecuada para contribuir a la felicidad pública. Para no caer en las «trampas» del *afrancesamiento* y ser criticado por la imitación de una sociabilidad excesiva tal y como la que parece cultivada en la metrópoli parisina, y para no caer, tampoco, en el peligro de defender el retiro completo del mundo que condena a la inactividad y conduce a la misantropía, la sociabilidad de los protagonistas en Cadalso tiene que manifestar un concepto propio que no corresponde al retiro completo del mundo, pero tampoco al divertimiento puro. A continuación me gustaría elucidar cómo Cadalso usa la novela para poner en práctica el concepto y una ética de la sociabilidad.

Aunque el atributo de lo sociable no es de nada nuevo teniendo sus formas antecedentes en la Antigüedad y la Edad Media, el término data

---

dans les *Cartas marruecas*», en: Carlos Serrano et al. (eds.), *Les voies des Lumières. Le monde ibérique au XVIIIe siècle*, Paris, Presses de l'Université de Paris-Sorbonne, 1998, 113.

[24] «C'est bien à la noblesse que Cadalso veut confier *la mission patriotique* de régénérer l'Espagne», cf. Merle, «Société, noblesse», 139 (subrayado mío).

[25] Este aparece personificado por el tutor Ben-Beley viviendo muy lejos de los hombres a quién se dirige Gazel en tono respetuoso: «un sabio como tú, que ves todo desde tu retiro» (Cadalso, *Cartas marruecas*, 157).

[26] V. el artículo de María-Dolores Albiac, «Los caminos de la razón. Sociabilidad rural, sociabilidad urbana en las *Cartas Marruecas* de Cadalso», en: Carlos Serrano et al. (eds.), *Les Voies des Lumières. Le monde ibérique au XVIIIe siècle*, Paris, Presse de l'Université de Paris-Sorbonne, 1998, 7-43.

del temprano siglo XVIII[27] cuando el *Diccionario de Autoridades* lo define como «tratamiento, y correspondencia de unas personas con otras» e indica además un carácter nacional de esa forma de compañía: «Es el Español *sociable*, y amigo de compañía».[28] Esa alusión a la sociabilidad como rasgo distintivo del español que debe referirse también, según Albert, a las tradiciones anteriores y sobre todo a las prácticas del Barroco,[29] puede asimismo formar un punto de partida para acercar la sociabilidad literaria en Cadalso puesto que este hace hincapié, con su novela, en una sociabilidad distinta del 'modelo francés' tan presente y discutido.

El protagonista marroquí, gracias a su gira por España y al encuentro con el hospitalario Nuño, tiene la oportunidad de visitar la capital y de participar en la vida social lo que deviene luego, junto con sus observaciones sobre las provincias, un objeto preferido de intercambio. No solo está mirando las costumbres desde su punto de vista 'musulmán' –la cultura de la 'poligamia' occidental, el lujo, la tertulia, el visiteo etc.– sino que las experimenta personalmente y destaca el contraste con la vida «en Marruecos» que tiene solo semejanza con lo que sabe de la España antigua:

> Las noticias que hemos tenido *hasta ahora* en Marruecos de la sociedad o vida social de los españoles nos parecían muy buenas, por ser muy semejante aquélla a la nuestra, y ser natural en un hombre graduar por esta regla el mérito de los otros.[30]

A diferencia de la tradición española, encuentra en la sociedad actual una «franqueza en el trato de estos alegres nietos de aquellos graves abuelos»[31] que resulta el tema de la carta XI y que me parece importante para entender la idea de la sociabilidad en Cadalso. Aquí se encuentran contrastados los tipos favorables y desfavorables del trato social. Gazel y Nuño visitan una tertulia que le parece muy extraña al marroquí quien la describe para Ben-Beley, «así se llaman cierto número de personas que concurren con frecuencia a conversación»,[32] y da algunos ejemplos para esta franqueza incomparable: «Me hablaron en los paseos, y me recibieron sin susto cuando fui a cumplir con la obligación de visitarlas

---

[27] Cf. la visión de conjunto ibid., 121 sq.

[28] *Diccionario de Autoridades*, 6 vol, Madrid, Gredos, 1726-1739, vol. 6 (1739), (http://web.frl.es/DA.html).

[29] Albert, «Introducción», 7.

[30] Cadalso, *Cartas marruecas*, 191 (subrayado mío).

[31] Ibid.

[32] Ibid., 192.

[a las señoras]».[33] Así pues, Gazel empieza a hallarse en una inmensa confusión: «Los que encontré en la calle o en la tertulia a la segunda vez ya eran amigos míos», y «creí estar en alguna *posada pública* según la libertad, aunque tanto la desmentía la magnificencia de su aparato».[34] Aumenta la confusión de Gazel cuando Nuño le explica que se trata, en este caso de la mesa de «uno de los mayores hombres de la monarquía».[35] Gazel encuentra la respuesta y empieza a alabar –lleno de respeto para la clase de los nobles– esa práctica 'franca': la asocia por su novedad con el supuesto ideal ilustrado que defiende la igualdad natural entre los hombres,

> [t]odo esto sin duda es muy bueno, porque contribuye a hacer al hombre cada día más sociable. El continuo trato y franqueza descubre mutuamente los corazones de los unos a los otros; hace que se comuniquen las especies y se unan las voluntades.[36]

Notamos claramente que Cadalso pone en relación «franqueza» e ilustración ironizando sobre el elogio de Gazel que parece una simple imitación del pensamiento de los filósofos franceses. Nuño no solo expresa su escepticismo frente a esos ideales que no considera adecuados para la sociedad española sino que elabora al mismo tiempo una sociabilidad matizada. De acuerdo con su máxima del justo medio, este propone a Gazel diferenciar cuidadosamente entre la parte positiva y negativa de las prácticas de sociabilidad diciendo:

> Esta libertad que tanto te hechiza, es como una rosa que tiene las espinas muy cerca del capullo. Sin aprobar la demasiada rigidez del siglo XVI, no puedo tampoco conceder tantas ventajas a la libertad moderna.[37]

Desacredita precisamente el exceso de visitas, tertulias y paseos y subraya la dificultad del retiro necesario para trabajar o leer, como lo demuestra el ejemplo de un ministro que se ve forzado a «exponerse [...] a las especulaciones de veinte desocupados».[38] Nuño critica además, insinuando la sociabilidad mixta en los círculos de París, la falta de etiqueta en el trato de las mujeres.[39]

---

[33] Ibid., 193.
[34] Ibid., subrayado mío.
[35] Ibid.
[36] Ibid.
[37] Ibid., 194.
[38] Ibid.
[39] Ibid., 195.

La lección que da a su amigo se reconoce fácilmente: la sociabilidad en sí no es buena ni mala. Por eso el hombre no tiene que evitarla sino aprender –como ética práctica– cómo utilizar su razón y juicio para poder ser capaz de moverse virtuosamente como un verdadero *hombre de bien* en la compañía de los otros. Nuño mismo aprecia el encuentro con hombres de bien y practica el intercambio –tal y como lo expone la novela– para formar «sus corazones» y establecer el fundamento para una patria próspera.

El retiro para escapar de toda corrupción mundana lo está practicando Ben-Beley –a quien Nuño se dirige con las palabras siguientes: «[...] no tienes que sufrir tanto delirio, vicio y flaqueza como abunda entre los hombres, sin que apenas pueda el sabio distinguir cuál es vicio y cuál es virtud»[40]– a este sin embargo, no le parece la única opción del buen vivir para un hombre de bien. Al contrario, en la Carta LXX, Nuño explica a Gazel, en el contexto del tema del buen ciudadano, que el retiro también provoca un daño significativo para el país porque causa «la pérdida de unos hombres de talento y mérito que se apartan de las carreras útiles de la república», y pregunta al mismo:

> «¿No crees que todo individuo está obligado a contribuir al bien de su patria con todo esmero? [...] No basta ser bueno para sí y para otros pocos; es preciso serlo o procurar serlo para el total de la nación».[41]

Para el buen ciudadano, el patriotismo es una «verdadera obligación de las que contrae el hombre al entrar en la república, si quiere que ésta le estime, y aún más si quiere que no lo mire como a extraño».[42] Nuño está por retirarse del mundo, como anuncia en forma de prolepsis la primera carta de Gazel («Se halla ahora separado del mundo y, según su expresión, encarcelado dentro de sí mismo»),[43] y nada explica su motivación. Se puede suponer que resulta –tras el retorno de Gazel– de la pérdida de su amigo cuyo entorno social le hizo crear tantas ilusiones respecto a la realización de su 'misión patriótica'.

Si Cadalso destaca (en la boca de Nuño) la sociabilidad y la relaciona con los atributos de una persona, se refiere al discurso ilustrado fundado en la larga tradición antropológica desde Aristóteles, que concibe –en relación con muy diversas formas históricas– al ser humano en su di-

---

40 Ibid., 210.
41 Ibid., 314.
42 Ibid., 316.
43 Ibid., 153.

mensión fundamentalmente social. Los ilustrados establecen la sociabilidad junto con el derecho natural y subrayan la capacidad de cada hombre para contribuir de esta manera a la felicidad pública –para Cadalso es sobre todo la responsabilidad del noble.[44] En la *Enciclopedia* de Diderot y d'Alembert encuentran su resonancia, precisamente en el artículo de Louis de Jaucourt sobre lo «sociable» (que se describe a diferencia de lo «amable»), en el cual se define al «hombre sociable como el ciudadano verdadero».[45] En este concepto, tanto el cultivo de la sociabilidad como el trato del prójimo sirven para promover el bien común y para buscar la propia suerte en la suerte del otro en vez de enaltecer el amor propio (en el sentido que le ha dado Rousseau).[46] Este representa un problema de la vida en una sociedad moderna que se distingue de las comunidades de tipo tradicional, lo que hace necesario implementar una ética para controlar –tema que prevalece en las teorías de la modernización como por ejemplo el concepto de la civilización de Elias[47]– los efectos negativos de la competición.[48]

En la *Enciclopedia*, Jaucourt hace hincapié en esta función revalorizada con las palabras siguientes: «Du principe de la sociabilité découlent toutes les lois de la société»,[49] explicando que esa misma unión entre los hombres establece su relación respectiva a la sociedad con el fin de contribuir al bien común («la règle suprême») y de preferir la ventaja pública y no el provecho particular a costa de lo común. La sociabilidad como una capacidad humana ya no debe reducirse a ser una práctica de distinción estamental sino que ha de servir para formar el fundamento de una sociedad que oriente a sus miembros al bien común y a la formación de una comunidad imaginada (en sentido de Anderson, 1983).

---

[44] Cf. Merle, «Société, noblesse».

[45] «L'homme *sociable* a les qualités propres au bien de la société ; je veux dire la douceur du caractère, l'humanité, la franchise sans rudesse, la complaisance sans flatterie, & surtout le cœur porté à la bienfaisance ; en un mot, l'homme *sociable* est le vrai citoyen», Denis Diderot/Jean le Rond d'Alembert (eds.), *Encyclopédie ou dictionnaire raisonné des sciences, des arts et des métiers*, 28 vol., Ginebra et al., Chez Cramer et al., 1754-1772, vol. 15 (1765), 251.

[46] Cf. ibid., «La Sociabilité».

[47] V. Norbert Elias, *Über den Prozess der Zivilisation: soziogenetische und psychogenetische Untersuchungen* [1939], Frankfurt a. M., Suhrkamp, 1997.

[48] Tönnies propone una distinción clara entre sociedad y comunidad como diferentes tipos del vínculo social entre los seres humanos. Mientras que la intimidad y el trato personal marcan la vida convivial comunitaria, la sociedad basa en estructuras artificiales. Cf. Ferdinand Tönnies, *Gemeinschaft und Gesellschaft. Abhandlung des Communismus und des Socialismus als empirischer Culturformen*, Leipzig, Fues, 1887.

[49] Cf. Diderot/d'Alembert, «La sociabilité».

La pregunta del trato del otro o hacia el otro en Cadalso no puede sorprender más si no entraña la cuestión ética del modo cómo llegar a ser un *hombre de bien*, en la medida en que permite al hombre una socialización en lucha permanente con el amor propio. La capacidad sociable es, desde luego, de gran importancia para el funcionamiento de una sociedad moderna y no se reduce al problema de una clase particular que logra, sobre todo, distinguirse de las otras por sus prácticas de ocio y divertimiento. Como ya hemos mencionado, el concepto ilustrado de la sociabilidad incluye en su fondo dos aspectos diferentes: primero, las prácticas sociales de la clase alta establecidas a partir de tradiciones cortesanas como encuentro voluntario y temporal de hombres (y mujeres) para entretenerse, para discurrir e intercambiar tal y como eso se encuentra en la definición del *Diccionario de Autoridades* (cit. arriba). Posteriormente, el término reaparece en el contexto de la formación de una sociología de la relación y se refiere en un sentido más abstracto a la participación social del individuo bajo las condiciones de la modernidad. La conjunción de los dos aspectos de la sociabilidad, del encuentro voluntario por un lado, del vínculo social de los seres humanos, por otro, la encontramos en la obra de Georg Simmel, quien destacó por primera vez de manera sistemática el efecto de igualamiento social que producen las estrategias estéticas y lúdicas de la asociación.[50] El sociólogo alemán que se concentró en la interacción del individuo con la sociedad ve también en la comunicación de un grupo, desde luego, los momentos fundacionales en el proceso de socialización.

En la novela *Cartas marruecas*, Cadalso parece insistir por igual en el carácter relacional del individuo, en la importancia de la compañía, y sobre todo en la comunicación de los protagonistas, que no es puro divertimiento sino que los ayuda a educarse y socializarse. La obra enfrenta al lector con una comunidad literaria compuesta de hombres de diferentes culturas que tienen en común su capacidad de ser amigos y sociables, de buscar la verdad por medio del intercambio con el otro y de poder formarse como *hombres de bien*. Para asegurarse de su amistad mutua y asimismo de las premisas de su buen actuar, los protagonistas discuten conjuntamente los más diversos ejemplos para identificar los principios básicos de una ética compartida, de modo que esta se establece en un acto dialógico. El mensaje de la novela parece claro y no lo

[50] Cf. Georg Simmel, «Soziologie der Geselligkeit», en: *Verhandlungen des Ersten Deutschen Soziologentages vom 19.-22. Oktober 1910 in Frankfurt/M. Schriften der deutschen Gesellschaft für Soziologie*, Tübingen, Mohr, 1911, 1-16; 8.

encontramos a nivel del contenido, porque no consiste en comunicar una receta para la reforma social sino en la exposición literaria de una sociabilidad instructiva que debe reemplazar las antiguas prácticas del ocio de la clase alta e incitarla al mejor cumplimiento de su extraordinaria función social.

La amistad entre Gazel y Nuño, a pesar de que no es un tema comentado de manera extensa en la novela, constituye sin embargo un elemento importante, siendo la base ética que permite el intercambio igualitario entre hombres de diferentes culturas y sistemas sociales. Es más, la amistad permite formar y estabilizar nuevas relaciones sociales sobre la base de la virtud, la sinceridad y la *hombría de bien*, fundadas en una ética secular, sustitutas del mundo cristiano de un orden social según diferentes rangos. Desde la primera carta, los corresponsales se aseguran de su mutua amistad que resulta un correlato de su capacidad sociable. En una carta a Gazel, quien está de viaje por las provincias de España, Nuño le cuenta sus propias experiencias «en el mundo» (la sociedad urbana) y con «hombres de todas clases, edades y genios» para condenar el principio vigente de la concurrencia entre hombres y proponer una nueva ética del trato «sin competencia»:

> En ningún concurso de éstos ha depositado naturaleza el bien social de los hombres. Envidia, rencor y vanidad ocupan demasiado tales pechos [se refiere a los nobles, sabios y eruditos] para que en ellos quepan la verdadera alegría, la conversación festiva, la chanza inocente, la mutua benevolencia, el agasajo sincero y la amistad, en fin, madre de todos los bienes sociables.[51]

La *amicitia* practicada entre los dos hombres representa, desde luego, en sí misma un elemento de esta ética escenificada en el intercambio epistolar que quiera ser «sin competencia». Con referencia al discurso aristotélico, Rebecca Haidt describió el modelo de esa «virtuous friendship», que, según ella, no solo se manifiesta en la interacción verbal sino también en el cuerpo del *hombre de bien*.[52] Aristóteles, en su obra *Ética Nicomáquea* (libro VIII) define la amistad como un rasgo del ser humano que presupone la virtud, la sinceridad y la benevolencia de ambos lados y que requiere reciprocidad. Es la expresión de una sociabilidad lograda

---

[51] *Cartas marruecas*, 230 sq.

[52] V. sobre ese tema el acercamiento innovador de Rebecca Haidt, «Other Bodies, Other Selves. The Virtuous Masculine Body in the *Cartas Marruecas*», en: Id. (ed.), *Embodying Enlightenment. Knowing the body in eighteenth-century Spanish literature and culture*, Basingstoke, Macmillan, 1998, 151-184; 153 sq.

y constituye el modelo *in nuce* del estado ideal, dado que entre la polis y la élite, la comunidad de los amigos masculinos, los ciudadanos, no hay diferencia cualitativa. El bien común corresponde al bien de la persona cuya vida resulta más exitosa en una comunidad de iguales. Los hombres traban amistad sin interés y así alcanzan un estado superior.

La idea de la amistad en Cadalso tiene ese mismo fin comunitario y político respecto a España y a la clase de los nobles. Además, no supone en primer lugar una relación afectiva y tierna entre hombres tal y como lo insinuaron los conceptos del sensualismo difundidos desde fines del siglo XVII en Inglaterra, Francia y Alemania, países donde se estableció un verdadero culto a la amistad asociado con una nueva cultura de sentimientos y subjetividad.[53] En el escenario de Cadalso, sin embargo, debe articularse por la amistad una nueva conciencia de la clase alta. La sociabilidad practicada por Nuño y Gazel como expresión de esa nueva mentalidad, los ayuda a los amigos a formar su propio juicio mientras entran en debate o acercan sus opiniones. Esta armonización de las voces se nota a nivel narrativo, de manera que el lector tiene cada vez más dificultad de diferenciar las opiniones, lo que resulta, además, una cuestión muy debatida en la crítica sobre Cadalso, porque unos observan un discurso cada vez más homófono mientras que otros destacan una polifonía consecuente del texto.

Otro componente esencial de la sociabilidad *practicada* entre Nuño, Gazel y Ben-Beley es la conversación hablada o escrita que se caracteriza por un código específico que además, se transforma de vez en cuando en el objeto mismo de las charlas. Nuño, el supuesto portavoz del autor, subraya la importancia de usar un lenguaje moderado que se distingue del exceso y del puro divertimiento superficial. El acto de dialogar tal y como lo expone Cadalso no queda reducido a un nivel verbal sino que comprende todas las dimensiones del trato entre personas basado en el respeto, la tolerancia, la igualdad y el consenso. Desde luego, la conversación representa mucho más de lo que supone el intercambio de ideas, se transforma en una acción ética que debe transmitir el reconocimiento del otro y despistar el amor propio. Tal concepto, que vincula la conversación a un código ético-social, se concibió en la tradición italiana y

[53] V. los estudios de Eckhardt Meyer-Krentler, «Freundschaft im 18. Jahrhundert. Zur Einführung in die Forschungsdiskussion», en: Wolfram Mauser/Barbara Becker-Cantarino (eds.), *Frauenfreundschaft – Männerfreundschaft. Literarische Diskurse im 18. Jahrhundert*, Tübingen, Niemeyer 1991, 1-22, y Wolfgang Adam, «Freundschaft und Geselligkeit im 18. Jahrhundert», en: *Goethezeitportal*, 2004 (http://www.goethezeitportal.de/db/wiss/epoche/adam_freundschaft.pdf.

francesa sobre todo, y lo encontramos explícitamente en dos artículos sobre sociabilidad y conversación de la *Enciclopedia* escritos por Jaucourt y d'Alembert. Ambos autores evocan la buena conversación como un modo de pasar un momento conversando con otra persona, lo que supone tener el don de la conversación como atributo de una persona. Jaucourt distingue explícitamente el modelo de la conversación de una entrevista: la última supone una relación inalterablemente jerárquica de los interlocutores y se refiere siempre a fines informativos. La ausencia de objetivos concretos en la conversación, por otra parte, y su función social provoca un sentimiento de felicidad que logra compensar el amor propio, responsable según el pensamiento de Rousseau de la relajación de costumbres como consecuencia de la concurrencia, de la ambición y la vanidad. El amor propio ocurre, según él, por la falta de reconocimiento simétrico en las relaciones del hombre moderno. Pero la filosofía de Rousseau incluye también aspectos positivos de ese *amour-propre* que radica en el desarrollo de una subjetividad que surge directamente de esa lucha por el reconocimiento y conlleva a la formación de libertad, moral y razón práctica.[54] La orientación hacia el otro en base al derecho natural y la idea de la tolerancia conforman una ética que tiene como objetivo vencer el egoísmo del individuo moderno. Por lo tanto, es el hombre social el que es considerado como verdadero ciudadano (Jaucourt) puesto que se siente responsable del bien común y puede reemplazar por eso el modelo del *honnête homme* asociado con la cultura nobiliaria francesa. Cadalso propone un ideal de la conversación que sobrepasa la idea estereotipada del salón «francés» y lo escenifica en su novela. La conversación entre los protagonistas se basa en un tono medio entre la jocosidad y la seriedad, sin competencias y ofreciendo la elección libre de asuntos sin que estos obtengan necesariamente un orden. La polifonía y la simetría son el principio fundacional. Además, todo tipo de monólogo parece una tiranía, tal y como lo transmite Gazel en la carta X por boca de Nuño:

> La sala estaba llena de gentes, todas pendientes del labio de un joven de veinte años, que había usurpado con inexplicable dominio la atención del concurso. Si la rapidez de estilo, volubilidad de lengua, torrente de voces, movimiento continuo de un cuerpo airoso y gestos majestuosos formasen un orador perfecto, ninguno puede serlo tanto.

[54] Neuhouser describe a Rousseau como predecesor principal de la filosofía del reconocimiento y destaca –en contra de la *communis opinio*– el lado constructivo del amor-propio, cf. Frederick Neuhouser, *Rousseau's Theodicy of Self-Love. Evil, Rationality, and the Drive for Recognition*, Oxford, Oxford University Press, 2008.

Hablaba un idioma particular; particular, digo, porque aunque todas las voces eran castellanas, no lo eran las frases. [...] Quedamos libres de aquel tirano de la conversación, y empezamos a gozar del beneficio del habla, que yo pensé disfrutar por derecho de naturaleza hasta que la experiencia me enseñó que no había tal libertad. [...] así nos volvimos a hablar los unos a los otros [...].[55]

Este pasaje demuestra que la interacción con el otro, el trato amistoso y simétrico en el contacto valen más que todas las prendas y talentos de un individuo vanidoso y egoísta.

Las *Cartas marruecas* construyen –tanto como las famosas novelas filosóficas en Francia e Inglaterra– su programa ilustrado a base de una estructura narrativa compleja que se caracteriza por una red de *lecturas y lectores* en el interior del texto.[56] En su estudio, Zavala insiste en la «función performativa de la lectura»[57] haciendo hincapié en la introducción de un doble nivel interno y externo de lectores que implica una participación activa de los destinatarios tanto ficticios como reales: «Este entramado textual supone un rechazo de la voz monológica autoritaria, que se yergue como verdad única y pone de relieve la dialogización [sic] interna y la sociabilidad interna de los enunciados, así como el intercambio de sujetos discursivos» .[58] A nivel textual encontramos la escena de una comunidad de interlocutores que llega a incluir tanto a las figuras del editor y del autor como al lector interno y externo. Curiosamente, el autor establece un modelo de lectura que forma asimismo parte de esta sociabilidad escenificada, puesto que la carta –medio de distancia– reemplaza el encuentro con el amigo.

A través de las cartas aparece además tanto el concepto de oralidad como el de escritura; lo que produce un acercamiento de los protagonistas al lector e incrementa el placer de la lectura. Nuño instruye a Gazel y le explica el carácter nacional de su país,[59] de modo que el lector pueda participar en el intercambio que sirve de base para la educación inte-

---

[55] *Cartas marruecas*, 188 sq.

[56] Zavala, «Lecturas y lectores en las *Cartas Marruecas*. La actividad lectora en el interior del texto», en: *Lecturas y lectores*, 98-110.

[57] Ibid., 105 sq.

[58] Ibid., 99 sq.

[59] En la carta XXI, Nuño se dirige a Ben-Beley, y compara la nación con un ser humano explicándole su programa de educación cuyo objetivo es la optimización del carácter nacional: «Cada nación es como cada hombre, que tiene sus buenas y malas propiedades peculiares a su alma y cuerpo. Es muy justo trabajar a disminuir éstas y a aumentar aquellas; pero es imposible aniquilar lo que es parte de su constitución. [...] que se deben distinguir las verdaderas prendas nacionales de las que no lo son sino por abuso o preocupación de algunos, a quienes guía la ignorancia o pereza» (Carta XXI, 207).

lectual. Estamos ante una renovación del tópico del ocio de leer, porque Nuño recomienda que la lectura de libros esté vinculada a un acto útil, por ejemplo a una educación del lector, tal y como propone el mismo autor de las *Cartas marruecas*. La formación y la aplicación de la sociabilidad como modelo ético que incluye la amistad, la virtud de *hombre de bien*, así como el respeto y la tolerancia en el trato social se realizan precisamente a través de estas lecturas dobles: por parte de los protagonistas que son también lectores y por parte del lector externo.

Aunque encontramos como motivo principal del texto el viaje por España del marroquí Gazel, quien atraviesa tanto las provincias como el centro del país, ese itinerario de ida y vuelta, desde Madrid hasta los confines, no es un simple acompañamiento de la acción epistolar, sino que transmite al lector un conocimiento profundo de la sociedad, en sus más variados aspectos y concretamente de las dos culturas nobiliarias, cuyo acercamiento y reconciliación parece ser una idea central de la novela, pues formar a esta clase contribuye al proyecto de reforma nacional. Cadalso describe, por boca de Gazel y Nuño, el conservadurismo de la nobleza provincial que consta de hidalgos pobres que se adhieren a los valores estables de la tradición; y, por otro lado, presenta la «vida ociosa» de la nobleza metropolitana bajo la influencia de modas y códigos europeos costosos. A través del intercambio comunicativo entre Gazel y Nuño y mediante las continuas reflexiones imparciales y dialógicas sobre el estado de España, se esboza paulatinamente un nuevo modelo moderado que sabe reunir los aspectos positivos de ambas culturas nobiliarias. En ese contexto, el «ocio» aparece no solo a nivel temático sino que se encuentra escenificado en el discurso literario cuando los protagonistas están estableciendo entre ellos mismos un nuevo modelo que es la ética de la sociabilidad. Cadalso finge esa compañía literaria de amigos para invitar al lector a reunirse y formar parte de esa comunidad de hombres virtuosos. En las *Cartas marruecas* se manifiesta, desde luego, un cambio de paradigma de las prácticas del ocio y de la ociosidad que ya no son el emblema de una nobleza «afeminada», sino que se manifiestan en el cultivo de una sociabilidad ética que sirve para formar la personalidad del noble como *hombre de bien* capaz de servir a su país para salvarlo de la decadencia.

Ese ideal de la personalidad se parece en su aspecto normativo al modelo francés del *honnête homme*. A diferencia de este –así lo parece destacar Cadalso–, no se basa en la idea de valores universales, sino que adquiere su legitimación por una reorientación patriótica. El trato sociable que Cadalso escenifica con el ejemplo de los tres protagonistas literarios debe contribuir a formar un estado de nobles dispuestos a apoyar económica y políticamente las reformas nacionales. La práctica de la amistad, la conversación, la lectura como diversión y el intercambio epistolar deben fomentar la formación de sus «espíritus y corazones» respecto a *la hombría de bien*. Permiten incluso al marroquí, localizado fuera de la jerarquía social establecida, adoptar –en contraste al retiro de Ben-Beley– el modelo del hombre activo y sociable.

En las *Cartas*, el ocio aparece bajo una forma profundamente comunitaria y comunicativa y ya no es más un modelo de superioridad, representación y singularización. El modelo ético-social del *hombre de bien* propagado y escenificado en la novela de Cadalso intenta fomentar la reforma de la nobleza como élite que no se distingue por bienes materiales sino por su alta capacidad moral, practicada y formada en el trato sociable con sus semejantes.

Bibliografia

1. Fuentes primarias

Cadalso, José, *Cartas marruecas. Noches lúgubres*, edd. Russell P. Sebold, Madrid, Cátedra, ^{2}2002.

2. Fuentes secundarias

Adam, Wolfgang, «Freundschaft und Geselligkeit im 18. Jahrhundert», en: *Goethezeitportal*, 2004 (http://www.goethezeitportal.de/db/wiss/epoche/adam_freundschaft.pdf).

Adam, Wolfgang/Christoph Strosetzki et al. (eds.), *Geselligkeit und Gesellschaft im Barockzeitalter*, Wiesbaden, Harrassowitz, 1997.

Albert, Mechthild (ed.), *Sociabilidad y literatura en el Siglo de Oro*, Pamplona, Universidad de Navarra, 2013.

Albiac, María-Dolores, «Los caminos de la razón. Sociabilidad rural, sociabilidad urbana en las *Cartas Marruecas* de Cadalso», en: Carlos Serrano et al. (eds.), *Les Voies des Lumières. Le monde ibérique au XVIIIe siècle*, Paris, Presse de l'Université de Paris-Sorbonne, 1998, 7-43.

Álvarez Barrientos, Joaquín (ed.), *Espacios de la comunicación literaria*, Madrid, CSIC, 2002.

Baxmeyer, Martin, et al. (eds.), *El sabio y el ocio. Zu Gelehrsamkeit und Muße in der spanischen Literatur und Kultur des Siglo de Oro*, Tübingen, Narr, 2009.

Bolufer Peruga, Mónica, «Del salón a la asamblea: Sociabilidad, espacio público y ámbito privado (siglos XVII-XVIII)», en: Saitabi 56 (2006), 121-148.

Bolufer Peruga, Mónica, «Espectadores y lectoras. Representaciones e influencia del público femenino en la prensa del siglo XVIII», en: *Cuadernos de Estudios del siglo XVIII* 5 (1995), 23-57.

de Lorenzo Álvarez, Elena, «La sociabilidad ilustrada. Instinto de conservación, compromiso civil y práctica social», en: Marieta Cantos Casenave (ed.), *Redes y espacios de opinión pública.* Cádiz, América y Europa ante la Modernidad. *1750-1850*, Cádiz, Universidad de Cádiz, 2006, 431-444.

Diderot, Denis/Jean le Rond d'Alembert (eds.), *Encyclopédie ou dictionnaire raisonné des sciences, des arts et des métiers*, 28 vol., Ginebra et al., Chez Cramer et al., 1754-1772.

Elias, Norbert, *Über den Prozess der Zivilisation: soziogenetische und psychogenetische Untersuchungen* [1939], Frankfurt a. M., Suhrkamp, 1997.

Fernández-Quintanilla, Paloma, *La mujer ilustrada en la España del siglo XVIII*, Madrid, Ministerio de Cultura, 1981.

García Santo-Tomás, Enrique (ed.), *Materia crítica. Formas de ocio y de consumo en la cultura áurea*, Madrid/Frankfurt a. M., Vervuert, 2009.

Gelz, Andreas, *Tertulia. Literatur und Soziabilität im Spanien des 18. und 19. Jahrhunderts*, Frankfurt a. M., Vervuert, 2006.

Haidt, Rebecca, «Other Bodies, Other Selves. The Virtuous Masculine Body in the *Cartas Marruecas*», en: Id., *Embodying Enlightenment. Knowing the body in eighteenth-century Spanish literature and culture*, Basingstoke, Macmillan, 1998, 151-184.

Hersche, Peter, *Muße und Verschwendung. Europäische Gesellschaft und Kultur im Barockzeitalter*, Freiburg, Herder, 2006.

Im Hof, Ulrich, *Das gesellige Jahrhundert. Gesellschaft und Gesellschaften im Zeitalter der Aufklärung*, München, Beck, 1982.

Kany, Charles Emil, *Life and manners in Madrid. 1750-1800*, Berkeley, University of California, 1932.

Lilti, Antoine, *Le Monde des salons. Sociabilité et mondanité à Paris au XVIIIe siècle*, Paris, Fayard, 2005.

Lope, Hans-Joachim, «¿Mal moral o necesidad económica? La polémica acerca del lujo en la Ilustración española», en: Manfred Tietz/Dietrich Briesemeister (eds.), *La secularización de la cultura española en el Siglo de las Luces*, Wiesbaden, Harrassowitz, 1992, 129-150.

Maravall, José Antonio, *Poder, honor y élites en el siglo XVII*, Madrid, sigloveintiuno, 1979.

Merle, Alexandra, «Société, noblesse et monarchie dans les *Cartas marruecas*», en: Carlos Serrano et al. (eds.), *Les voies des Lumières. Le monde ibérique au XVIIIe siècle*, Paris, Presses de l'Université de Paris-Sorbonne, 1998.

Meyer-Krentler, Eckhardt, «Freundschaft im 18. Jahrhundert. Zur Einführung in die Forschungsdiskussion», en: Wolfram Mauser/Barbara Becker-Cantarino (eds.), *Frauenfreundschaft – Männerfreundschaft. Literarische Diskurse im 18. Jahrhundert*, Tübingen, Niemeyer 1991, 1-22.

Neuhouser, Frederick, *Rousseau's Theodicy of Self-Love. Evil, Rationality, and the Drive for Recognition*, Oxford, Oxford University Press, 2008.

Real Academia Española, *Diccionario de Autoridades*, 6 vol., Madrid, Gredos, 1726-1739, (http://web.frl.es/DA.html) [02.11.16].

Rölli, Marc, «Begündete Kritik, abgründiger Zweifel. Zur Pathologie der Muße in der Aufklärung», in: *Paragrana* 16 (2007), 62-72

Simmel, Georg, «Soziologie der Geselligkeit», en: *Verhandlungen des Ersten Deutschen Soziologentages vom 19.-22. Oktober 1910 in Frankfurt/M. Schriften der deutschen Gesellschaft für Soziologie*, Tübingen, Mohr, 1911, 1-16.

Tönnies, Ferdinand, *Gemeinschaft und Gesellschaft. Abhandlung des Communismus und des Socialismus als empirischer Culturformen*, Leipzig, Fues, 1887.

Tschilschke, Christian von, *Identität der Aufklärung/Aufklärung der Identität. Literatur und Identitätsdiskurs im Spanien des 18. Jahrhunderts*, Frankfurt a. M., Vervuert, 2009.

Urzainqui Miqueleiz, Inmaculada, «La mujer como receptora literaria en el siglo XVIII», en: Susana Gil-Albarellos et al. (eds.), *Ecos silenciados. La mujer en la literatura española: siglos XII al XVIII*, Segovia, Junta de Castilla y León, 2006, 289-314.

Weller, Thomas, «*Madre de todos los vicios?* Müßiggang und ostentativer Konsum im Spanien des Siglo de Oro und im Heiligen Römischen Reich Deutscher Nation», en: Martin Baxmeyer et al. (eds.), *El sabio y el ocio. Zu Gelehrsamkeit und Muße in der spanischen Literatur und Kultur des Siglo de Oro*, Tübingen, Narr, 2009, 203-216.

Zavala, Iris, *Lecturas y lectores del discurso narrativo dieciochesco*, Amsterdam, Rodopi, 1987.

SUSANNE SCHLÜNDER

El erotismo entre ocio y negocio: invenciones literarias del siglo XVIII

El cambio profundo que experimenta la sociedad española a lo largo del siglo XVIII –para citar un lugar común de la investigación sobre este siglo– tiene sus raíces en las transformaciones socioculturales que tienen lugar en toda Europa en la Edad Moderna y que se refieren tanto al nacimiento del individuo moderno concebido como ente racional como al desarrollo de una esfera privada y otra pública.[1] Las nuevas formas de sociabilidad que resultan de este cambio y que se han estudiado intensamente afectan también a la relación de los sexos, ya que esta se define en aquel momento histórico en referencia al cruce entre lo privado y lo público, es decir, entre un hogar concebido tradicionalmente como único lugar de destino de «la perfecta casada», tal como la retrató Fray Luis de León, y una esfera pública o semi-pública que empieza a desarrollarse con nuevas prácticas culturales, entre ellas una cultura de la conversación.[2] El punto de partida de este volumen, a saber, la premisa de que los términos *ocio* y *ociosidad* con su semántica tan abierta como ambigua se refieren de manera paradigmática a las mencionadas transformaciones, sirve también como punto de referencia para el enfoque presente. En el curso del siglo XVIII se establece un vínculo cada vez más estrecho entre ocio y negocio, entre el descanso y la economía que se hace

---

[1] Esto nos recuerda Chartier en su artículo refiriéndose a Ariès, Duby/Perrot, Elias y Bourdieu, v. Roger Chartier, «Ocio y vida cotidiana en el mundo hispánico en la Edad Moderna», en: Francisco Núñez Roldán (ed.), *Ocio y vida cotidiana en el mundo hispánico en la Edad Moderna*, Sevilla, Universidad de Sevilla, 2007, 13-26.

[2] Nuevas formas de sociabilidad son indagadas por, entre otros, Joaquín Álvarez Barrientos, *Espacios de la comunicación literaria*, Madrid, Consejo Superior de Investigaciones Científicas, 2002; Joaquín Álvarez Barrientos/François López/Inmaculada Urzainqui, *La república de las letras en la España del siglo XVIII*, Madrid, Consejo Superior de Investigaciones Científicas, 1995; Marieta Cantos Casenave (ed.), *Redes y espacios de opinión públicas. De la ilustración al romanticismo. Cádiz, América y Europa ante la modernidad, 1750-1850*, Cádiz, Universidad de Cádiz, 2006; Andreas Gelz, *Tertulia. Literatur und Soziabilität im Spanien des 18. und 19. Jahrhunderts*, Frankfurt a. M., Vervuert, 2006. Para el orden de los sexos v. Claudia Gronemann, *Polyphone Aufklärung. Zur Textualität und Performativität der spanischen Geschlechterdebatten im 18. Jahrhundert*, Frankfurt a. M., Vervuert, 2013; Elena Kilian, *Bildung, Tugend, Nützlichkeit. Geschlechterentwürfe im spanischen Aufklärungsroman des späten 18. Jahrhunderts*, Würzburg, Königshausen und Neumann, 2002; Kristina Heße, *Männlichkeiten im Spanien der Aufklärung. Der Diskurs der moralischen Wochenschriften* El Pensador, La Pensadora gaditana *und* El Censor, Berlin, Logos, 2008.

visible a través de una economización creciente de las diversiones públicas.[3] A partir de las nuevas formas de sociabilidad como el chichisbeo o cortejo a las que se refiere más adelante, este nexo entre ocio y negocio afecta también a la relación de los sexos. En la medida en la que coincide con el desarrollo paulatino pero notable de un *homo oeconomicus* en España, su estudio parece tanto más prometedor cuanto alumbra cuestiones desatendidas hasta ahora, cuestiones que tocan las características específicas de la Ilustración española. En lo referente al concepto del ocio –las discusiones de la reunión en Friburgo lo han demostrado–, se perfila un punto de fricción cuyos polos son, por un lado, la llamada economización y el disciplinamiento de las diversiones públicas y, por ende, del ocio y, por el otro, la concepción del ocio como reducto de libertad sin funcionabilidad social que abre un espacio socio-temporal de autorreflexión especialmente propicio para el escritor y el artista. Los textos eróticos estudiados a continuación que se basan en prácticas sociales vigentes de la época, dan prueba de esta misma tensión que afecta también a la relación de los géneros. Su análisis nos permitirá deducir posibles explicaciones acerca del entrelazamiento entre afecto y economía, poco estudiado hasta ahora.

Antes de indagar en el análisis de dos textos literarios que tienen como tema el cortejo y la prostitución como prácticas culturales corrientes, quisiera recordar algunos elementos de la compleja historia semántica del concepto del *ocio*, una historia semántica que abarca a veces contenidos significativos opuestos.

---

[3] Para la mercantilización del ocio v. el número homónimo de *Historia social* 41 (2001). V. también el artículo de Hontanilla en este volumen que hace hincapié en los principios económicos a través de la diferenciación contemporánea de un «ocio útil» y una «ociosidad» como efecto moral del vago que resulta de las condiciones propietarias desiguales de la sociedad. En este contexto subraya igualmente el rol de la lotería o de los toros como factor económico considerable dentro del establecimiento de una «industria de entretenimiento». En su monografía *El gusto y la razón* la autora constata transformaciones profundas en la vida cultural que dependen de condiciones específicas socioeconómicas y que se manifiestan sobre todo en los centros urbanos Madrid y Cádiz, v. Ana Hontanilla, *El gusto de la razón. Debates de arte y moral en el siglo XVIII español*, Frankfurt a. M., Vervuert, 2010, 54-62.

1. Del binomio *ocio* y *negocio* a la economía política –elementos de una historia semántica

Las significaciones contradictorias de la palabra, perfiladas por Fritz Schalk en su conocido artículo,[4] descubren una semántica bipolar inherente al término latino *otium* en la Antigüedad, y conservada en los siglos siguientes:

> Y como se entiende el término ocio [en la Antigüedad cristiana, S.S.] tanto en el sentido de 'verdadera virtud' como de 'madre de todos los vicios', la palabra otium y sus derivados en las lenguas románicas no despliegan su semántica en un proceso lineal sino que continúan y reinterpretan perpetuamente la semántica antigua y cristiana.[5]

Como se ha resaltado, esta concepción ambigua es decisiva para la historia semántica del concepto en las lenguas románicas donde se abren vastos campos semánticos que abarcan significaciones tan contrarias como *el tiempo ocupado* y *el tiempo desocupado*, *la contemplación* y *la pereza*.[6] En la península ibérica el término es un préstamo relativamente joven, documentado en castellano a partir del último tercio del siglo XV, pero no obstante tiene máxima aceptación solo un siglo más tarde. En vista de la mencionada bipolaridad semántica que caracteriza el uso antiguo del término, no sorprende que el concepto se extienda a esferas aparentemente distintas como las de la mística y el erotismo.[7] Schalk cita, entre otros, a Santa Teresa, que perfila un campo semántico en el que se imbrican *ocio*, *descanso*, *paz*, *sosiego* y *silencio* y se refiere también a Lope de Vega, que entrelaza *ocio* y *amor* cuando escribe: «Amor es ocio, ningún ocupado amó, ningún ocioso dejó de errar.»[8]

Lejos de un tal valor puramente positivo, el erasmista Luis Mexía emplea el término para criticar una 'ociosidad pecadora', enemiga de

---

[4] Fritz Schalk, «Otium im Romanischen», en: *Exempla romanischer Wortgeschichte*, Frankfurt a. M., Klostermann, 1966, 119-149.

[5] «Und weil der Müßiggang [in der christlichen Antike, S.S.] der Anfang der eigentlichen Tugend, zugleich aber auch aller Laster Anfang sein kann, werden *otium* und verwandte Wörter sich im Romanischen nicht in einem geradlinigen Prozess entfalten können, sondern immer zugleich Weiterführung oder Umdeutung vorgefundener antiker oder christlicher Ansätze sein.», ibid., 127. V. también el *Diccionario de Autoridades* que se refiere al refrán «La ociosidad es madre de todos los vicios.», Real Academia Española, *Diccionario de Autoridades*, 6 vol., Madrid, Gredos, 1726-1739, vol. 5 (1737), s.v. «ociosidad», (http://web.frl.es/DA.html).

[6] *Otium* equivale tanto a «occupatio, labor, negotium» como a «vacatio, inertia, desidia», ibid., 124 sq.

[7] V. ibid., 142-145.

[8] Lope de Vega, *La Arcadia*, edd. Edwin S. Morby, Madrid, Clásicos Castalia, 1975, 390.

una vida activa y productiva. Junto con Alemán, Guzmán y Cervantes, Mexía establece la pareja contraria *ociosidad y trabajo* como *leitmotiv* de una época que atribuye el subdesarrollo económico y social del país –castigado más tarde por Jovellanos en su *Memoria para el arreglo de la policía de los espectáculos y diversiones públicas*– a la inactividad de su nobleza y clero.[9] Entramos entonces en el campo semántico de la economía para acercarnos al segundo componente del título de este artículo, a saber, el negocio. En su *Ética nicomáquea*, Aristóteles pone en relación el principio del ocio con el del trabajo para idear la diversión como modo de recuperarse y prepararse para este.[10] Modelando así una figura triangular entre trabajo, descanso y ocio, considera al primero como condición previa de asegurar la subsistencia y al último como técnica y cuidado de sí, en el sentido de Foucault, que equivale a un reducto de libertad y es compatible con la práctica literaria, social y política. El tercer componente de esta figura es el descanso requerido tanto por el trabajo –los negocios cotidianos– como por el ocio –los negocios importantes y técnicas de sí.[11] El binomio *otium/negotium* que comprobamos en latín y que a primera vista parece ofrecer una semántica inequívoca se inscribe, entonces, en el campo semántico ambiguo del ocio afectando también al contenido del negocio. Frente al ocio concebido como contemplación, el negocio o los negocios cobran el valor de ocupaciones fútiles, es decir el ocio es menester para descubrir la vanidad de las diligencias cotidianas y para distanciarse de ellas. La cara opuesta de esta concepción que valora el ocio para rechazar el negocio procede en sentido contrario, a saber, entiende el negocio como actividad productiva y por ende útil. Al no considerar los *Rêveries du promeneur solitaire* de Rousseau que vinculan una vez más meditación y ocio,[12] parece obvio que la valoración del negocio se impone en el marco del pensamiento ilustrado orientado hacia la utilidad. No obstante, queda por considerar dónde conserva el pensamiento ilustrado algunas huellas de la figura triangular que combina actividades necesarias, técnicas de sí y descanso

---

[9] V. Schalk, «Otium im Romanischen», 145-149. Para Mexía v. también Dietrich Briesemeister, «Luis Mexias *Apólogo de la ociosidad y el trabajo*», en: Martin Baxmeyer et al. (eds.), *El sabio y el ocio. Zu Gelehrsamkeit und Muße in der spanischen Literatur und Kultur des Siglo de Oro*, Tübingen, Narr, 2009, 249-263.

[10] V. Schalk, «Otium im Romanischen», 124.

[11] Chartier destaca la tradición escolástica que concibe el 'ocio' igualmente como contrapartida de los 'negocios de lo cotidiano', v. ibid., 25. Schalk muestra que esta tradición sobrevive en La Bruyère, v. ibid., 132.

[12] V. Schalk, «Otium im Romanischen», 136 sq.

como ha sido descrita anteriormente. La definición facilitada por el *Diccionario de Autoridades* en su quinto volumen aparecido en 1737 refrenda un cierto eco de esta constelación. Después de una primera noción de ocio como «Cessación del trabajo, inacción o total omissión de hacer alguna cosa» menciona una segunda equivalente a «diversión o ocupación quieta, especialmente en obras de ingénio: porque estas se toman regularmente por descanso de mayores taréas». Otra entrada, de noción sumamente negativa, parece nivelar esta ambigüedad al equiparar «Entregarse o darse al ócio.» con «Abandonarse y darse a la vida holgazana, empleándose solo en vicios, torpezas y delitos.» o al definir *ociosidad* como «El vicio de perder o gastar el tiempo inutilmente.»[13] A partir de ahí se puede establecer un vínculo entre estas nociones y todo un registro de discursos económicos y prácticas –empleando el término de Foucault– disciplinatorias que se desarrollan poco más tarde al considerar el ocio o los ocios como instrumento de control y como marco para aumentar la productividad de los súbditos.[14]

Si nos referimos aquí al campo del pensamiento económico, no debemos olvidar, no obstante, que el objeto y discurso de una economía política como la entendemos hoy en día, no se consolida hasta el curso del siglo XVIII. Esto es aplicable todavía más para España, como lo prueba una vez más el *Diccionario de Autoridades* al definir economía como «Administración y dispensación recta y prudente de las rentas y bienes temporales [...]» ya que esto destaca el aspecto de *economizar* como rasgo semántico dominante del término en aquel momento.[15] Nos encontramos entonces, para decirlo en palabras de Joseph Vogl, ante una constelación que se perfila a finales del siglo XVII, basándose en modelos mercantilistas y proyectos camaralistas; una constelación de discursos y prácticas que modela más tarde la figura del *homo oeconomicus* como ser social al que se concibe a la vez como capacidad productora, consumidor y sujeto de deseos.[16]

---

[13] *Diccionario de Autoridades*, vol. 5, s.v. 'ocio', 'ociosidad', (http://web.frl.es/DA.html).

[14] V. los estudios reunidos por François Etienvre/Serge Salaün (eds.), *Ocio y Ocios. Du loisir aux loisirs en Espagne (XVIIIe-XXe siècle)*, publication en ligne, 2006 (crec.univ-paris3.fr/articlesenligne.php).

[15] *Diccionario de Autoridades*, vol. 3 (1732), s.v. 'economía', (http://web.frl.es/DA.html).

[16] V. en este contexto el estudio fundamental de Joseph Vogl, *Kalkül und Leidenschaft. Poetik des ökonomischen Menschen*, Zürich/Berlin, Diaphanes, [3]2008.

2. El nuevo trato de los sexos en el horizontede la cuestión *ocio y negocio*

Tanto en la literatura costumbrista y moralista como en la producción teatral y poética de la época, se desarrollan nuevas formas de galantería que redefinen el trato de los sexos entre las que destaca el cortejo, denominado también como *chichisbeo*, subrayando este último término la proveniencia italiana de la costumbre.[17] En Italia, al igual que en España, la práctica social evidencia su descendencia a partir de una nueva cultura de la conversación.[18] Mientras que el *cicisbeismo* italiano se limita a la nobleza, donde adquiere una relevancia estructural y sistemática relacionada con la economía, como subraya Bizzochi en su excelente estudio, Martín Gaite supone que el chichisbeo o cortejo en España se extiende también a las clases burguesas sin cobrar el mismo valor jurídico y político.[19]

Nell'ambito della vita mondana dell'una o dell'altra delle città italiane, il cicisbeismo non fu semplicemente un costume privato adottato da qualcuno grazie alle nuove opportunità concesse dalla civiltà della conversazione illuminata; si ha anzi l'impressione che esso abbia assunto una rilevanza quasi sistematica e strutturale, e rappresentato così una delle forme di organizzazione della sociabilità nobiliare.[20]

En lo referente a Italia, se puede entender la práctica como principio de organización de la nobleza en el Antiguo Régimen, ya que va aparejado con una política específica de adopción en las antiguas familias amenazadas de extinción, y una estrategia hereditaria que proporciona opciones para el soltero noble.[21] Lejos de tener una influencia comparable en

---

[17] Para Italia podemos contar con el eminente estudio sociocultural de Bizzocchi mientras que el chichisbeo español carece de estudios sistemáticos recientes que intentaran indagar en una 'geopolítica del cortejo'. El trabajo eminente y pionero de Martín Gaite elige un enfoque primeramente fenomenológico basándose sobre todo en textos literarios. V. Roberto Bizzocchi, *Cicisbei. Morale privata e identità nazionale in Italia*, Roma/Bari, Laterza, 2008; Carmen Martín Gaite, *Usos amorosos del dieciocho en España*, Barcelona, Anagrama, 1987.

[18] Para el origen de la práctica v. Bizzocchi, *Cicisbei*, 22 y Martín Gaite, *Usos amorosos*, 8. Esta última defiende que los términos 'cortejo' y 'chichisveo' se refieren a una misma práctica y que el último se pierde a lo largo del siglo XVIII, 4 sq.

[19] V. Bizzocchi, *Cicisbei*, 233; Martín Gaite afirma que la costumbre se extiende a las capas burguesas a partir de la mitad del siglo XVIII, v. ibid., 160.

[20] Bizzocchi, *Cicisbei*, 162. En consecuencia se explica el potencial peligroso y provocativo que esta nueva forma de sociabilidad tenía para los contemporáneos, como lo atestigua Robert Fajen, *Die Verwandlung der Stadt. Venedig in der Literatur im 18. Jahrhundert*, Paderborn, Wilhelm Fink, 2013, 151-182.

[21] V. Bizzocchi, *Cicisbei*, 290-292; 89.

España, la práctica cultural marca, no obstante, un proceso de transformación considerable respecto a la relación de los sexos. Rompe con la concepción tradicional de un hogar sagrado y reservado exclusivamente para la familia, permitiendo al galán según códigos de comportamiento estrictamente definidos visitar y cortejar a la mujer casada –por lo menos en teoría– desde una distancia de índole platónica.[22] El análisis del chichisbeismo italiano hace suponer que debemos concebir el cortejo como instrumento ambiguo que facilita tanto una participación social creciente de las mujeres, abriendo espacios de libertad personal, como un control social, ya que compromete a las mujeres dentro de un marco bien definido y cerrado.[23] De tal manera, contribuye no solo a una redefinición de la esfera de lo privado y de lo semi-público, sino que conlleva también una economía intrínseca que nos interesa con relación al concepto del ocio. Un momento clave que se refiere a ese nuevo pensar económico es un cambio decisivo tanto en la conciencia como en las actitudes de la mujer casada –desatendida, como suele ser, por su marido. Hay que interpretar el cortejo como respuesta a una desocupación, a un ocio primeramente femenino,[24] entendido como aburrimiento según el análisis de Martín Gaite:

> Era una cuestión de ocio. Las mujeres de toda Europa se aburrían. No se aburrían más que en otras épocas de la historia, pero sí –y esto es lo típico del siglo XVIII– lo empezaban a saber, a sentirse incómodas y a rebelarse contra ello: necesitaban llenar su ocio como fuera.[25]

La observación que se hace aquí no obtiene su fuerza expresiva por el empleo del término *ocio*, sino por las implicaciones económicas en su referencia al tiempo. En este contexto no se percibe el tiempo libre como una capacidad contemplativa sino como un tiempo desocupado, improductivo y, por ende, inútil. Aquí se evidencia el colapso del concepto triangular procedente de la Antigüedad que vincula el trabajo en el sentido de actividad cotidiana, el ocio en el sentido de técnicas de sí y

[22] Bizzocchi describe la relación entre marido, mujer y cortejo como «apertamente triangolare» cuyo máximo motivo de interés no se basa en la libertad sexual sino en la legitimación oficial del acceso de otros hombres a la mujer casada, v. ibid. 14 sq. Martín Gaite sospecha que la práctica disimula el adulterio, mientras que Krauss acerca la costumbre a la poesía trovadoresca alemana y supone una orientación puramente espiritual, v. Martín Gaite, *Usos amorosos*, 147; Werner Krauss, *Die Aufklärung in Spanien, Portugal und Lateinamerika*, München, Wilhelm Fink, 1973, 49.

[23] V. Bizzocchi, *Cicisbei*, 50 sq., 104, 187.

[24] Martín Gaite subraya las diatribas contra el ocio femenino, que observa ya en Fray Luis de León, v. ibid., 28.

[25] Ibid., 19.

la diversión en el sentido de descanso de ambas.[26] En el marco de la economía del cortejo, se establece una relación de equivalencia entre la abundancia del tiempo desocupado de las esposas desatendidas y la atención y los gastos exorbitantes del galán, que invierte en regalos y hasta en el mantenimiento de su dama. Ante este telón de fondo se perfila el estatus ambiguo de las esposas veneradas: como incitan la prodigalidad de los cortejos contravienen por un lado la moral burguesa que empieza a establecerse y por el otro, presentan un factor considerable del comercio nacional porque a través del cortejo fomentan la inversión del capital privado que se necesita para sanear la economía estatal.[27] No sorprende que la literatura se burle de los gastos excesivos de esta galantería como lo atestiguan, entre otros, las *Cartas Marruecas* de Cadalso[28] y, más aun, los sainetes de Ramón de la Cruz que presentan al cortejo como un balance equilibrado de diligencias, afectos, esfuerzos y renuncias ridiculizados por el mismo dramaturgo.[29] El estrecho vínculo entre práctica amorosa y economía del que da prueba el chichisbeo se refleja también en la literatura. De tal manera Jovellanos se refiere en su cono-

---

[26] Hay que tener en cuenta que el orden tradicional de los sexos en principio no provee a las mujeres con un espacio libre para el desarrollo de técnicas de sí. A pesar de esto constatamos discursos y prácticas contrarias por parte de escritoras como, por ejemplo, María de Zayas o Sor Juana Inés de la Cruz. V. aquí los estudios de, entre otros, Hassauer y Gronemann sobre las implicaciones de la 'querelle des femmes' en la España áurea e ilustrada y la transformación estructural de la esfera pública en España destacada por Gronemann con referencia a Habermas. V. Friederike Hassauer, «*Die Seele ist nicht Mann, nicht Weib*. Stationen der *Querelles des Femmes* in Spanien und Lateinamerika vom 16. zum 18. Jahrhundert», en: Gisela Bock/Margarete Zimmermann (eds.), *Die europäische* Querelle des Femmes. *Geschlechterdebatten seit dem 15. Jahrhundert*, Stuttgart, Metzler, 1997, 203-38; v. Gronemann, 27-34.

[27] V. Martín Gaite, *Usos amorosos*, 34. Acerca del discurso sobre el lujo, v. José Jurado Sánchez, «Lo superfluo, una cosa muy necesaria. El consumo suntuario en la literatura de la Ilustración», en: Luis Perdices de Blas/Manuel Santos Redondo (eds.), *Economía y literatura*, Madrid, Ecobook, 2006, 194-228.

[28] En la carta LXXXVIII que abarca una crítica del lujo y de las malas costumbres Ben-Beley integra «conversaciones amorosas» en el sentido de 'cortejo' en una enumeración de pasatiempos fútiles y en contra del bien general, v. José Cadalso, *Cartas Marruecas. Noches lúgubres*, edd. Joaquín Arce, Madrid, Cátedra, [12]1992, 295 sq.

[29] V. aquí la primera escena de Ramón de la Cruz, *La oposición a cortejo*, en: José Francisco Gatti (ed.), *Doce sainetes*, Barcelona, Labor, 1972, 219-242, vv. 1-138. Para la petimetría vinculada con el fenómeno del cortejo v. Josep María Sala Valldaura, «Gurruminos, petimetres, abates y currutacos en el teatro breve del siglo XVIII», en: *Revista de Literatura* 71 (2009), 429-460 que recuerda la observación de Álvarez Barrientos de que «la ridiculización de las nuevas modas y formas de comunicación ocultan una nueva manera de entender y practicar la cultura», ibid., 446; v. Joaquín Álvarez Barrientos, *Los hombres de letras en la España del siglo XVIII. Apóstoles y arribistas*, Madrid, Castalia, 2006.

cida «Sátira primera» directamente al mundo del consumo, al equiparar el amor con una mercancía:

> ¡Oh ultraje! ¡Oh mengua! Todo *se trafica*:
> Parentesco, amistad, favor, influjo,
> y hasta el honor, depósito sagrado,
> o *se vende o se compra.* Y tú, Belleza,
> don el más grato que dio al hombre el cielo,
> no eres ya premio del valor, ni paga
> del peregrino ingenio; la florida
> juventud, la ternura, el rendimiento
> del constante amador ya no te alcanzan.
>
> Ya ni te das al corazón, ni sabes
> de él recibir adoración y ofrendas.
> *Ríndeste al oro.* La vejez hedionda,
> la sucia palidez, la faz adusta,
> fiera y terrible, con igual derecho
> *vienen sin susto a negociar contigo.*
> *Daste al barato*, y tu rosada frente,
> tus suaves besos y tus dulces brazos,
> corona un tiempo del *amor más puro*,
> *son ya una vil y torpe mercancía.*[30]

Si Jovellanos establece aquí un vínculo entre un orden de mercado, es decir una economía basada en un sistema monetario por un lado y prácticas culturales referentes al amor por el otro, sitúa su queja de índole moralista en el horizonte de una nueva economía política. Se trata de un saber económico que empieza a impregnar considerablemente amplios sectores no solo de la organización social en sí, sino también de la vida *privada* de los súbditos. De tal modo se puede considerar la obra no-literaria del mismo Jovellanos, pienso, entre otros, en la *Memoria para el arreglo de la policía de los espectáculos y diversiones públicas* (1790), como prueba de esta infiltración de lo económico en todos los sectores de la vida humana. Comprobamos esta infiltración también en el teatro de Leandro Fernández de Moratín cuando este opta por matrimonios entre parejas de la misma edad con el fin de garantizar la capacidad reproductiva de estos matrimonios y fomentar el desarrollo

---

[30] Gaspar Melchor de Jovellanos, *Obras Completas*, edd. José Miguel Caso González, 14 vol., Oviedo, Centro de Estudios del Siglo XVIII, 1984-2010, vol. 1 (1984), 221-227; vv. 149-67; las cursivas son mías, S.S.

demográfico,[31] siendo este último según Foucault uno de los factores más influyentes de la economía política:

En el siglo XVIII, una de las grandes novedades en las técnicas del poder fue el surgimiento, como problema económico y político, de la «población»: la población-riqueza, la población-mano de obra o capacidad de trabajo, la población en equilibrio entre su propio crecimiento y los recursos de que dispone. Los gobiernos advierten que no tienen que vérselas con individuos simplemente, ni siquiera con un «pueblo», sino con una «población» y sus fenómenos específicos, sus variables propias: natalidad, morbilidad, duración de la vida, fecundidad, estado de salud, frecuencia de enfermedades, formas de alimentación y de vivienda.[32]

Ante este telón de fondo se explica el afán del dramaturgo dieciochesco en evitar matrimonios desiguales, lo que propaga en toda su obra teatral y sobre todo en *El sí de las niñas*. La madre de la joven protagonista sirve aquí como ejemplo negativo en cuanto a un balance matrimonio-reproducción:

D.ª Irene – Lo que sé decirle a usted es que aún no había cumplido los diecinueve cuando me casé de primeras nupcias con mi difunto don Epifanio, que esté en el cielo. [...] ya tenía los cincuenta y seis, muy largos de talle, cuando se casó conmigo. [...] Sanito estaba, gracia a Dios, como una manzana; ni en su vida conoció otro mal, sino una especie de alferecía que le amagaba de cuando en cuando. Pero luego que nos casamos dió en darle tan a menudo y tan de recio, que a los siete meses me hallé viuda y en cinta de una criatura que nació después, y al cabo y al fin se me murió de alfombrilla. [...] Hijos de mi vida! Veintidós he tenido en los tres matrimonios que llevo hasta ahora, de los cuales sólo esta niña me ha venido a quedar [...].[33]

Doña Irene se muestra aquí como representante de una política matrimonial anticuada que no cumple con las exigencias de la política demográfica. Al mismo tiempo es un personaje hiperbólico por excelencia que se desacredita de por sí, ya que falta a la máxima de la probabilidad

[31] V. también Sala Valldaura, que constata generalmente una «preocupación también moral y económica por la escasez de bodas», ibid. 439.

[32] Michel Foucault, *Historia de las sexualidad I. La voluntad de saber*, Madrid Siglo, XXI, 1991, 35 sq.

[33] Leandro Fernández de Moratín, *El sí de las niñas*, Madrid, 1957, 319. El tópico de la vida múltiple se encuentra ya en Cadalso. Así la carta LXXV cita las siguientes explicaciones contribuidas a una joven cristiana: «Acabo de cumplir veinticuatro años, y de enterrar a mi último esposo de seis que he tenido en otros tantos matrimonios, en espacio de poquísimos años.», Cadalso, *Cartas Marruecas*, 261 sq.

postulada por la estética neoclásica, pues ha tenido 22 hijos en tres matrimonios de los que sobrevive una sola hija.[34]

Al considerar el conjunto de discursos formulados por Jovellanos, Moratín y otros, a los que se unen las medidas para una reformación de los teatros y de la vida cultural tomadas por Pablo de Olavide en su tiempo como Intendente de Sevilla, se puede observar una creciente reglamentación de las diversiones públicas. Se revela pues, que en el último tercio del siglo XVIII tanto el sector del ocio en el sentido de diversión como la relación entre los sexos, vienen a ser objeto de un empeño reformador que tiene como objetivo el aumento de la productividad de los súbditos en un doble sentido: por un lado con referencia a su capacidad de trabajo y por el otro, respecto a su capacidad reproductiva. Para mostrar de manera ejemplar el cambio que se produce a lo largo del siglo XVIII en cuanto a una creciente economización del discurso del amor, este artículo se centra en lo sucesivo en dos poemas que se refieren, cada uno de manera específica, a prácticas amorosas: uno de Eugenio Gerardo Lobo publicado en 1700 y otro de Nicolás Fernández de Moratín compuesto alrededor de 1772.[35] El poema de Lobo está dedicado al chichisbeo y es calificado como rococó o preciosista, mientras que el poema didáctico el *Arte de las putas* de Moratín padre contiene rasgos ilustrados y refleja de manera paradigmática la creciente infiltración del pensar político-económico en el discurso amoroso.[36] En la medida en que «Amor matrimonio/amor lascivo forman

[34] Para un análisis más profundo de esta cuestión v. Susanne Schlünder, *Karnevaleske Körperwelten Francisco Goyas. Zur Intermedialität der* Caprichos, Tübingen, Stauffenburg, 2002, 144-154.

[35] Seguimos la datación del ejemplar Eugenio Gerardo Lobo, *De D. Eugenio Gerardo Lobo, Respuesta à vna Señora que preguntò. Què cosa es el Chichisveo*, Sevilla, Francisco de Leefdael (s.a.) propuesta por la Universidad de Sevilla (http//:www.fondosdigitales.us.es).

[36] Para la clasificación del texto de Lobo v. Álvarez Amo, que presta consideración tanto a Jean Rousset (preciosismo) como a Joaquín Arce (rococó), Javier Álvarez Amo, «Introducción. Eugenio Gerardo Lobo y la poesía del Bajo Barroco», en: Eugenio Gerardo Lobo, *Obras poéticas líricas*, [1738] (=Poesía Hispánica en el Bajo Barroco), Córdoba, Universidad de Córdoba, 2012, (http//www.phebo.es/site/default/files/obras_poeticas_liricas_1738.pdf). V. también del mismo autor, «Poesías y géneros editoriales entre dos siglos», en: *Bulletin Hispanique* 113 (2011), 313-329. Sobre el carácter didáctico del *Arte de las putas* en especial y su relación con el poema didáctico *Diana o el arte de la caza* del mismo Moratín así como del valor educativo de los textos eróticos en general v. David Thatcher Gies, «'El cantor de las doncellas' y las rameras madrileñas. Nicolás Fernández de Moratín en el 'Arte de las Putas'», en: Alan M. Gordon/Evelyn Rugg (eds.), *Actas del sexto congreso internacional de hispanistas. Toronto 22-26 August 1977*, Canada, University of Toronto, 1980, 320-323, así como Philip Deacon, «El espacio clandestino del erotismo en la España dieciochesca», en: Cantos Casenave, *Redes y espacios de opinión pública*, 219-230, v. 229. V. tam-

parte de un código donde la madre-esposa/putana son la cara y la cruz de toda una estructura social, política y cultural que sirve de base a la sociedad burguesa»,[37] podemos considerar las dos prácticas como complementarias.

3. El discurso amoroso de la literatura dieciochesca y el nacimiento de un discurso económico-político

En el umbral del siglo XVIII, Gerardo Lobo, supuestamente «el poeta más leído, o cuanto menos el más editado, en la mitad oscura del siglo de las luces»,[38] proporciona una explicación poética compuesta en décimas espinelas y titulada «Definición del chichisbeo, escrita por obedecer a una dama», conocida también por «Respuesta à vna Señora, que preguntò: *Què cosa es el Chichisbeo*» que valora la práctica galante sirviéndose de figuras y formas que dan prueba de su proximidad con el pensar barroco:[39]

Es, señora, el chichisbeo
una inmutable atención
donde nace la ambición
extranjera del deseo;
ejercicio sin empleo,
vagante llama sin lumbre,
una elevación sin cumbre,
un afán sin inquietud
que, no siendo esclavitud,
es la mayor servidumbre.

Es un enfático gusto
gloriosamente empleado
en fomentar un agrado

bién Montserrat Ribao Pereira, «Amor y pedagogía en el 'Arte de las putas'», en: *Cuadernos de Estudios del Siglo XVIII* 10/11 (2000/01), 155-174.

[37] Iris M. Zavala, «Viaje a la cara oculta del setecientos», en: *Nueva Revista de Filología Hispánica* 33 (1984), 4-33; 17 sq.

[38] Javier Álvarez Amo, «Introducción», en: Eugenio Gerardo Lobo, *Obras poéticas líricas*, 3.

[39] Es propicio señalar aquí la recurrencia y el trato contradictorio del tema por Lobo. En varias décimas, por ejemplo, los poemas XXII y XXIII y un romance (XXVII) titulados todos «Contra el chichisbeo» rechaza la práctica; en el romance la vincula además con el calvinismo. V. Lobo, *Obras poéticas líricas*, [379-382] 264-266, [388-392] 269-271 (las indicaciones en corchete se refieren a la edición original transcrita por Álvarez Amo); (http//www.phebo.es/site/default/files/obras_poeticas_liricas_1738.pdf). Para más detalles v. Werner Krauss, *Das wissenschaftliche Werk. Aufklärung, 3. Deutschland und Spanien*, Berlin, Akademie-Verlag, 1996, 351 sq.

sin la pensiones del susto.
Es un rendimiento augusto
de una humilde vanidad
donde la capacidad,
con sus caudales, se obliga
a la incesante fatiga
de toda una ociosidad.

Es un racional tributo,
que la diversión previene
sobre un ara, donde tiene
propiedad sin usufructo;
un decoroso estatuto
del que es suavísimo imperio,
desahogo de lo serio,
respiración del cuidado,
y es un chiste disfrazado
con máscara de misterio.[40]

Si estudiamos las primeras décimas, constatamos indicios de un disciplinamiento de los afectos que ocupa un lugar central dentro de la escala de valores del Siglo de Oro. Así Lobo alaba, entre otros, el refrenamiento de las pasiones, desarrollando figuras como «llama sin lumbre», «elevación sin cumbre» o «afán sin inquietud» (vv. 6-8) que metaforizan claramente la moderación de los afectos. Junto con una argumentación antitética que juega más tarde con las típicas dicotomías barrocas condensadas en el binomio engaño/desengaño y que introduce términos claves del comportamiento del buen cortesano (p.ej. agudeza, fineza), este principio de la moderación nos recuerda hasta cierto grado a la paradójica estructura afectiva del discurso poético petrarquista centrado en el amor irrealizable y oscilando perpetuamente entre desilusión y esperanza.[41] Si este último sustituye el cuerpo inalcanzable de la mujer ama-

[40] Eugenio Gerardo Lobo, «[75] Definición del chichisbeo, escrita por obedecer a una dama. Décimas», en: *Obras poéticas líricas*, [224] 181. Todas las citas van según la edición de Álvarez Amo.

[41] Bizzocchi acentúa la diferencia entre discursos y prácticas amorosos del *trecento italiano* y del siglo XVIII con referencia al texto de un contemporáneo que cita directamente a Petrarca («È vero però che l'idea dell'amor platonico come anima e regola del cicisbeismo non era poi del tutto assurda, solo che la si riferisse, anziché a un passato lontano e romanzesco, agli esiti più recenti del processo di civilizzazione che aveva interessato le nobiltà europee in età moderna.», ibid., 243), mientras que Martín Gaite establece líneas genealógicas desde la literatura de los trovadores hasta el dieciocho, ibid., 176.

da por la escritura,[42] el chichisbeo transforma su deseo en un comportamiento público, social y ritualizado. Lobo se inscribe en la tradición petrarquista, refiriéndose a la subjetividad del poeta que se cerciora de sí mismo por medio de la alabanza a la amante idealizada y del dominio de sus pasiones. De tal modo, el autor dieciochista se refiere más adelante a Platón («Es aquella de Platón, / alta idea respetable, / que hizo al alma separable / de su misma propensión» [vv. 51-54]) y realza la «recíproca llaneza» (v. 46), la «correspondencia de pensamientos» (vv. 61s.) y la «elevada fantasía / sin afecto, y con fervor, / [...] de las ansias de amor / la mas discreta ironía.» (vv. 77-80). Con referencia a nuestro enfoque interesa el uso del término ociosidad, que no abarca todavía la connotación negativa que va a recibir a lo largo del siglo XVIII[43] aunque conserva aquí –en su combinación con términos como vanidad y fatiga– una cierta ambigüedad («un rendimiento augusto / de una humilde vanidad / donde la capacidad, / con sus caudales, se obliga / a la incesante fatiga / de toda una ociosidad.» (vv. 15-20). Lo que interesa aún más es, no obstante, el concepto de posesión al que se refiere Lobo pocos versos más tarde cuando el poema pone énfasis en una «propiedad sin usufructo» (v. 24), es decir, en una distribución meramente espiritual de propiedades, que se caracteriza por ser gratuita y que nos hace recordar la máxima 263 de Gracián:

> *Muchas cosas de gusto* no *se han de poseer en propriedad.* Más se goza dellas, ajenas, que proprias; el primer día es lo bueno para su dueño, los demás para los estraños. Gózanse las cosas ajenas con doblada fruición, esto es, sin el riesgo del daño y con el gusto de la novedad. Sabe todo mejor a privación, hasta el agua ajena se miente néctar. El tener las cosas, a más de que desminuye la fruición, aumenta el enfado, tanto de prestallas como de no prestallas.[44]

---

[42] V. aquí el eminente estudio de Leopold acerca de la erótica de los petrarquistas y los procesos y técnicas de substitución que se basa en los teoremas de Hempfer, Regn y Warning, entre otros, Stephan Leopold, *Die Erotik der Petrarkisten. Poetik, Körperlichkeit und Subjektivität in romanischer Lyrik Früher Neuzeit*, München, Wilhelm Fink, 2009.

[43] Fritz Schalk consta que ocio y ociosidad no se han separado semánticamente en el Siglo de Oro, v. Schalk, «Otium im Romanischen», 142. A través de su lectura de Torres Villaroel, Gelz afirma que esta indistinción se conserva al principio del XVIII mientras que Urzainqui comprueba el cambio semántico con referencia a los escritos de Jovellanos en Mallorca, que distingue un ocio vinculado con sociabilidad de una ociosidad en el sentido de pereza; v. los artículos respectivos en este volumen.

[44] Baltasar Gracián, *Oráculo manual y arte de prudencia*, máxima 263, Madrid, Consejo Superior de Investigaciones Científicas, 2003, 314 sq. Las negritas son mías, S.S.

En Lobo se trata de una concepción de propiedad que se contrapone al sistema capitalista en vigor y que se hace eco de una economía como equilibrio de fuerzas –acorde con las convicciones mercantilistas de la época. Idea un usufructo que funciona como «desahogo de lo serio» y que recuerda a una nueva ideología del *sharing*, del compartir casas, trabajos o coches, a su vez producto del capitalismo tardío. No obstante, hay que enfatizar el hecho de que sigue concibiendo a la mujer como inmutablemente propiedad del hombre/marido que se observa ya en Lope de Vega.[45]

Hasta aquí podemos constatar que la explicación poética promovida por Lobo, que se compone de nueve décimas en total y que perfila la valoración del chichisbeo como, digamos, práctica cultural pospetrarquista, no nos ofrece más rasgos distintivos que su proximidad al pensar barroco, al inventar binomios del tipo «ficción hermosa», «autorizada cautela», «verdad mentirosa» aplicándolos a la práctica del chichisbeo. Esta impresión cambia algo si consideramos un poema complementario incluido en el volumen de Lobo aunque este desmienta su autoría. Se trata de una réplica titulada «Oposicion, que haze vn Poeta à las Dezimas, con sus mismos consonantes, en contra de lo que afirma D. Eugenio Gerardo Lobo.»[46]

La mencionada «Oposición» nos confronta con un texto que no imita solamente la composición formal del primer poema, sino que se apropia también de la argumentación cuyo sentido sin embargo invierte.

Es, señora, el chichisbeo
una fullera atención,
en que extranjera ambición
es ceño a nuestro deseo,
mentir al amor su empleo,
cubrirle al fuego la lumbre,
el precipicio a la cumbre,

[45] V. Martín Gaite, *Usos amorosos*, 247.

[46] Es oportuno señalar que las décimas «Contra el chichisbeo» (XXIII) a las que nos referimos antes se parecen en contenido, forma y estructura retórica ostensiblemente a la 'oposición'. V. Eugenio Gerardo Lobo, *Obras poéticas líricas*, [388-392] 269-271. Así es de suponer que se trata de un juego con la autoría, ya que existe una tercera réplica que Lobo pretende haber escrito y que se cita también en la edición de 1700 de la casa Leefdael. De tal manera, el mismo Lobo habría compuesto los tres poemas para desplegar una argumentación que se compone de los tres pasos argumento, contra-argumento y oposición al contra-argumento, o más bien tesis, antítesis y síntesis –la autoría es, no obstante, de importancia secundaria para las consideraciones desarrolladas aquí. No obstante, el volumen citado incluye otros contra-poemas que se oponen a las décimas de Lobo.

al duro afán la inquietud,
el hierro a la esclavitud
y el traje a la servidumbre.

Es un enfático gusto
traidoramente empleado
en que se logre el agrado
sin las pensiones del susto.
Ni es rendimiento, ni augusto,
ni es humilde vanidad
él, de la capacidad,
a quien la pasión obliga,
à que el arte y la fatiga
no pare en ociosidad.

Es irracional tributo,
que la diversión previene,
sobre alhaja en que otro tiene
propiedad, el usufructo:
indecoroso estatuto
del iniquísimo imperio,
que en lo jocoso y lo serio
introduce en un cuidado
todo un error, disfrazado
con máscara de misterio.
(Ibid., [371], 260, vv. 1-30)

Al retomar las metáforas de las llamas y del monte del primer poema, el segundo desacredita finalmente el chichisbeo que se concibe como ociosidad en el sentido de vanidad. Si recurre también al repertorio 'clásico' del Siglo de Oro cuando se refiere al engaño como ficción o mentira, transciende, no obstante, el horizonte barroco, ya que concibe un desengaño de índole meramente inmanente. De tal manera escapa al esquema establecido por el primer texto y parece contradecir la máxima de Gracián. Más bien, acentúa la relación esencial entre propiedad y usufructo para calificar el chichisbeo como *error*, porque no le parece legítimo que otra persona que el propietario disfrute de la propiedad. Podemos concluir dos cosas: en primer lugar –y esto es algo que se lee entre líneas– el autor anónimo concibe el chichisbeo como disimulo de un deseo erótico-sexual que iría en contra del principio platónico de la práctica y en segundo lugar, podemos discernir una concepción de propiedad que acentúa los principios de la economía política del capitalismo. Al discurso amoroso propuesto por el primer poema, que perfila una cierta espiritualidad como objetivo de la práctica galante, se opone el segundo texto con sus consideraciones, digamos, materialistas acerca de la legitimidad del usufructo, por lo que pone en tela de juicio la costumbre del chichisbeo. Mientras que este último acentúa el carácter engañador de la práctica «confunde en la fantasía / el objeto y el fervor, / y de las burlas de amor / es la mejor ironía» (ibid., [372] 261, vv. 77-80), este otro la alaba con referencia al concepto cortesano por excelencia, a saber, la discreción, «elevada fantasía / sin afecto y confervor, / y es de las ansias de amor / la más discreta ironía.» (ibid., [224] 181, vv. 77-80) y pone énfasis, una vez más, en el control de afectos, lo que incita la práctica según su modo de ver. Esto es desmentido por nuestro autor anónimo, que deja sin resolver si la costumbre le parece inoportuna para un tal fin autoeducativo o si antepone sus consideraciones materialistas a una posible espiritualidad. A pesar de la ambigüedad del texto es de suponer que rechaza al galanteo no solo por razones ético-morales sino también por su ineficiencia en vista de sus grandes inversiones y el usufructo tanto limitado como ilegítimo. – En este punto se parece a la argumentación desarrollada por Nicolás de Moratín 70 años más tarde cuando este se refiere al cortejo en su poema *El Arte de las putas*.[47]

Parece significativo que el poema épico de Moratín de unos 2.000 versos y subdividido en cuatro cantos se refiera una sola vez de manera explícita a la figura de ocio y negocio, a saber, en el primer y en el último canto para designar al aficionado a los toros (con el término de ocioso) y al acto sexual (con la palabra negocio). Si el uso de los términos indica un cierto colapso del binomio establecido, el poema se refiere, sin embargo, constantemente al campo semántico anteriormente cubierto por los dos conceptos, que interpreta en dependencia de su tema central, es decir, la prostitución: al ocio del cliente masculino le corresponde el negocio femenino de la prostituta. Como se ve más adelante, los consejos que da a sus lectores masculinos se sitúan entonces en el contexto de un pensar económico basado en un análisis coste-beneficio.[48]

A diferencia de las décimas sobre el chichisbeo que analizamos antes, el *Arte de las putas* de Nicolás Fernández de Moratín (1771) forma parte de una literatura clandestina que a pesar de ser prohibida por la Inquisi-

[47] Citamos en lo sucesivo la edición de Enrique Velázquez: Fernández de Nicolás Moratín, *El Arte de las putas*, Madrid, Ediciones y publicaciones, 1990; los números romanos se refieren a los cantos.

[48] Hay que advertir que las consideraciones a favor de un balance coste-beneficio, por supuesto, no son nada nuevas si pensamos en las Cánticas de la serranas del *Libro de buen amor*.

ción circulaba entre los contemporáneos de Moratín.[49] Uno de sus rasgos más decisivos con lo que se diferencia una vez más del texto o, mejor dicho, de los textos líricos considerados antes, es su doble orientación hacia una literatura popular de la que retoma figuras de un a veces drástico erotismo grotesco-corporal por un lado, y hacia una literatura neoclásica culta, indicada por su rigor formal y su carácter de tratado didáctico, por otro. De tal manera, la composición en endecasílabos de origen italiano, un metro revivido en el contexto de la poesía ilustrada-filosófica,[50] funciona como contrapunto a las ideas obsceno-eróticas, tomadas de la cultura popular.[51] En este contexto interesa esta bipolaridad porque remite a un texto que pone de manifiesto una proximidad a un pensar reformatorio-ilustrado, que ironiza al mismo tiempo con sus recursos a la cultura popular de la risa.[52]

Así, el primer canto de 600 versos despliega una serie de fórmulas clásicas de apertura que por momentos resultan secas y sobre todo prolijas, para perfilar –desde una perspectiva masculina-heterosexual– una visión pragmático-concreta de la relación entre los sexos en general y de la prostitución en particular. Sin dejar espacio al erotismo corporal que caracteriza los cantos siguientes, la primera parte desarrolla una serie de estrategias de justificación recurriendo, con cierta ironía, a modelos de

---

[49] V. Jean Canavaggio (ed.), *Histoire de la littérature espagnole*, 2 vol., Paris, Fayard, 1993-1994, vol. 2 (1994), 88; David Thatcher Gies, *Nicolás Fernández de Moratín*, Boston, Twayne Publishers, 1979, 99; así como Zavala, «Viaje a la cara oculta del setecientos»; Zavala, «Inquisición, erotismo, pornografía y normas literarias en el siglo XVIII», en: *Anales de literatura española* 2 (1983), 509-529.

[50] V. Antonio Quilis, *Métrica Española*, Barcelona, Ariel, [10]1997, 69-72.

[51] El carácter bipolar del texto está destacado por Manuel Fernández Nieto, «Entre popularismo y erudición. La poesía erótica de Moratín», en: *Revista de Literatura* 84 (1980), 37-52 y, del mismo autor, «El festín de amor en la literatura dieciochesca», en: Javier Huerta Calvo/Emilio Palacios Fernández (eds.), *Al margen de la Ilustración. Cultura popular, arte y literatura en la España del siglo XVIII*, Amsterdam, Rodopi, 1998, 185-205 así como Frank Baasner, «Frivole Aufklärung. 'El arte de las putas' von Nicolás Fernández de Moratín», en: Theo Stemmler/Stefan Horlacher (eds.), *Sexualität im Gedicht*, Tübingen, Narr, 2000, 147-162.

[52] Con referencia al edicto inquisitorial de 1777 Fernández Nieto demuestra que el poema escapa a una simple reducción a su contenido erótico. Así el Santo Oficio califica el texto como 'escandoloso' ya que no solo desarrolla fantasías sexuales, sino que las enlaza con observaciones blasfemas y heréticas 'con sabor de Ateísmo y Politeísmo', v. Manuel Fernández Nieto, «Introducción», en: Nicolás Fernández de Moratín, *El Arte de las putas*, Madrid, Siro, 1977, 14. Acerca de las implicaciones de esta bipolaridad v. también Susanne Schlünder, «¿Erotismo grotesco o discursos de la sexualidad? El *Arte de las putas* de Nicolás Fernández de Moratín», en: Christian von Tschilschke/Andreas Gelz (eds.), *Literatura – Lengua – Cultura – Media. Nuevos planteamientos de la investigación del siglo XVIII en España e Hispanoamérica*, Frankfurt a. M. et al., Peter Lang, 2005, 105-121 y de la misma autora, «*Erótica hispánica:* Liebes- und Leibesfiguren im 18. Jahrhundert», en: *Zeitschrift für Linguistik und Literaturwissenschaft* 34 (2004), 60-86.

la Antigüedad y al ideario contemporáneo. Mientras tanto, los cantos 2 a 4 hacen valer el carácter de manual que facilita la orientación en el campo del amor a sueldo en el Madrid contemporáneo e indica cómo evitar las enfermedades venéreas, desembocando finalmente en consejos respecto a una conveniente relación de coste-beneficio para los potenciales aventureros.

Entre las justificaciones de la prostitución proporcionadas por el primer canto, hallamos tanto estrategias pragmáticas e ideológicas que hacen referencia a las leyes naturales-medicinales como consideraciones socio-económicas. De tal modo despliega un elogio de la *putería*, que abarca un pequeño debate socio-económico acerca de los pro y los contra de la institución matrimonial y de su alternativa, la prostitución. Si él declara ser defensor de la monogamia, se da cuenta de que esta máxima resulta poco realista: «Sin duda alguna /fuera mejor que el mundo me creyese /y su amor cada cual diese a la amada /para siempre en coyunda muy sagrada, o en castidad purísima viviese.» (I, vv. 70-74) En consecuencia, adopta una postura más bien pragmática concluyendo «Ya que haya mal, /el modo por lo menos bueno sea /y hágase bien el mal» (I, vv. 83-85). Más adelante, basa su argumentación en consideraciones de política social y económica: en primer lugar, se estiliza como protector de las doncellas y de las honorables matronas de ataques sexuales, ya que el *Arte* indica a los hombres jóvenes de pulsiones fuertes los caminos para saciar sus deseos (cf. I, v. 134, vv. 155 sq.); en segundo lugar, apunta a una minimización de costes y al destierro del peligro de contagio de enfermedades venéreas y, con esto, favorece finalmente a la institución matrimonial orientada a la procreación:

> Si moderan los gastos excesivos
> que pierden a los jóvenes lascivos,
> y el contagio venéreo se destierra,
> de las ardientes ingles y, seguros
> los tálamos nupciales, los futuros
> frutos de bendición esperan ciertos.
> (I, vv. 134-140)

De acuerdo con las consideraciones socio-económicas que se dan aquí, Moratín explica a sus lectores diversas leyes de la economía de mercado: se imparte por ejemplo la máxima de prescindir de intermediarios como celestinas y proxenetas, o bien emplearlos solo si a través de ellos se puede llegar a una minimización de costes o a un ahorro de tiempo (cf. II, vv. 240-244); o se recomienda prestar atención a que la demanda fingida no eleve artificialmente el precio de mercado (cf. III, vv. 347-

349). En la medida en la que el *Arte de las putas* tiene en cuenta cuestiones de rentabilidad y comercialización aplica un nuevo saber económico, de forma que se refiere a las leyes del mercado. Ante este telón de fondo, Moratín da el consejo de no prestar demasiada atención al embalaje de la mercancía sino a su contenido («[...] muchas veces bajo un vestido rústico y villano te encontrarás la Venus del Ticiano». II, v. 280ss.) y de dar preferencia a las criadas por ser más modestas que sus amas («te harán el mismo efecto [...] y salir suele más barato». IV, v. 75 sq.). Acorde con los principios económicos presentados, Moratín rechaza con decisión el cortejo porque este no entra en un balance positivo de coste-beneficio, ya que lo concibe como evitable desperdicio de tiempo y recursos:

> ¿Y habrá caritativa providencia
> mejor que el encontrar una muchacha
> que a su gusto le dé pronta licencia,
> *sin costarle millares de pisadas,*
> *postes, suspiros, lágrimas, ternezas,*
> *escrúpulos, regalos y paseos,*
> *estar al tocador todos los días*
> *y la noche pasarla en galanteos,*
> y rematar por fin de estas porfías
> con que su honor les pone impedimento,
> o en que no hay ocasión, después que el otro
> su gusto ya logró mil veces ciento,
> y todo a costa nada más que un poco
> de dinero, vil precio a tanto gusto?
> No sé por cierto cómo hay quien no deje
> de *galantear al modo quijotesco,*
> ni cómo hay españoles que cortejen
> contra el carácter impaciente suyo,
> *haciendo noviciado el cabronaje.*
> (I, vv. 492-510, las cursivas son mías, S.S.)

Al rechazo del cortejo que constatamos aquí se junta otro de la institución matrimonial que se insinúa en el segundo canto cuando reclama la libertad de disposición tanto de los recursos financieros como de sus sentimientos y promete al putañero la variedad y –una vez más– la rentabilidad.

> [...] el grande arte de la putería
> reprueba todo amor: sé conmisero,
> *tendrás tu corazón y tu dinero*
> *por tuyo siempre,* y el supremo gusto
> de andar catando caldos diferentes

y probar cuantas mozas van al Prado
sin peligro de verte empalagado,
pues siempre salsa fue la diferencia.
Con lo que una mantener te cuesta
puedes diferenciar todos los días
entre las que mantienen otros tontos,
juzgando ser los únicos actores;
[...]
(II, vv. 60-71; las cursivas son mías, S.S.)

Para resumir podemos constatar que el *Arte de las putas* nos confronta con un pensar económico que retoma lúdicamente la máxima de Gracián que citamos antes, leyéndola a contrapelo cuando pone en tela de juicio el concepto de la propiedad refiriéndose al matrimonio. En comparación con el discurso económico-político de la época, da un paso adelante en el sentido de que opta por alquilar para disfrutar en vez de comprar para poseer. En su bipolaridad característica, combinando elementos de la cultura popular con figuras de pensamiento ilustradas, el poema de Moratín padre relativiza irónicamente no solo sus propias taxonomías y clasificaciones, sino que cuestiona también la seriedad de un discurso económico-nacional. No obstante, se perfila tanto en el *Arte de las putas* como en las décimas contra el chichisbeo de Lobo un proceso de transformación que transmite un nuevo pensar económico: en oposición al petrarquismo concebido como ciclo que se autoalimenta perpetuamente, este nuevo pensar populariza una economización de bienes en vista de la escasez de reservas.

Al situar el chichisbeo y su tratamiento literario dentro del marco definido por el binomio ocio/negocio, podemos enunciar tres conclusiones: los textos literarios aquí analizados dan prueba de una mercantilización de vastos campos de la existencia humana, incluida lo afectivo y corporal, e indican el colapso semántico de la figura triangular procedente de la Antigüedad que abarca las nociones de diligencia cotidiana (*negotium*), descanso y ocio (*otium*) en el sentido de técnica propia, un colapso que desemboca en una subordinación del ocio bajo el negocio, concebido el primero en función de garantizar la capacidad económico-productiva. Con sus configuraciones contradictorias (Lobo) y bipolares (Moratín) los textos poéticos traspasan lúdicamente esta nueva concepción para abrir un reducto de libertad que conserva algunas huellas de la antigua concepción compleja.

Bibliografía

1. Fuentes primarias

Cadalso, José, *Cartas Marruecas. Noches lúgubres*, edd. Joaquín Arce, Madrid, Cátedra, [12]1992.

Fernández de Moratín, Leandro, *El sí de las niñas*, Madrid, 1957.

Fernández de Moratín, Nicolás, *El Arte de las putas*, edd. Manuel Fernández Nieto, Madrid, Siro, 1977.

Jovellanos, Gaspar Melchor de, *Obras completas*, edd. José Miguel Caso González et al., 14 vol., Oviedo/Gijón, Centro de Estudios del Siglo XVIII et al., 1984-2010.

Moratín, Nicolás, *El Arte de las putas*, edd. Enrique Velázquez Fernández, Madrid, Ediciones y publicaciones, 1990.

Vega, Lope de, *La Arcadia*, edd. Edwin S. Morby, Madrid, Clásicos Castalia, 1975.

2. Fuentes secundarias

Álvarez Amo, Javier, «Introducción. Eugenio Gerardo Lobo y la poesía del Bajo Barroco», en: Eugenio Gerardo Lobo, *Obras poéticas líricas*, [1738] (=Poesía Hispánica en el Bajo Barroco), Córdoba, Universidad de Córdoba, 2012, (http//www.phebo.es/site/default/files/obras_poeticas_liricas_1738.pdf).

Álvarez Amo, Javier, «Poesías y géneros editoriales entre dos siglos», en: *Bulletin Hispanique* 113 (2011), 313-329.

Álvarez Barrientos, Joaquín, *Los hombres de letras en la España del siglo XVIII. Apóstoles y arribistas*, Madrid, Castalia, 2006.

Baasner, Frank, «Frivole Aufklärung. 'El arte de las putas' von Nicolás Fernández de Moratín», en: Theo Stemmler/Stefan Horlacher (eds.), *Sexualität im Gedicht*, Tübingen, Narr, 2000, 147-162.

Bizzocchi, Roberto, *Cicisbei. Morale privata e identità nazionale in Italia*, Roma/Bari, Laterza, 2008.

Briesemeister, Dietrich, «Luis Mexias *Apólogo de la ociosidad y el trabajo*», en: Martin Baxmeyer et al. (eds.), *El sabio y el ocio. Zu Gelehrsamkeit und Muße in der spanischen Literatur und Kultur des Siglo de Oro*, Tübingen, Narr, 2009, 249-263.

Canavaggio, Jean (ed.), *Histoire de la littérature espagnole*, 2 vol., Paris, Fayard, 1993-1994.

Chartier, Roger, «Ocio y vida cotidiana en el mundo hispánico en la Edad Moderna», en: Francisco Núñez Roldán (ed.), *Ocio y vida cotidiana en el mundo hispánico en la Edad Moderna*, Sevilla, Universidad de Sevilla, 2007, 13-26.

Cruz, Ramón de la, *La oposición a cortejo*, en: José Francisco Gatti (ed.), *Doce sainetes*, Barcelona, Labor, 1972, 219-242.

Deacon, Philip, «El espacio clandestino del erotismo en la España dieciochesca», en: Marieta Cantos Casenave (ed.), *Redes y espacios de opinión públicas. De la ilustración al romanticismo. Cádiz, América y Europa ante la modernidad, 1750-1850*, Cádiz, Universidad de Cádiz, 2006, 219-230.

Diccionario de Autoridades, 6 vol., Madrid, Gredos, 1726-1739.

Etienvre, François /Serge Salaün (eds.), *Ocio y Ocios. Du loisir aux loisirs en Espagne (XVIIIe-XXe siècle)*, publication en ligne, 2006 (crec.univ-paris3.fr/articlesenligne.php).

Fajen, Robert, *Die Verwandlung der Stadt. Venedig in der Literatur im 18. Jahrhundert*, Paderborn, Wilhelm Fink, 2013.

Fernández Nieto, Manuel, «El festín de amor en la literatura dieciochesca», en: Javier Huerta Calvo/Emilio Palacios Fernández (eds.), *Al margen de la Ilustración. Cultura popular, arte y literatura en la España del siglo XVIII*, Amsterdam, Rodopi, 1998, 185-205.

Fernández Nieto, Manuel, «Entre popularismo y erudición. La poesía erótica de Moratín», en: *Revista de Literatura* 84 (1980), 37-52.

Foucault, Michel, *Historia de las sexualidad I. La voluntad de saber*, Madrid, Siglo, XXI, 1991.

Gelz, Andreas, *Tertulia. Literatur und Soziabilität im Spanien des 18. und 19. Jahrhunderts*, Frankfurt a. M., Vervuert, 2006.

Gracián, Baltasar, *Oráculo manual y arte de prudencia*, máxima 263, Madrid, Consejo Superior de Investigaciones Científicas, 2003.

Gronemann, Claudia, *Polyphone Aufklärung. Zur Textualität und Performativität der spanischen Geschlechterdebatten im 18. Jahrhundert*, Frankfurt a. M., Vervuert, 2013.

Hassauer, Friederike, «*Die Seele ist nicht Mann, nicht Weib.* Stationen der *Querelles des Femmes* in Spanien und Lateinamerika vom 16. zum 18. Jahrhundert», en: Gisela Bock/Margarete Zimmermann (eds.), *Die europäische* Querelle des Femmes. *Geschlechterdebatten seit dem 15. Jahrhundert*, Stuttgart, Metzler, 1997, 203-38.

Hontanilla, Ana, *El gusto de la razón. Debates de arte y moral en el siglo XVIII español*, Frankfurt a. M., Vervuert, 2010.

Jurado Sánchez, José, «Lo superfluo, una cosa muy necesaria. El consumo suntuario en la literatura de la Ilustración», en: Luis Perdices de Blas/Manuel Santos Redondo (eds.), *Economía y literatura*, Madrid, Ecobook, 2006, 194-228.

Elena Kilian, *Bildung, Tugend, Nützlichkeit. Geschlechterentwürfe im spanischen Aufklärungsroman des späten 18. Jahrhunderts*, Würzburg, Königshausen und Neumann, 2002.

Krauss, Werner, *Das wissenschaftliche Werk. Aufklärung, 3. Deutschland und Spanien*, Berlin, Akademie-Verlag, 1996.

Krauss, Werner, *Die Aufklärung in Spanien, Portugal und Lateinamerika*, München, Wilhelm Fink, 1973.

Leopold, Stephan, *Die Erotik der Petrarkisten. Poetik, Körperlichkeit und Subjektivität in romanischer Lyrik Früher Neuzeit*, München, Wilhelm Fink, 2009.

Lobo, Eugenio Gerardo, *De D. Eugenio Gerardo Lobo, Respuesta à vna Señora que preguntò. Què cosa es el Chichisveo*, Sevilla, Francisco de Leefdael (s.a.) propuesta por la Universidad de Sevilla (http//:www.fondosdigitales.us.es).

Martín Gaite, Carmen, *Usos amorosos del dieciocho en España*, Barcelona, Anagrama, 1987.Quilis, Antonio, *Métrica Española*, Barcelona, Ariel, [10]1997.

Ribao Pereira, Montserrat, «Amor y pedagogía en el 'Arte de las putas'», en: *Cuadernos de Estudios del Siglo XVIII* 10/11 (2000/01), 155-174.

Sala Valldaura, Josep María, «Gurruminos, petimetres, abates y currutacos en el teatro breve del siglo XVIII», en: *Revista de Literatura* 71 (2009), 429-460.

Schalk, Fritz, «Otium im Romanischen», en: *Exempla romanischer Wortgeschichte*, Frankfurt a. M., Klostermann, 1966, 119-149.

Schlünder, Susanne, «*Erótica hispánica:* Liebes- und Leibesfiguren im 18. Jahrhundert», en: *Zeitschrift für Linguistik und Literaturwissenschaft* 34 (2004), 60-86.

Schlünder, Susanne, «¿Erotismo grotesco o discursos de la sexualidad? El *Arte de las putas* de Nicolás Fernández de Moratín», en: Christian von Tschilschke/Andreas Gelz (eds.), *Literatura – Lengua – Cultura – Media. Nuevos planteamientos de la investigación del siglo XVIII en España e Hispanoamérica,* Frankfurt a. M. et al., Peter Lang, 2005, 105-121.

Schlünder, Susanne, *Karnevaleske Körperwelten Francisco Goyas. Zur Intermedialität der* Caprichos, Tübingen, Stauffenburg, 2002.

Thatcher Gies, David, «'El cantor de las doncellas' y las rameras madrileñas. Nicolás Fernández de Moratín en el 'Arte de las Putas'», en: Alan M. Gordon/Evelyn Rugg (eds.), *Actas del sexto congreso internacional de hispanistas. Toronto 22-26 August 1977*, Canada, University of Toronto, 1980, 320-323.

Thatcher Gies, David, *Nicolás Fernández de Moratín*, Boston, Twayne Publishers, 1979.

Vogl, Joseph, *Kalkül und Leidenschaft. Poetik des ökonomischen Menschen*, Zürich/Berlin, Diaphanes, ^{3}2008.

Zavala, Iris M., «Inquisición, erotismo, pornografía y normas literarias en el siglo XVIII», en: *Anales de literatura española* 2 (1983), 509-529.

Zavala, Iris M., «Viaje a la cara oculta del setecientos», en: *Nueva Revista de Filología Hispánica* 33 (1984), 4-33.

IV.

Políticas del tiempo, subversiones del orden

Politiche del tempo, sovversioni dell'ordine

JOAQUÍN ÁLVAREZ BARRIENTOS

La ciudad, seria y en orden: políticas y mercados del ocio en la España del siglo XVIII

> El siglo XVIII se destacó, a nuestros ojos, por su abundancia de elementos lúdicos.
> (Johan Huizinga, *Homo ludens*, 206)

Ocio, ociosidad y *homo economicus*

Las administraciones ilustradas intentaron llevar a cabo, y lo consiguieron en distintas medidas, sus proyectos de reforma mediante la legislación de las prácticas sociales. En unos casos se prohibieron algunas de ellas, en otros, se regularon. En el campo del ocio y de las diversiones, como en otros, los gobernantes siguieron tendencias anteriores, si bien el propósito era implantar un orden y un modelo nuevos, encarnados en la figura simbólica del ciudadano u hombre de bien, que había de ser virtuoso. Ese modelo se insertaba en una red de relaciones y conductas propiciada por la sociabilidad, moderno concepto positivo para muchos, que se vinculaba a su vez con otros como urbanidad, sensibilidad y sociedad civil. Todos ellos implicados en la regulación de la conducta tanto en los espacios públicos, como en los privados y semipúblicos. Y todo resultado de una antropología que entendía al individuo como un ser económico.

La legislación que reguló el ocio es tanto una propuesta como una reflexión sobre la conducta de los individuos, de los que poseen riquezas y tiempo para gastarlas, y de los que han de trabajar para ganarse la vida. De esa legislación, así como del pensamiento sobre el lujo, se obtiene un relato acerca de lo que significan el ocio y el consumo ostensibles, la emulación y el derroche como rasgos de identidad social y de clase. Y se llega a la conclusión de que esas prácticas, en el ámbito urbano, son manifestaciones del decoro, requisitos del grupo social al que se pertenece. Mucho de lo que Thorstein Veblen (2004) estudió en su *Teoría de la clase ociosa*, pensada desde los Estados Unidos a finales del siglo XIX, encuentra absoluta vigencia en la España (en la Europa) del siglo XVIII. El análisis de la clase ociosa ha de llevar necesariamente a la constatación de que su esnobismo y petulancia son motores de la opulencia, y también a que el consumo excesivo es una manifestación del éxito social; el estudio del ocio constata los efectos que tanto el tiempo libre como la riqueza producen sobre la conducta de los individuos

Junto a la legislación que obligaba y, en su caso, castigaba, los gobiernos se valieron de propagandistas que mediante folletos, discursos y colaboraciones periodísticas creaban opinión, criticando antiguas costumbres y alabando otras nuevas.[1] A estos les combatieron pronto quienes se oponían a las 'novedades' en los distintos ámbitos de la realidad, participando o no de las perspectivas propias de la misantropía.

El alegato sobre el ocio en la época, diferente según se trate del campo o de la ciudad, de los que trabajan o de los que huelgan, se conforma desde los referentes del trabajo, la economía, la moral, la modernidad ilustrada y el rechazo de esa modernidad. No es un discurso unidireccional, y los que lo critican suelen vincularlo a otras prácticas que entienden negativas, como el excesivo lujo, la moda y algunas formas de sociabilidad. Pero hay también quienes diferencian el ocio malo del bueno, la ociosidad, del descanso de quien es productivo; es decir, el ocio de la ociosidad. El *Diccionario de Autoridades* define la palabra *ocio* como cese del trabajo, inacción, y también como «diversión u ocupación quieta, especialmente en obras de ingenio, porque estas se toman regularmente por descanso de mayores tareas», y, en efecto, existen no pocas obras tituladas ocios, como las poéticas del conde de Rebolledo, las de José Cadalso, *Ocios de mi juventud*, o las de Jerónimo Martín de Bernardo, *Ocios en mi arresto, o correspondencia mitológica*. Ya se ve que el término tiene un uso positivo cuando se vincula al trabajo, como positivas son entre los escritores las alusiones al silencio y al retiro propios del ocio productivo, en contraste con el ruido exterior del que deben aislarse para escribir, como ya relataba Plinio el Joven en la carta en que describe su pabellón de trabajo, diseñado por él mismo de tal modo que no llegara el ruido de fuera, ni la locura de la fiesta ni los gritos de alegría: «así, yo no estorbo los placeres de mis gentes ni ellos mis estudios».[2]

---

[1] Cf. Philip Deacon, «En busca de nuevas sensibilidades: el proceso civilizador en la cultura española del siglo XVIII», en: *El mundo hispánico en el Siglo de las Luces*, 2 vol., Madrid, Editorial Complutense, 1996, vol. 1 (1996), 53-72.

[2] Michel Baridon, *Los jardines. Paisajistas, jardineros, poetas*, 3 vol., Madrid, Abada, 2004-2008, vol. 1 (2004), 286.

A veces se llega al elogio del retraimiento por rechazo de las formas modernas de sociabilidad, como se percibe cuando el diccionario define «entregarse al ocio», que se asocia a la vida holgazana, a la torpeza y al delito, mientras que *ociosidad* es «el vicio de perder o gastar el tiempo inútilmente», lo que se refuerza con el refrán «la ociosidad es madre de los vicios». Pedro Rodríguez de Campomanes, en su discurso sobre la educación de los artesanos, añade un sentido más a palabras como *ocio* y *ocioso*, cuando se refiere con ellas a aquellas personas empleadas en una fábrica de manera superflua, en la que realizan una labor innecesaria si los artesanos tuvieran una mínima educación en primeras letras. Califica así a los contables o individuos que habían de ocuparse de hacer la «cuenta y razón» por desconocimiento de los directores de las manufacturas, que eran buenos en su arte pero estaban faltos de los mínimos conocimientos. «Llamo *ocio* a toda ocupación que pueda excusarse con dar mejor crianza [educación] a la juventud cortesana.»[3] Por tanto, ocio y ociosidad se definen y valoran desde la órbita de la productividad, desde una perspectiva económica, como ya mostró Georg Simmel en trabajos como *Filosofía del dinero* y *Las grandes ciudades y la vida del espíritu*.

Sobre esta base se superponen las opiniones que acerca del ocio se propalan en el siglo; que se solapan y relacionan con otros como los del lujo, la moda, las nuevas costumbres, criticados desde la perspectiva del exceso y del cambio moral, porque todos se ven como cambios negativos de la sociedad y con incidencia económica y mercantil sobre sus individuos, a veces nefasta. Así, se regula el juego de la lotería, pero también los demás juegos que no se prohíben, de modo que la Real Hacienda se lucre con ellos. Por otro lado, por ejemplo, los toros vedados varias veces a lo largo del siglo, se permitían durante las fiestas y porque sostenían los hospitales municipales con sus ingresos, lo mismo que las comedias, pues el grueso de las ganancias obtenidas en las representaciones iba a los ayuntamientos. Mientras las administraciones aumentaban la presión fiscal sobre el juego, el discurso moral contra los jugadores, contra quienes sacrificaban al azar, a Venus y a Baco, los convertía en lacra ociosa y vagabunda. Los «jugadores de profesión»,[4] por tanto,

---

[3] Pedro Rodríguez de Campomanes, *Discurso sobre la educación popular de los artesanos y su fomento*, edd. Francisco Aguilar Piñal, Madrid, Editora Nacional, 1978, 114.

[4] Barón de Bielfeld, *Instituciones políticas. Obra en que se trata de la sociedad civil, de las leyes, de la policía, de la real hacienda, del comercio y fuerzas del Estado, y en general de todo cuanto pertenece al gobierno*, 6 vol., Madrid, Gabriel Ramírez, 1767-1801, vol. 1 (1767), 221.

habían de ser desterrados, según las *Instituciones políticas* del barón de Bielfeld. Todo en aras de introducir una «urbanidad general», generalizada.

Era opinión antigua, reiterada una y otra vez, pero sobre todo en el XVIII, cuando las opiniones sobre el control y las actitudes civilizadas se multiplicaron insistiendo en que el objetivo de los gobiernos era «civilizar al pueblo», por lo que había que controlar las fiestas y todo exceso que pudiera darse. Así, cualquier gobierno que se preciara había de prohibir los juegos de azar, por ser indignos del hombre de bien y el origen de la holgazanería.

Si antes no se había considerado negativamente beber y emborracharse, fumar y jugar; si las fiestas y los entretenimientos habían tenido un sentido por sí mismos o en función del ámbito festivo en que se celebraran, la mentalidad de los gobernantes en el siglo XVIII procuró utilizarlos en su propio beneficio, mediante su apropiación o prohibición. De modo que espectáculos y fiestas públicas se vieron como la oportunidad de educar a la nación en los nuevos valores y, por otro lado, como formas de favorecer a la industria, pues aumentaba su producción, como no se cansan de repetir el barón de Bielfeld y sus seguidores.[5]

Aguas medicinales y balnearios, ocio/negocio emergente

La creciente legislación sobre el juego y los espectáculos muestra cómo aumentaba lo que se puede llamar industria del entretenimiento, que en casos como las peleas de gallos –a menudo prohibidas–, pero sobre todo el teatro y el toreo, se desarrolló de forma notable. En el último caso, las ganaderías, las cuadrillas de toreros –ajustadas a la estructura y requisitos que imponían los gremios–, los negocios alrededor del toro y la propia corrida se regularon en el siglo, mientras crecía el número de festejos y se sentaban las bases de una industria que solo ahora parece pasar por momentos difíciles. Otra industria de ocio incipiente en la época, que conoció su edad de oro entre los siglos XIX y XX, fue la de los baños, toma de aguas y balnearios,[6] desarrollados sobre todo en zonas de Valencia, Galicia y en aquellos lugares con aguas salutíferas como Cuenca,

---

[5] Cf. ibid., 97.

[6] Cf. Pedro García de Bedoya y Paredes, *Historia universal de las fuentes minerales de España, sitios en que se hallan, principios de que constan, análisis y virtudes de sus aguas*, Santiago, Ignacio Aguayo, 1764-65.

a cuyas aguas de Solán de Cabras acudieron Fernando VII y María Amalia de Sajonia en busca de heredero.[7] El desarrollo de esta 'industria' en varias localidades valencianas llevó a que se levantaran verdaderos centros –desde las primitivas barracas– en los que se alojaban nobles y pudientes, y donde se desarrollaba activa vida social –por lo general asociada al ocio–, como en la playa del Grao, según constata Antonio José Cavanilles en sus *Observaciones sobre... el reino de Valencia*, de 1795. Nos encontramos ante el comienzo de la costumbre del 'veraneo', palabra que entra en el diccionario académico en la edición de 1803. Escribe Cavanilles:

> Allí acuden [a la playa del Grao] los de la capital a bañarse, cuyo prodigioso concurso aviva aquel recinto, ya de suyo interesante [...]. Los años pasados iban y volvían comúnmente en el mismo día por la facilidad que ofrecen centenares de calesines y otros carruajes apostados para este fin en las puertas de la ciudad. Ya muchos, convidados de la frescura y amenidad del sitio, suelen permanecer algunos días alojados por lo general en las chozas de pescadores. Aumentándose con el tiempo la pasión y el número de los concurrentes, varios sujetos acaudalados no contentos con el pobre alojamiento de las chozas, han construido sucesivamente edificios espaciosos; unos pocos con toda solidez, los más con el nombre y la forma exterior de barracas, en que se hallan las comodidades, los adornos y hasta el lujo de la capital, por donde ha venido a formarse otra población numerosa al largo de la playa. Júntanse allí en estío personas brillantes de ambos sexos, viven con libertad, sin etiqueta y en una diversión continua. Se suceden los convites, los bailes y alegría pero al cebo de esos deleites acuden gentes díscolas, que se introducen en la sociedad para corromperla. Ya se nota que la virtud más sólida queda expuesta a perderse y que a la juventud se le presentan ejemplos muy nocivos. Sin duda se ignora este desorden, o no han llegado a conocer su gravedad los que tienen obligación de remediarle.[8]

Lo relativo a las aguas medicinales se desarrollaba en la época con el apoyo de la Corona, como dejó claro Alejandro Ortiz al traducir la obra de Tissot *Aviso a los literatos*. Da cuenta ahí, en una nota que añade, de las investigaciones que se hacían en los «innumerables baños» que había en España mientras esperaba que aumentara el uso de las aguas por su

---

[7] Cf. Juan Pablo Forner, *Noticia de las aguas minerales de la fuente de Solán de Cabras en tierra de Cuenca*, intr. Vicente de Cadenas y Vicent, Madrid, Antona, S.A, 1967; Vicente de Cadenas y Vicent, *Jornada de Fernando VII y de Amalia de Sajonia en los reales baños de Solán de Cabras en busca del deseado sucesor*, Madrid, Ediciones Hidalguía, 1984.

[8] Antonio José Cavanilles, *Observaciones sobre la historia natural, geografía, agricultura, poblaciones y frutos del reino de Valencia*, 2 vol., Madrid, Imp. Real., 1795-1797, vol. 1 (1795), 143.

utilidad para «la salud pública».[9] Se refiere a los baños y fuentes de Aranjuez y a los de Aragón: Villanueva, Monegrillos, Arcos, Quinto y Panticosa. A los de Archena dedicó Ignacio López de Ayala su poema *Termas de Archena, o poema físico de los baños calientes de la villa de Archena en el reino de Murcia*, que apareció en 1777.

Como ha señalado Lebreiro Amaro, los balnearios se extendieron por España a lo largo de la segunda mitad del siglo, vinculados por lo general a la actividad de las Sociedades de Amigos del País, que los promocionaron, hasta llegar en 1816 a crearse el Cuerpo de Médicos de Baños y regular la vida balnearia.[10] No se puede dejar de pensar en estos centros como espacios ideales de sociabilidad, al menos en sus presupuestos teóricos, pues se presentan como lugares utópicos, por lo general aislados de los centros urbanos y de su contaminación moral, así como de su ritmo. Por tanto es una propuesta de salud, tanto física como ética, de ocio saludable y útil ya que cura. Es además un espacio selectivo, pues pocos pueden acudir a él, en el que se asiste a una disciplina desde el ocio que se justifica en su salubridad final. El ocio, en teoría, se habría domado para ofrecer su lado más beneficioso; un resultado de la sociabilidad ilustrada destinada a la civilización de la nación, como la instalación de cafés[11] y la apertura al público de jardines y paseos, que contribuían a la diversión y salud de los ciudadanos, en lo que también reparó Bielfeld en su prontuario ideológico, seguido por todos los gobiernos de la Europa contemporánea.

Fiestas populares y decoro urbano

Hay enormes similitudes entre las prácticas, opiniones y legislaciones de los distintos gobiernos europeos respecto del ocio. En España, por lo que respecta a las fiestas populares, la tendencia fue prohibir todas aquellas de carácter religioso que significaran molestias a la población y falta de respeto a la fe, se quería también reducir el número de días festivos para aumentar la productividad. La relación, que puede localizarse en la

---

[9] Alejandro Ortiz y Márquez, *Aviso a los literatos y a las personas de vida sedentaria sobre su salud, traducido del francés al español por su autor, el Dr. Tissot*, Zaragoza, Francisco Moreno, 1771, 148-152.

[10] Cf. María A. Lebreiro Amaro, *El balneario. La ciudad ensimismada*, Vigo, COAG, 1994, 53.

[11] Cf. Joaquín Álvarez Barrientos, «Miscelánea y tertulia. *El café*, de Alejandro Moya», en: *Dieciocho. Homenaje a René Andioc* 27 (2004), 59-74; Antonio Bonet Correa, *Los cafés históricos*, Madrid, Cátedra, 2012.

Novísima Recopilación, va desde la prohibición de los autos sacramentales a las cencerradas, pasando por las quemas de Judas, los disciplinantes y empalados, procesiones y carnaval, todas en la segunda mitad del siglo, aunque se seguía la tendencia previa.[12] Es obvio que tras las excusas religiosas y las relativas a la urbanidad, hay un deseo de controlar a la población, para que la fiesta no sea el pretexto de críticas al gobierno. De ahí la regulación del papel de la policía en unas y otras festividades, lo mismo que la ordenación de la ciudad en cuarteles y barrios, la nueva nomenclatura de las calles y la numeración de sus casas, tal y como sucedió en las grandes capitales. Todo ello reforzado tras el motín de Esquilache de 1766. El individuo pasaba a tener cara y nombre tras estas medidas que lo censaban y ubicaban en una coordenada urbana concreta, y lo mismo puede decirse del intento de regular la indumentaria, de variar los signos que identificaban a la población como pertenecientes a unos u otros grupos.

La urbanidad perseguida llegaba también al uso del lenguaje, pues se prohibió usar malas palabras, como se indica en el libro III de la *Novísima Recopilación*, titulado «Policía para evitar palabras y acciones indecentes y groseras, concurrencias y diversiones perjudiciales a las costumbres y seguridad pública». Regular los usos del lenguaje implicaba modelar las formas de la conversación, seguramente el entretenimiento más común y barato de cuantos se usan para pasar el tiempo de ocio, tanto si está asociado a una tertulia como si se pasea o se conversa en una casa de conversación o un café. Se hablaba de un modo diferente a como se hizo antes, como se deduce de los diferentes manuales publicados para regular la charla, distintos de los que se conocían antes desde Platón y Aristóteles, hasta los de Macrobio, Cicerón, Castiglione, Della Casa, Guazzo, Gracián Dantisco y otros. Con razón, Juan Pablo Forner pudo denominar al siglo XVIII «siglo hablador». La conversación dieciochesca está marcada por los nuevos entornos de sociabilidad en los que se desarrollan las relaciones, lo que imprime caracteres nuevos tendentes en general a la igualación de los que intervienen en la charla. Cadalso, entre otros, en sus *Eruditos a la violeta*, de 1772, así como en sus *Cartas marruecas*, puso de relieve este gusto por conversar, por la charla brillante, graciosa y entretenida, no desprovista de interés curioso y científico, que no tenía nada que ver con las formas populares y las gritas.

---

[12] Cf. María José del Río, «Represión y control de fiestas y diversiones en el Madrid de Carlos III», en: Equipo Madrid (ed.), *Carlos III, Madrid y la Ilustración*, Madrid, Siglo XXI editores, 1988, 299-329.

La conversación implicaba para algunos una pérdida de tiempo, mientras que para otros era una ocupación del ocio. Los primeros mostraban su recelo ante el progresivo valor de la opinión y ante la imparable tendencia a hablar de lo cotidiano,[13] pero la charla se había convertido en uno de los entretenimientos más importantes, como destaca Alejandro Moya en su obra *El café*, de 1792:

Me reprenderán tal vez de que en la mayor parte de los diálogos la conversación no tiene objeto determinado y pase continuamente de uno a otro sin fijarse en ninguno, formando los vuelos más rápidos y haciendo las más atrevidas transiciones; pero, además de que esto contribuye mucho a mantener siempre divertidos a los lectores, ¿no es la pintura más fiel de todas las conversaciones? Yo he querido imitarlas exactamente, y no hacer un diálogo todo diferente de los que comúnmente se forman en sociedad.[14]

El ocio, por tanto, había de revestir formas de contención y manifestarse en los límites de la urbanidad y el decoro: decir cómo hablar y vestir, cómo divertirse, en la ciudad y en la Corte, proponía una serie de convenciones, un modelo de ciudadano, que se oponía tanto a las conductas rurales, aún presentes en la ciudad, como a las de aquellos que en la urbe querían distinguirse por el exceso, el lujo y por conductas inaceptables desde los criterios modernos. Esta regulación de la indumentaria y del uso del tiempo alteraba los símbolos en los que se reconocían muchos ciudadanos, así como su relación con ellos, de modo que su respuesta, en forma de motín, tuvo que ver con esa política de despojarlos de aquello que los identificaba, actitud estudiada por Cohen[15] y recogida por Río,[16] que recuerda el uso simbólico del aspecto, cuando los fiscales del Consejo de Castilla señalaban que «las patillas por lo común son un indicante de que las personas que las usan son majos, [...] y algunas veces han servido de contraseña a facinerosos para cometer robos y otros delitos».[17] Y lo mismo ocurría con capas y sombreros.

Por tanto, la corrección de las costumbres y de los modos de la fiesta debían ir en la dirección señalada: limitar las manifestaciones en sus formas para no llegar al exceso, y así se hizo con las aglomeraciones y las

---

[13] Cf. Joaquín Álvarez Barrientos, *Los hombres de letras en la España del siglo XVIII. Apóstoles y arribistas*, Madrid, Editorial Castalia, 2006, 108-132.

[14] Alejandro Moya, *El café*, 2 vol., Madrid, Imprenta de González, 1792-1794, vol. 1 (1792), 7 sq.

[15] Cf. Abner Cohen, *The Two-Dimensional Man. An Essay on the Anthropology of Power and Symbolism in Complex Society*, Berkeley, The University of California Press, 1976.

[16] Cf. Río, «Represión y control», 312.

[17] V. AHN, Consejos, 1767, fols. 638 sq.

personas, fueran disfrazadas o de cualquier modo, que diera pie a expresiones populares indeseadas. El paso al alboroto de reivindicación política o social, a través de la diversión, era algo que las autoridades temían y deseaban evitar mediante una normativa estricta de riguroso cumplimiento (que ha llegado hasta nuestros días). Por otro lado, el temor a no controlar (por no entenderlo) ese lenguaje simbólico de carácter popular, al que ya se ha hecho alusión, llevó a regular hasta el extremo las prácticas festivas y a controlar su desarrollo mediante la presencia de policía y en ocasiones del ejército. En la quema de los Judas era fácil identificar al muñeco con personas o mandatarios odiados y usar la fiesta para trasladar reivindicaciones. Lo mismo la quema de gatos, para el caso parisino.[18]

El temor a la masa por parte de los gobernantes será un hecho distintivo de la Edad Moderna, lo mismo que ver en las fiestas escenarios apropiados para la protesta y los desórdenes, razón por la que Carlos III pasó menos tiempo en la Corte desde el motín (También prefería estar fuera de ella cuando había ajusticiamiento en la Plaza Mayor). Este miedo, este modo de entender el entretenimiento, la conducta y las horas de asueto del pueblo lo expresa el conde de Aranda en 1772 al referirse a un fracasado motín.[19] El ciudadano era visto como un inconformista que protestaba, y en otras ocasiones como un cliente, cuyo ocio había que regular para obtener réditos mediante presión fiscal.

Se quiere vivir en una ciudad seria y ordenada, sin ruidos innecesarios, sin insultos entre los ciudadanos, los cuales han de emplear un lenguaje urbano y amable, por tanto todo exceso en el sonido (palabras malsonantes, cohetes, gritas, cencerradas, etc.) se prohíbe, del mismo modo que se regula la indumentaria que se debe llevar y la que queda relegada por indecente, molesta, ridícula o escandalosa, así como prácticas propias de carnaval (arrojar huevos y harina). El ruido excesivo se entiende como propio de los lugares pequeños o de los pueblos, como una manifestación de las poblaciones sin la civilización que se supone existe en la Corte. Como se señala en la *Novísima Recopilación* (XII, XXV, 9), lo que en ella rige es «circunspección y seriedad», de forma que el único ocio permitido será el que se ajuste a este principio de civilización, civilidad y educación, que se rige por el justo medio propiciado por la estética y la ética del momento y se aplicó también a la arquitec-

[18] Cf. Robert Darnton, *The Great Cat Massacre and Other Episodes in French Cultural History*, New York, Basic Books, 1984.

[19] V. AHN, Consejos, 1772, f. 25r; cf. Río, «Represión y control», 316.

tura y al arte en general. La conducta del individuo, así como su indumentaria, debe ir en consonancia con la regularidad urbanística y arquitectónica que promueven los gobiernos.

Por tanto, siguiendo ese criterio, se prohibieron aquellos entretenimientos impropios de la corte, mientras se regularon otros en un ejercicio de apropiación característico de las políticas resemantizadoras. Es lo que pasó, sobre todo, con el teatro y el carnaval, recuperado en 1767 por el conde de Aranda, en teoría, para todos, pues como se indica en la *Instrucción para la concurrencia* a los bailes de máscaras, «la máscara iguala a cuantos la usan».[20] Ahora bien, hacía falta tener el dinero necesario para comprar el boleto. Estas normas dictadas por el conde son ejemplo tanto de la forma en que se quiere controlar una práctica festiva como del tipo de ciudadano que se deseaba para la república, así como son indicativas del uso y división del tiempo. Así, el baile se desarrollaba de diez de la noche a cuatro de la mañana y las máscaras solo se podían usar dentro del recinto y no fuera, lo cual limitaba el tiempo, el espacio y el sentido de la diversión. Se limitaba también, por razones obvias, el número de asistentes, «para evitar confusión y poder disfrutar a gusto».[21] Tampoco se aceptaban niños por los disgustos que causan.

La regulación llegaba así mismo a las calidades y tejidos que podían emplearse, lo mismo que al tipo de disfraces permitidos. Entre los que no se aceptaban, aquellos que faltaran el respeto a las instituciones, como los de magistrado, eclesiástico, órdenes religiosas, colegios y ermitaños; tampoco se podían usar, por razones ya conocidas, «capas pardas, sombreros redondos ni monteras»,[22] mantos ni mantillas,[23] ni estaba permitido disfrazarse con la ropa del otro sexo.[24] Por lo que respecta a las calidades, en los trajes regionales o «provinciales de España» y de otras naciones solo se autorizaban el tafetán, la holandilla y otros similares, para evitar polémicas por el lujo y emulaciones, porque todos habían de ser iguales.[25] Por lo mismo se debía ir disfrazado, de lo contrario no se dejaba entrar en el baile.

En consonancia con lo señalado sobre las conversaciones, se reguló también su tono y contenido, debiendo ser «indiferentes, reflexivas y

---

[20] *Instrucción para la concurrencia de bailes en máscara en el carnaval del año 1767*, Madrid, Antonio Sanz, 1767, 3.

[21] Ibid., 5.

[22] Ibid., 8.

[23] Cf. ibid., 9.

[24] Cf. ibid., 28.

[25] Cf. ibid., 11.

moderadas», para no molestar. Tampoco se podía insultar. Del mismo modo, «siendo igual la paga de las entradas», no había privilegios y todos podían estar en todas las partes del recinto, que primero fue el teatro del Príncipe y luego el de los Caños del Peral. Para velar por el orden había cuatro directores de policía y además se regulaba la dinámica del baile: se empezaba por minuetes que se alternaban con contradanzas. Por último, en el baile debía haber compostura y orden y se había de aceptar que una máscara no quisiera bailar.

La apropiación estrechaba al carnaval hasta la sola experiencia del baile y de la máscara, dejando al margen su amplio sentido, estudiado por Caro Baroja.[26] Aranda persiguió un entretenimiento ordenado, amable, educado, en el que las conversaciones fueran insustanciales y nadie se molestara. De nuevo se manifiesta la búsqueda y la propuesta de un ciudadano con conducta civilizada y se presuponía que los asistentes serían «personas bienintencionadas, respetuosas del público, de civil educación y adictas a las disposiciones del buen gobierno». Aranda con este reglamento acababa, al menos en la ciudad, con el carnaval callejero y al aire libre, con los alborotos, molestias y descontroles habituales, y encerraba a las máscaras en un espacio fácilmente controlable, en el que además de la policía, estaban sus espías o policía secreta, que le informaban de los rumores y del estado de opinión de la población, pues también se los encontraba en cafés, tabernas, plazas y demás espacios de sociabilidad.

Similares principios rigieron para otras diversiones que se dieron en la Corte ese mismo año, como en los «conciertos públicos», en los que de nuevo todos se igualaban por el pago de la entrada (15), como en los cafés, y donde «es indispensable» decencia de conducta y de indumentaria, pues se reunían «todos los estados», grandeza y nobleza, eclesiástico, secular y regular, gente del comercio, y «bien estantes de la villa» (4-5). Las normas son, de nuevo, un prontuario de buena educación (estar sentado, en silencio, sin los sombreros puestos, sin fumar), un modelo de ciudadano que sabe estar en sociedad y entretenerse sin molestar a los demás, caracterizado por la contención y el decoro.

Esto mismo sucedía con la reglamentación para el uso de paseos y parques. La ofensiva por este tipo de actividades para ocupar el tiempo libre fue clara, y también las formas de control, que, en las exageradas

---

[26] Cf. Julio Caro Baroja, *El carnaval. Análisis histórico-cultural*, Madrid, Taurus, 1985.

palabras de Fernández de los Ríos,[27] eran limitaciones equivalentes a clausura. Abrir al público parques como el del Retiro o la Casa de Campo, extender paseos y alamedas por las ciudades, como en Madrid, Salamanca o Valencia, que algunos nobles hicieran públicos sus jardines privados, indicaba una forma de civilización basada en el respeto a la naturaleza, señalada por las ordenanzas, que se incardinaba a su vez en las formas clásicas de la arquitectura.[28] Los diseños de los jardines y de los paseos se apoyaban en los principios clasicistas, de manera que hubiera una armonía entre los edificios, el jardín o paseo y aquellos que disfrutaban de su ocio vestidos correctamente.[29] En esa sociedad, en una nueva ciudad, estaría el hombre nuevo de la Ilustración, como señala Espinosa y Brun cuando relaciona el lujo de los trajes y sus cambios con el de las ciudades, como ejemplo de la manera en que se transforma la sociedad: «la suntuosidad de los edificios, la preciosidad de los muebles, la delicadeza y abundancia de las mesas y la hermosura y buen gusto de los jardines, paseos y teatros de diversión, con los demás ramos que constituyen al fausto, a la comodidad y al regalo del hombre».[30]

En esta línea, el proyecto de reforma del paseo del Prado –lugar donde se desarrollaba parte del ocio de los madrileños– en tiempos de Carlos III conllevaba la construcción de un pórtico, no realizado, que formara peristilo a lo largo del salón, frente a la fuente de Apolo, de forma que se realzara la belleza y comodidad del espacio, donde se incluían una café, una botillería y una orquesta. Al mismo tiempo, un bando de 1757 dictaba las normas de conducta y sociabilidad en el Paseo, prohibiendo la entrada con capa, la venta de diferentes alimentos, la prostitución, mientras también regulaba el tránsito de los coches. A lo largo de la centuria, se acabó con los bailes, los altares y otras expresiones festivo-religiosas que incomodaban el tránsito en la zona. La regulación obligaba a que los coches circularan en un mismo sentido, por los laterales,

---

[27] Cf. Ángel Fernández de los Ríos, *Guía de Madrid, manual del madrileño y del forastero*, Madrid, Oficinas de la Ilustración Española y Americana, 1876, 325.

[28] Cf. Miguel Molina Campuzano, *Planos de Madrid de los siglos XVII y XVIII*, Madrid, Instituto de Estudios de Administración Local, 1960; María Nieves Rupérez Almajano, *Urbanismo de Salamanca en el siglo XVIII*, Salamanca, Colegio Oficial de Arquitectos de León, 1992; Francisco Quirós Linares, *Las ciudades españolas en el siglo XIX*, Gijón, Trea, 2009.

[29] Joaquín Álvarez Barrientos/Jerónimo Herrera Navarro (eds.), *Para Emilio Palacios Fernández. 26 estudios sobre el siglo XVIII español*, Madrid, FUE, 2011, 465-488.

[30] José Espinosa y Brun, *Discurso sobre el lujo de las señoras, y proyecto de un traje nacional*, Madrid, Imp. Real, 1788, 18.

mientras que los jinetes a caballo lo hacían por el interior para no dificultar los giros de los carruajes.

Normas existieron también para entrar al Retiro desde que se abrió al público en 1767, el mismo año en que se autorizaron los bailes de carnaval. En el *Aviso al público para el paseo a pie en los jardines del real Retiro*, del 12 de mayo, se reglamentaba el modo de estar, vestir y utilizar los jardines y paseos del parque. Tras el motín de Esquilache del año anterior, se proporcionaban al público en general espacios hasta entonces vedados para su esparcimiento, pero se imponía un orden en el vestir, según las propuestas del año anterior, además de exigir «la compostura y regularidad», el decoro, que debían «gobernar las acciones de los concurrentes». Como en el caso de los bailes de carnaval, se ofrecían alimentos y refrescos insistiendo en que los precios fueran proporcionados, lo que aquí se extiende al tratar sobre lo que ha de costar el alquiler de las sillas. Interesaba regular el mercado del ocio para atraer a los más posibles.

La importancia de los lugares en los que se celebra la diversión viene dada por el modo en que en todos estos avisos se distingue claramente lo que se puede hacer y cómo se puede vestir antes y después de entrar en ellos; tanto al entrar en los bailes como en el Retiro, hay que dejar al margen una indumentaria que sí se permite en la calle, pues la decencia y el decoro rigen el espacio, que vigilan los guardias reales. Como señalaban diferentes tratados de la época, los paseos públicos y los jardines contribuían a civilizar a las naciones y a los ciudadanos, por eso había que promocionarlos.

Sin embargo, los transeúntes habían podido pasar antes al Retiro, coincidiendo con determinados espectáculos teatrales en los que se les obligaba a participar como público, a instancias de la reina y de Farinelli, director de tales espectáculos. Eran los soldados quienes «reclutaban» a los que pasaban por las cercanías del parque para que ocuparan las localidades del teatro que existía en el palacio, rasgo que se volvió a repetir con la reina María Luisa.[31]

Así pues, los lugares urbanos de esparcimiento que se abren al público están signados por una idea de ocio útil, morigerado, equilibrado, regular y decente. La Biblioteca Real estaba a disposición de los que quisieran visitarla, lo mismo que el Real Gabinete de Historia Natural, situado en la Real Academia de Bellas Artes, y todos aquellos nuevos

---

[31] Cf. Fernández de los Ríos, *Guía de Madrid*, 359.

centros de cultura y ciencia que se abrieron en la época borbónica.[32] La oferta se complementó, como se señaló ya, y sobre todo desde el motín de 1766, con el aumento del número de soldados que habían de controlar a la población, con su división en cuarteles y barrios, la numeración de las casas, el empedrado e iluminación con farolas, pero también con medidas higiénicas y de aseo de la ciudad.

Algo sobre los críticos del ocio como expresión de la civilización moderna

Desde el gobierno, pues, se emite un discurso de control, se propone un modelo de ciudadano que se manifiesta de muchos modos pero también al regular y prohibir las fiestas y los entretenimientos públicos. Un alegato que es distinto según se refiera a la ciudad o al campo. Este mensaje tuvo, para el escenario urbano, su complemento en los escritos de carácter ideológico-costumbrista que criticaban determinadas prácticas, como ya se señaló. Hoy sirven para tener vívidas imágenes de aquel tiempo, pues los censores, por lo general, aun en la exageración con que se manifiestan, perciben mejor que otros los cambios que se operan en las sociedades. En estos textos, de manera generalizada, las nuevas prácticas sociales urbanas y quienes las frecuentan son identificados con lo negativo –la moda, las tertulias,[33] el juego denostado entre otros por Rousseau en su carta a d'Alembert,[34] los petimetres y el chichisbeo–[35] porque llevan a la disolución de los individuos pero también de un tipo de vida. Característico de esta perspectiva es un texto finisecular, de 1793, titulado *El tiempo de ferias o Jacinto en Madrid*, obra de carácter narrativo-moral en la que, desde el punto de vista del ocio y la ociosidad, se oponen dos modelos de educación y conducta: uno rural y positivo; otro, urbano y negativo.

Este último es el del desocupado, el que puede dedicar su tiempo libre, que es todo el tiempo, a entretenerse con asuntos frívolos y poco

---

[32] Cf. Manuel Alonso, *Lazarillo, nueva guía para los naturales y forasteros de Madrid*, Madrid, Oficina de Hilario Santos Alonso, 1783.

[33] Cf. Andreas Gelz, *Tertulia. Literatur und Soziabilität im Spanien des 18. und 19. Jahrhunderts*, Frankfurt a. M., Vervuert, 2006.

[34] Cf. Jean-Jacques Rousseau, *Carta a d'Alembert sobre los espectáculos*, edd. José Rubio Carracedo/Quintín Calle Carabias, Madrid, Tecnos, 1994, 137.

[35] Cf. Roberto Bizzocchi, *Cicisbei. Morale privata e identità nazionale in Italia*, Roma, Laterza, 2008.

provechosos para él y por tanto para la nación. En realidad, cabe decir que el ocio para los desocupados y las clases poderosas es su trabajo, aquello a lo que se dedican y que forma parte de los requisitos de conducta de las clase pudiente u ociosa, como la denominó Veblen. En *Jacinto* se halla uno de tantos testimonios sobre cómo pasaban los días estos petimetres, es decir, se proporciona su horario y la distribución de su tiempo:

> Pasaba la mañana, parte en el tocador peinándose, vistiéndose, adonizándose; parte en el estrado disputando sobre bagatelas, diciendo graciosas niñerías [...]. Al medio día iba a la Puerta del Sol. Esto era indefectible. Siempre había algún traje nuevo con que lucirlo y llamar la atención. Atravesaba por el medio de los corrillos que allí se forman, miraba los carteles de la ópera, de la comedia, pasaba rápidamente por la multitud, se ponía en el mejor paraje para ser visto [...] y a las dos se retiraba precipitadamente a comer.
> ¿A su casa?... No, unas veces a la fonda con los aduladores, que le pagaban su garbosidad con obsequiarle, alabarle, aplaudirle por delante, murmurar y reírse de él por detrás; otras, a casa de algunos jóvenes tan necios como él. La comida duraba hasta bien tarde. Se levantaban de la mesa para jugar un rato, en tanto que se disponía el ir a la comedia, a la ópera, al baile o a la feria.[36]

El retrato es el habitual, la adjetivación también. Su valor estriba en la fecha. Esta atención a lo externo y aparente muestra, como señaló Huizinga,[37] una tendencia lúdica en la época, que se percibe en el desarrollo y exhibición de elementos lujosos y ornamentales, actitud que llegaba desde el XVII. Como se indicó ya, el exceso, el lujo ostensible, es uno de los requisitos de la clase que vaga.

Pero, junto a esa forma disipada del ocio existía otra positiva, un ocio quieto, que tiene valor y aquí es considerado. Quien hace gala de esta forma de pasar el tiempo en una joven, que acaba enamorando a Jacinto y le hace cambiar, en práctica frecuente en la narrativa de la época, que otorga a la mujer un papel protagonista más importante e incisivo sobre su entorno. Ella se entretiene leyendo novelas inglesas, en concreto, *Clarisa*, y en inglés. Ocupa su ocio de una forma constructiva, retirada en el interior de un gabinete, lejos del «ocio malo», de las mesas de juego y de la charlatanería insulsa y maldiciente que se produce en la casa (50-52).

Esta obra, como otras, recoge la opinión de aquellos que son refractarios a los cambios pero es bastante tópica y superficial. Hay, sin embargo, otro texto, de 1789, que tiene mayor interés pues contiene una cos-

---

[36] Anónimo, *El tiempo de ferias o Jacinto en Madrid*, Madrid, Imp. de Ramón Ruiz, 1793, 28.
[37] Cf. Johan Huizinga, *Homo ludens*, Madrid, Alianza editorial, 1968, 218.

movisión de la España del momento cuyo eje central es el ocio y los perjuicios que causa en todos los planos de la realidad. Su perspectiva indica que el ocio –no desde el punto de vista económico, aunque aluda a ello– es la causa de la pérdida de valores y de peso en el concierto de las naciones. En todo caso, tras toda economía hay una moral. Ahora bien, interesa aclarar que el proceso de decadencia que se vive en España no ocurre solo en ella; todas las naciones en diferentes medidas lo padecen,[38] y esto queda claro cuando se constata que la obra es adaptación de un trabajo publicado en Francia (*L'inoculation du bon sens*). *La inoculación del entendimiento*, que así se titula la obra de Cecilio Pérez (posible seudónimo), tiene una perspectiva científica en la disección de la realidad que se manifiesta desde el título al hacer alusión a la inoculación de las vacunas. Es así como percibe la pérdida de una idea de España basada en la superficialidad que ha implantado el ocio y sus formas de sociabilidad:

> Se habla por hablar [recuérdese el «siglo hablador» de Forner], se piensa por distracción, se obra por atolondramiento. La charlatanería triunfa de la verdadera ciencia, y la locura de la razón. Los adonis son los hombres de hoy día floridos como ramilletes, más olorosos que un jazmín, más delicados que estatuas de cera; son los héroes de nuestra época.[39]

Pérez detecta que la sociedad está enferma a causa del ocio y de sus entretenimientos, de modo que la población solo hace gestos, gestos ridículos y contorsiones, a los que se llama bailes. Este síntoma de la enfermedad se completa con otros, como la actitud hacia la moda y la desmedida atención al aspecto, y con el lujo que consume haciendas y tiempo, de modo que produce inactividad pero gasto. Desde el punto de vista de la libertad de pensamiento y juicio, es precisamente el ocio el que potencia la emancipación de la opinión, que se centra principalmente en la crítica del pasado y sus costumbres y de la religión presente. «La moda, la ligereza y la galantería forman un torbellino que no nos deja reflexionar»[40] porque el ritmo de vida se ha acelerado, proceso que solo se agudizará con el paso del tiempo. Esto mismo incide sobre el idioma, que se pierde y corrompe, avergonzados los modernos de hablar como en el siglo XVI, en lo que coincide el crítico con la pretensión de los gobernantes. La perspicacia del autor le lleva a considerar que los verdaderos filósofos y referentes del momento, «los héroes de nuestra

[38] Cf. Cecilio Pérez, *La inoculación del entendimiento*, Madrid, Benito Cano, 1789, 54.
[39] Ibid., 1.
[40] Ibid., 8.

época», no son los sabios, sino los sastres, los peluqueros y las modistas, que cobran mucho más dinero por sus servicios que los escritores y los científicos[41] y además crean tendencia.

En consecuencia, percibe que el mundo se transforma gracias a la fuerza de los agentes del ocio, que son los citados personajes, capaces de implantar nuevos valores y de hacer cambiar a la sociedad hacia una cultura de la inacción, en la que no se estudia, no se investiga, no se trabaja por el bien público, sino que se relajan las costumbres y aparece el ensimismamiento.[42] De este modo, el mundo es el de la apariencia, y el interés es parecer, no ser; quizá por eso la cosmética alcanzó un desarrollo extraordinario, habiendo más variedad de colores, matices, polvos y esencias que nunca. La sociedad es un mapa de la apariencia e hipocresía, consecuencia de la diversión, que se dibuja sobre los rostros femeninos,[43] lo cual preocupaba extraordinariamente a muchos, incluidas a veces las autoridades, ya que los signos externos no servían para identificar a los individuos. En el mismo sentido en que había escrito Juan Pablo Forner sobre la época que le tocó vivir, el autor piensa que el Setecientos no es el siglo de las Luces, sino lo contrario:

> Un siglo en donde no se sabe decir más que inconsecuencias, inventar absurdos, imaginar modas, escribir disparates y aplaudir errores, se llama siglo filosófico, y la época, de nuestra ilustración. ¿Nos reímos de la filosofía o del siglo?[44]

Pérez percibe que el mundo ha cambiado, que la época es otra y que todo está del revés, hasta el punto de que se piensa con el corazón y se ama con la razón. El hecho es que se necesita clasificar y catalogar todas estas novedades, como si de nuevas especies botánicas se tratara, por lo que echa en falta «un diccionario satírico»[45] que dé cuenta de esas alteraciones, para él locuras y extravagancias, gestos, pues, al insistir en el peso de la apariencia, destaca que estamos en una sociedad de gestos, todo lo cual constituye un nuevo código de comunicación. Se abandonó la excesiva gravedad que al parecer caracterizaba a los españoles de los siglos precedentes para adquirir «una ligereza extrema», lo cual tiene su paralelo en la producción intelectual, pues de las grandes obras inúti-

---

[41] Ibid., 10.
[42] Cf. ibid., 12.
[43] Cf. ibid., 24.
[44] Ibid., 13.
[45] Ibid., 14.

les se ha pasado a los papelitos insustanciales.[46] El nuevo código ahonda en esa cultura o sociedad de los gestos y de la apariencia:

Ahora se cuentan por centenares nuestras cortesías, nuestros pasos de ceremonia y nuestros cumplimientos. Se necesita un código que las regle, porque sus leyes son ya muchas. Un caballero [para "estar en la sociedad" debe conocer cómo] arrastrar los pies, quitarse el sombrero, dejar caer los brazos, saber el ceremonial de estrados.[47]

Las consecuencias de estos cambios propiciados por el ocio son la aparición de una nueva sociedad, de nuevas formas de relación y de nuevos tipos o «estampas de nuestro siglo»: abates azucarados y cortejantes, caballeritos bajos o vanos, jóvenes afectados, mujeres galantes o sin educación, autores sin talento, actores sin gracia y ridículos, cuyas conversaciones son también nuevas, adecuadas a ese nuevo orden que se ha implantado: espectáculos, amoríos, murmuraciones; las lecturas son también acordes: comedias, novelas y sátiras; «nuestro saber consiste en bagatelas e inconsecuencias; nuestro espíritu se evapora en sales, y nuestra vida se embrutece en los placeres»;[48] «no sabemos más que jugar, bailar, reír y enamorar».[49]

Si los gobiernos ilustrados regularon el juego y prohibieron los de azar, persiguiendo a los jugadores de profesión, Cecilio Pérez constata a finales de siglo que el entretenimiento más extendido, no solo entre la gente de ciudad, es precisamente el juego, distracción y negocio devastador que crea todo tipo de malestares, disgustos y desajustes sociales, familiares y personales. Sus palabras son taxativas:

El juego, que es la máscara de nuestra avaricia o de nuestra indigencia, y a quien algunas mujeres idolatran más que a sus amantes o tal vez más que a su peinado, se ha venido a hacer el mayor entretenimiento; se juega por pasión y no por gusto, y a un enfado e inquietud continua se le da el nombre de diversión.[50]

El cuerpo ha alcanzado un protagonismo que se critica, pero cuya relevancia se pone de manifiesto siempre que se trata de ocio: ya sea al hablar de moda, ya de cómo se ha de estar en los paseos, en los bailes, en los conciertos, en definitiva, en sociedad. Esta apelación al cuerpo, a la superficie y apariencia, en el texto de Pérez queda compensada con sus

[46] Cf. ibid., 18.
[47] Ibid., 19.
[48] Ibid., 22.
[49] Ibid., 25.
[50] Ibid., 23.

reflexiones axiológicas sobre los cambios profundos e íntimos que se dan en la sociedad, en los que se apela al desconocimiento y al cambio de valores que supone desinteresarse por el saber y por lo que proporcionan a la república los sabios. Por eso, también, atiende a la aparente contradicción que significa que, en este ámbito de lo superfluo, las estampas del siglo, los héroes, utilicen en su conversación un léxico que remite a hechos profundos y trascendentes, a proyectos de nación y de futuro social, como «humanidad, sociedad, amor, virtud y patriotismo».[51] Ese nuevo lenguaje de la sensibilidad política le parece incompatible con estos ámbitos y conductas de la irreflexión. Sin embargo, si se centra el extremado punto de vista de Pérez y otros, y se recuerda que grandes políticos y escritores del momento, como Gaspar Melchor de Jovellanos, atendían decididamente a su aspecto y eran capaces de producir trabajos trascendentes, su punto de vista se viene abajo.

Pero su idea es clara, el ocio y su compañera, la opinión, han acabado con los valores absolutos del pasado, de modo que ya nada tiene validez duradera. Todo cambia, todo se acelera.[52] Años más tarde, un reaccionario exclamará: la «opinión pública es un animal cuadrúpedo que anda en los cafés, en calles y en las plazas [...], en los juegos de billar, en las casas donde hay banca».[53] En el campo de la ciencia y la cultura, los libros, como los peinados y los adornos, solo gustan durante un mes o una semana,[54] ya no hay trabajos sólidos que sean aportaciones al conocimiento de la sociedad. Para triunfar, un escritor debe tener «sustancia poca, paja y bambolla mucha».[55] En definitiva, todo es «superfluidad, ignorancia y charlatanismo».[56] Y esto es lo que padece el público, único elemento razonable que se encuentra en la sociedad dirigida por aquellas estampas del siglo. *La inoculación del entendimiento* es una sátira de la sociedad moderna, rotunda y contundente, que hace del ocio y de sus manifestaciones el eje de su reflexión sobre la decadencia de su entorno.

---

[51] Ibid., 26.

[52] Cf. Álvaro Molina, *Mujeres y hombres en la España ilustrada. Identidad, género y visualidad*, Madrid, Cátedra, 2013.

[53] En Bartolomé José Gallardo, *Diccionario crítico-burlesco del que se titula Diccionario razonado manual seguido del Diccionario razonado*, edd. Alejandro Pérez Vidal, Madrid, Visor, 1994, 209.

[54] Cf. Pérez, *La inoculación del entendimiento*, 28.

[55] Ibid., 29.

[56] Ibid., 32.

Políticas del ocio popular

Las conclusiones que se obtienen tras conocer las diferentes opiniones sobre el ocio en el siglo XVIII son que, por un lado, en la ciudad se separan las festividades populares de las de la élite, que se quiere convertir a esta en representante de un tipo de individuo cuya esencia está en el hombre de bien y que lo que se persigue, tanto al tratar del ocio popular como del otro, es ordenarlo y utilizarlo para que esté al servicio de la mentalidad nueva. En este sentido, el trabajo que se hizo en el teatro fue trascendental y todo un campo de pruebas en el que poner en marcha tentativas y proyectos de educación y aculturación. Desde el teatro se ponían en marcha diferentes vectores que actuaban sobre los distintos públicos, relativamente mezclados unos y otros: la reforma de los textos y de la interpretación (para lo que se pusieron en marcha distintas escuelas), de las condiciones materiales de los lugares de actuación: escenografías, indumentarias y los propios locales, de manera que se influía sobre el modo de estar, como ya se ha tenido ocasión de señalar respecto de otros espectáculos. La monarquía puso a su propio servicio el teatro, no lo prohibió como le pedían algunos moralistas, y lo que hizo, junto a su reforma, fue acallar a quienes solicitaban el cierre de los locales.

La operación se movió también en otros planos. Por un lado, en convertirlo en un espejo de aquello que se quería ver en la sociedad, de modo que se proponían modelos; por otro, en hacerlo propio y exclusivo de una clase social que se apoderaba de las instituciones económicas y de poder. Para ello se elevó el precio de las entradas, como Jovellanos requería en su *Memoria para el arreglo de la policía de espectáculos y diversiones públicas*. La estrategia quedó recogida en el por muchas razones importante *Reglamento general para la dirección y reforma de teatros* de 1807, donde se explicita que el teatro es «una escuela de educación y cultura para la gente rica y acomodada»,[57] que es lo que el prócer asturiano había señalado en su trabajo. Ahora bien, no se piense que esta reforma iba dirigida solo a la clase pudiente; se creía que ellos con su ejemplo servirían a los demás y al bien común.

El trabajo de Jovellanos, en la línea de las opiniones de Pedro Rodríguez de Campomanes, es importante por las matizaciones que hizo respecto del pueblo y por cómo destacó, dentro del utilitarismo habitual de la política ilustrada, que no bastaba con tenerlo controlado, sino que

[57] Emilio Cotarelo y Mori, *Bibliografía de las controversias sobre la licitud el teatro en España*, Madrid, Tipografía de Archivos, 1904, 702.

debía estar contento, modo el mejor de que trabajara más, tuviera buenas costumbres y obedeciera la ley. «Cuanto más goce, tanto más amará el gobierno en que vive, tanto mejor le obedecerá, tanto más de buen grado concurrirá a sustentarlo y defenderlo.»[58] Además indicó con perspicacia que la demasiada vigilancia era contraproducente para gobernantes y gobernados. No entendía que se temiera tanto la reunión del pueblo y que se recortaran sus posibilidades de diversión: «Basta que se le dé libertad y protección», el pueblo se divierte con los paseos, las carreras, los juegos de pelota, tejuelo, bolos, con merendar, beber y bailar;[59] «¡Rara desgracia, por cierto, la de no hallar medio en cosa alguna! ¿No lo habrá entre destruir las diversiones a fuerza de autoridad y restricciones, o abandonarlas a una ciega y desenfrenada licencia?»[60] El magistrado era consciente de la relación existente entre diversión y felicidad pública, así como de que el objetivo de los gobiernos había de ser «labrar el contento de los ciudadanos».[61] Por eso sostenía que la actitud tan vigilante de los gobernantes era errónea, ya que esa presión causaba estragos, desapego y tristeza en los ciudadanos, según el desolador panorama rural que describe. Las causas de este retrato «emanan de las leyes» que se aplican.[62] Pensaba que hacía falta «amor público en los que autorizan» esas fiestas y gobiernan; así, «todo irá bien».[63] El gobierno debe llenar el ocio con diversiones «inocentes y públicas, para separarlas de los placeres oscuros y perniciosos».[64]

La sociabilidad que proporciona la fiesta promueve también el sentimiento nacional y la unidad de los pueblos en un interés común:

> Unos hombres frecuentemente congregados a solazarse y divertirse en común formarán siempre un pueblo unido y afectuoso. Conocerán un interés general y estarán más distantes de sacrificarlo todo a su interés particular. Serán de ánimo más elevado porque serán más libres, y por lo mismo serán también de corazón más recto y esforzado [...]. Tan cierto es que la libertad y la alegría de los pueblos están más distantes del desorden que la sujeción y tristeza.[65]

---

[58] Gaspar Melchor Jovellanos, *Espectáculos y diversiones públicas. Informe sobre la Ley Agraria*, edd. Guillermo Carnero, Madrid, Cátedra, 1997, 186.

[59] Cf. ibid., 183.

[60] Ibid., 197.

[61] Ibid., 198.

[62] Cf. ibid., 184.

[63] Ibid., 196.

[64] Ibid., 192.

[65] Ibid., 187.

Ya se aprecia la condición ideal del pueblo que concibe Jovellanos, lo mismo que las consecuencias que obtiene la nación. Jovellanos no es ajeno aquí a la argumentación de Rousseau, en cuya carta a d'Alembert[66] señala precisamente que las autoridades no deben dificultar las diversiones públicas, sino todo lo contrario, han de facilitarlas. Por otro lado, su atención a las diversiones parte de la creencia en que si a los nobles y pudientes se les facilitan entretenimientos honestos en sus lugares y ciudades, no emigrarán a la Corte y se eliminarán así los problemas de carácter económico y agrícola que su falta ocasiona, pues la riqueza de los lugares y de las ciudades periféricos no huiría al centro, con el consiguiente empobrecimiento de los extremos.

Este absentismo es el que daba lugar también a escritos como los estudiados más arriba. Por otro lado, esa realidad era tan cuantiosa que se tomaron disposiciones para que los forasteros que solo iban a la Corte a divertirse volvieran a sus ciudades, pues tras ellos iban sus familias y riquezas, con lo cual se empobrecían las provincias, se arruinaba la agricultura, la industria, el tráfico interior y se acumulaba la riqueza en pocos lugares del Estado.[67]

María José del Río (1988) ha destacado que esa memoria lleva a plantearse que las autoridades ilustradas dudaban de su política respecto del modo de canalizar el tiempo libre, y cabe pensar que, ante el hecho de que no siempre fueron eficaces a la hora de reprimir ritos y festividades populares, así pudiera ser y buscaran otras vías de control y represión. Uno de los ejemplos de esa falta de dirección clara o de cómo las prácticas sociales se podían escapar a la legislación se encuentra en la fiesta de los toros, a la que ya se ha aludido. Prohibida una y otra vez, se utilizaba siempre que había algún hecho real que celebrar y servía para ayudar a las administraciones. Es precisamente en esa época y en el paso al siglo XIX, a pesar de la legislación en contra, cuando se codifica el espectáculo y se desarrolla la parte comercial y económica. Del mismo modo que se llevó el carnaval a un espacio cerrado y fijo, las corridas se desarrollaron en espacios concretos, fijos y cerrados y adquirieron un significado simbólico nuevo, al coincidir con el paso del toreo a caballo al toreo a pie.

La dimensión mercantil del ocio se reguló y explotó de diversos modos. Algo se ha dicho ya sobre el teatro y los toros; al aumentar el nú-

---

[66] Cf. Rousseau, *Carta a d'Alembert*, 156.

[67] Cf. Jovellanos, *Espectáculos y diversiones públicas*, 192.

mero de tertulias, no solo entre aristócratas, se abrió aún más un mercado literario necesario para entretener las horas que se pasaba juntos, y así proliferaron los libros de entretenimiento, adivinanzas, anécdotas, cuentos y chistes,[68] lo mismo que se desarrolló la industria de la imagen –estampas, vistas, etc.–, necesaria para abastecer diversiones visuales como los tutilimundi, las linternas mágicas y otros dispositivos semejantes, en los que se transmitía información sobre ciudades, hechos históricos y narraciones legendarias. A finales de siglo proliferaron los espectáculos de esta clase, a veces en casas privadas, por lo general en lugares pequeños, con precios asequibles para el gran público.[69] Por otra parte, la diversión de las máscaras y el carnaval reglamentaba las calidades de los materiales y adornos que se podían utilizar, así como los precios de lo que se servía durante la fiesta. Jovellanos, en la memoria citada, veía los bailes de máscaras como algo positivo para la economía y recomendaba que, igual que en Italia, se dieran con cierta regularidad, al menos entre Navidad y carnaval.[70]

Como se ha insinuado en páginas anteriores, no poco del mercado del ocio se dirigió a las mujeres: su interés por la moda y la cosmética hacía que las novedades en estos ámbitos fueran muchas y rápidas, de modo que el gasto era considerable, sobre todo si se piensa que las 'buenas familias' tenían comisionados en Londres y París que detectaban esa novedades y las hacían llegar a la capital.[71] La moda estaba en contacto con las formas de sociabilidad manifiestas en el comportamiento de los individuos durante los actos públicos, ya fueran de ocio, ya laborales. La moda y el traje debían ser representantes y testigos del orden moral y estético de la época. Orden que se deseaba dentro del 'justo medio'; por tanto, se criticaba el ocio en forma de lujo y exceso y se rechazaba su práctica entre las mujeres –sobre todo centrada en la moda– porque (además del gasto) implicaba mayor presencia en la vida pública.[72] Trajes y adornos eran testimonio del nivel social de quien los llevaba, real o supuesto, de manera que los hombres mostraban a los demás, mediante el lujo de sus mujeres y su capacidad para el ocio, su potencial económi-

[68] Cf. Guillermo Carnero, *Estudios sobre narrativa y otros temas dieciochescos*, Salamanca/Zaragoza, Ediciones Universidad de Salamanca/Prensas Universitarias de Zaragoza, 2009, 101-131.

[69] Cf. John E. Varey, *Cartelera de los títeres y otras diversiones públicas de Madrid. 1758-1840*, Madrid, Ed. Támesis, 1995.

[70] Cf. Jovellanos, *Espectáculos y diversiones públicas*, 195.

[71] Cf. Pérez, *La inoculación del entendimiento*, 5.

[72] Cf. Álvarez Barrientos/Herrera Navarro (eds.), *Para Emilio Palacios Fernández.*

co y su lugar social. Como ya se señaló, seguir las variantes de la moda y consumir mucho son manifestaciones del gasto ostensible que caracteriza a la clase ociosa. Los trabajos que se publicaron a lo largo del siglo, pero sobre todo en la segunda mitad, acerca del lujo dan buena cuenta de la pérdida de ingresos que suponía para la hacienda, así como de la dimensión moral y de las actitudes ante el aspecto económico del ocio, para muchos, vicio. La pretensión era fomentar las manufacturas propias frente a las extranjeras, de modo que el dinero quedara dentro de las fronteras.

El ocio, se entendiera como se entendiera desde el punto de vista moral, era una fuente de ingresos en una sociedad cada vez más normativizada y disciplinada, en la que los gobernantes miraban más por la salud de la población. En este marco, las fiestas, y en especial las populares, representaban una organización y una visión del mundo que poco tenía que ver con la que los gobiernos querían imponer, una visión cuyo referente era la propia comunidad y los valores que transmitía, por lo general, los de la familia.[73] En ese tiempo y espacio festivo se recorría el camino que va desde la represión de los instintos al exceso. Los ejemplos son las procesiones, por un lado; las cencerradas, por otro.

La vigilancia sobre esas fiestas pone de manifiesto quién detentaba el control sobre la violencia y la represión, así como la necesidad de acabar con el usufructo popular de esa violencia, manifiesto en el desorden, el ruido y la ocupación del espacio público, frente a las ordenaciones laborales y productivas del tiempo propuestas por el Estado. Las fiestas populares podían poner de relieve la obsolescencia de los representantes del gobierno y la capacidad de las sociedades para autogestionarse. Por eso era necesario el control, la apropiación o la prohibición, en el proyecto moderno y común a toda Europa de homogeneizar a la nación, sus conductas, valores, etc., aunque algunos como Rousseau y otros, conscientes del valor de las diferencias, criticaran ese plan de actuación.

El ocio popular desconcertaba a la razón y dificultaba llevar a cabo el proyecto civilizador pensado por los gobiernos. Es la época en que se verifica la fractura entre lo popular y lo sabio, cuando los cultos que dirigen la nación objetivan y ven como incomprensibles las costumbres, los ritos y los símbolos populares. Frente al justo medio y el equilibrio urbano: el exceso y lo desordenado –o que por tal se siente, cuando en

---

[73] Cf. Manuel Delgado Ruiz, *De la muerte de un dios. La fiesta de los toros en el universo simbólico de la cultura popular*, Barcelona, Península, 1986, 257.

realidad lo que hay es un orden que no es el de los gobernantes–, una realidad enferma que se debía controlar y sanar, mediante su prohibición o gracias a la apropiación de fiestas y prácticas que podían ser útiles.

Bibliografía

1. Fuentes primarias

Alonso, Manuel, *Lazarillo, nueva guía para los naturales y forasteros de Madrid*, Madrid, Oficina de Hilario Santos Alonso, 1783.

Anónimo, *El tiempo de ferias o Jacinto en Madrid*, Madrid, Imp. de Ramón Ruiz, 1793.

Bielfeld, barón de, *Instituciones políticas. Obra en que se trata de la sociedad civil, de las leyes, de la policía, de la real hacienda, del comercio y fuerzas del Estado, y en general de todo cuanto pertenece al gobierno*, 6 vol., Madrid, Gabriel Ramírez, 1767-1801.

Campomanes, Pedro Rodríguez de, *Discurso sobre la educación popular de los artesanos y su fomento*, edd. Francisco Aguilar Piñal, Madrid, Editora Nacional, 1978.

Cavanilles, Antonio José, *Observaciones sobre la historia natural, geografía, agricultura, poblaciones y frutos del reino de Valencia*, 2 vol., Madrid, Imp. Real., 1795-1797.

Espinosa y Brun, José, *Discurso sobre el lujo de las señoras, y proyecto de un traje nacional*, Madrid, Imp. Real, 1788.

Fernández de los Ríos, Ángel, *Guía de Madrid, manual del madrileño y del forastero*, Madrid, Oficinas de la Ilustración Española y Americana, 1876.

Forner, Juan Pablo, *Noticia de las aguas minerales de la fuente de Solán de Cabras en tierra de Cuenca*, intr. Vicente de Cadenas y Vicent, Madrid, Antona, S.A, 1967.

García de Bedoya y Paredes, Pedro, *Historia universal de las fuentes minerales de España, sitios en que se hallan, principios de que constan, análisis y virtudes de sus aguas*, 2 vol., Santiago, Ignacio Aguayo, 1764-65.

Instrucción, *Instrucción para la concurrencia de bailes en máscara en el carnaval del año 1767*, Madrid, Antonio Sanz, 1767.

Moya, Alejandro, *El café*, 2 vol., Madrid, Imprenta de González, 1792-1794.

Ortiz y Márquez, Alejandro, *Aviso a los literatos y a las personas de vida sedentaria sobre su salud*, traducido del francés al español, Zaragoza, Francisco Moreno, 1771.

Pérez, Cecilio, *La inoculación del entendimiento*, Madrid, Benito Cano, 1789.

Rousseau, Jean-Jacques, *Carta a d'Alembert sobre los espectáculos*, edd. José Rubio Carracedo/Quintín Calle Carabias, Madrid, Tecnos, 1994.

2. Fuentes secundarias

Álvarez Barrientos, Joaquín, «Eutrapelia y control de la distinción: el proyecto de traje nacional de 1788», en: Joaquín Álvarez Barrientos/Jerónimo Herrera Navarro (eds.), *Para Emilio Palacios Fernández. 26 estudios sobre el siglo XVIII español*, Madrid, FUE, 2011, 465-488.

Álvarez Barrientos, Joaquín, *Los hombres de letras en la España del siglo XVIII. Apóstoles y arribistas*, Madrid, Editorial Castalia, 2006.

Álvarez Barrientos, Joaquín, «Miscelánea y tertulia. *El café*, de Alejandro Moya», en: *Dieciocho. Homenaje a René Andioc* 27 (2004), 59-74.

Baridon, Michel, *Los jardines. Paisajistas, jardineros, poetas*, 3 vol., Madrid, Abada, 2004-2008.

Bizzocchi, Roberto, *Cicisbei. Morale privata e identità nazionale in Italia*, Roma, Laterza, 2008.

Bonet Correa, Antonio, *Los cafés históricos*, Madrid, Cátedra, 2012.

Cadenas y Vicent, Vicente de, *Jornada de Fernando VII y de Amalia de Sajonia en los reales baños de Solán de Cabras en busca del deseado sucesor*, Madrid, Ediciones Hidalguía, 1984.

Carnero, Guillermo, *Estudios sobre narrativa y otros temas dieciochescos*, Salamanca/Zaragoza, Ediciones Universidad de Salamanca/Prensas Universitarias de Zaragoza, 2009, 101-131.

Caro Barroja, Julio, *El carnaval. Análisis histórico-cultural*, Madrid, Taurus, 1985.

Cohen, Abner, *The Two-Dimensional Man. An Essay on the Anthropology of Power and Symbolism in Complex Society*, Berkeley, The University of California Press, 1976.

Cotarelo y Mori, Emilio, *Bibliografía de las controversias sobre la licitud el teatro en España*, Madrid, Tipografía de Archivos, 1904.

Darnton, Robert, *The Great Cat Massacre and Other Episodes in French Cultural History*, New York, Basic Books, 1984.

Deacon, Philip, «En busca de nuevas sensibilidades: el proceso civilizador en la cultura española del siglo XVIII», en: *El mundo hispánico en el Siglo de las Luces*, 2 vol., Madrid, Editorial Complutense, 1996, vol. 1 (1996), 53-72.

Delgado Ruiz, Manuel, *De la muerte de un dios. La fiesta de los toros en el universo simbólico de la cultura popular*, Barcelona, Península, 1986.

Gallardo, Bartolomé José, *Diccionario crítico-burlesco del que se titula Diccionario razonado manual seguido del Diccionario razonado*, edd. Alejandro Pérez Vidal, Madrid, Visor, 1994.

Gelz, Andreas, *Tertulia. Literatur und Soziabilität im Spanien des 18. und 19. Jahrhunderts*, Frankfurt a. M., Vervuert, 2006.

Huizinga, Johan, *Homo ludens*, Madrid, Alianza editorial, 1968.

Jovellanos, Gaspar Melchor de, *Espectáculos y diversiones públicas. Informe sobre la Ley Agraria*, edd. Guillermo Carnero, Madrid, Cátedra, 1997.

Lebreiro Amaro, María A., *El balneario. La ciudad ensimismada*, Vigo, COAG, 1994.

Miranda, María Jesús, «Política y práctica del ocio a fines del siglo XVIII», en: *Cuadernos de Geografía* 62 (1997), 623-635.

Molina, Álvaro, *Mujeres y hombres en la España ilustrada. Identidad, género y visualidad*, Madrid, Cátedra, 2013.

Molina Campuzano, Miguel, *Planos de Madrid de los siglos XVII y XVIII*, Madrid, Instituto de Estudios de Administración Local, 1960.

Quirós Linares, Francisco, *Las ciudades españolas en el siglo XIX*, Gijón, Trea, 2009.
Río, María José del, «Represión y control de fiestas y diversiones en el Madrid de Carlos III», en: Equipo Madrid (ed.), *Carlos III, Madrid y la Ilustración*, Madrid, Siglo XXI editores, 1988, 299-329.
Rupérez Almajano, María Nieves, *Urbanismo de Salamanca en el siglo XVIII*, Salamanca, Colegio Oficial de Arquitectos de León, 1992.
Varey, John E., *Cartelera de los títeres y otras diversiones públicas de Madrid. 1758- 1840*, Madrid, Ed. Támesis, 1995.
Veblen, Thorstein, *Teoría de la clase ociosa*, Madrid, Alianza editorial, 2004.

ANA HONTANILLA

Construcción cultural del 'vago' en la España del siglo XVIII: la ociosidad en el *proyectismo* económico, la ley y el melodrama finisecular

En 1781, el historiador y jurista Juan Sempere y Guarinos establecía en su *Memoria sobre la prudencia en el repartimiento de la limosna* (1781, 1783, 1784) que «los primeros movimientos del corazón no son buenos ni malos, porque les falta la advertencia, que es la que constituye las acciones de los hombres en la clase de humanas y morales».[1] Sempere y Guarinos citaba al Padre Juan de Medina, quien en su *Charidad discreta* (1545, 1757) indicaba que «en la misericordia hay dos cosas, el afecto de la pasión [o] tristeza de la miseria ajena, y el efecto de esta tristeza, que es determinar y procurar de remediar aquella miseria, y lo primero [el afecto] se ordena á lo segundo [el efecto]».[2] El examen de las prácticas erróneas de la caridad concluía elogiando la policía social de los Borbones. Con este ensayo, Sempere y Guarinos ganaba el concurso literario que la Sociedad Económica de Amigos del País de Madrid convocó en nombre de Carlos III con el fin de debatir los remedios de la mendicidad y de la vagancia.[3]

Claramente en diálogo con el discurso religioso-moral pre-moderno, este ilustrado, al igual que la mayoría de los concursantes del certamen, encontraba la raíz de la pobreza en la gestión deficiente de las pasiones humanas. La metáfora política de la «piadosa humanidad» del monarca representaba al rey como buen gestor de este recurso. «El Rey –decía el «Discurso preliminar» de la *Colección de las memorias premiadas* (1784)– no se cansa de hacer felices á sus pueblos y socorrer las miserias de los desdichados, ni se limita á proteger el buen uso de la caridad, y los cuerpos que saben exercitarla con prudencia, abre tambien sus tesoros y

[1] Juan Sempere y Guarinos, *Memoria sobre la prudencia en el repartimiento de la limosna*, Madrid, Imprenta Real, 1783, 23 sq.

[2] Sempere y Guarinos, *Memoria*, 24 sq.

[3] La sociedad concedió una medalla de oro de cuatro onzas y el título de miembro distinguido, a Juan Sempere y Guarinos, cuyo ensayo salió publicado en 1783 y después en el suplemento de la *Gazeta de Madrid* titulado *Colección de las memorias premiadas, y de las que se acordó se imprimiesen sobre los quatro asuntos*, Madrid, Imprenta Real, 1784. Un «Discurso preliminar» anónimo precedía la publicación de esta colección de ensayos.

gracias a favor del pobre jornalero, el anciano achacoso, del huerfano, de la viuda y el pupilo, dando pruebas de su magnánimo corazón».[4] El monarca, como hombre, conmiseraba con el sufrimiento de los pobres y les distribuía sus gracias. Como rey, la justicia le obligaba a asignar a los vagos a la encomiable tarea de proteger la patria: «[el rey] cuyo piadoso corazón excede todo elogio, no quiere usar contra los vagos de aquellas penas acres y sanguinarias [...] y continuando sus paternales atenciones, les dirige á la defensa de la nación» –continuaba el prefacio.[5]

Bajo los Austrias, la imagen del rey había sido la de un juez que administraba justicia como representante de Dios en la tierra para la salvaguarda y protección, entre otros bienes, de la moral y la religión católicas.[6] Aunque la teoría política del dieciocho no cuestionaba la conexión del rey con la divinidad, la metáfora de la «piadosa humanidad» apuntaba, sobre todo, a un sentido de la justicia conectado con lo terrenal. La administración real de la justicia incluía la racional administración de la beneficencia. En el discurso económico, una caridad justa, que aspirara a la correcta distribución de medios, era, desde luego, prescriptiva y programática. De hecho, las propuestas que en 1781 concursaron al premio ofrecido por la *Sociedad económica* se unían a la tradición del llamado *proyectismo*. Según el sentir general, la normativa de premios y castigos, además de restablecer el orden social, debía procurar el progreso económico-social. La policía de vagos fue uno, entre los varios instrumentos que gestionaron los castigos a los vasallos desobedientes. Con su memoria sobre la limosna, Sempere y Guarinos no solo daba invisibilidad, por medio de la retórica del rey humano, a lo represivo de una práctica que llevaba unos veinte años en vigoroso funcionamiento sino que alababa sus resultados. Algunos historiadores sociales proponen que hacia finales de siglo aproximadamente, unos sesenta mil españoles fueron enviados a proteger las fronteras de América y África.[7] En 1801, Sempere y Guarinos volvía a evaluar y a aplaudir una historia de policía

---

[4] Anónimo, «Discurso preliminar», en: Coleccion de las memorias premiadas, y de las que se acordó se imprimiesen sobre los quatro asuntos, Madrid, Imprenta Real, 1784, X.

[5] Anónimo, «Discurso», XXI sq.

[6] Cf. Stephen Rupp, *Allegories of Kingship. Calderón and the Anti-Machiavellian Tradition*, University Park, Pennsylvania University Press, 1996, 10.

[7] Cf. Ruth Pike, *Penal Servitude in Early Modern Spain*, Madison, University of Wisconsin Press, 1983 y Rosa María Pérez Estévez, *El problema de los vagos en la España del siglo XVIII*, Madrid, Confederación española de cajas de ahorros, 1976, 93.

contra vagos que, en su opinión, alivió la crisis que desde el siglo diecisiete precipitaba el imperio español a la ruina.[8]

Que el recrudecimiento de la policía de vagos se justificara por medio de retóricas humanitarias me lleva a cuestionar el repentino aumento en España de tanto «vago», a interesarme por la construcción de los «ociosos y mal entretenidos» que causaban la ruina del imperio y a explorar cómo se reprodujo la retórica del rey humano, que acompañaba a las medidas de policía y control social, en el imaginario cultural. Aunque pobreza legítima y vagancia eran el anverso y reverso de la misma moneda, el enfoque de esta presentación es trazar el significado de «la vagancia» y su representación cultural. Primero se examina la construcción del vago en el discurso económico-moral y su recepción en la ley; y luego se considera cómo el melodrama finisecular conectó la metáfora política del «magnánimo corazón» del rey al castigo de los vagos en la escena teatral. En la ficción, el rey premiaba a los vasallos fieles que permanecían en su esfera económico-social y castigaba a los que incumplieran con las obligaciones de su estado. El premio al pobre y el castigo al vago eran expresión de la «piadosa humanidad» de la monarquía pero esta imagen, desde luego, enmascaraba prácticas de control que respondía a programas económico-militares. Mientras que en el imaginario cultural, el castigo al vago era expresión de la «piadosa humanidad» del rey que defendía la felicidad de los súbditos, en el espacio social, la policía de vagos creaba una población sobre quien la corona ejercía derechos absolutos.

***

¿Cómo justificó el discurso ilustrado las medidas contra vagos que supuestamente remediaban la pobreza? El discurso económico fundó la crisis económica de España en la 'vagancia' de los españoles. Jerónimo de Uztáriz, militar, historiador y economista navarro, que desempeñó a principios del siglo dieciocho una importante labor de asesoramiento para el primer rey Borbón, Felipe V, así lo creía. Entre los objetivos de su *Theórica y práctica, de comercio, y de marina* (1724, 1742) estaba promover las manufacturas para que la producción doméstica abasteciera el mercado interior y pudiera competir en el exterior; además había

[8] Cf. Juan Sempere y Guarinos, «Policía de España acerca de los Pobres, Vagos, y Malentretenidos», en: *Biblioteca española económico-política*, 4 vol., Madrid, Imprenta Sancha, 1801-1821, vol. 1 (1801), 1-150.

que construir una poderosa marina mercante y una escuadra de guerra que protegiera el comercio exterior. Este ideario económico contrastaba con una realidad marcada por la decadencia, la pérdida de prestigio y poder de España en la Europa del momento. La «ociosidad», en ocasiones involuntaria, en que vivían las clases trabajadoras era, desde luego, uno de los factores de la decadencia.[9]

Aunque los «vagos» voluntarios violaban sus obligaciones político-económicas, el discurso teológico fue de gran utilidad para castigar la «ociosidad» sobre todo cuando esta se amparaba en preceptos eclesiásticos. Fray Benito Jerónimo de Feijoo reprobaba en sus «Paradojas políticas y morales» (1734, 1778) las abundantes celebraciones religiosas que paralizaban el calendario laboral. El exceso de días festivos dañaba al reino por privar a la corona de ingresos; perjudicaba a la república por impedir que los pobres honestos ganaran jornal; y quebrantaba la religión por dar pie al desenfreno y al vicio. Así conectaba Feijoo ocio e inmoralidad:

> ¿En qué días, sino en los festivos, hay entre la gente común la concurrencia de uno, y otro sexo al paseo, a la conversación, a la chocarrería, a la merienda, y al baile? ¿Cuándo, sino en estas concurrencias, saltan las primeras chispas del amor torpe? ¿Cuándo, sino en tales días, se da al desorden de la embriaguez la gente de trabajo? En una palabra: Las pasiones predominantes en cada temperamento, que en los demás días están como oprimidas de la fatiga corporal, se desahogan, y lozanean en los festivos.[10]

La desconfianza de Feijoo hacia el tiempo libre formaba parte de una larga tradición intelectual y legislativa que asociaba la ociosidad a la vagancia. El Derecho romano, el canónico, la doctrina patrística, y la legislación española más antigua regulaban el ejercicio de la caridad sobre la conexión entre ociosidad e inmoralidad.[11]

La ociosidad, sin embargo, podía ser expresión tanto de pasiones culpables como de una miseria inocente. Por ello, en 1741 José del Campillo y Cossío recordaba la necesidad de diferenciar entre, por un lado, los «verdaderos pobres», a los que había que asistir en los hospicios, y, por otro, los «pobres de conveniencia» o «apariencia», a los que había, o

---

[9] Cf. Jerónimo de Uztáriz, *Theórica y práctica, de comercio, y de marina*, Madrid, Antonio Sanz, 1742, 18-24.

[10] Benito Jerónimo de Feijoo, «Paradojas políticas y morales», en: *Teatro crítico universal* [1726-1739], 8 vol., Madrid, Andrés Ortega et al., 1777-1779, vol. 6.1 (1778), 8 (http://www.filosofia.org/bjf/bjft601.htm) [03.01.16].

[11] Cf. Isabel Ramos Vázquez, «Policía de vagos para las ciudades españolas del siglo XVIII», en: *Revista de estudios histórico-jurídicos* 31 (2009), 217-258.

bien que encarcelar, u obligarles a trabajar.[12] Esta urgencia clasificatoria venía de antiguo. El *Tratado del socorro de los pobres* (1526) de Juan Luis Vives, constante punto de referencia para los tratadistas ilustrados, fue uno de los primeros en plantear la dualidad entre pobres verdaderos y fingidos. Los pobres legítimos eran por definición «humildes, sufridos, tratables, comedidos»; no se enfadaban si no se les daba limosna; cuando se les daba, mostraban sincero agradecimiento; no comían ni bebían en exceso y exhibían todas las virtudes cristianas.[13] Los mendigos ociosos, en contraste, eran altivos, arrogantes e insufribles. Esperaban donaciones como un derecho y si se les negaba, murmuraban, maldecían, elevaban la voz con audacia intolerable. A estos últimos se les calificaba de groseros, osados, ladrones e inhumanos.[14] La tipificación de la figura del vago por su vida amoral y su persecución por la vía criminal a mediados del siglo dieciséis coincide con el comienzo de la picaresca y la consagración del pícaro como uno de los tipos más característicos de la literatura del Siglo de Oro.[15] La imagen de pobres falsos, en sentir del jurista e historiador Juan Sempere y Guarinos, reflejaba por igual a los pordioseros de finales del siglo dieciocho.[16]

Bernardo Ward, sin embargo, desarticulaba la culpa de quienes vivían en ociosidad ya que esta se originaba en defectos estructurales y no en errores morales. En su *Obra pía, y eficaz modo para remediar la miseria de la gente pobre de España*, aprobada en 1750, el economista de origen irlandés proclamaba que la ociosidad no era un defecto moral del parado sino resultado de la desigual instrucción y acceso a oportunidades. La falta de ocupación, entre otros factores, provenía de deficiencias estructurales que dificultaban la producción, circulación y consumo de bienes, principalmente en el interior de la Península.[17] En la lista de

---

[12] José del Campillo y Cossío, *Dos escritos políticos. Lo que hay de más y de menos en España para que sea lo que debe ser y no lo que es*, Oviedo, Junta General Principado Asturias, 1994, 31-38; 80-91.

[13] Cf. Sempere y Guarinos, *Memoria*, 30 sq.

[14] Cf. ibid.

[15] Vázquez, «Policía de vagos», 224-230. El pícaro literario como el vago en la ley era un tipo a quien se castigaba por su marginalidad, siempre al borde de la delincuencia y bajo la sospecha de las autoridades. Eran aventureros que se burlaban de la ley divina, eclesiástica y civil, manipulaban la buena fe de la comunidad de cristianos a su favor con marcado cinismo. La mentira y la doblez le colocaban en los límites de la legalidad y contra el pícaro operaba la presunción de que era un vago, cuyo medio de vida rozaba con lo delictivo.

[16] Cf. Sempere y Guarinos, *Memoria*, 30-32.

[17] Cf. Bernardo Ward, *Obra pía, y eficaz modo para remediar la miseria de la gente pobre de España* [1750], Valencia, Viuda de Gerónimo Conejos, 105; 116 sq.

pobres, junto a viudas, huérfanas, mujeres públicas arrepentidas, niños abandonados, campesinos con familias numerosas, y los físicamente impedidos, Bernardo Ward incluía al jornalero.[18] A su recuperación dedicaba Ward su *Obra pía* y responsabilizaba a la corona de tomar las medidas pertinentes. Los trabajadores eran para Ward «el fondo más precioso de las Monarquías, no disfrutarlos es la omisión más perjudicial y más culpable que puede padecer el Estado».[19] La Iglesia también debía aplicar sus recursos financieros y humanos a la piadosa tarea de promover el empleo.[20] Igualmente, el autor anónimo del «Plan de una memoria sobre las causas de la ociosidad» (1781, 1787) indicaba que la ociosidad no era defecto moral del supuesto vago sino resultado de fallos estructurales y de la mentalidad. El detestable ejemplo de la nobleza y un sistema de principios que atribuían «honor» a quien no trabajaba promovían la vagancia.[21]

El anónimo «Discurso preliminar» a las *Memorias premiadas* (1784) y la galardonada *Memoria sobre la prudencia en el repartimiento de la limosna* (1781, 1783, 1784) del ya mencionado jurista Juan Sempere y Guarinos son dos textos que resucitaron el argumento teológico-moral de condena al ocioso. Estos textos daban por sentado que la ociosidad y la pobreza resultaban de la inmoralidad del vago y de una sociedad guiada por sentimientos irracionales.[22] Sempere y Guarinos organizó su memoria alrededor de tres puntos: Primero, analizaba las causas de la pobreza, las cuales encontraba en los vicios humanos. A la vez que acusaba al pobre de inmoral, cuestionaba el valor de la misericordia. El irracional ejercicio de la piedad era, entre otros factores, el origen de la vagancia. En este punto el ilustrado español revivía la patrística medieval cristiana y del Renacimiento. Segundo, precisaba los criterios para distinguir entre, por un lado, los pobres legítimos, mendigos, impedidos y vergonzantes; y, por otro lado, los pobres no legítimos, vagabundos y maleantes. Tercero, defendía que los pobres legítimos merecían el alivio de su miserable condición. En contraste, «los mendigos robustos» debían ser perseguidos y castigados.[23]

---

[18] Cf. ibid., 75-81.

[19] Bernardo Ward, *Proyecto económico*, Madrid, Viuda de Ibarra, 1787, 196.

[20] Ward, *Obra pía*, 90-92.

[21] Anónimo, Plan de una memoria sobre las causas de la ociosidad, Madrid, Antonio Sancha, 1787, VII-IX.

[22] Cf. Sempere y Guarinos, *Memorias*, 1-5.

[23] Ibid., 33-36.

Con relación a las causas de la pobreza, que esta persistiera a través del tiempo, culturas y países claramente apuntaba a razones de origen moral que consistían en la falta de honor, miedo y deseo de trabajar. Junto a la inmoralidad del pobre, la ociosidad también resultaba de la irreflexión del rico, que, por lo general, impartía la caridad indiscriminadamente. El sentir general era que, aunque en teoría, el sentimiento de generosidad cristiana aspiraba a beneficiar al pobre, la realidad era que, en la mayoría de los casos, la ignorancia y la corrupción perpetuaban la ociosidad de los vagos.[24] De ahí, el malfuncionamiento de las instituciones regidas por la Iglesia, a cuya corrección se orientaba la intervención de la corona.[25] Aunque Sempere y Guarinos criticaba las prácticas de las instituciones eclesiásticas del dieciocho, el antiguo discurso religioso-moral de la patrística le ayudaba a distinguir entre pobres legítimos y falsos.[26] La legislación civil y canónica había sido «tanto mas severa para los mendígos, quanto mas se acercaba á las puras, é incorruptibles fuentes del Evangelio, y principios del Christianismo».[27] La dureza de los santos padres hacia mendigos robustos y perezosos comenzó con la máxima de San Pablo «el que no trabaje que no coma».[28] San Gerónimo dudaba que los vagos, «entre cuyos andrajos y asquerosidad domina la lascivia», merecieran salvarse simplemente porque eran pobres.[29] Para este santo, solo los pobres de espíritu están entre los bienaventurados del evangelio.[30] A esta serie de violaciones, Sempere y Guarinos, agregaba una más: la decidida voluntad de no trabajar.[31]

Economistas como Bernardo Ward radicaban la inactividad en problemas de producción, intercambio y consumo de bienes. El supuesto 'ocioso' tendría una ocupación útil si el rey reordenaba las estructuras económicas. Juristas como Sempere y Guarinos, sin embargo, repetían que la vagancia era un vicio moral pero el 'vago' se reformaría si el rey les aplicaba a tareas útiles. De esta manera, este ilustrado retrospectivamente defendía el recrudecimiento de un orden disciplinario que se llevaba aplicando con intensidad inusitada desde hacía al menos dos déca-

---

[24] Cf. ibid., 1-4; 8-10.
[25] Cf. ibid., 99 sq.
[26] Cf. ibid., 30-34.
[27] Sempere y Guarinos, *Biblioteca española*, vol. 1, 98 sq.
[28] Sempere y Guarinos, *Memoria*, 33 sq.
[29] Ibid., 23 sq.
[30] Cf. ibid., 31 sq.
[31] Cf. ibid., 6 sq.

das, cuya legitimidad y sostenibilidad dependía de atribuirle al súbdito la inmoralidad de estar ocioso.

Producción legal del vago

Sempere y Guarinos observaba que las leyes antiguas y pre-modernas eran inaplicables en la España del siglo dieciocho por su severidad.[32] Por ejemplo, entre los siglos trece y catorce varias regulaciones urbanas ordenaban que los vagos trabajasen bajo pena corporal, mutilación e incluso muerte.[33] Abandonando esta crueldad, hasta cierto punto inútil, el rey humano e ilustrado, les redimía por medio del servicio militar, aunque fuera a la fuerza. La «piadosa humanidad del rey» substituyó la pena de muerte o de mutilación por levas forzosas, reforma penal que coincidió además con la reconceptualización del vago. La Real Ordenanza de Vagos de 1745 incluyó dos novedades importantes. Por un lado, criminalizó comportamientos que no apuntaban a estilos de vida marginales; y, por otro, calificó de vagos a los nobles disolutos y sin ocupación. La condena de la ociosidad de la nobleza, aunque largamente debatida entre los ilustrados, carecía de precedentes legales hasta esta fecha.

El capítulo 5 de la Real Ordenanza de 1745 instruía a los jueces de la «qualidad entitativa de la ociosidad, vagabundería y mal entretenimiento».[34] Entre los considerados vagos se encontraba el hijo de familia que con patrimonio o renta pero sin empleo conocido vivía entre el juego y las malas compañías, deambulaba por lugares sospechosos, y no demostraba interés en seguir una carrera; el hijo de familia de malas inclinaciones que por su desobediencia, malas costumbres, y falta de inclinación a seguir la carrera que se le sugería ofrecía un ejemplo escandaloso; y el joven que amparado por el poder de representación que le daba su apellido, no respetaba la ley como debía y buscaba la ocasión para organizar serenatas, música y bailes no autorizados.[35]

Las instrucciones de vagos y maleantes de 1751 y 1759 añadieron a estudiantes vagos y rebeldes a las categorías listadas. Junto al noble vago, estaban los que se entretenían en el juego o la bebida; los empleados que

[32] Cf. Sempere y Guarinos, *Biblioteca española*, vol. 1, 50-55; 99 sq.

[33] Sempere y Guarinos se refiere, por ejemplo, a la Ley 32 del Ordenamiento de Toro 1369; del 19 a las Cortes de Burgos 1379; el Ordenamiento de Briviesca 1387; la Ordenanza municipal de Toledo 1400.

[34] Sempere y Guarinos, *Biblioteca española*, vol. 1, 106 sq.

[35] Cf. ibid., 106-111.

no cumplían con sus responsabilidades sin justa razón; los jornaleros que no trabajaban durante la recolección; los que sin razón daban mala vida a su mujer, escandalizando a la gente; y jóvenes extranjeros que vagaban, dando la impresión de ser fugitivos sin destino. Finalmente, incluía a los gitanos refiriéndose a ellos como gente que sin tener otro empleo conocido, tocaban la gaita o representaban ejercicios acrobáticos; los que iban de pueblo en pueblo con instrumentos mágicos, perros, y otros animales entrenados; y los vendedores itinerantes de dulces.[36]

La Real Ordenanza de 1745 engrosaba la categoría de vago para incluir comportamientos ambiguos y genéricos. Esta norma ponía al que se divertía, paseaba o trajinaba por las calles bajo escrutinio de las autoridades. Los comportamientos tradicionalmente asociados con los gitanos seguían asociados a la vagancia. El ocio o el entretenimiento en las botillerías o mesones; los juegos y jaranas se reconocían solamente como premio al trabajo. La falta de empleo conocido de quien alborotaba por las calles, cualquiera que fuera su origen social, le valía al escandaloso la sospecha de vago. Aunque en principio el descanso no era un vicio, el que se excedía en público atentaba contra la seguridad y, por lo tanto, se le perseguía por vago. En teoría, esta persecución parecía más imperiosa si el supuesto revoltoso venía de familia acomodada.

Tras el Motín de Esquilache, en 1766 las divisiones territoriales en Madrid aspiraban a facilitar el papel de los *alcaldes de barrio* para controlar e informar de la presencia de actividades de vagos en tabernas, casas de juego, y botillerías.[37] La Sala de Alcaldes de Madrid publicó un bando avisando a todos los que sin trabajo frecuentaran botillerías, paseos y diversiones para que tomaran oficio, so pena de ser tratados como vagos.[38] En 1775 la ley de levas declaraba como vagabundo a todos aquellos que vivían en ocio sin aplicarse a la agricultura u otras ocupaciones, carecían de renta fija, y estaban mal entretenidos en juegos, tabernas, paseos.[39] La real cédula de 1781 aclaraba que todo noble que fuera aprehendido en concepto de vago se destinara al servicio de las armas en calidad de soldado distinguido.[40] Aunque la real orden de 1745 contenía ambigüedades de contenido y procedimiento, las autori-

---

[36] Cf. ibid., 110-114.
[37] Cf. ibid., 125-127.
[38] Archivo Histórico Nacional, *Consejos* 1353, 196-198.
[39] Cf. Sempere y Guarinos, *Biblioteca española*, vol. 1, 128 sq.
[40] AHN, *Consejos* 1369, 833 sq.

dades la llevaron a cabo. Entre 1770 y 1790, la sala de lo criminal de la Real Audiencia y Chancillería de Valladolid, por ejemplo, incluye unas setenta y cuatro causas contra supuestos vagos.[41] El Tribunal de la Inquisición siguió aplicando interrogatorios y prisiones contra vagos a lo largo del siglo.[42]

Como ya se ha dicho, el elogio a la policía contra vagos de los Borbones le sirvió a Juan Sempere y Guarinos para ganar el primer premio del concurso literario de la *Sociedad económica de amigos del país* en 1781. Pero no todos los ilustrados celebraban con tanto encomio la política real. Gaspar Melchor de Jovellanos criticó los duros mecanismos de control que se aplicaban sobre la gente común, lo que, en última instancia, le parecía que frenaba el progreso socio-cultural en España. Si la libertad conduce a la prosperidad, un pueblo libre y alegre es activo y laborioso. Si el placer fomenta el amor al bien común, la excesiva disciplina produce dureza, resistencia e insensibilidad hacia la autoridad. Así lo propuso en sus «Diversiones populares».

En 1786, el Consejo de Castilla mandó a la Real Academia de la Historia que le informase sobre la situación de los juegos, espectáculos y diversiones públicas en España. Jovellanos recibió la comisión de la escritura del informe y el ensayo se leyó por primera vez ante la academia diez años después, en 1796, para darse por último a la prensa. La segunda parte del informe sobre las diversiones distinguía entre dos clases de gente: los que trabajan o subsisten del producto de su trabajo diario y los que «huelgan» o viven de las rentas o fondos de seguros. Jovellanos proponía que las clases trabajadoras no necesitaban espectáculos sino diversiones; es decir, que campesinos y artesanos requerían de la libertad para inventar y protección para disfrutar los productos de su imaginación creativa, al servicio de un recreo inocente. La realidad no podía estar más alejada de este deseo. Jovellanos se quejaba de que en los pueblos de España faltaba esta libertad, por lo que en las fiestas y ferias locales reinaba una «perezosa inacción» y un «triste silencio»:

Si algunas personas salen de sus casas, no parece sino que el tedio y la ociosidad las echan de ellas y las arrastran al ejido, al humilladero, a la plaza o al pórtico de la iglesia, donde, embozados en sus capas o al arrimo de alguna esquina, o sentados, o vagando

[41] Archivo de la Real Chancillería de Valladolid, *Sala criminal*, varias cajas.

[42] AHN, *Inquisición*, varias cajas.

acá y acullá sin objeto ni propósito determinado, pasan tristemente las horas y las tardes enteras, sin espaciarse ni divertirse.[43]

Las leyes, así como el celo indiscreto de los jueces que imponían el orden público por medio del miedo y la severidad, eran las causas del abatimiento que describía. Cualquier bulla o algarada se perseguía como alboroto; cualquier disensión era objeto de persecución criminal con prisiones y multas, lamentaba este ilustrado. Bajo tan dura disciplina policial el pueblo se acobardaba y entristecía. Sacrificar el placer a la seguridad, renunciar a la diversión pública e inocente en beneficio del orden le parecía a este ilustrado una policía retrógrada. Jovellanos condenaba cómo en las romerías los jueces importunaban a la gente con reglamentos que concluían los bailes y festejos a horas impropias.[44]

Sentimiento y ley en el melodrama finisecular

¿Cómo contribuyó la ficción al imaginario cultural respecto a vagos y pobres? *El Censor*, la obra periódica de mayor tirada durante la década de 1780, dedicó gran número de sus ensayos a ensalzar las figuras del trabajador manual mientras criticaba la ociosidad de la nobleza. El tercer ensayo se sirve de las convenciones del melodrama para describir a una familia de jornaleros que muere en la miseria por no haber suficiente trabajo disponible; por no tener apoyo cuando el padre cae enfermo; y por no recibir la limosna que merece. A esta historia le sigue un ensayo que condena al noble Eusebio por vivir de las rentas en inútil ociosidad sin dedicarse a mejorar la agricultura, el comercio o la industria. *El Censor* califica de delictiva la ociosidad del noble que, aunque de buen corazón, ignora las obligaciones asociadas al privilegio.[45] El discurso noveno vuelve a condenar al noble ocioso y a ensalzar al humilde artesano.[46] El discurso diez articula un concepto del honor alrededor de la laboriosidad y desprecio de una ociosidad que raya en la vagancia.[47]

---

[43] Gaspar Melchor de Jovellanos, *Memoria para el arreglo de la policía de los espectáculos y diversiones públicas y sobre su origen en España*, Madrid, Atlas, 1952.

[44] Cf. Gaspar Melchor de Jovellanos, *Obras completas*, edd. José Miguel Caso González et al., 14 vol., Oviedo/Gijón, Centro de Estudios del Siglo XVIII et al., 1984-2011, vol. 2 (2011), 549. V. carta a Carlos González de Posada de 27 de octubre de 1792 en http://www.jovellanos2011.es/web/biblioteca-virtual-ficha/?cod=3359. Mi agradecimiento a Inmaculada Urzainqui por este dato.

[45] Cf. *El Censor*, edd. José Miguel Caso González, Oviedo, Instituto Feijoo, 1989, 24 sq.

[46] Cf. ibid., 42-46.

[47] Cf. ibid., 46-50.

Por otro lado, en la escena teatral, el drama sentimental estructuraba la acción alrededor de un héroe o heroína desgraciados, víctima de la injusticia o de la miseria. Las convenciones del género permitían que se combinaran elementos trágicos y cómicos lo que si, por un lado, atrajo la crítica negativa de los ilustrados; por otro se tuvo como posible instrumento para la reforma cultural. El melodrama proponía una nueva jerarquía social de la virtud, de modo que en escena el rey castigaba al noble vicioso y premiaba al pobre virtuoso.[48] Por lo general, los protagonistas eran huérfanos, obreros, campesinos, comerciantes y esposas desamparadas víctimas de nobles (sin título) que en el ejercicio de sus obligaciones buscaban satisfacer sus intereses personales. Por ejemplo, en *El pueblo feliz* (1789) de Luciano Francisco Comella, Don Benigno, corregidor de un pueblo de 700 habitantes trabaja para administrar la justicia real con humanidad; intenta acabar con la corrupción, erradicar la pobreza y promover la laboriosidad. Unos burócratas insensibles al sufrimiento ajeno y que abusan de su posición en perjuicio de los pobres –hilanderas, labradores, huérfanas empobrecidas– ponen bajo constante ataque las actividades ilustradas del representante de la ley. Antolín es boticario-rentista, avaro, hipócrita y cruel. Su avaricia le asemeja al mendigo que anda pidiendo falsamente. Acusa a su sobrina Leandra, huérfana pobre, de la carga que le supone el ampararla. La miseria de Leandra se origina en un pleito que cuestiona la legítima propiedad de unas tierras: «tu pleito / y el mantenerte me tiene / a pedir limosna expuesto» le dice su tío.[49] Alonso es propietario y manipulador; Ramón es un abate juerguista, disoluto, vano y orgulloso que pierde el tiempo en requebrar a las mozas. El juez le arresta por alterar el orden público en sus rondas nocturnas –lo que precipita la furia del grupo. Finalmente, un escribano corrupto hace negocio de la escribanía. Todos estos personajes se consideran hijosdalgo y aspiran a obtener beneficios por medio del abuso de las prerrogativas que les conceden sus cargos. Se quejan de las reformas del corregidor porque acaban con sus privilegios y extorsiones. La única esperanza del pueblo, todos pobres desamparados a merced de los corruptos, es el juez Benigno que imparte justicia con compasión y humanidad.

En *Los falsos hombres de bien* (1790) también de Comella los personajes principales del pueblo en lugar de colaborar con el bien común solo

[48] Cf. María Jesús García Garrosa, *La retórica de las lágrimas. La comedia sentimental española, 1751-1802*, Valladolid, Universidad de Valladolid, 1990, 59-61.

[49] Luciano Francisco Comella, *El pueblo feliz*, Madrid, Imprenta Manuel González, 1790, 4 sq.

piensan en su propio interés: Leandro, el abogado deshonesto; Anselmo, el médico interesado; Claudio Rinault, el gobernante inmoral; Fabricio, el boticario ignorante y malicioso; Federico, el cafetero chismoso; Monsieur Grifing, el usurero. Frente a la falsa nobleza de estos hombres, el conde opone al *hombre de bien*, como sería Pablo Dambalt, cajero «modesto, justifico, sensible, sin vicio» de la *Caja real*. Este hombre, sin embargo, a pesar de sus virtudes, o a consecuencia de ellas, es víctima de un engaño orquestado por Claudio Rinault, gobernante interino, que enamorado de la esposa de Dambalt busca sus favores sexuales. Cuando la esposa de Pablo Dambalt, ciega por el dolor ante el acoso sexual de Claudio y la injusticia que su marido sufre, le pregunta al duque que de incógnito visita la población: «Quién soys vos/que pensáis tener dominio/sobre mi dolor?» El duque responde que: «Quien puede/vengaros, y dar alivio», entrando en acción con la llegada de sus tropas.[50] El duque-soberano destituye y condena a Claudio, el abusivo gobernador interino, y comienza el juicio de cada uno de los culpables por sus respectivos delitos. Los ejemplos aquí comentados representan a un protagonista virtuoso y humilde que cae en la miseria, víctima de una pequeña nobleza 'vaga' e inútil. Para acabar con sus abusos, el melodrama ofrecía la imagen de una monarquía que administraba justicia para alivio del pobre y castigo de los poderes establecidos: el noble ocioso y criminal.

Para terminar, ofrezco las siguientes ideas a modo de conclusión. Este trabajo explora la construcción cultural del vago en el *proyectismo* económico, las leyes de vagos, y cómo esta construcción luego se representa en el melodrama finisecular. Para economistas como Bernardo Ward, la ociosidad entre las clases trabajadoras era un problema estructural, de mala gestión de recursos; para juristas como Sempere y Guarinos, la vagancia era un defecto moral. Para revitalizar la economía, junto a las reformas tributarias y comerciales, que aquí no se comentan, la monarquía puso en marcha mecanismos de control de la población por medio del instrumento legal del «vago». La retórica legal atribuía la reforma de vagos a la empatía o tristeza que le causaba al monarca, prototipo de hombre de bien, la contemplación de la miseria de su pueblo. El culpable de la pobreza en España era el vago que no solo no trabajaba, sino que se divertía y alborotaba, abusando del sistema. Para remedio de esta ociosidad perjudicial, el rey castigaba al vago pero a la vez suavizaba las penas aplicables. El servicio a las armas era la mejor manera de corregir

[50] Luciano Francisco Comella, *Los falsos hombres de bien*, Madrid, Blas Román, 1790, 31 sq.

a este prototipo que con sus algarabías violaba la ley. Al reformular y recrudecer la aplicación de la policía de vagos se creaba una población sobre la que el rey ejercía derechos absolutos.

Si una monarquía preocupada por la productividad y sostenibilidad de su imperio recrudeció la policía social, la inquietud de esta misma monarquía por su imagen favoreció la puesta en escena de fábulas que mitificaban la figura del rey alrededor de su humanidad. La ficción teatral hacía eco de la retórica legal y diseminaba el emblema del rey humano, para quien solo los pobres legítimos, es decir los trabajadores además de viudas y huérfanas merecen justicia. Los vagos malentretenidos, es decir, los que no quieren emplearse o los que no ejecutan las tareas apropiadas para su clase –en España los hidalgos– reciben castigo. El rey se definía por su función protectora del trabajador virtuoso, víctima potencial de los abusos de nobles despóticos, y por su labor justiciera de sacar a los vagos, cuyo prototipo era el hidalgo ocioso, del espacio político y social.

Bibliografía

1. Fuentes primarias

Anónimo, «Discurso preliminar», en: *Coleccion de las memorias premiadas, y de las que se acordó se imprimiesen sobre los quatro asuntos*, Madrid, Imprenta Real, 1784.

Anónimo, *Plan de una memoria sobre las causas de la ociosidad*, Madrid, Antonio Sancha, 1787.

Campillo y Cossío, José del, *Dos escritos políticos. Lo que hay de más y de menos en España para que sea lo que debe ser y no lo que es*, Oviedo, Junta General Principado Asturias, 1994.

Comella, Luciano Francisco, *El pueblo feliz*, Madrid, Imprenta Manuel González, 1790.

Comella, Luciano Francisco, *Los falsos hombres de bien*, Madrid, Blas Román, 1790.

El Censor, edd. José Miguel Caso González, Oviedo, Instituto Feijoo, 1989.

Feijoo, Benito Jerónimo de, «Paradojas políticas y morales», en: *Teatro crítico universal* [1726-1739], 8 vol., Madrid, Andrés Ortega et al., 1777-1779, vol. 6 (1778).

Jovellanos, Gaspar Melchor de, *Memoria para el arreglo de la policía de los espectáculos y diversiones públicas y sobre su origen en España*, Madrid, Atlas, 1952.

Jovellanos, Gaspar Melchor de, *Obras completas*, edd. José Miguel Caso González et al., 14 vol., Oviedo/Gijón, Centro de Estudios del Siglo XVIII et al., 1984-2011.

Sempere y Guarinos, Juan, «Policía de España acerca de los Pobres, Vagos, y Malentretenidos», en: *Biblioteca española económico-política*, 4 vol., Madrid, Imprenta Sancha, 1801-1821, vol. 1 (1801), 1-150.

Sempere y Guarinos, Juan, *Memoria sobre la prudencia en el repartimiento de la limosna*, Madrid, Imprenta Real, 1783.

Uztáriz, Jerónimo de, *Theórica y práctica, de comercio, y de marina*, Madrid, Antonio Sanz, 1742.

Ward, Bernardo, *Obra pía, y eficaz modo para remediar la miseria de la gente pobre de España* [1750], Valencia, Viuda de Gerónimo Conejos.

Ward, Bernardo, *Proyecto económico*, Madrid, Viuda de Ibarra, 1787.

2. Fuentes secundarias

García Garrosa, María Jesús, *La retórica de las lágrimas. La comedia sentimental española, 1751-1802*, Valladolid, Universidad de Valladolid, 1990.

Pike, Ruth, *Penal Servitude in Early Modern Spain*, Madison, University of Wisconsin Press, 1983.

Ramos Vázquez, Isabel, «Policía de vagos para las ciudades españolas del siglo XVIII», en: *Revista de estudios histórico-jurídicos* 31 (2009), 217-258.

Rupp, Stephen, *Allegories of Kingship. Calderón and the Anti-Machiavellian Tradition*, University Park, Pennsylvania University Press, 1996.

ROBERT FAJEN

Ozio e sovranità: modelli del tempo libero nella letteratura del patriziato veneziano

I.

Nel capitolo XXV del *Candide* di Voltaire il protagonista, sempre alla ricerca della felicità perduta, si reca da Venezia in Terraferma per incontrare il senatore Pococuranté. Su questo signore, sessantenne e straricco, corre in città la voce che non conosca preoccupazioni: una voce confermata, a prima vista, dal *nomen omen*.[1] Per Candide, l'incontro con il nobiluomo veneziano è quindi legato a una speranza: la contentezza può essere trovata forse vicino a Venezia, in una splendida villa sul Brenta.

Ma, come molti altri episodi del romanzo, anche il racconto di questa visita ha la funzione di dimostrare che non esiste un modello di vita stabile, sicuro e sempre valido. Nel caso specifico del senatore Pococuranté il modello di vita messo prima in discussione e poi in dubbio dal filosofo francese è quello dell'ozio – l'ozio nella sua forma più radicale e, in un certo senso, perfetta. Difatti, la villa del senatore sembra quasi un paradiso moderno – uno spazio artificiale, dedicato in ogni particolare alla cultura, alla raffinatezza e al buon gusto. Con Candide, che è accompagnato da Martin, un vecchio e disincantato scienziato, entriamo in un vero e proprio sogno settecentesco di lusso, calma e voluttà.

La visita è raccontata come una lunga passeggiata. Attraverso rapide descrizioni e dialoghi concisi, Voltaire crea un elenco ordinato delle divagazioni di Pococuranté che comprende sia la sfera materiale che quella intellettuale. La conversazione comincia con un'ottima tazza di cioccolata, preparata da due bellissime ragazze che, come spiega per inciso il senatore, sogliono anche riscaldargli il letto.[2] Dopo il rinfresco, il vecchio villeggiante e i suoi ospiti girovagano per la galleria d'arte, dove sono conservati i più bei dipinti della pittura italiana, tra l'altro due ca-

---

[1] Cf. Voltaire, *Candide ou l'optimisme*, edd. René Pomeau, Oxford, The Voltaire Foundation and the Taylor Institution, 1980 [Les œuvres complètes de Voltaire, vol. 48], 230.

[2] Cf. ibid., 231.

polavori di Raffaelo.[3] Segue una cena prelibata con un concerto; poi ci si rilassa nella grande biblioteca che offre ai tre l'occasione di passare in rivista non solo gli autori classici, ma anche la produzione letteraria attuale.[4] Pococuranté possiede tutto: edizioni preziose di Omero e Virgilio, collane di testi teatrali, metri e metri di enormi volumi di un'accademia delle scienze. L'ultima tappa della passeggiata è il giardino della villa, la cui bellezza impressiona innanzitutto Candide.[5]

Manca un'unica cosa in questo paradiso: la felicità. Come tutti i lettori del romanzo ricorderanno, né la cioccolata, né le ragazze, né i quadri, né i libri e neppure il giardino basteranno mai per accontentare i desideri del loro proprietario. Pococuranté non è un uomo allegro, nessun possedimento alla lunga può soddisfarlo. Sin dall'inizio, il suo atteggiamento è caratterizzato da una profonda noia, da un disgusto latente e minacciante, un vuoto che non si può colmare. La cioccolata è, col passare del tempo, insipida come le ragazze, Raffaello non riesce a rispecchiare la natura, Omero si ripete. Il giardino della villa, giudicato da Pococuranté come una cianfrusaglia senza gusto,[6] è perciò il contrario del famoso giardino con cui termina il romanzo. Per Voltaire, una contentezza – sempre relativa – può essere trovata soltanto se si resta attivi, se si trova un'occupazione corrispondente alle proprie doti, se il mestiere scelto diventa mestiere di vivere: meglio coltivare la propria piccola terra in un'*enclave* vicino a Costantinopoli, senza pensare troppo, che morire di tedio sul Brenta in un mondo di lusso che offre tutte le possibilità alla riflessione.

Resta la scelta del personaggio e del luogo. Ovviamente, per Voltaire e i suoi lettori, esisteva un legame logico, quasi 'naturale', tra il patriziato veneziano e il soggetto dell'ozio. Il collegamento non era, a quanto pare, per nulla sorprendente. Anzi, si trattava di un cliché che faceva parte dell'immaginario collettivo, al quale l'autore francese, che non aveva mai visto né Venezia né il Veneto né l'Italia con i propri occhi[7],

---

[3] Cf. ibid.

[4] Cf. ibid., 232-236.

[5] Cf. ibid., 237.

[6] «Je ne sais rien de si mauvais goût, dit le maître [i. e. Pococuranté]; nons n'avons ici que des colifichets: mais je vais dès demain en faire planter un d'un dessin plus noble» (ibid., 237).

[7] Malgrado questa lacuna, Voltaire aveva buone conoscenze della cultura italiana. Scriveva fluentemente l'italiano, come dimostrano non solo i suoi *billets doux* del 1745 all'amante e nipote Marie-Louise Denis, composti quasi tutti nella «lingua d'amore» (Voltaire, *Correspondance*, edd. Théodore Besterman, 13 vol., Paris: Gallimard (Bibliothèque de la Pléiade), 1977-1993, vol. 2 [1977], 1046), ma anche le lettere ossequiose indirizzate nello stesso anno al cardinale Angelo Maria Querini (cf. per esempio ibid., 1011 sq., 1037 sq., 1065 sq.). Per la conoscenza dell'italiano

alludeva continuamente in modo ludico, divertito e divertente. Uno stereotipo che nulla contraddistingue dalle descrizioni schematiche che troviamo altrove nel romanzo: Lisbona luogo di fanatismo religioso, il Paraguay paese di ipocrisia gesuita, l'Eldorado luogo di ricchezze inestimabili, Parigi città di frodi e false apparenze, ecc.

Ma quali sono le ragioni profonde per questo nesso (pseudo-)naturale tra ozio e aristocrazia veneziana? Un ruolo importante spetta sicuramente al vecchio luogo comune della Serenissima come città piena di ricchezze, con un'inclinazione piuttosto sospetta al lusso, ai piaceri e agli svaghi.[8] È comunque importante vedere che, nel *Candide*, quest'inclinazione è strettamente connessa a una specifica immagine dell'aristocrazia. Per Voltaire, la possibilità dell'ozio ha un carattere esclusivo. Si tratta di un privilegio che spetta soltanto alla classe rappresentata dal senatore Pococuranté: il patriziato veneziano, che da ben mille anni guidava la città e il suo stato. La descrizione degli ozi del senatore implica, dunque, la questione (delicata, poiché politica) della funzione dell'aristocrazia – dell'aristocrazia europea da un punto di vista generalizzante, e dell'aristocrazia veneziana se vogliamo concentrarci sul contesto scelto e modellato con grande arte da Voltaire. E non c'è dubbio che, per il filosofo francese, i patrizi della Repubblica costituivano un caso particolarmente interessante.[9] A differenza dei membri dell'aristocrazia francese, domata e spodestata dal re, i nobiluomini veneziani avevano, nell'insieme e stando all'apparenza, nel 1759, l'anno di pubblica-

---

di Voltaire, che, a quanto pare, sul piano orale era piuttosto limitata, si può anche consultare lo studio classico di Eugène Bouvy, *Voltaire et l'Italie* [1898], Genève, Slatkine Reprints, 1970, 3-12.

[8] Si tratta di un'immagine molto longeva, riprodotta anche dalla storiografia moderna: Cf. Feliciano Benvenuti, «La città dei 'piaseri'», in: Piero Del Negro/Paolo Preto (eds.), *Storia di Venezia. Dalle origini alla caduta della Serenissima*, vol. 7: *L'ultima fase della Serenissima*, Roma, Istituto dell'Enciclopedia italiana, 1998, 705-744. Se è giusto rivedere questa continuazione di uno stereotipo, non bisogna tuttavia ignorare il fatto che le sue radici si trovano nell'epoca stessa, come dimostra il titolo del saggio di Benvenuti che è tratto da una poesia settecentesca di Giorgio Baffo: «Viva donca sta città,» scriveva il poeta-patrizio su Venezia, «che xe el centro dei piaseri»; Giorgio Baffo, *Poesie*, edd. Piero Del Negro, Milano, Mondadori, 1991, 306). Per una valutazione critica del saggio di Benvenuti vedi Filippo Maria Paladini, «Sociabilità ed economia del loisir. Fonti sui caffè veneziani del XVIII secolo», in: *Storia di Venezia* 1 (2003), 153-281, 160 sq.

[9] Voltaire aveva in vari contesti avuto l'occasione di conoscere importanti esponenti dell'aristocrazia veneziana. Nel 1746 era in buoni rapporti con un patrizio che, negli anni seguenti, sarebbe diventato uno dei più importanti uomini politici della Repubblica: Andrea Tron (1712-1785), nipote del cardinale Querini e a quell'epoca ambasciatore veneziano a Parigi (cf. Voltaire, *Correspondance*, vol. 2, 1087, 1098, 1108 e 1110). Tron e Voltaire si erano già incontrati nel 1743 all'Aia. Cf. Giovanni Tabacco, *Andrea Tron e la crisi dell'aristocrazia senatoria*, Trieste: Università degli Studi di Trieste, Facoltà di Lettere e Filosofia, 1957, 22-25.

zione del *Candide*, ancora una funzione ben discernibile.[10] Il governo spettava solo a loro, nei vari consigli e nelle innumerabili cariche della Repubblica. In un ordinamento tale, in cui l'esistenza nobile era determinata dal compito dei negozi politici, l'ozio poteva di principio avere soltanto un significato: doveva costituire una fase di ripiegamento, offrire uno spazio libero e privato nel continuo quotidiano delle fatiche pubbliche, restituire all'individuo le forze di cui aveva bisogno per compiere i suoi doveri collettivi.[11] Ma lo stile di vita di Pococuranté suggerisce che in questa dicotomia il buon rapporto è andato perso. Nel lusso eccessivo degli ozi le esigenze dei negozi del vecchio nobiluomo non sembrano più avere nessuna importanza. Soltanto in un'unica, brevissima frase veniamo a sapere che Pococuranté esercita delle funzioni nello Stato veneziano: quando il patrizio spiega che le orazioni di Cicerone non gli interessano, poiché gli bastano i processi ai quali presiede come giudice.[12] Possiamo dunque dire che esiste uno squilibrio tra l'attività e inattività, tra vita pubblica e vita privata del senatore-giudice. Le due sfere non comunicano; l'ozio è diventato autosufficiente e tende a coprire il suo contrario, il negozio.

---

[10] Per un'analisi approfondita della nobiltà veneziana nel Settecento rimando agli studi importanti di Volker Hunecke, *Der venezianische Adel am Ende der Republik (1646-1797). Demographie, Familie, Haushalt*, Tübingen, Niemeyer 1995, e di Oliver Thomas Domzalski, *Politische Karrieren und Machtverteilung im venezianischen Adel (1646-1797)*, Sigmaringen, Thorbecke, 1996. Fondamentali sono anche le ricerche di Dorit Raines, che dimostra come l'idea dell'omogeneità nobiliare si logori verso la fine del Settecento: *L'invention du mythe aristocratique: l'image de soi du patriciat vénitien au temps de la Sérénissime*, 2 vol., Venezia, Istituto Veneto di Scienze, Lettere ed Arti, 2006.

[11] Evidentemente, questo concetto rinvia all'antico modello di uno scambio produttivo tra *otium* e *negotium*, così com'è per esempio evocato da Cicerone all'inizio del terzo libro di *De officiis*, parlando di Scipione Africano che sapeva «in otio de negotiis cogitare» (Marcus Tullius Cicero, *De officiis/De virtutibus*, edd. Karl Atzert, Leipzig, Teubner, 1963, 86, *De off.*, Lib. III, 1,1). Nel seguito, Cicerone si lamenta che, a differenza di Scipione, il suo proprio ozio è causato dall'inattività a cui è condannato per ragioni politiche: «sed nec hoc otium cum Africani otio nec haec solitudo cum illa comparanda est. ille enim requiescens a rei publicae pulcherrimis muneribus otium sibi sumebat aliquando et coetu hominum frequentiaque interdum tamquam in portum se in solitudinem recipiebat, nostrum autem otium negotii inopia, non requiescendi studio constitutum est» (*De off.*, Lib. III, 2,1-2,2, ibid.). Per il concetto dell'*otium* nell'opera di Cicerone vedi Jean-Marie André, *L'otium dans la vie morale et intellectuelle romaine. Des origines à l'époque augustéenne*, Paris, PUF, 1966, 205-334; il rapporto tra *otium* e *negotium* è trattato innanzitutto alle pagine 281-289 e 306-310.

[12] «Oh, voici un Cicéron, dit Candide: pour ce grand homme-là, je pense que vous ne vous lassez point de le lire? Je ne le lis jamais, répondit le Vénitien. Que m'importe qu'il ait plaidé pour Rabirius ou pour Cluentius? J'ai bien assez des procès que je juge [...]» (Voltaire, *Candide ou l'optimisme*, 234). È da notare che Candide e Pococuranté parlano qui di uno dei più importanti teorici dell'ozio dell'antichità.

Questo ci porta a un ultimo aspetto che dà agli occhi quando si legge l'episodio di Pococuranté nel racconto di Voltaire: il problema del tempo che tormenta il senatore oppure, per essere più precisi, la sua incapacità manifesta di organizzare e di plasmare il tempo libero di cui egli dispone. Se il concetto dell'ozio perde ogni riferimento al suo termine contrario, se l'inattività non è più funzionale all'attività, se non esiste più un ritmo alternante tra le due sfere, il tempo soggettivo riservato all'inoperosità diventa un'esperienza aperta, si trasforma, appunto, in *tempo libero*, che non è più altro che un semplice movimento senza ordine, senza struttura e senza direzione. Come ammazzare il tempo? È una domanda nuova – un'espressione che comincia a essere usata nella lingua italiana soltanto verso la fine del secolo.[13] Pococuranté, annoiato da morire, non ha una risposta; gli ozi della sua villeggiatura non sono altro che tristi maschere della monotonia, dell'uniformità e del tedio.

II.

Lasciamo il vecchio senatore nella sua gabbia dorata sul Brenta e cambiamo la prospettiva per considerare il problema degli ozi aristocratici a Venezia dal punto di vista opposto: quello interno, costruito sul luogo stesso, nella città lagunare, dalle persone in questione, vale a dire i membri del patriziato veneziano. Il disgusto di Pococuranté trovava riscontro nella realtà storica? Qual è il fondo di verità nel racconto di Voltaire, che conosceva alcuni importanti nobiluomini della Serenissima, ma non era mai stato nella loro patria? È possibile differenziare lo stereotipo messo in scena dal filosofo francese? Come percepivano i membri veri e propri dell'aristocrazia veneziana il tempo libero? E quali modelli e quali forme usavano per rappresentare, descrivere e riflettere questa nuova sfera, determinata dagli ozi e dagli svaghi che, secondo Voltaire, non avevano più nessun rapporto con la vita politica e che invece creavano un'autonomia amorfa, inconsistente e disfunzionale? Vediamo come alcuni testi dell'epoca rispondono a queste domande.

---

[13] A quanto mi consta, una delle prime attestazioni dell'espressione si trova nella *Vita* di Vittorio Alfieri, scritta negli ultimi anni del secolo: racconta Alfieri che, nel 1775, aveva mandato il suo primo sonetto a Paolo Maria Paciaudi, il quale «mi si era sempre mostrato ben affetto, e rincrescente di vedermi così ammazzare il tempo e me stesso nell'ozio» (Vittorio Alfieri, *Vita scritta da esso*, edd. Luigi Fassò, 2 vol., Asti, Casa d'Alfieri, 1951, vol. 1, 146).

Un primo dato è senz'altro poco sorprendente: di solito, nella Venezia settecentesca, le parole 'ozio' e 'oziosità' sono adoperate all'interno del discorso aristocratico soprattutto quando si vogliono criticare gli esponenti giovani della classe nobiliare. Ovviamente, patrizi di una certa età e di una certa importanza come il senatore fittizio Pococuranté erano al di sopra di ogni dubbio. Anzi, erano proprio i nobiluomini conservatori e piuttosto attempati che osservavano con diffidenza e con inquietudine il nuovo stile di vita 'alla moda' nella generazione dei loro figli e nipoti. La cultura dell'aristocrazia veneziana stava difatti trasformandosi in maniera così radicale ed essenziale che l'identità dell'élite di Stato era messa profondamente in dubbio. Sentiamo come nel 1762 uno dei segretari di Palazzo Ducale, il cittadino Pietro Franceschi, descriveva in un rapporto redatto per una commissione di patrizi questa lenta rivoluzione che minava l'intero assetto dello Stato veneziano:

Fu tollerato che ciascheduno, così uomo come donna, potesse abitare e vivere separatamente dalla famiglia in alcuni piccoli ridotti che si chiamavano casini, sparsi nelle contrade più prossime alla piazza San Marco. [...] Troncato ogni freno della potestà paterna e maritale molte persone vivevano sciolte a proprio talento con gli amici più intimi, dandosi in preda al gioco, alla lussuria, alla crapula [...].[14]

L'atteggiamento insolito dei giovani nobiluomini e delle giovani nobildonne, che non volevano più essere controllati dai padri e dagli zii e che cercavano un'altra vita, moderna, svincolata, in un certo senso 'eterotopica'[15], spezzava l'ordine spaziale e temporale della città. La nuova vita fuori dagli immensi palazzi dei loro avi significava apertura, dispersione, disseminazione.[16] Sono indicative le parole usate da Franceschi che, come possiamo vedere, faticava a cogliere questo nuovo stile di vita in modo concreto e consistente. Per il segretario, che riportava fedelmente l'ottica conservatrice dei patrizi per cui scriveva, i ridotti erano sempli-

---

[14] Cit. secondo Franco Venturi, Settecento riformatore, vol. V,2: L'Italia dei lumi. La Repubblica di Venezia (1767-1797), Torino, Einaudi, 1990, 16.

[15] Per questa osservazione, basata sul termine di Michel Foucault, rimando al mio libro: Robert Fajen, *Die Verwandlung der Stadt. Venedig und die Literatur im 18. Jahrhundert*, Paderborn, Wilhelm Fink, 2013, innanzitutto 186 sq.

[16] Per una descrizione dettagliata del mutamento dello stile di vita dei giovani nobili a Venezia si veda Gaetano Cozzi, «Padri, figli e matrimoni clandestini (metà secolo XVI – metà secolo XVIII) [1976]», in: Id., *La società veneta e il suo diritto. Saggi su questioni matrimoniali, giustizia penale, politica del diritto, sopravvivenza del diritto veneto nell'Ottocento*, Venezia, Marsilio, 2000, 19-64; Luca De Biase, *Amore di Stato: Venezia. Settecento*, Palermo, Sellerio, 1992; Tiziana Plebani, *Un secolo di sentimenti. Amori e conflitti generazionali nella Venezia del Settecento*, Venezia, Istituto Veneto di Scienze, Lettere ed Arti, 2012.

cemente «sparsi», la vita si presentava «sciolta», senza forma e priva di contorni nitidi. Il tempo libero – ossia: liberato – dei giovani patrizi poteva essere perciò riempito soltanto da occupazioni moralmente sospettose; attività inoperose e non produttive, esprimibili unicamente attraverso il vecchio modello dei vizi opposti alle virtù: vizio del «gioco», vizio della «lussuria», vizio della «crapula», ecc.

Troviamo una simile dicotomia anche in un sonetto scritto negli anni cinquanta o sessanta del Settecento e attribuito al più famoso (e più malfamato) dei poeti-patrizi del secolo, l'infaticabile promotore di versi osceni Giorgio (Zorzi) Baffo (1694-1768).[17] Dopo aver deplorato il cattivo stato della Repubblica, dominata ormai, a suo parere, da una maggioranza di «cogioni»[18] senza soldi, il poeta evocava il nuovo stile di vita dei patrizi nella maniera seguente:

> No se pensa che all'ozio, al lusso, al ziogo,
> e i libri, che se studia sulla sera,
> xe 'l mazzo delle carte, o quel del cogo [= i libri di cucina].
>
> Debotto [= fra poco] no ghè più zente da guera,
> e, se ghe n'è, questi no ha visto el fogo;
> come puorla durar in sta maniera?[19]

Se paragoniamo questi versi con le considerazioni di Pietro Franceschi appena citate, possiamo costatare alcune interessanti differenze. Per Baffo, l'antica opposizione tra negozio e ozio sembra ancora esistere, anche se viene espressa soltanto in modo implicito. Come indica la prima terzina, il tempo libero che i patrizi contemporanei vanno perdendo con giochi di carte oppure abbuffate è, essenzialmente, limitato alle ore serali, cioè ai momenti *dopo* gli odierni affari politici ed economici. In queste ore il patrizio, in quanto individuo, dovrebbe per principio dedicarsi allo studio («che se studia sulla sera», leggiamo al verso 10), dovrebbe,

---

[17] Benché Baffo sia uno dei più importanti e famosi protagonisti della scena letteraria del Settecento veneziano, esistono pochi studi sulla sua opera. Imprescindibile per la comprensione della poesia libertina di Baffo è tuttora il saggio di Piero Del Negro, «La 'poesia barona' di Giorgio Baffo 'Quarantiotto'», in: *Comunità* 36 (1982), 312-425. Vedi inoltre Luisa Ricaldone, «Giorgio Baffo: Erotismo, ripetitività e pulsione di morte», in: Wolfgang Bandhauer/Robert Tanzmeister (eds.), *Romanistik Integrativ*, Wien, Braumüller, 1985, 441-443, e Robert Fajen, «Oscenità e aggressione. La poetica conflittuale di Zorzi Baffo, Patrizio Veneto», in: Rotraud von Kulessa et al. (eds.), *Conflitti culturali a Venezia dalla prima età moderna ad oggi*, Firenze, Franco Cesati, 2014, 245-258.

[18] Baffo, *Poesie*, 396, vv. 4 e 7 (il conteggio dei versi è mio). Ho citato questa poesia anche nel mio saggio «Oscenità e aggressione», ma senza analizzarla in modo approfondito.

[19] Ibid., 396, vv. 9-14.

quindi, trarre profitto da questa fascia di tempo di cui dispone in una sfera privata o semi-privata. È ovvio che il profitto sottointeso da questi versi sia la lettura di libri 'buoni' e 'sensati', di libri, che, a differenza dei mazzi di carte e dei libri di cucina, dovrebbero avere almeno indirettamente un rapporto con le attività svolte dal nobiluomo di giorno nelle sale di Palazzo Ducale o nei *magazzeni* del proprio palazzo. Ed è, nello stesso tempo, notevole che, in quest'accezione conservatrice – proposta, come dicevo, soltanto indirettamente da Baffo –, l'ozio perda tutte le sue libertà per ridiventare, così, tempo chiuso e limitato, ozio interiore, trascorso nella biblioteca o nello studio del palazzo: una concezione di ozio funzionale in cui persino un nobiluomo disincantato come il senatore Pococuranté si metterebbe di nuovo a leggere Cicerone per trarne qualche beneficio per le sue orazioni in tribunale.

Che la questione della funzione del proprio ceto sia al centro dell'attenzione del Patrizio Veneto Giorgio Baffo, lo dimostra in modo ancora più chiaro la seconda terzina del sonetto: I nobiluomini oziosi della modernità non hanno più le virtù guerriere dei loro antenati; di conseguenza, il futuro della città lagunare, che nei secoli precedenti nessun nemico aveva mai conquistata, appare incerto. Gli ultimi versi s'inseriscono così nel discorso della decadenza della Serenissima, una decadenza che è intesa in primo luogo come declino e depravazione della sua classe dirigente.[20] Se il patriziato ha smesso di seguire i modelli tradizionali dell'uso del tempo, basati sull'identificazione totale dell'individuo con lo Stato e scanditi da un ritmo stabile e regolare tra negozio e ozio, l'intero sistema politico rischia di andare in rovina.

III.

Cerchiamo, in un prossimo passo, di chiarire ulteriormente quali dispositivi temporali e sociali Giorgio Baffo sottintende quando distingue gli ozi antichi dagli ozi moderni. Chi conosce un po' l'opera immensa del poeta-patrizio libertino non sarà sorpreso di sentire che le sue idee non si limitano a una semplice nostalgia dei buoni e vecchi tempi passati in cui il tempo libero (o semi-libero) del nobiluomo veneziano consisteva unicamente in letture utili oppure in valorosi esercizi militari. Baffo aveva in mente un'altra economia dei doveri e dei piaceri aristocratici. Il

[20] Cf. Fajen, «Oscenità e aggressione», 254-258.

suo conservatorismo era, come vedremo, piuttosto ambiguo e, con questo, anche sintomatico per quanto riguarda la coscienza degli sfasamenti interni e delle contraddizioni ideologiche della propria classe sociale.

In una lunga poesia satirica, scritta anch'essa probabilmente negli anni cinquanta o sessanta del Settecento, il poeta-patrizio cerca di immaginare che cosa penserebbero gli antenati («i vecchi»[21]) se tornassero alla vita e vedessero i passatempi dei loro discendenti. La posizione di Baffo in questo confronto è inequivocabile: il poeta-patrizio sta dalla parte dei «vecchi»; si rappresenta come un tradizionalista, che, da vero filosofo, sa bene «[...] che in te la società / le novità le xe piaghe mortali»[22]. Queste novità sono, come nel sonetto appena citato, i «casini», cioè gli appartamenti fuori dai palazzi paterni, dove i giovani passano le notti e perdono il loro vigore[23]; sono le dissipazioni nel gioco[24]; sono le spese eccessive per «el lusso [...] fora de misura»[25]; e sono, infine, i rapporti moderni tra i sessi, innanzitutto il cicisbeismo[26], che, visto nell'ottica di Baffo, favorisce l'adulterio e mette in dubbio l'antica virilità aristocratica[27]. Tutti questi mutamenti sono, dunque, mere oziosità che bisogna distinguere dalle distrazioni 'positive' del passato, poiché l'ozio non è in sé condannabile. Si tratta anzi di una necessità sociale, come spiega il poeta-patrizio in una terzina dal tono moralistico:

> Ghe vol dei passatempi in le città
> che el popolo cussì se divertissa
> e no senta el so stato desperà[.][28]

---

[21] Baffo, *Poesie*, 391-395, 392, v. 1.

[22] Ibid., 395, vv. 140 sq.

[23] Ibid., 392 sq., vv. 23-28: «[...] consiste tutti i nostri spassi / a star tutta la notte in tei casini, / che i zoveni in ancuo xe stracchi, e lassi, / perché la notte i veggia insin l'aurora, / e el zorno i dorme come tanti tassi.»

[24] Ibid., 392, v. 40 («no se spendeva come ancuo all'eccesso») e vv. 52-54, con riferimento alla ripartizione più 'giusta' del denaro nei tempi passati: «Ghe gera cento lioghi da ziogar, / ma alfin viveva tanta povertà, / perché el soldo qua, e là solea zirar.»

[25] Ibid., 393, v. 65.

[26] Per il cicisbeismo vedi il saggio fondamentale di Roberto Bizzocchi, *Cicisbei. Morale privata e identità nazionale in Italia*, Roma/Bari, Laterza, 2008. Un'analisi dettagliata del discorso letterario sul cicisbeismo e la cultura della conversazione nel Settecento veneziano si trova in Fajen, *Die Verwandlung der Stadt*, 149-182.

[27] Baffo, *Poesie*, 392, vv. 49-51, sempre con riferimento ai tempi felici degli avi: «S'andava a far l'amor colle pelae [le donne 'pelate', vale a dire le monache], / e sta cossa la fava bon effetto, / perché i lassava le maridae; / no i portava alle chiese gran respetto, / facendo i cicisbei; ma che ha da far, / se ancuo le donne i va a trovarle in letto?» L'ultimo verso sembra prefigurare un quadro famoso di Pietro Longhi, *La cioccolata del mattino* (1775), conservato a Venezia nel Museo del Settecento Veneziano (Ca' Rezzonico).

[28] Ibid., 392, vv. 55-57.

Ma quali sono allora quei 'sani' e 'buoni' passatempi, che una volta occupavano gli avi e che sono ignorati nell'epoca presente? Per dirla in breve, Baffo rimpiange in questa poesia innanzitutto la legalità della prostituzione che, secondo lui, era stata nei tempi passati l'ingrediente basilare dell'armonia sociale a Venezia: «Sia benedetto el tempo,» esclama, «co se andava / per tutto colla so gran puttanazza»[29]; la morale attuale, invece, che condanna la prostituzione, ma non fa nulla contro il cicisbeismo, appare agli occhi di Baffo ipocrita e pericolosa:

> Se fa un gran caso, se un batte alla porta
> d'una puttana, e se un va drento in casa
> d'una che ga mario, gnente ghe importa.[30]

A prima vista, si potrebbe riconoscere in questa opposizione tra prostituzione, vista come ozio antico, e cicisbeismo, visto come oziosità moderna, soltanto uno scherzo di cattivo gusto, piuttosto imbarazzante e perciò meglio da tralasciare: la bizzarria di un poeta cinico, machista, con una marcata ossessione delle parole e cose 'sporche'. Ma anche l'elogio dei bordelli può avere un significato culturale. Per il vecchio patrizio Baffo – che quando scriveva la sua poesia aveva pressappoco l'età di Pococuranté –, il nobiluomo (la forma maschile è qui essenziale) dei tempi passati viveva ancora in un mondo in cui era il sovrano assoluto, un mondo in cui la sua autorità non era messa in dubbio da nessuno, un mondo, in cui tutto, le donne incluse, veniva considerato oggetto assoggettato, un mondo, infine, in cui ogni attività, anche quella oziosa, era sempre segno di potere, di privilegio e d'immunità. Non bisogna certamente lasciarsi ingannare dal tono volgare di Baffo, dal suo uso della lingua veneziana e dalla sua presunta solidarietà con il popolo semplice. Il mito del patriziato veneziano che si voleva millenario viveva nel Settecento proprio di questa vicinanza con la gente semplice. A Venezia la nobiltà non doveva mai separarsi completamente dalla gente non nobile. Doveva essere contigua, doveva comunicare e non doveva perdere il contatto con quelli che erano esclusi dal potere. Era questo il patto sociale su cui riposava la stabilità della città-stato. Quando Baffo parlava del popolo, sottintendeva di conseguenza sempre la nobiltà – oppure, per essere più precisi: sottintendeva un'accezione tradizionale della nobiltà.

---

[29] Ibid., 392, vv. 35 sq.
[30] Ibid., 393, vv. 88-90.

Per Baffo, quindi, l'antico modello dell'ozio aristocratico non era soltanto caratterizzato dalla sua funzionalità e dal suo essere chiuso; era anche, e soprattutto, segno della sovranità nobiliare.[31] In modo inverso, la liberazione del tempo che il poeta-patrizio poteva osservare nell'aristocrazia contemporanea, rivelava che il logoramento di questa sovranità non aveva niente a che fare con altri ceti o altre classi sociali, ma era il risultato di profondi mutamenti culturali interni: di slittamenti, fessure e ambiguità nella mentalità, nei segni e nei modi di comportamento del patriziato. L'opposizione costruita nella poesia dimostra che il cicisbeismo era il punto nodale nel discorso su queste trasformazioni: appariva, per così dire, come l'emblema degli ozi moderni.[32] Il termine rifletteva le nuove libertà di cui godevano le nobildonne, il soggiogamento ludico del nobiluomo, le amicizie dubbie tra i sessi, la destabilizzazione dei segni distintivi nella moda (donne maschili, uomini femminili) oppure l'apertura ad altri mondi, ad altre prospettive e altre idee. «[...] [I] vol», esclamava Baffo, «che abbia le maridae tutto el maneggio»[33]. L'autonomia femminile, non più controllabile come negli 'ozi' passati, faceva, ovviamente, gran paura al patrizio libertino e simultaneamente passatista. Come spesso nelle sue poesie, il tono sprezzante e misogino di Baffo si rivela una maschera sotto la quale possiamo intravedere un sentimento diffuso di smarrimento e, talvolta, anche una profonda insicurezza. Per l'anziano poeta-patrizio, l'ozio, che, nel passato, era stato un privilegio funzionale, non solo perché si riferiva ai negozi politici ed economici, ma anche perché indicava l'assoluta sovranità aristocratica, designava ormai la sfera in cui si poteva distinguere il disorientamento e la frantumazione della propria classe sociale.

IV.

Cambiamo, per concludere, un'ultima volta il punto di vista, per vedere come questa sfera degli ozi moderni poteva essere rappresentata da un patrizio che, a differenza di Baffo, non aveva l'intenzione di condannar-

---

[31] Per il concetto di sovranità, essenziale per l'analisi della semantica culturale della nobiltà veneziana, vedi il saggio di Georges Bataille, «La souveraineté», in: Id., *Œuvres complètes*, 12 vol., Paris, Gallimard, 1970-1988, vol. 7 [1976], 243-256.

[32] «E saveu, perché questo,» chiede Baffo in un'altra poesia, «e perché tanti altri gran malani? / Per causa de sti amori Platoniani» (Baffo, *Poesie*, 333, vv. 33-35).

[33] Ibid., 394, vv. 95 sq.

la. Infatti, era possibile trovare anche una forma positiva per il tempo libero, una forma che produceva nuove prospettive e nuove costellazioni aldilà dai vecchi concetti della funzionalità e della sovranità.

Nel 1756, nello stesso periodo, in cui il quasi sessantenne Giorgio Baffo scriveva le sue poesie 'sporche' contro gli ozi dei giovani nobiluomini, usciva a Venezia, dalle stampe di Giambattista Albrizzi, un elegante in-quarto di una quarantina di pagine, fregiato di splendide vignette in rame. Il titolo di questo capolavoro della tipografia veneziana nel Settecento, vero e proprio oggetto di lusso, era *Il trionfo del tressette. Poema eroico-giocoso d'un patrizio veneto*. Nelle bibliografie e nei cataloghi antiquari l'autore del poema viene normalmente identificato come Giambattista (in lingua veneziana Zan Battista) Morelli, talvolta è menzionato anche un certo Lodovico Morelli. Una breve recensione del poema nelle *Novelle della repubblica letteraria per l'anno MDCCLVI* dimostra che il primo dei due nomi è quello giusto[34]: Giambattista Morelli (nato nel 1705, morto dopo il 1782) apparteneva a una famiglia di commercianti e fabbricanti di vetro che era entrata soltanto nel 1686, e pagando molti soldi, nel patriziato veneziano.[35]

L'opuscolo è dedicato alla «nobile compagnia de' veneti patrizj, che frequentano la Bottega del Caffè in S. Felice»[36]. Morelli concepisce il suo testo dunque come poema d'occasione, scritto per una situazione di sociabilità e legato esplicitamente al tempo libero che i nobiluomini passano tra di loro, in comune e tra amici. Il riferimento al caffè di campo San Felice nel sestiere di Canareggio – locale ricordato già nel 1738 da Benedetto Marcello nella sua *Fantasia ditirambica eroicomica*[37]

---

[34] Ringrazio cordialmente Piero Del Negro, profondo conoscitore della cultura patrizia del Settecento veneziano, per l'indicazione di questa fonte. Spetta a lui tutto il merito di aver chiarito l'attribuzione del *Trionfo del tressette*, fino a oggi incerta. A lui devo anche le informazioni sui dati di vita di Giambattista Morelli, tratti da un libro d'oro dell'epoca.

[35] Per la casa nobile dei Morelli vedi Francesca Trivellato, *Fondamenta dei vetrai. Lavoro, tecnologia e mercato a Venezia tra Sei e Settecento*, Roma, Donzelli, 2000, 97-100, dove però Giambattista non è indicato nell'albero genealogico (98). Nel suo *Saggio politico del corpo aristocratico della Repubblica di Venezia* del 1756, Giacomo Nani collocava i Morelli nella quarta classe, che era quella che aveva meno del suo bisogno (anche questo dato mi è stato gentilmente messo a disposizione da Piero Del Negro). Da ciò si potrebbe dedurre che la pubblicazione di un libro di lusso sia stata un segno di prodigalità. Bisogna tuttavia tener conto del fatto che la classificazione di Nani, basata sul gettito fiscale, si riferiva a un periodo limitato.

[36] Giambattista Morelli, *Il trionfo del tressette. Poema eroico-giocoso d'un Patrizio Veneto*, Venezia, Giambattista Albrizzi, 1756, s. p. [3]. Una versione digitalizzata è messa a disposizione da Google Books.

[37] Cf. Benedetto Marcello, «Fantasia ditirambica eroicomica», pubblicata da Giulio Ferroni, «L'opera letteraria di Benedetto Marcello e l'inedita *Fantasia ditirambica eroicomica*», in: *La rasse-*

– colloca il poema in un'area determinata, uno spazio semi-privato ed eterotopico che rispecchia la vita moderna, aperta alle novità, alle chiacchiere, a modi di comunicazione più o meno spontanei. A questo spazio eterotopico di recezione immaginaria corrisponde uno spazio di produzione altrettanto eterotopico ed immaginario. Nella prefazione, Morelli descrive il suo «scherzo di poetica fantasia» come «il meschino frutto d'un ozio filosofico, prodotto dalla solitudine di pochi giorni di Villeggiatura»[38]. In questo modo, il testo viene situato proprio nel mezzo tra i due luoghi principali del tempo libero dell'aristocrazia veneziana, il caffè e la villa.[39] Nello stesso tempo diventa chiaro che l'ozio individuale tende, nella concezione di Morelli, a inserirsi sempre nei meccanismi dell'ozio socievole. Nella separazione della villeggiatura, il giovane patrizio cerca di avvicinarsi, attraverso la letteratura, ai lontani amici del caffè nella grande città.

Il trionfo del tresette è un gioco letterario che tratta, conseguentemente, proprio del gioco stesso: del tressette, appunto. Il gioco di carte è, ovviamente, attività oziosa per eccellenza, ma anch'esso ha il suo senso, le sue finalità. Come Baffo, Morelli fa riferimento all'antico concetto dell'ozio funzionale, legato ai negozi politici ed economici. Nella prefazione si rivolge agli amici nobili per lodare il «Gioco in cui talora vi divertite per ispendere onestamente e con piacere quelle porzioni di tempo, che vi restano dopo le gravi occupazioni a cui il Cielo vi elesse [...]»[40]. Eppure, il tono, in cui questa idea è espressa, non appare del tutto serio. La frase appena citata sembra, nel contesto, un po' esagerata e piuttosto ironica; la forma dello «scherzo di poetica fantasia» contamina, per così dire, la sobrietà del pensiero. La lettura dell'opera conferma questo sospetto.

---

gna della letteratura italiana 74 (1970), 333-393, 363-393. Tra gli amici annoverati da Marcello spicca anche il nome Morelli (ibid., 369, v. 168, e 393). Si tratta di Tommaso, il fratello maggiore di Giambattista, mentre quest'ultimo non è menzionato. In uno zibaldone conservato alla Biblioteca del Museo Correr (cod. Cicogna 1279), anche Tommaso evoca il circolo del caffè di campo San Felice. Cf. Piero Del Negro, «Benedetto Marcello patrizio veneziano», in: Claudio Madricardo/Franco Rossi (eds.), *Benedetto Marcello. La sua opera e il suo tempo. Atti del convegno internazionale (Venezia, 15-17 dicembre 1986)*, Firenze, Leo S. Olschki, 1988, 17-48, 47. Nel 1761, il locale era gestito da un certo Domenico dall'Oglio. Cf. Paladini, «Sociabilità ed economia del *loisir*», 268.

[38] Morelli, *Il trionfo del tressette*, [5 sq.].

[39] Per un'analisi approfondita della rappresentazione di questi due luoghi chiave della letteratura veneziana del Settecento si veda Fajen, *Die Verwandlung der Stadt*, 183-242.

[40] Morelli, *Il trionfo del tressette*, [6].

Il testo, composto in endecasillabi sciolti e suddiviso in cinque canti, segue il modello del poema eroicomico. Abbiamo dunque a che fare con una parodia del genere epico, basata innanzitutto sul contrasto tra stile aulico e materia bassa che, in questo caso, si può qualificare erotico-galante. Nel canto primo Morelli spiega: «Scelto sarà lo stil; ma tiene il mio / Dal suo Sugetto un abito gentile»[41]. «Le Glorie, e le stupende Gesta»[42], cantate dal poeta-patrizio consistono, in sostanza, in una semplice partita di carte, una specie di torneo tra giocatori e giocatrici, tra maschi e femmine.

Ecco come comincia il poema: i patrizi che sogliono incontrarsi nella bottega di caffè nella parrocchia di San Felice, si dedicano normalmente al «soave piacer del non far nulla»[43]; ma, per non annoiarsi e «gittare il tempo»[44], che sarebbe, come sappiamo, segno più grave di oziosità, decidono di intrattenersi giocando a carte – ed è evidente l'ironia di questo ragionamento, poiché pochi divertimenti sono così aspramente criticati nel discorso moralistico dell'epoca come i giochi di carte. Dopo lunghe discussioni in cui passano in rivista diversi giochi del mondo, scelgono il tressette italiano,

> Gioco, che serve a coltivar gli amori
> Tra Cavalieri, e Dame, e stare in lega
> Fino che dura almen la breve tresca[.][45]

I nobiluomini, «[q]uasi da un Spirto Tressettante invasi»[46], realizzano quindi il loro piano e diventano dei giocatori accaniti, talmente presi da questo passatempo che non si occupano più delle loro donne – le «ninfe» nel linguaggio erotico-prezioso del poema. La reazione rabbiosa delle dame patrizie a questa insolita trascuranza maschile non si fa attendere. In una riunione tumultuosa determinano di sfidare gli uomini nel gioco del tressette. Si stabilisce che il duello avrà luogo nel Casino della Rotonda sulla Giudecca[47]. In un'elegante regata i due gruppi avversari si recano al campo di combattimento, dove due «guerrieri» prescelti af-

[41] Ibid., I (il poema è impaginato con numeri romani).

[42] Ibid.

[43] Ibid., III.

[44] Ibid.

[45] Ibid., V.

[46] Ibid.

[47] Per questo luogo, dove le famiglie patrizie organizzavano feste e banchetti, vedi Giuseppe Tassini, *Curiosità veneziane ovvero Le denominazioni stradali di Venezia*, 2° ed., Venezia, Grimaldo e c., 1872, 626.

frontano due bellissime «ninfe». Alla fine – non è veramente una sorpresa – la «pugna» è vinta dalla parte maschile. Ancora una volta le dame reagiscono con dispiacere, ma uno dei due «eroi» le consola con queste parole:

Rasserenate i rai, Ninfe cortesi,
Ei disse, e non sia mai, che oscuro velo
Rapisca a noi quel bel, che in Voi risplende:
Gli smarriti color, quel brio, quel vezzo,
Scelta sede d'amor, in Voi ritorni!
Han già deciso i Fati. E Voi le vinte,
E i vincitori noi siam. Già nel Tressette
Ceder dovete a noi l'intera palma.
Ma d'un trionfo tal non punto alteri,
Con quella legge, che innocenza detta,
abbiam per pregio d'obbedire a Voi.
Da que' labbri d'amor, nido di fede,
Voce non esce mai, che non sia grata;
E appien sommessi al vostro dolce impero
V'offriamo ogn'ora il volontario incenso.[48]

– «Con quella legge, che innocenza detta, / abbiam per pregio d'obbedire a Voi» – con questa formula il guerriero del tressette leva la maschera: è un cavalier servente, uno che segue le regole sociali del cicisbeismo, tanto odiato da Giorgio Baffo. Le donne sono consolate, e il poema finisce così, dopo la battaglia mozzafiato del tressette, con un ballo rappacificante nel Casino della Rotonda.

In che cosa si distingue l'immagine dell'ozio costruita da Morelli da quella evocata da Baffo? Colpisce innanzitutto l'atteggiamento ludico, divertito e distaccato nei confronti del tempo libero. Se nelle poesie di Baffo la perdita di gerarchie e classificazioni chiare causava un sentimento di dubbio e, con questo, un profondo desiderio di sentirsi, ancora e forse un'ultima volta, sovrano (usando, per esempio, parole sporche), nel poema di Morelli la provvisorietà, la fluidità e la disfunzionalità del tempo libero non appaiano affatto turbanti: sono, anzi, fonte di continuo piacere, poiché creano uno spazio immaginario dove si può sperimentare sui codici che strutturano e organizzano la vita sociale. Naturalmente, anche il rapporto tra i sessi descritto da Morelli è caratterizzato da questioni di potere, da conflitti e gerarchie; anche il *Trionfo del tressette* è, a modo suo, un testo maschilista in cui le donne

[48] Morelli, *Il trionfo del tressette*, XXXIII sq.

stanno 'dall'altra parte' e devono infine cedere alla superiorità dei loro amanti. Ma la galanteria moderna che Morelli mette in scena permette di immaginare continui cambiamenti e capovolgimenti che instaurano, perlomeno temporaneamente, ordini diversi ed alternativi. In questo modo, *Il trionfo del tressette* descrive una nuova funzionalità dell'ozio: il tempo libero dà la possibilità di provare nuovi modelli di vita e di convivenza.

Una breve nota storica basterà per illustrare come questa moderna funzionalità sperimentale del tempo libero si stava sempre più discostando dall'antico mondo della nobiltà veneziana. Poco dopo la pubblicazione del *Trionfo del tressette*, verso il 1760, si sposò il nipote di Giambattista Morelli. Nato nel 1731, Girolamo Antonio era l'unico erede maschio della famiglia.[49] Non scelse una nobildonna, ma una cittadina, una certa Isabella Maron. I due ebbero un figlio, Antonio Pietro, che, avendo una madre non nobile, non aveva più diritto di essere iscritto nel libro d'oro della nobiltà veneziana. Finiva così, dopo neanche ottant'anni, la breve storia della casa patrizia dei Morelli. Il nipote dell'autore del *Trionfo del tresette*, ovviamente, non dava più tanta importanza ai privilegi e doveri politici di un 'Patrizio Veneto'. Forse aveva rinunciato per amore, forse perché preferiva l'inoperosità ai giochi di potere. Qualunque sia stata la sua ragione profonda, visto da lontano, mi sembra che la sua rinuncia possa essere giudicata come vero segno di sovranità.

---

[49] Per questi dati vedi l'albero genealogico in Trivellato, *Fondamenta dei vetrai*, 98. Degno di nota, in questo contesto, mi sembra il fatto che Giambattista Morelli si sposò molto tardi, nel 1766, all'età di 61 anni, e quindi dopo la *mésalliance* di suo nipote. Sua moglie, Cesena Maria Pizzamano di Zan Battista, faceva parte del patriziato veneziano. Questo matrimonio doveva salvare la nobiltà dei Morelli per il futuro? I due ebbero comunque soltanto una figlia, Anna Maria, maritata nel 1782 con Alessandro Contarini di Domenico (all'epoca Giambattista era ancora vivo). Anche queste informazioni le devo a Piero Del Negro, che qui ringrazio particolarmente ancora una volta.

Bibliografia

1. Fonti primarie

Alfieri, Vittorio, *Vita scritta da esso*, edd. Luigi Fassò, 2 vol., Asti, Casa d'Alfieri, 1951.

Baffo, Giorgio, *Poesie*, edd. Piero Del Negro, Milano, Mondadori, 1991.

Cicero, Marcus Tullius, *De officiis/De virtutibus*, edd. Karl Atzert, Leipzig, Teubner, 1963.

Morelli, Giambattista, *Il trionfo del tressette. Poema eroico-giocoso d'un Patrizio Veneto*, Venezia, Giambattista Albrizzi, 1756.

Voltaire, *Candide ou l'optimisme*, edd. René Pomeau, Oxford, The Voltaire Foundation and the Taylor Institution, 1980 [Les œuvres complètes de Voltaire, vol. 48].

Voltaire, *Correspondance*, edd. Théodore Besterman, 13 vol., Paris, Gallimard (Bibliothèque de la Pléiade), 1977-1993.

2. Fonti secondarie

André, Jean-Marie, *L'otium dans la vie morale et intellectuelle romaine. Des origines à l'époque augustéenne*, Paris, PUF, 1966.

Bataille, Georges, «La souveraineté», in: Id., *Œuvres complètes*, 12 vol., Paris, Gallimard, 1970-1988, vol. 7 [1976], 243-256.

Benvenuti, Feliciano, «La città dei 'piaseri'», in: Piero Del Negro/Paolo Preto (eds.), *Storia di Venezia. Dalle origini alla caduta della Serenissima*, vol. 7: *L'ultima fase della Serenissima*, Roma, Istituto dell'Enciclopedia italiana, 1998, 705-744.

Bizzocchi, Roberto, *Cicisbei. Morale privata e identità nazionale in Italia*, Roma/Bari, Laterza, 2008.

Bouvy, Eugène, *Voltaire et l'Italie* [1898], Genève, Slatkine Reprints, 1970.

Cozzi, Gaetano, «Padri, figli e matrimoni clandestini (metà secolo XVI – metà secolo XVIII) [1976]», in: Id., *La società veneta e il suo diritto. Saggi su questioni matrimoniali, giustizia penale, politica del diritto, sopravvivenza del diritto veneto nell'Ottocento*, Venezia, Marsilio, 2000, 19-64.

De Biase, Luca, *Amore di Stato: Venezia. Settecento*, Palermo, Sellerio, 1992.

Del Negro, Piero, «Benedetto Marcello patrizio veneziano», in: Claudio Madricardo/Franco Rossi (eds.), *Benedetto Marcello. La sua opera e il suo tempo. Atti del convegno internazionale (Venezia, 15-17 dicembre 1986)*, Firenze, Leo S. Olschki, 1988, 17-48.

Del Negro, Piero, «La 'poesia barona' di Giorgio Baffo 'Quarantiotto'», in: *Comunità* 36 (1982), 312-425.

Domzalski, Oliver Thomas, *Politische Karrieren und Machtverteilung im venezianischen Adel (1646-1797)*, Sigmaringen, Thorbecke, 1996.

Fajen, Robert, *Die Verwandlung der Stadt. Venedig und die Literatur im 18. Jahrhundert*, Paderborn, Wilhelm Fink, 2013.

Fajen, Robert, «Oscenità e aggressione. La poetica conflittuale di Zorzi Baffo, Patrizio Veneto», in: Rotraud von Kulessa et al. (eds.), *Conflitti culturali a Venezia dalla prima età moderna ad oggi*, Firenze, Franco Cesati, 2014, 245-258.

Ferroni, Giulio, «L'opera letteraria di Benedetto Marcello e l'inedita *Fantasia ditirambica eroicomica*», in: *La rassegna della letteratura italiana* 74 (1970), 333-393.

Hunecke, Volker, *Der venezianische Adel am Ende der Republik (1646-1797). Demographie, Familie, Haushalt*, Tübingen, Niemeyer 1995.

Paladini, Filippo Maria, «Sociabilità ed economia del loisir. Fonti sui caffè veneziani del XVIII secolo», in: *Storia di Venezia* 1 (2003), 153-281.

Plebani, Tiziana, *Un secolo di sentimenti. Amori e conflitti generazionali nella Venezia del Settecento*, Venezia, Istituto Veneto di Scienze, Lettere ed Arti, 2012.

Raines, Dorit, *L'invention du mythe aristocratique: l'image de soi du patriciat vénitien au temps de la Sérénissime*, 2 vol., Venezia, Istituto Veneto di Scienze, Lettere ed Arti, 2006.

Ricaldone, Luisa, «Giorgio Baffo: Erotismo, ripetitività e pulsione di morte», in: Wolfgang Bandhauer/Robert Tanzmeister (eds.), *Romanistik Integrativ*, Wien, Braumüller, 1985, 441-443.

Tabacco, Giovanni, *Andrea Tron e la crisi dell'aristocrazia senatoria*, Trieste: Università degli Studi di Trieste, Facoltà di Lettere e Filosofia, 1957.

Tassini, Giuseppe, *Curiosità veneziane ovvero Le denominazioni stradali di Venezia*, 2° ed., Venezia, Grimaldo e c., 1872.

Trivellato, Francesca, *Fondamenta dei vetrai. Lavoro, tecnologia e mercato a Venezia tra Sei e Settecento*, Roma, Donzelli, 2000.

Venturi, Franco, *Settecento riformatore*, vol. V,2: *L'Italia dei lumi. La Repubblica di Venezia (1767-1797)*, Torino, Einaudi, 1990.

HELMUT C. JACOBS

Ocio y ociosidad en los *Caprichos* de Goya

En la Ilustración española se discute mucho sobre el ocio y la ociosidad como problema social, muy evidente también para los viajeros extranjeros, que describen meticulosamente lo que observan en España, por ejemplo el alemán Anton Kaufhold, quien escribe en *Spanien wie es gegenwärtig ist, in physischer, moralischer, politischer, religiöser, statistischer und literarischer Hinsicht aus den Bemerkungen eines Deutschen, während seines Aufenthaltes in Madrid in den Jahren 1790, 1791 und 1792* (Gotha 1797):

> Müssiggang und Nichtarbeiten ist bei vielen noch etwas ehrenvolles; [...] von platonischer Liebe hat man hier gar keine Idee, alles ringt nach Genuß, und dieser allein ist vermögend die Gluth zu löschen, die des Spaniers Adern durchwühlt [...].[1]

> La ociosidad y el no trabajar son considerados por muchos aún algo honorable; [...] del amor platónico aquí no se tiene idea, todo esfuerzo tiene por meta el placer, y solo éste tiene la capacidad de apagar el ardor que agita las venas del español [...].

El ocio y la ociosidad son también un gran tema en los *Caprichos* de Goya, publicados en 1799. Siempre que Goya representa el ocio o la ociosidad, estos son tratados solo aparentemente en un sentido positivo del descanso o del reposo. Las ilustraciones de la ociosidad en sus grabados tienen más bien la función de una máscara, detrás de la cual se esconden los profundos abismos del alma humana o la cara oscura de la sexualidad. Las ilustraciones goyescas de la ociosidad sirven sobre todo para cifrar mensajes críticos y desilusionantes, pero peligrosos en la época para el autor, que tiene que representarlos en una forma o apariencia supuestamente inocua.

Como en los 80 *Caprichos* se representan varios campos o situaciones de la vida, se entiende que Goya muestra a hombres que trabajan, así como a aquellos que descansan o se dedican de cualquier modo al ocio,

---

[1] Anton Kaufhold, *Spanien wie es gegenwärtig ist, in physischer, moralischer, politischer, religiöser, statistischer und literarischer Hinsicht aus den Bemerkungen eines Deutschen, während seines Aufenthaltes in Madrid in den Jahren 1790, 1791 und 1792*, 2 vol., Gotha, Carl Wilhelm Ettinger, 1797, vol. 1 (1797), 307.

según la primera definición del *Diccionario de Autoridades*: «Cessación del trabájo, inacción ò total omission de hacer alguna cosa».[2] En comparación con los numerosos *Caprichos* que muestran la ociosidad, los que representan el trabajo son considerablemente menos. Tales *Caprichos* representan, sin embargo, varias acciones artesanales o profesionales como el hilar en el *Capricho 44* (*Hilan delgado*), pero también la actividad de un charlatán arrancando los dientes a sus sufridores pacientes (*Capricho 33*) o de un médico tomando el pulso del enfermo agonizante en el *Capricho 40*. En los últimos ejemplos se puede ver que unos son los personajes activos, mientras que otros tienen que aguantar o padecer pasivamente sus acciones. Otros *Caprichos* parecen ambiguos en cuanto al tema: los unos trabajan para que los otros puedan descansar o disfrutar de los resultados de sus esfuerzos. Este es el caso en cuanto a las prostitutas que despluman a sus clientes como gallinas (*Capricho 19* y *20*) o que son, por su parte, desplumadas por los alguaciles (*Capricho 21*), o en el caso del mono que toca la guitarra en el *Capricho 38* o de otro mono que pinta un retrato en el *Capricho 41*.

El trabajo y la ociosidad pueden estar en una estrecha relación recíproca: el *Capricho 11* (*Muchachos al avío*) presenta un grupo de salteadores que descansan juntos comiendo y bebiendo antes de empezar su oficio de robar a los viajeros. En muchos casos, no se puede decidir claramente si el grabado tematiza el trabajo o la ociosidad. Las acciones representadas en algunos grabados consisten en un acto de comunicación verbal, muchas veces una charla entre una vieja mujer y una joven, no pocas veces como diálogo entre una prostituta y la alcahueta o su cliente. En este contexto pueden ser incluidas también las escenas del cortejo entre amantes (*Capricho 5*, *6* y *7*), desde una perspectiva en la que el amor se valora como una parte integrante de la ociosidad.

---

[2] *Diccionario de la lengua castellana, en que se explica el verdadero sentido de las voces, su naturaleza y calidad, con las phrases o modos de hablar, los proverbios o refranes, y otras cosas convenientes al uso de la lengua*, 6 vol., Madrid, Francisco del Hierro, 1726-1739, vol. 5 (1737) (Reimpresión Madrid, Gredos, vol. 5 [1984]), 15. Sobre los conceptos de ocio cf. también Esteban de Terreros y Pando, *Diccionario castellano con las voces de ciencias y artes y sus correspondientes en las tres lenguas francesa, latina é italiana*, 4 vol., Madrid, Viuda de Ibarra, 1786-1793, vol. 2 (1787) (Reimpresión Madrid, Arco Libros, vol. 2 [1987]), 692: «descanso, estado de una persona que no tiene que hacer ó puede emplear el tiempo bien y como le convenga». Sobre la historia de los conceptos ocio y ociosidad cf. Fritz Schalk, «Otium im Romanischen», en: Brian Vickers (ed.), *Arbeit, Musse, Meditation. Betrachtungen zur «Vita activa» und «Vita contemplativa»*, Zürich, Verlag der Fachvereine Zürich, 1985, 225-256; Francisco Núñez Roldán (ed.), *Ocio y vida cotidiana en el mundo hispánico en la edad moderna*, Sevilla, Universidad de Sevilla, 2007.

Fig. 1: Francisco de Goya: *Capricho 43*

También en el *Capricho 43* (Fig. 1), el más famoso de la serie, la ociosidad del artista es uno de los temas más provocadores de este complejo grabado, teniendo en cuenta que el ocio del artista parece ser algo ambiguo: el cuerpo del que duerme no parece estar en absoluto relajado. Su postura es incómoda, algo forzada; se encuentra en un estado de incertidumbre que lo sitúa entre estar sentado y acostado. La tensión acumulada en el interior de su cuerpo se ve reforzada por el hecho de que, partiendo del plano frontal de sus piernas y pies, está ladeado por el eje central hacia la derecha. Pese a su estatismo, el cuerpo del hombre transmite un intenso dinamismo interior. Ya solo su mano derecha, que se apoya sobre la izquierda al igual que su pie derecho se cruza sobre el izquierdo, parecen estar relajados, distendidos, como si flotaran, como si hubieran dejado de estar adheridos al suelo.[3]

La representación del hombre que duerme está reducida a su corporalidad, lo que nos indica que en este preciso momento su cuerpo se encuentra en un estado de enorme indefensión y vulnerabilidad, en el relajo y la debilidad del sueño, sin consciencia de las amenazas que podrían ponerlo en peligro. En él se centra la voluntad de conocimiento, pero de él parte también esa misma voluntad, tal como se muestra en la visión onírica que se origina en su cabeza mientras duerme. El hombre es, así pues, sujeto y objeto de la reflexión y de la búsqueda del conocimiento en el sueño, el engendro de la fantasía que fluye de él. La referencia a uno mismo y el conocimiento de sí mismo están aquí estrechamente relacionados. Este hombre no se presenta en su proceso creativo, como representante activo del éxito profesional capaz de llevar a la práctica sus ideas artísticas con imaginación y confianza en sí mismo, sino como un momento de la ociosidad. No es un artista inspirado por Dios o un creador vigoroso, sino un hombre agotado.

Especialmente reveladora en cuanto al tema del ocio en el *Capricho 43* será una mirada sobre su génesis. En el primer borrador (Fig. 2), la posición de las manos se corresponde con la posición de las manos que John Bulwer (1606-1656) ilustra bajo la letra C, a las que atribuye el significado «Ploro» (Lloro),[4] en suttratado *Chirologia. Or The Natvrall Langvage of the Hand. Composed of the Speaking Motions, and Discoursing Gestures thereof* (*Quirología o el lenguaje natural de la mano. Compuesto por los movimientos hablantes y sus gestos discursivos*), aparecido en Londres en 1644 (Fig. 3).[5] La postura de los manos es el símbolo de la tristeza o melancolía.

---

[3] El análisis estructural muestra que el cuerpo del que duerme está perfectamente incluido en la estructuración cuadricular del Capricho 43. Cf. Helmut C. Jacobs, *El sueño de la razón. El 'Capricho 43' de Goya en el arte visual, la literatura y la música*, trad. Beatriz Galán Echevarría y de Helmut C. Jacobs, Madrid, Iberoamericana, 2011, 40 sq.; 40, fig. 16.

[4] Para la descripción de este gesto cf. John Bulwer, *Chirologia. Or The Natvrall Langvage of the Hand. Composed of the Speaking Motions, and Discoursing Gestures thereof. Whereunto is added Chironomia. Or, the Art of Manvall Rhetoricke. Consisting of the Naturall Expressions, digested by Art in the Hand, as the chiefest Instrument of Eloquence, by Historicall Manifestos, Exemplified Out of the Authentique Registers of Common Life, and Civill Conversation*, London, Thomas Harper, 1644, Reimpresión New York, AMS Press, 1975, 28 sq.

[5] Sobre Bulwer cf. James Knowlson, *Universal language schemes in England and France. 1600-1800*, Toronto et al., University of Toronto Press, 1975, 211-223; Dilwyn Knox, «Ideas on gesture and universal languages, c. 1550-1650», en: John Henry/Sarah Hutton (eds.), *New Perspectives on Renaissance Thought. Essays in the history of science, education and philosophy, in memory of Charles B. Schmitt*, London, Gerald Duckworth, 1990, 103; 111 sq.; 122.

Fig. 2: Francisco de Goya: Primer borrador del *Capricho 43*

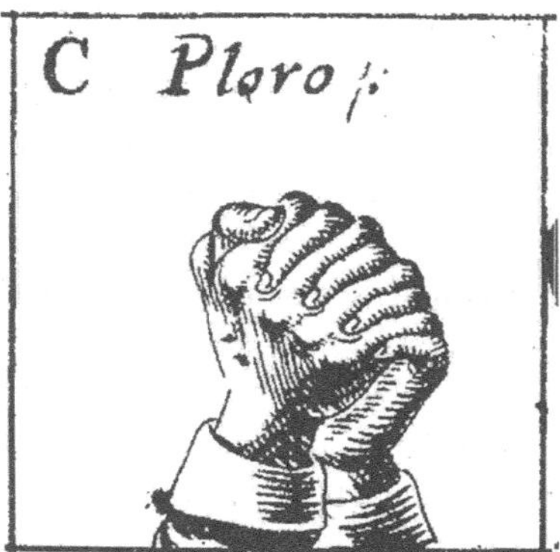

Fig. 3: John Bulwer: *Chirologia*

Fig. 4: Francisco de Goya: Segundo borrador del *Capricho 43*

En el segundo borrador (Fig. 4) y en la versión definitiva, por el contrario, la posición de las manos se corresponde con la posición que Bulwer ilustra bajo la letra I (una sobre la otra), cuyo significado reza «Otio indulgeo» (Me entrego al ocio).[6]

Es evidente que la posición de las manos del primer borrador manifiesta tristeza o duelo, mientras que la del segundo borrador ilustra la ociosidad, tal como se deriva de varios tratados de la época, el significado que Bulwer atribuye a esta pose fue entendido del mismo modo en tiempos de Goya. En su *Arte de pintar* (1774), Gregorio Mayáns y Siscar (1699-1781) mencionó varios tipos de posiciones de las manos, así como sus significados, y definió las manos plegadas como expresión de desidia: «Las

[6] Para la descripción de este gesto cf. Bulwer, *Chirologia*, 35-38.

manos sobre los lomos, arguyen un dolor insufrible; puestas sobre la cabeza, un gran sentimiento. Plegadas, pereza o desidia; i lo mismo denotan los brazos cruzados».[7]

Desde el punto de vista de la gesticulación manual, Goya realizó un giro significativo de la expresión afectiva. En lugar de la tristeza, en el segundo borrador se manifiesta la ociosidad que se incluye en el gesto melancólico de la posición corporal como elemento significativo.

Además, la leyenda *El sueño de la razón produce monstruos* en la última versión del *Capricho 43* se puede adjudicar al tema del ocio, y antes de Goya, la expresión metafórica de la razón que duerme ya se encuentra de forma completamente explícita en el *Libro del agrado*, de 1785, de Luis de Eijoecentes: «La cuna, donde se arrulla el vicio, y se adormece la razon, es la ociosidad, madre comun de todos los delitos, y desgracias del hombre».[8]

Entre la multitud de aspectos de la ociosidad en los *Caprichos* quisiera analizar tres, explicándolos mediante unos ejemplos muy significativos:

1. la ociosidad de la nobleza
2. la ociosidad en la familia
3. la ociosidad como forma de vida ideal en la Iglesia

Ya para los contemporáneos de Goya –y aún más para las generaciones siguientes a lo largo del siglo XIX– muchos de los *Caprichos* resultaban tan enigmáticos que desde los primeros decenios del siglo se produjeron comentarios manuscritos anónimos, imprescindibles para aclarar su sentido. Dichos comentarios se pueden referir al conjunto de un *Capricho* (en tanto que combinación de imagen y texto) o solamente a uno de sus componentes (al texto o a la imagen, o a un elemento singular del uno o de la otra). Los más conocidos son el comentario del Prado,[9] el de

---

[7] Gregorio Mayáns y Siscar, *Obras completas*, edd. Antonio Mestre Sanchis, 5 vol., Valencia, Ayuntamiento de Oliva, 1983-1986, vol. 5 (1986), 172.

[8] Luis de Eijoecente, *Libro del agrado, impreso por la Virtud en la Imprenta del Gusto, á la moda, y al ayre del presente siglo. Obra para toda clase de personas, particularmente para los Señoritos de ambos sexôs, Petimetres, y Petimetras. Dedicado á la mas Augusta, Excelsa, y Magestuosa Diosa Cibeles*, Madrid, Joachin Ibarra, 1785, 161. Cf. Agustín Martínez de las Heras, «La crítica al gusto afrancesado en la España de Carlos IV. El fenómeno 'currutaco'», en: *Revista de História das Ideias* 10 (1988), 394.

[9] El manuscrito del Prado, titulado «Explicac^{n}. de los Caprichos de Goya escrita de propia mano», perteneció al historiador y artista aragonés Valentín Carderera y Solano (1796-1880).

Ayala[10] y el de la Biblioteca Nacional de España.[11] No obstante, existen muchos más, de índole independiente o más o menos dependientes de otros comentarios, en parte copiados varias veces, no en pocas de ellas con variaciones y variantes, e incluso comentarios manuscritos en francés e inglés.

Para el análisis de estos tres aspectos del ocio, presentaremos algunos resultados de nuestro proyecto de investigación que tiene por objeto publicar una edición crítica de todos los comentarios manuscritos anónimos del siglo XIX, apoyado por la *DFG* (*Deutsche Forschungsgemeinschaft*). Con la edición de los textos originales, traducimos los textos españoles, franceses e ingleses al alemán, de manera que la edición alemana será una edición plurilingüe.[12] Después de la publicación de esta edición plurilingüe alemana, con nuestras interpretaciones también en alemán, realizaremos, por supuesto, una edición española. Los trabajos de René Andioc que representan el estado actual de los conocimientos sobre el tema, han sido el punto de partida de nuestra búsqueda e investigación sobre el corpus de los comentarios manuscritos de los *Caprichos*.[13] Ya hemos terminado la búsqueda en bibliotecas, archivos y colecciones particulares de los manuscritos, cuya cantidad supera toda previsión: son, en conjunto, más de cincuenta manuscritos. También hemos descubierto manuscritos o variantes nunca mencionados hasta hoy en la literatura sobre la obra de Goya. En primer lugar, vamos a distinguir las *explicaciones*, que se corresponden con los diversos textos relativos a los distintos *Caprichos*, de los *comentarios*, que se corresponden con los distintos manuscritos.

Entretanto, hemos dado un gran paso hacia la solución de la cuestión irresuelta de si los comentarios, o al menos parte de ellos, fueron escritos por el propio Goya o por personas pertenecientes a su círculo de amistades. Hemos descubierto que el primer comentario fue el comentario Ayala, del cual, sin embargo, hemos descubierto una copia manuscrita en una biblioteca rusa. El comentario Prado, escrito por la propia mano de Goya, no es solamente la réplica al comentario Ayala, sino más bien la copia de

---

10 Este manuscrito perteneció al político y dramaturgo Adelardo López de Ayala y Herrera (1828-1879). Cf. Cipriano Muñoz y Manzano, Conde de la Viñaza, *Goya. Su tiempo, su vida, sus obras*, Madrid, Manuel G. Hernández, 1887, 327-359.

11 El manuscrito (signatura: Ms. 20.258, n. 23) se titula «Explicación de los Caprichos Satíricos de Goya».

12 Agradezco las muchas sugerencias y fructíferas discusiones a los dos colaboradores científicos del proyecto apoyado por la DFG, Mark Klingenberger y Dr. Nina Preyer.

13 Cf. René Andioc, *Goya. Letra y figuras*, Madrid, Casa de Velázquez, 2008, 197-256.

otro comentario, hoy en paradero desconocido en los Estados Unidos, del cual hemos conseguido, sin embargo, una fotocopia que consta de varias hojas de papel sueltas. Este comentario de hojas sueltas es un comentario colectivo en el cual se pueden distinguir nueve distintas escrituras, así pues nueve diferentes personas, muy probablemente amigos de Goya que se repartieron las réplicas al comentario Ayala, asignando a cada uno cierto número de explicaciones. En el contexto de las investigaciones sobre los *Caprichos* de Goya y la supuesta autoría de las explicaciones, esto será sin duda alguna un resultado importante.

En efecto es necesario interpretar estas explicaciones de los *Caprichos*: los textos manuscritos contienen informaciones y alusiones que acarrean problemas de comprensión, así pues, es necesario analizarlos e interpretarlos mediante otros textos de la época, como pueden ser obras literarias o relatos de viaje de extranjeros en España, entre otros. Ante la enorme cantidad de este corpus de manuscritos, nos limitaremos a unos pocos ejemplos muy significativos e intentaremos ilustrar, a través de algunos *Caprichos* concretos, las posibilidades de nuevas interpretaciones de detalles importantes en cuanto al tema del ocio y de la ociosidad en los *Caprichos*.[14] En cuanto a este tema, quisiera demostrar mediante ejemplos significativos que, en efecto, con algunas explicaciones será posible descifrar mensajes secretos que Goya ha escondido ingeniosamente en los *Caprichos* detrás de la máscara inocua del ocio y de la ociosidad. Otras explicaciones, por el contrario, se revelan como desvíos de sentido que más parecen encubrir el verdadero sentido de un grabado que desvelarlo.

1. La ociosidad de la nobleza

La función de la nobleza en la sociedad civil e ilustrada fue un tema intensamente discutido en el círculo de los ilustrados españoles del siglo XVIII. El sistema social del Antiguo Régimen, estructurado de modo feudal y jerarquizado, no fue cuestionado por parte de los ilustrados, pero surgió la pregunta acerca de la utilidad social de los ciudadanos y particularmente de los nobles que no trabajaban.[15] Se criticó la ociosi-

---

[14] En este artículo utilizamos ya las abreviaciones identificatorias delante de las explicaciones, que utilizaremos en la edición crítica en preparación.

[15] Cf. Helmut C. Jacobs, *Belleza y buen gusto. Las teorías de las artes en la literatura española del siglo XVIII*, trad. Beatriz Galán Echevarría, Madrid, Iberoamericana, 2001, 64.

dad (con el significado amplio de desaprovechamiento del poder productivo) reconociendo en ella un pecado capital que provoca las precariedades sociales y económicas, y se atacó la ociosidad de los nobles de sangre, cuya legitimación social fue puesta en tela de juicio. A partir de este siglo lo decisivo dejó de ser la herencia del título nobiliario y pasaron a serlo el mérito y las capacidades personales de cada uno. Así, y aunque aún se mantuvo el orden de clases, se apeló al noble y se le invitó al trabajo y a la virtud. La voluntad de introducir al noble de un modo activo en el proceso económico se manifestó de dos modos diferentes: los nobles ricos debieron invertir en manufacturas y talleres, y los hidalgos pobres renunciar a sus prejuicios sobre el trabajo manual y empezar a trabajar personalmente para ganarse el pan.

En siete folios consecutivos (desde el *Capricho 37* hasta el *42*), se representan asnos cuya incuestionable intención es la de criticar la estulti-

Fig. 5: Francisco de Goya: *Capricho 50*

cia en general y la arrogancia y ociosidad de la nobleza española, definida por su alcurnia y privilegios, pero inútil para la sociedad.[16] Goya criticó la contradicción entre el mérito real y las exigencias de los nobles, solamente heredadas por sus ancestros. La ociosidad de la nobleza la representó Goya en varios grabados: *Capricho 4* (*El de la Rollona*), *Capricho 39* (*Asta su abuelo*), *Capricho 50* (*Los Chinchillas*), de los cuales elegimos el último por ser la ilustración más evidente del ocio (Fig. 5).

Dos hombres, yacente el uno, de pie el otro, tienen un efecto claro en cuanto a la repartición del claroscuro en el grabado. Tienen los ojos cerrados y candados sobre los orejas, las bocas abiertas, paralizados por unas corazas. La ceguera de los dos ociosos del *Capricho 50* ha sido voluntariamente escogida, pues ambos cierran los ojos voluntariamente y dejan sin función a su oído mediante grandes candados metálicos. Uno de los dos hombres es alimentado con una cuchara por una tercera figura oscura al fondo que, con los ojos cerrados con una venda, tiene evidentemente orejas de asno. En medio de las tres figuras está un cesto, semejante al cesto en el *Capricho 4*. El hombre que yace delante tiene en su mano derecha un rosario, el hombre derecho de pie un espadín, parecido a la espada de taza en el *Capricho 21*. El rosario simboliza a la Iglesia, el espadín a la nobleza. La leyenda reza «Los Chinchillas», lo que se refiere a la familia de los Chinchillas, los protagonistas don Pedro de Chinchilla y su nieto don Lucas, en la pieza de teatro *El dómine Lucas*, de José de Cañizares (1676-1750), obra famosa en la época.[17] Además de esta obra de teatro es posible otra fuente de inspiración literaria que deja claro que se designaban como locos a los que vienen de Chinchilla: Vicente García de la Huerta (1734-1787) escribió en 1784 un poema con el título *El loco de Chinchilla. Fábula a la moda, esto es, insulsa y frívola*. Este poema trata de un loco de Chinchilla, que tenía la peculiaridad de batir a todos los que encontraba, sin que la policía le perseguiese o alguien le enjuiciase, hasta que conoció a un anciano de Albacete, que

---

[16] Sobre las ilustraciones de los asnos cfr. Sten Åke Nilsson, «The Ass Sequence in Los Caprichos», en: *Konsthistorisk Tidskrift* 46 (1977), 27-38.

[17] Cf. Edith F. Helman, *Jovellanos y Goya*, Madrid, Taurus, 1970, 183-199. Es bien conocido que las chinchillas son animales que pertenecen a una familia de roedores endémico de los Andes y son apreciados en peletería como piel de chinchilla. En los diccionarios del siglo XVIII figuran lemas de chinchilla para su denominación como roedores, pero ningún lema para la significación metafórica. Cf. *Diccionario de la lengua castellana*, vol. 2 (1729), 320. Esteban de Terreros y Pando, *Diccionario castellano con las voces de ciencias y artes y sus correspondientes en las tres lenguas francesa, latina é italiana*, Madrid, Viuda de Ibarra, vol. 1 (1786) (Reimpresión Madrid, Arco Libros, vol. 1 [1987]), 418.

llegó a Chinchilla y golpeó al loco de manera tan fuerte que murió, después de lo cual el pueblo dijo: «¡Otro loco anda en Chinchilla!».[18] El comienzo del poema reza:

Andaba en Chinchilla un loco
con la bellaca manía
de dar de palo a cuantos
topaba por su desdicha.[19]

La leyenda del dibujo preparatorio del *Capricho 50* [V50a] reza:

[V50a:] Pesadilla soñando q.[e] no me podia dispertar, ni desen-/rredar de mi nobleza en dandoles horribles mons/truos con la misma enfermedad.[20]

Esta es, obviamente, una crítica a la nobleza expresada por un noble mismo. Este se avergüenza de pertenecer a su clase social, a la vista de que cada vez hay más y más nobles que no se comportan conforme a su rango, y cierran su entendimiento en contra de la razón. Esta crítica aguda está representada con una visión de un sueño que el comentarista anónimo caracteriza como *Pesadilla* de la que tiene miedo despertarse, lo que expresa su posición pesimista frente al futuro desarrollo de su estado. Obviamente, no era suficiente escenificar esta crítica implacable de la nobleza como una visión de un sueño con el fin de ocultar su radical mensaje, porque el texto del dibujo preparatorio [V50a] se borró y fue sustituido por la explicación [V50b], en la que se indica el tema siguiente: «La enfermedad de la razón». Aquí toda la crítica de la nobleza fue aparentemente omitida y se trata de la amenaza de la razón en general. La referencia al grabado está más clara en esta explicación, ya que los dos hombres se sustraen simbólicamente a la razón con sus candados.

La explicación Ayala [A50] se refiere directamente al grabado. Las dos figuras anteriores son identificadas con nobles. La tercera figura al fondo, con las orejas de asno y los ojos vendados, es interpretada como alegoría de la ignorancia:

---

[18] Vicente García de la Huerta, *Poesías*, edd. Miguel Ángel Lama, Mérida, Editora Regional de Extremadura, 1997, 485.

[19] García de la Huerta, *Poesías*, 484.

[20] Cf. Wilson Bareau, *Goya*, 203; Blas/Matilla/Medrano, *El libro de los Caprichos*, 271, ilustración a la izquierda.

[A50:] 50. Los necios preciados de nobles se entregan á la araganeria y Superstición y cier-/ran con candados su entendimiento mientras los alimenta groseram.[te] la ignoran-/cia.

La crítica se dirige obviamente contra la nobleza que se dedica a la ociosidad y la superstición. Explicando que los nobles mismos son los que cierran su entendimiento con candados, son implícitamente ellos mismos denunciados como los que han causado su ignorancia, lo que se corresponde justamente con la famosa definición de la Ilustración de Immanuel Kant (1724-1804), en cuanto a la inmadurez de propia responsabilidad que es la incapacidad de servirse de su entendimiento sin la dirección de otro. Así, la ociosidad (haraganería) representa también la inactividad y pereza mentales de los nobles como causa de la ignorancia, mientras que la superstición es su consecuencia. Esta crítica es particularmente radical porque los que son estimados como nobles no se comportan conforme a su rango, sino que se distinguen por su ignorancia. Al señalar que los nobles son apreciados como tales por el pueblo, la reprobación se refiere a toda la sociedad, que es demasiado ignorante como para descubrir el juego y las falsas apariciones de los nobles.

En las explicaciones Kollektiv [K50], Prado [P50] y en las explicaciones de la línea Prado, las dos figuras claras son identificadas como miembros de la familia Chinchillas, lo que se completa con la advertencia de que son inútiles para la sociedad, tanto en el pasado como en el presente:

[P50:] 50 El que no oye nada ni sabe nada, ni hace nada, pertenece ala numerosa familia delos/Chinchillas q.[e] nunca à servido de nada.

Los miembros de la familia se caracterizan por el hecho de que no oyen nada, por lo que no están dispuestos a aprender, no saben nada, no hacen nada y se dedican a la ociosidad. En contraste con la explicación Ayala [A50], que no se refiere a la leyenda del grabado, en las explicaciones Kollektiv [K50] y Prado [P50] esta es retomada, señalada en la explicación Prado [P50] por el subrayado y desarrollada. En las explicaciones Kollektiv [K50] y Prado [P50] la nobleza no es citada explícitamente y tampoco resulta tan evidente la conexión con las ideas de la Ilustración, porque hace falta la referencia al entendimiento. Se caracteriza muy generalmente al que se hace sordo y además ignorante y perezoso, de suerte que para la comprensión de la explicación del grabado cada uno tiene que deducir la referencia a la nobleza mediante las diversas alusiones o directamente de la impresión que emana del grabado.

En la explicación Rauch [R50] las dos figuras claras nos son identificadas con la nobleza, sino con los militares:

[R50:]
50.
Lamina cincuenta
Representa dos hombres de militar,/ridiculam.[te] vestidos: ambos tienen/un candado en las orejas, y una fi-/gura q.[e] parece un Diablillo les dá de/comér.
Explicacion
El que no hoye nada, ni save nada,/ni hace nada, pertenece á la nume-/rosa familia de los chinchillas, que/nunca ã servido de nada.

La figura oscura es comparada con un *diablillo.*[21] Sobre la relación de las tres figuras, entre ellas solamente se dice que la figura oscura alimenta a los otros dos.
En algunas explicaciones de la línea Prado se añade al final del texto una abreviación que significa *Nobleza Hereditaria.*[22]

[BI50:] 50.° El que no oye nada, ni hace nada, pertenece ála numerosa familia de/los Chinchillas que nunca ha servido de nada (N. H.)
[FW50:]
Num.° 50
El que no oye nada, ni hace nada pertenece á la numerosa familia de los Chinchillas que nun-/ca ha servido de nada. (N.ª H.ª)
[NS50:]
P. 50.
El que no oye nada ni hace nada pertenece á la/numerosa familia de los Chinchillas que nunca han/servido de nada. (N.ª H.ª)

León de Arroyal (1755-1813) escribe sobre la *nobleza hereditaria* en sus *Cartas económico-políticas*:

El sistema de nuestra nobleza hereditaria, de nuestros escudotes y nuestras órdenes militares, hubieran causado en la China el mismo quijotismo que en España; [...].[23]

---

[21] Sobre el concepto diablillo cf. *Diccionario de la lengua castellana*, vol. 3 (1732), 258.

[22] Andioc resuelve la abreviación con «Nuestra Hidalguía» lo que sería posible teóricamente, pero no se utiliza, sin embargo, esta locución en la discusión sobre la nobleza al final del siglo XVIII. Cf. Andioc, *Goya*, 217, n. 53.

[23] León de Arroyal, *Cartas económico-políticas (con la segunda parte inédita)*, edd. José Caso González, Oviedo, Universidad de Oviedo, 1971, 111 [Cuarta Carta, fechada del 13 de julio de 1789 de San Clemente].

En particular, José Cadalso (1741-1782) excede los límites de la discusión sobre la nobleza hereditaria en su novela epistolar *Cartas Marruecas*, con la siguiente definición:

Nobleza hereditaria es la vanidad que yo fundo en que, ochocientos años antes de mi nacimiento, muriese uno que se llamó como yo me llamo, y fue hombre de provecho, aunque yo sea inútil para todo.[24]

En la explicación Stirling Maxwell [SM50] los necios son identificados explícitamente con la nobleza:

[SM50:] 50. Los necios preciados de nobles son satirizados por su desi-/dia habitual y su superstición. Recostados floxam.[te],/siempre con su espadin atravesado, su rosario en la/mano, y su entendimiento cerrado à candado, son ali-/mentados grosera y abundant.[te] p.[r] la ignorancia.

Se destaca que solamente tales nobles que se abandonan al ocio y a la superstición son el tema de la sátira, pero no la nobleza en general. Los motivos del grabado son descritos muy detalladamente, en una combinación de la écfrasis con la interpretación: se mencionan atributos como el rosario, símbolo de la Iglesia, o el espadín, símbolo de la moda y de la petulancia, además del candado, símbolo de la inmovilidad mental y la ignorancia. También en la explicación Stirling Maxwell [SM50] la figura oscura al fondo es interpretada como alegoría de la ignorancia, como en la explicación Ayala [A50].

En las explicaciones de la línea Stirling-Maxwell, grupo I, se denomina a las figuras necias ya se las identifica como nobles, por ejemplo en la explicación Biblioteca Nacional de España [BNE50]:

[BNE50:] 50. Los necios preciados de nobles siempre están con su executoria al pecho, reclinados desidiosa-/mente, rezando como unos fanáticos el rosario, y/bostezando. La ignorancia les alimenta grosera-/mente, y tienen su entendimiento cerrado á cand.[do]

Su señal de identificación es la *executoria*, lo que quiere decir la *carta executoria* con la que se puede documentar su nobleza.[25] En efecto, aquí se tematiza también la cuestión de la valoración de los nobles por parte de los que los alimentan. Se destaca el gran contraste entre la valoración

---

[24] José Cadalso, *Cartas marruecas. Noches lúgubres*, edd. Russell P. Sebold, Madrid, Cátedra, [5]2005, 197 [Carta XIII]. Cf. Hans-Joachim Lope, *Die «Cartas marruecas» von José Cadalso. Eine Untersuchung zur spanischen Literatur des XVIII. Jahrhunderts*, Frankfurt a. M., Vittorio Klostermann, 1973, 129 sq.

[25] Sobre la carta executoria cf. *Diccionario de la lengua castellana*, vol. 3, 678.

de los otros y la situación verdaderamente innoble de partes de la nobleza. Es más que una crítica de la nobleza, ya que implica también una crítica de los que estiman a los nobles aunque estos no merezcan este aprecio y respeto.

En las explicaciones de la línea Stirling-Maxwell, grupo II, los nobles son identificados explícitamente como protagonistas del grabado, por ejemplo en la explicación Sánchez Gerona [SG50]:

> [SG50:] 50. Los que hacen alarde desunobleza pasan lavida enla araganeria, hechan candados asu enten/dimiento, y son alimentados groseramente p.^{r} laignorancia.

Por lo demás, también este grupo de explicaciones se corresponde con la explicación Ayala [A50].

2. La ociosidad en la familia

La ociosidad en la familia parece ser el tema del *Capricho 73* (Fig. 6), cuya leyenda *Mejor es holgar* propaga la ociosidad como ideal en el campo de la vida privada o familiar. Un grupo de tres personas se dedica a la elaboración del hilo. A la derecha está en pie una joven que sostiene un ovillo de hilo en ambas manos. A la izquierda hay un hombre sentado en un jergón, y que con las dos manos extendidas hacia adelante está ayudando a la joven a desenmarañar la madeja de lana. Al fondo se encuentra una anciana que enrolla el hilo en una bobina. En el siglo XVIII la actividad de hilar era todavía una parte integral del trabajo doméstico de las mujeres. Además, también sirvió para el empleo y la educación de las prostitutas arrestadas en la cárcel de San Fernando.[26]

El análisis de los comentarios contemporáneos del *Capricho 73* nos revelará problemas fundamentales que se esconden bajo esta apariencia inocua y esta llamada en favor del ocio.

La leyenda manuscrita de la prueba del *Capricho 73* [KP73] reza «~~que te cansas?~~/mejor es holgar.». En esta leyenda podría ser articulada la voz de la joven delante del hombre. La pregunta fue tachada, de manera que solo quedó un contenido general, idéntico con la leyenda.

[26] Una ilustración de estas actividades en la prisión de San Fernando se encuentra en el dibujo del álbum B 84. Cf. Pierre Gassier/Juliet Wilson/François Lachenal, *Goya. Leben und Werk*, Köln, Benedikt Taschen Verlag, 1994, 175, n. 442.

Fig. 6: Francisco de Goya: *Capricho 73*

2.1 Crítica a la negligencia y al olvido del deber de las mujeres

La explicación Ayala [A73] ofrece la aserción de que algunas mujeres prefieren descuidar sus deberes en el hogar en lugar de cumplirlos concienzudamente:

[A73:] 73. Mas quieren las mugeres echarse á bribia q.e desenmara[ña]r madejas y trabajar/en casa.

Que las mujeres tengan la tendencia a descuidar sus deberes del hogar se indica como tema del grabado, lo que es especificado como «echarse á bribia». El concepto *bribia* o su sinónimo *briba* lo define el *Diccionario de Autoridades* así: «En la Germanía es el arte y modo de engañar con buenas palabras, halagando, y alegrando à uno, como hacen las Gitanas».[27] Esto implica que el que quiere engañar a alguien se presenta como pobre y describe su estado como miserable para inspirar compasión y para captar algo sin trabajar: «La holgazanería y arte picaresca de los que fingen miséria, y hacen arenga de pobres, por no trabajar, y vivir à su libertad».[28] La palabra *bribar* es sinónimo de *mendigar.*[29] En el *Diccionario de la lengua castellana* de 1770 está lexicalizada la locución *echar la bribia*: «Hacer harenga de pobre, representando necesidad y miseria».[30] Así pues, la *briba* o *bribia* se relacionó estrechamente con la ociosidad y, la negativa a trabajar se enjuició como engaño insidioso, sirviendo como ejemplo en la explicación Ayala [A73] el trabajo doméstico de preparar los hilos para hilar. El verbo utilizado *desenmarar* no figura en los diccionarios y es quizá un error ortográfico o una variante regional del verbo *desenmarañar.*[31]

2.2 Interpretación general y sexual

Las explicaciones Kollektiv [K73] y Prado [P73] contraponen a la explicación Ayala [A73] una sentencia muy general:

[K73] 73. Si el que mas trabaja es el que menos goza, tiene razon mejor/es holgar.
[P73:] 73 Si el q.[e] mas trabaja es el q.[e] menos goza, tiene razon mejor es [h]olgar

Es casi una exhortación para holgar o descansar al instante. El verbo *gozar* es ambiguo porque además del placer en general puede referirse también al placer sexual. No son mencionadas explícitamente las mujeres como en la explicación Ayala [A73], sino que las explicaciones Kollektiv [K73] y

---

[27] *Diccionario de la lengua castellana*, vol. 1 (1726), 681. Sobre el concepto brivia cf. Juan Hidalgo, «Bocabulario de Germanía, compuesto por Juan Hidalgo», en: Gregorio Mayáns y Siscar (ed.), *Orígenes de la lengua española*, 2 vol., Madrid, Juan de Zúñiga, vol. 2 (1737) (Reimpresión Madrid, Atlas, vol. 2 [1981]), 282: «Halagar con buenas razones, para engañar a alguno». Cf. también Rafael Salillas, *El delincuente español. El Lenguaje (estudio filológico, psicológico y sociológico) con dos vocabularios jergales*, Madrid, Librería de Victoriano Suárez, 1896, 117, n. 3; 275: «arte y modo de engañar halagando con buenas palabras».

[28] *Diccionario de la lengua castellana*, vol. 1, 681.

[29] Sobre el concepto bribar en la germanía cf. John M. Hill, *Voces germanescas recogidas y ordenadas*, Bloomington, Indiana University, 1949, 31; María Inés Chamorro Fernández, *Tesoro de villanos. Lengua de jacarandina. Rufos, mandiles, galloferos, viltrotonas, zurrapas, carcaveras, murcios, floraineros y otras gentes de la carda*, Barcelona, Herder, 2002, 175.

[30] *Diccionario de la lengua castellana*, vol. 1, 532.

[31] Sobre el concepto desenmarañar cf. *Diccionario de la lengua castellana compuesto por La Real Academia Española, reducido á un tomo para su mas fácil uso*, Madrid, Joaquín Ibarra, 1780, 339; Terreros y Pando, *Diccionario castellano*, vol. 1, 640.

Prado [P73] son neutrales en cuanto al sexo, de manera que son válidas para los dos sexos a la vez.

En la explicación Rauch [R73] el grabado es insertado, sin justificación ni razones, en las ilustraciones de brujas de la serie, lo que parece poco convincente:

[R73:]
73.
Lamina setenta y tres
Representa un Brujo y una Bruja sentados,/con la mano del uno sobre la del otro, en una/inaccion, y delante una muger d[e]recha, con las/manos juntas sobre las basquiñas, que parece/está enbelesada.
<u>Explicacion</u>
Si el que mas trabaja es el q.[e] menos goza,/tienen razon; mejor es holgár.

Obviamente, el comentarista no reconoció el proceso de la elaboración del hilo, y en su lugar vio en los movimientos de la mano de la vieja y del hombre el gesto de un ritual de brujas. La actitud distraída de la joven la interpretó, en este contexto, como resultado del hechizo.

2.3 La ociosidad como prepuesto para abusos sexuales de las esposas

El autor de la explicación Stirling Maxwell [SM73], quien conoció ambas explicaciones, Prado [P73] y Ayala [A73], desarrolló a partir de estas su propia interpretación, esbozando una escena en el seno de una familia:

[SM73:] 73. Un mentecato marido tiene la madeja, q.[e] se enreda/en manos de su suegra, la muger adevana,[32] pero/mientras se desenmaraña indica en una aptitud de/floxedad y lascivia, q.[e] mas cuenta la tiene echarse/à la bribia.

El hombre es identificado como marido necio, la vieja como su suegra, la joven como la consorte perezosa que descuida sus deberes de hogar en favor de sus placeres sexuales, lo que podría implicar también el adulterio. El autor anónimo describe minuciosamente el trabajo de las tres personas en el grabado como tres fases en la preparación del hilo. Con las palabras «floxedad y lascivia» la explicación Stirling Maxwell [SM73] no pone solamente la ociosidad en relación con la sexualidad, sino que propone también una interpretación sexual del grabado. Por consiguiente, de esto

---

[32] El verbo *adevanar* no figura en los diccionarios del siglo XVIII, pero sí el verbo *devanar*. Cf. *Diccionario de la lengua castellana*, vol. 3, 248: «Reducir à ovillos las madéxas de hilado, que están en la devanadéra». Cf. Terreros y Pando, *Diccionario castellano*, vol. 1, 668.

resulta ciertamente también otra interpretación sexual para la leyenda «Mejor es holgar.». Porque el concepto *holgar* particularmente en su forma arcaizante- *folgar* con efe inicial-[33] sugiere el acto sexual y fue sinónimo de *copular*.[34] Por tanto uno podría comprender la leyenda «Mejor es holgar.» también en el sentido de *Mejor es copular*, lo que es sugerido por dicha interpretación sexual de la explicación Stirling Maxwell [SM73].

También en las explicaciones de otros comentarios de la línea Stirling-Maxwell, grupo I, se presenta la ficción de una escena familiar con marido, suegra y esposa, pero aquí se le atribuyen a toda la familia vicios y malas costumbres, por ejemplo en la explicación Biblioteca Nacional de España [BNE73]:

[BNE73:] 73. Una familia viciosa dificilmente se sujeta/á las ocupaciones honestas caseras. El bestia del/marido se pone á tener la madeja, se enreda;/la suegra la desenmaraña y la muger se cansa/y manifiesta en sus ademanes que la tiene mas/cuenta echarse á la brivia.

En las explicaciones Nelson Atkins [NA73] y Bareau [B73] la maldad y el vicio de la esposa son intensificados mediante el adjetivo *viciosa* y el adverbio *pronto*:

[NA73:] 73. Una familia viciosa es dificil que se sujeta/á las ocupaciones honestas caseras. El bestia del marido se/pone á tener la madeja, se enreda, la suegra la desenmaraña, y la/Muger Viciosa se cansa pronto, y manifiesta en sus ademanes/que mas Cuenta la tiene echarse á la bribia.

[B73:] 73. Una familia viciosa es dificil q.ᵉ se sujete álas Ocupaciones/honestas honestas caseras – El bestia del marido se pone á tener la/madeja, se enreda, la suegra la desenmaraña, y la/muger viciosa se cansa pronto, y manifiesta en sus ademanes/que mas cuenta la tiene echarse á la bribia. –

Las explicaciones de la línea Stirling-Maxwell, grupo II, se corresponden con la explicación Ayala [A73], aunque tengan una expresión más inocua, por ejemplo en la explicación Sánchez Gerona:

---

[33] Sobre el concepto folgar cf. Terreros y Pando, *Diccionario castellano*, vol. 2, 174: «antic. holgar, divertirse con alguna mujer». En el *Diccionario de Autoridades folgar* es caracterizado como sinónimo de *holgar*. Cf. *Diccionario de la lengua castellana*, Madrid, Joaquín Ibarra, 1791, 431: «Lo mismo que HOLGAR».

[34] Sobre las connotaciones sexuales de holgar cf. Camilo José Cela, *Enciclopedia del erotismo*, 4 vol., Barcelona, Ediciones Destino, 1982-1986, vol. 3 (1984), 167 sq.; Susanne Dittberner, *Traum und Trauma vom Schlaf der Vernunft. Spanien zwischen Tradition und Moderne und die Gegenwelt Francisco Goyas*, Stuttgart et al., Verlag J. B. Metzler, 1995, 351.

[SG73:] 73. Mas agradable y facil eshecharse una Muger alabribia quedesenrredar madejas y travajar ensu casa.

En la explicación inglesa Dobree [DOe2-73] el tema del grabado es indicado en forma abstracta como pereza, y esta sería el primer paso hacia la seducción:

[DOe2-73:] 73 Idleness the firststep towards seduction

El texto es muy ambiguo y motiva más bien a la reflexión sobre el sentido de la imagen del grabado en vez de ofrecer una clara solución. Ni está claro el sentido de qué quiere decir seducción ni en qué relación están la pereza y la seducción. ¿Es la pereza pues el vicio más grande?

Juan Antonio Llorente (1756-1823)[35] menciona que en este grabado son tematizadas las consecuencias de una mala educación, y construye con esto una relación con el tema general, pero no específico de la educación, tratada ciertamente con más claridad en algunos otros *Caprichos*:

[LL73:] N. 25,, 26,, 73 scénnes[36] qui preuvent une/mauvaisse[37] education.

En todas las interpretaciones publicadas a lo largo del siglo XIX, particularmente en las francesas, el tema es la relación entre el marido y su esposa, pero no la familia. En comparación con las explicaciones manuscritas españolas son inocuas y muy superficiales.

[35] Juan Antonio Llorente, del cual Goya pintó un retrato entre 1810 y 1811, fue ordenado sacerdote en 1779 y ascendió rápidamente en la jerarquía de la Iglesia. Como Comisario y Secretario de la Inquisición de la Corte le fue dado el encargo en 1793 de analizar la situación actual de la Inquisición, y en este contexto describió los abusos y confió el manuscrito con sus resultados a Gaspar Melchor de Jovellanos (1744-1811). Como partidario del movimiento de reforma jansenista, fue destituido de sus cargos en 1801 y puesto bajo arresto domiciliario. Bajo el dominio francés en España propuso a Napoleón la secularización del clero y la disolución de las órdenes religiosas. En 1813 tuvo que huir a Francia; vivió desde 1814 en París, donde en 1817 y 1818 publicó los cuatro volúmenes de su *Histoire critique de l'Inquisition*.

[36] Recte: scènes.

[37] Recte: mauvaise.

Fig. 7: Francisco de Goya: *Capricho 79*

3. La *ociosidad* como forma de vida supuestamente ideal en el clero y el monasterio

Goya nos muestra en los *Caprichos 78, 79* y *80* que por debajo de la apariencia ideal de la vida supuestamente contemplativa en el clero y en los monasterios se esconden, sin embargo, acciones criminales y hasta crímenes capitales por parte de los clérigos o monjes, pero en una forma muy extrema y absolutamente inapropiada. En los tres últimos *Caprichos* de la serie, Goya critica el ocio en la vida clerical y monástica no solamente como presupuesto para el pecado, sino como apariencia falsa bajo la cual los clérigos esconden abusos capitales.[38] En este artículo

[38] En otro artículo hemos analizado las explicaciones contemporáneas del Capricho 80 que denuncian el abuso sexual de niños por parte de clérigos: se les acusa a éstos de practicar la pederastia

analizaremos solamente el penúltimo *Capricho 79* (Fig. 7) que parece ser una representación ilustrativa de la vida cómoda y ociosa de los clérigos y monjes.

3.1 Las explicaciones del *Capricho 79*

En el *Capricho 79* algunos clérigos están echando copas y beben vino, lo que se deduce de la bota de vino. La figura en primer plano, con indumentaria negra, sentada de espaldas al espectador del grabado, tiene el vaso más grande. Hay tres monjes tras la figura oscura, de los cuales los dos exteriores tienen un vaso de vino en sus manos; la persona situada a la izquierda en la mano derecha, la de la derecha en la mano izquierda. Al fondo aparece, por encima del grupo de figuras, la sombra esbozada de otra figura negra con cogulla. Así el grabado sugiere que el tema es en general la ociosidad de los clérigos, reunidos y bebiendo alcohol.

La leyenda de la prueba del *Capricho 79* [KP79], que ya es idéntica con la leyenda del grabado, reza «Nadie nos ha visto.», lo que los bebedores dicen con satisfacción sobre sí mismos. El énfasis en cuanto al hecho de que la fiesta es celebrada encubiertamente sugiere que los monjes se entregan a placeres prohibidos.

La explicación Ayala [A79] contiene una crítica evidente a la hipocresía del clero:

> [A79:] 79. Los Abates y frailes echan gaudeamus á solas, y luego nos aparentan/ arregladas costumbres.

Se menciona a abates y frailes. El abate fue en el siglo XVIII el título de un clérigo secular, dotado con las órdenes menores y no asociado a una orden regular, que servía como sacerdote en una diócesis. Los abates, obligados al celibato, vestían un talar negro y llevaban tonsura. Con la mención de los abates y los frailes en la explicación Ayala [A79], es evidente que la crítica se refiere tanto al clero secular como al regular. Al contrario de las explicaciones al anterior *Capricho 78*, las monjas no son

---

y también el infanticidio. En efecto, estas explicaciones descubren cosas en el grabado de Goya que no se ven a primera vista. Sobre este análisis del Capricho 80 cf. Helmut C. Jacobs, «Los comentarios manuscritos del siglo XIX a los Caprichos. ¿Desvíos o clave de interpretación del sentido oculto de los grabados?», en: *Goya y su contexto. Seminario internacional celebrado en la Institución «Fernando el Católico» de Zaragoza los días 27, 28 y 29 de octubre de 2011*, Zaragoza, Institución «Fernando el Católico» 2014, 155-175.

mencionadas, de manera que se trata aquí evidentemente de los clérigos masculinos. El término *gaudeamus* se denomina a un placer excesivo, muchas veces también en cuanto a una comida opulenta con bebidas en abundancia.[39] No queda claro si en la explicación Ayala [A79] el *gaudeamus* se refiere solamente a la comida, porque podría ser también una alusión a los excesos sexuales, y, por consiguiente, a la homosexualidad en el clero, cuanto más cuando se destaca que los clérigos tienen el mayor placer entre ellos.

Según las explicaciones Kollektiv [K79] y Prado [P79] el grabado muestra, comprendido en sentido literal, a los martinicos o agradables duendes domésticos que, según una superstición tradicional, ayudan a los hombres en la casa. Después de su trabajo en la cocina, descansan en la bodega disfrutando del vino:

[K79:] 79. Y que inporta[40] que los Martinicos bajen á la bodega y hechen/4 Tragós si han trabajado todalanoche y queda la espetera/como una ascua de oro?

[P79:] 79 Y que inp.[ta] q.[e] los mart.[cos] baxen à la bodega y echen 4 tragos si an trabaj.[do] toda la noche/y queda la espetera como una ascua de oro?

En el contexto del grabado estos «martinicos» significan también los clérigos. Pero no en esto consiste la agudeza de las explicaciones Kollektiv [K79] y Prado [P79], sino en que las denominaciones de los utensilios de cocina pueden ser entendidas también en un sentido sexual. La *espetera* puede ser un sinónimo para denominar el acto sexual o los pechos abultados de una mujer,[41] como el verbo *espetar* puede significar *copular*.[42] En este contexto también el concepto trago no se refiere solamente al beber, sino que se utilizan también *tragos* y el verbo *tragar* para denominar el acto sexual. Por consiguiente, a causa de la ambigüedad de *espetera* y *trago*, también las explicaciones Kollektiv [K79] y Prado [P79] abren una interpretación sexual del *Capricho 79*.

---

[39] Sobre el latinismo *gaudeamus* cf. *Diccionario de la lengua castellana*, vol. 4 (1734), 34: «Voz Latina, que usurpada en nuestra Lengua significa fiesta, regocijo, comida y bebida abundante»; cf. Terreros y Pando, *Diccionario castellano*, vol. 2, 217: «Fr. y Lat. Gaudeámus, y en todas estas lenguas se dice jocosamente por el regocijo, ó festin, sí en Fr. es mas fuerte la expresion, pues significa regocijo excesivo, culpable, y pecaminoso, especialmente en comidas».

[40] Recte: importa.

[41] Cf. *Diccionario de la lengua castellana*, Madrid, Espasa-Calpe, 1927, 881: «Vulgarismo por pechos de mujer»; Cela, *Enciclopedia*, vol. 2 (1982), 625: «pecho de la mujer cuando es muy abultado».

[42] Cf. Cela, *Enciclopedia*, vol. 2 (1982), 625.

Excluyendo toda ambigüedad, la écfrasis de la explicación Rauch [R79] queda en un nivel superficial, sin ambigüidades:

[R79:]
79.
Lamina setenta y nueve
Representa quatro viejos ridiculos, con ropage/extraño, q.e están en una Bodega, junto á una/cuba, con sus tazas en la mano.
Explicacion
Y que importa q.e los Martinicos vagen á/la Bodega, y hechen quarto tragos, si han/trabajado toda la noche, y queda la espetera/como una ascua de oro?

Interesantes son, sin embargo, algunas variantes en las explicaciones de la línea Prado, en las que sí se presentan estas ambigüedades: en la explicación British Museum [BM79] fue añadido «y á obscuras», lo que corrobora la impresión de que toda la acción se desarrolle clandestinamente en la oscuridad:

[BM79:] 79...¿Y q.e importa q.e los Martinicos bajen á la bodega, y echen quatro tragos,/si han trabajado toda la noche, y á obscuras, y queda la espetera como/una ascua de oro?

En la explicación Pontevedra [PO79] la connotación sexual se intensifica por el cambio de *espetera* por *escopeta*, símbolo tradicional del falo:[43]

[PO79:] Y que importa que los Martiricos bagen á/la bodega y echen quatro tragos, si han traba-/jado toda la noche, y queda la escopeta como/un asqua de oro.

Un ejemplo para este uso de *escopeta* en el Siglo de Oro está en la *Sátira de Quevedo a una mujer que viéndole enamorado, se casó con un capón*:

> [...]
> y si apunta la escopeta,
> reíos, que está sin balas... [44]

También la explicación Stirling Maxwell [SM79] puede ser entendida como doble sentido:

[SM79:] 79. Varias especies de frailes y un abate briscan[45] al pie/de una cuba, operacion que hacen valientemente/quando nadie les ve.

---

[43] Sobre la significación metafórico-sexual de escopeta cf. Cela, *Enciclopedia*, vol. 2 (1982), 608.

[44] Francisco de Quevedo y Villegas, *Obras completas*, edd. Felicidad Buendía, 2 vol., Madrid, Aguilar, ^{6}1981, vol. 2 (^{6}1981), 478.

[45] Recte: brincan.

Por una parte, uno podría comprender *brincar* literalmente en el sentido de *retozar*, quizá también como consecuencia del consumo del alcohol, pero *brincar* podría ser entendido también en sentido sexual, como alusión a la homosexualidad de los clérigos.[46]

La primera frase en las explicaciones de la línea Stirling-Maxwell, grupo I, se refiere a los representantes del clero secular y regular y sus acciones clandestinas. En la segunda frase se advierte del enorme tamaño del vaso del abate:

[BNE79:] 79. Los Curas y frailes echan valientes tra-/gos cuando nadie les vé; pero el mundo bien lo/save. El vaso del abate es de buena marca para/indicar el mayor desorden que hay en el Clero.

[NS3-79:] 79. Los curas y frailes echan valientes tragos,/cuando nadie los ve; pero el mundo bien lo save:/el vazo del Abate es de buena marca, para indi-/car el mayor desorden que hai en el Clero.

[NA79:] 79. Los Curas y los frailes echan buenos tra-/gos à solas, pero el mundo lo sabe bien. El vaso del abate/es de enorme tamaño para indicar el mayor desorden/del Clero.

[B79:] 79. Los Curas y los Frailes echan buenos tragos á solas, pero/el mundo lo sabe bien – El vaso del abate es de enorme/tamaño para indicar el mayor desorden del clero. –

Es necesario esclarecer el sentido de la información sobre el tamaño del vaso. En las explicaciones Biblioteca Nacional de España [BNE79] y Norton Simon [NS79] se dice que el vaso del abate es «de buena marca»,[47] al contrario de las explicaciones Nelson Atkins [NA79] y Bareau [B79] con intensificación más grande «de enorme tamaño». La locución «de buena marca» se refiere quizá también a la prostitución porque la palabra *marca* significa en la Germanía una prostituta.[48] En cada caso, en todas las explicaciones de la línea Stirling-Maxwell, grupo I, el tamaño del vaso indica un gran desorden en el clero. Pero en efecto, vaso también puede implicar una alusión a la homosexualidad en el clero.

---

[46] Cf. Cela, *Enciclopedia*, vol. 1 (1982), 607 sq.

[47] Cf. *Diccionario de la lengua castellana*, vol. 4, 496: «la medida cierta y segura, del tamaño que debe tener alguna cosa». El *Diccionario de Autoridades* contiene también la definición de las locuciones «de mas de marca» y «de marca mayor»: «Phrase con que se explica que alguna cosa es excesiva en su línea, y passa y sobrepuja á lo justo y razonable».

[48] Cf. *Diccionario de la lengua castellana*, vol. 4, 496: «En la Germanía significa la mugér pública»; Terreros y Pando, *Diccionario castellano*, vol. 2, 526: «lo mismo que prostituta» y «entre Jitanos, prostituta». Cf. también Hill, *Voces germanescas*, 121; Chamorro Fernández, *Tesoro de villanos*, 566.

Con el término *vaso* se denomina metafóricamente el ano, además de la vagina.[49] En esta alusión al sexo anal homosexual, se hace evidente la ambigüedad en cuanto a la indicación del tamaño del *vaso* del abate, y solo así es comprensible la segunda frase.

De la misma forma que las explicaciones de la línea Stirling-Maxwell, grupo I, que tienen una alusión delicada e ingeniosa a la homosexualidad, también las explicaciones del grupo II la tienen:

[SG79:] 79. Muchas que enelmundo seprecian de arregladas costumbres, comen beben, y triscan valie[n-]/temente quando pueden hacerlo sin testigos

[PA79:]
N. 79.
Nadie nos ha visto.

Muchos q.[e] en el mundose/precian detener arregladas cos-/tumbres, comen, beben, y brincan/Valientemente, cuando pueden/hacerlo sin testigos.

[CN79:] Muchos q. en el mundo se precian de arregladas/costumbres, comen, beben, y brincan valientem.[e],/cuando pueden hacerlo sin testigos.

[DOe2-79:] 79 The drunken revelry of a monastery »No one has seen us«

De modo muy general son mencionados los que se precian públicamente de su forma de vivir púdica, mientras que se dedican clandestinamente a los vicios, sin testigos u observadores. No son identificados como clérigos. Según este grupo II el tema del grabado es, por consiguiente, la hipocresía en general.

En todas las explicaciones francesas e inglesas no tuvieron ningún influjo las interpretaciones o alusiones sexuales de algunas explicaciones manuscritas españolas, solamente la explicación Brinton [BT79] implica la indirecta de que la figura oscura del fondo sea el diablo como fuerza instigadora:

[BT79:] [...] or, again, others carousing in a cellar, with a shrouded devilish form behind urging them on, and the watchword, «No one has seen us» – «Nadie nos a visto» [...] ...and nothing can exceed the brutal stupidity, the coarse greed of these figures.

Ya con estos pocos ejemplos ha quedado patente que los *Caprichos* de Goya son un importante medio de reflexión del cual surge una nueva perspectiva sobre el ocio a finales del siglo XVIII, caracterizada por cier-

[49] Sobre las significaciones sexuales de vaso cf. Cela, *Enciclopedia*, vol. 4 (1986), 658 sq.

ta sutilidad, ambigüedad y complejidad; de todo esto resulta su importante función para conocer nuevas experiencias, aplicar la crítica y propagar las ideas y los métodos reflexivos de la Ilustración, lo que aumenta enormemente las posibilidades expresivas del medio del grabado satírico del siglo XVIII. No solo se representa el cambio social en los *Caprichos* como, por ejemplo, una actitud más crítica frente a la institución de la Iglesia o la nobleza, sino que la reflexión crítica, iniciada por los grabados, apunta con su potencial socio-crítico a cambios radicales y a la modernización fundamental de una sociedad civil e ilustrada.

Bibliografía

1. Fuentes primarias

Arroyal, León de, *Cartas económico-políticas (con la segunda parte inédita)*, edd. José Caso González, Oviedo, Universidad de Oviedo, 1971.

Bulwer, John, *Chirologia. Or The Natvrall Langvage of the Hand. Composed of the Speaking Motions, and Discoursing Gestures thereof. Whereunto is added Chironomia. Or, the Art of Manvall Rhetoricke. Consisting of the Naturall Expressions, digested by Art in the Hand, as the chiefest Instrument of Eloquence, by Historicall Manifestos, Exemplified Out of the Authentique Registers of Common Life, and Civill Conversation*, London, Thomas Harper, 1644 (Reimpresión New York, AMS Press, 1975).

Cadalso, José, *Cartas marruecas. Noches lúgubres*, edd. Russell P. Sebold, Madrid, Cátedra, [5]2005.

Eijoecente, Luis de, *Libro del agrado, impreso por la Virtud en la Imprenta del Gusto, á la moda, y al ayre del presente siglo. Obra para toda clase de personas, particularmente para los Señoritos de ambos sexôs, Petimetres, y Petimetras. Dedicado á la mas Augusta, Excelsa, y Magestuosa Diosa Cibeles*, Madrid, Joachin Ibarra, 1785.

Kaufhold, Anton, *Spanien wie es gegenwärtig ist, in physischer, moralischer, politischer, religiöser, statistischer und literarischer Hinsicht aus den Bemerkungen eines Deutschen, während seines Aufenthaltes in Madrid in den Jahren 1790, 1791 und 1792*, 2 vol., Gotha, Carl Wilhelm Ettinger, 1797.

Mayáns y Siscar, Gregorio, *Obras completas*, edd. Antonio Mestre Sanchis, 5 vol., Valencia, Ayuntamiento de Oliva, 1983-1986.

Quevedo y Villegas, Francisco de, *Obras completas*, edd. Felicidad Buendía, 2 vol., Madrid, Aguilar, [6]1981.

2. Fuentes secundarias

Andioc, René, *Goya. Letra y figuras*, Madrid, Casa de Velázquez, 2008.

Blas, Javier/José Manuel Matilla/José Miguel Medrano (eds.), *El libro de los Caprichos. Francisco de Goya. Dos siglos de interpretaciones (1799-1999). Catálogo de los dibujos, pruebas de estado, láminas de cobre y estampas de la primera edición*, Madrid, Museo Nacional del Prado, 1999.

Cela, Camilo José, *Enciclopedia del erotismo*, 4 vol., Barcelona, Ediciones Destino, 1982-1986 (Obra completa 14/17).

Chamorro Fernández, María Inés, *Tesoro de villanos. Lengua de jacarandina. Rufos, mandiles, galloferos, viltrotonas, zurrapas, carcaveras, murcios, floraineros y otras gentes de la carda*, Barcelona, Herder, 2002.

Diccionario de la lengua castellana, en que se explica el verdadero sentido de las voces, su naturaleza y calidad, con las phrases o modos de hablar, los proverbios o refranes, y otras cosas convenientes al uso de la lengua, Madrid, Francisco del Hierro, 1726-1737 (Reimpresión Madrid, Gredos, 1984).

Diccionario de la lengua castellana compuesto por La Real Academia Española, reducido á un tomo para su mas fácil uso, Madrid, Joaquín Ibarra, 1780.

Diccionario de la lengua castellana, Madrid, Joaquín Ibarra, 1791.

Diccionario de la lengua castellana, Madrid, Espasa-Calpe, 1927.

Dittberner, Susanne, *Traum und Trauma vom Schlaf der Vernunft. Spanien zwischen Tradition und Moderne und die Gegenwelt Francisco Goyas*, Stuttgart et al., Verlag J. B. Metzler, 1995.

García de la Huerta, Vicente, *Poesías*, edd. Miguel Ángel Lama, Mérida, Editora Regional de Extremadura, 1997.

Gassier, Pierre/Juliet Wilson/François Lachenal, *Goya. Leben und Werk*, Köln, Benedikt Taschen Verlag, 1994.

Helman, Edith, *Jovellanos y Goya*, Madrid, Taurus, 1970.

Hidalgo, Juan, «Bocabulario de Germanía, compuesto por Juan Hidalgo», en: Gregorio Mayáns y Siscar (ed.), *Orígenes de la lengua española*, 2 vol., Madrid, Juan de Zúñiga, 1737 (Reimpresión Madrid, Atlas, 1981, vol. 2 (1981)), 272-320.

Hill, John M., *Voces germanescas recogidas y ordenadas*, Bloomington, Indiana University, 1949.

Jacobs, Helmut C., *Belleza y buen gusto. Las teorías de las artes en la literatura española del siglo XVIII*, trad. Beatriz Galán Echevarría, Madrid, Iberoamericana, 2001.

Jacobs, Helmut C., *El sueño de la razón. El «Capricho 43» de Goya en el arte visual, la literatura y la música*, trad. Beatriz Galán Echevarría y Helmut C. Jacobs, Madrid, Iberoamericana, 2011.

Jacobs, Helmut C., «Los comentarios manuscritos del siglo XIX a los *Caprichos*. ¿Desvíos o clave de interpretación del sentido oculto de los grabados?», en: *Goya y su contexto. Seminario internacional celebrado en la Institución «Fernando el Católico» de Zaragoza los días 27, 28 y 29 de octubre de 2011*, Zaragoza, Institución «Fernando el Católico», 2014, 155-175.

Knowlson, James, *Universal language schemes in England and France. 1600-1800*, Toronto et al., University of Toronto Press, 1975.

Knox, Dilwyn, «Ideas on gesture and universal languages, c. 1550-1650», en: John Henry/Sarah Hutton (eds.), *New Perspectives on Renaissance Thought. Essays in the history of science, education and philosophy, in memory of Charles B. Schmitt*, London, Gerald Duckworth, 1990, 101-136.

Lope, Hans-Joachim, *Die «Cartas marruecas» von José Cadalso. Eine Untersuchung zur spanischen Literatur des XVIII. Jahrhunderts*, Frankfurt a. M., Vittorio Klostermann, 1973.

Martínez de las Heras, Agustín, «La crítica al gusto afrancesado en la España de Carlos IV. El fenómeno 'currutaco'», en: *Revista de História das Ideias* 10 (1988), 385-410.

Nilsson, Sten Åke, «The Ass Sequence in Los Caprichos», en: *Konsthistorisk Tidskrift* 46 (1977), 27-38.

Núñez Roldán, Francisco (ed.), *Ocio y vida cotidiana en el mundo hispánico en la edad moderna*, Sevilla, Universidad de Sevilla, 2007.

Salillas, Rafael, *El delincuente español. El Lenguaje (estudio filológico, psicológico y sociológico) con dos vocabularios jergales*, Madrid, Librería de Victoriano Suárez, 1896.

Schalk, Fritz, «Otium im Romanischen», en: Brian Vickers (ed.), *Arbeit, Musse, Meditation. Betrachtungen zur «Vita activa» und «Vita contemplativa»*, Zürich, Verlag der Fachvereine Zürich, 1985, 225-256.

Terreros y Pando, Esteban de, *Diccionario castellano con las voces de ciencias y artes y sus correspondientes en las tres lenguas francesa, latina é italiana*, Madrid, Viuda de Ibarra, 1786 (Reimpresión Madrid, Arco Libros, 1987).

Viñaza, Cipriano Muñoz y Manzano, Conde de la, *Goya. Su tiempo, su vida, sus obras*, Madrid, Manuel G. Hernández, 1887.

Wilson Bareau, Juliet, *Goya. La década de los Caprichos*, Madrid, Real Academia de Bellas Artes de San Fernando, 1992.

Índice de ilustraciones

ÍNDICE DE NOMBRES / INDICE DEI NOMI

ÍNDICE DE OBRAS ANÓNIMAS / INDICE DELLE OPERE ANONIME